米国ムスリムと民主主義

イスラモフォビアへの抵抗

泉 淳［著］

ミネルヴァ書房

はしがき

「九・一一テロ事件」から二〇年の節目となる二〇二一年九月、ニューズウィーク誌が「勢いを増す米国ムスリム（"The Rising Power of American Muslims"）」と題して、米国ムスリム社会を特集した。そこでは、議員や裁判官などの公職に就いた者、ビジネスの世界で成功した者、研究教育分野に貢献する者、テレビ番組司会や俳優などエンターテイメント業界、また各種スポーツ分野で人気を得た者など、米国の様々な場面で躍動するムスリムが紹介されている。同誌は、このような幅広い分野へのムスリムの進出と活躍について、「ムスリム自身も含めて、二〇年前にはほとんど誰も予想しなかった展開」と評している。[1]

「九・一一テロ事件」以前の米国ムスリムは、特別の話題の対象となる存在ではなかった。移民系と黒人系[2]の双方ともに、既にそれぞれの細分化されたコミュニティで一定の政治的・経済的・社会的活動を行っていたものの、ほとんど「目に見える存在（visible）」ではなかった。しかし「九・一一テロ事件」は、この状況を劇的に変えた。「九・一一テロ事件」発生後の米国ムスリムは、ほどなくイスラモフォビアという用語として定着するようになる、イスラームやムスリムに対する差別と偏見の体系にさらされることとなった。これによって米国ムスリムは、自分たちが歓迎しない形で米国社会において「目に見える存在」となった。

ただし「九・一一テロ事件」は米国ムスリムにとって前例のない大きな試練となったものの、同時に米国ムスリム社会がイスラモフォビアに抗うなかで大きく進化し変容する重要な転機ともなった。そしてニューズウィーク誌が特集したように、米国ムスリムは過去約二〇年間に様々な分野で存在感と影響力を増大させることになった。

「九・一一テロ事件」以降の米国ムスリム社会の変容の中でも、特にその政治的関与は大きく拡大した。一九九〇年代からムスリムの政治的関与の積極化を推進してきたムスリム組織ＭＰＡＣ（Muslim Public Affairs Council［後述］）会長のサラーム・アル＝マラヤティ（Salam Al-Marayati）は、「九・一一テロ事件」が発生する以前に、米国政治社会におけるムスリムの状況について、以下のような苦労と期待を述べていた。

「我々は、若いムスリムたちのために地固めをしているところだ。かれら立派な米国のムスリムは、米国の多元主義にとって不可欠な一要素である。目下のところ、かれらのために我々が苦労を負っているところだ。こうすることで、米国社会が我々［ムスリム］について理解するように手助けしているのだ(3)」

二〇年以上を経た現在、アル＝マラヤティが期待したように、米国ムスリムは連邦議会に複数の議員を持ち、州政や市政などでの公職者も以前とは比較にならないほど増加した。また、有権者登録や選挙支援活動に携わる者も増え、一部の州に関してはムスリムの投票行動が大統領選挙の行方に影響を及ぼす可能性まで指摘されている。米国ムスリム社会が過去二〇年間に大きく変容したとすれば、このような政治分野におけるムスリムの役割が拡大したことに注目すべきであろう(4)。

本書の目的は、このような米国ムスリム社会の変容を探るべく、米国ムスリムの政治的関与（political engagement）、すなわち米国において一つのマイノリティ（少数派）集団と位置づけられるムスリムが、米国政治にどのような形で参加してきたかについて考察することにある。政治的関与と政治参加はほぼ同義であるが、前者の方がより包括的な概念となる。政治的関与のあり方については、大統領選挙への立候補のような積極的な関与、あるいは自発的な政治参加を試みる者から、政治的な現象には特に関心を持たない、あるいは意図的に政治を避けるような消極的な関与にとどまる者まで幅があるであろう。またこのような政治的関与の考察には、実際の行動に表れるものだけでなく、政治的な現象に対する考えや態度という政治志向（political orientation）の検討も含まれる。さらに、米国ムスリム側の米国政治に対する関与や志向とは別に、米国政治の側がムスリムとその社会に関与し、相互に影響を及ぼし合っていることにも留意しなければならない。特に「九・一一テロ事件」以降の米国に関しては、この点はきわめて重要になる。

本書の議論における問題意識として、今日の米国には、民主主義の動揺という米国ムスリム社会に限定されない懸念が存在する。ドナルド・トランプ（Donald Trump）の登場は、その最初の大統領選挙戦から大統領任期中、さらには任期後でも、自由・平等・人権・多元主義の尊重を基調とする米国の民主主義と民主的制度への挑戦という性格を帯びていた。トランプ政権はジョー・バイデン（Joe Biden）大統領選出によって一期にとどまったものの、米国社会では保守とリベラルの対立軸に沿った二極化傾向が強まった結果、対話に基づく合議の機会が狭められつつある現状がある。米国ムスリムの政治的関与のあり方もまた、米国の民主主義を揺るがす近年のこのような米国政治社会の動態に強い影響を受けてきている。

米国の民主主義と米国ムスリムを結びつける一つの興味深いエピソードとして、かつて第三代米国大統領トマス・ジェファソン（Thomas Jefferson）が、イスラームの聖典であるコーランを個人的に所有していたという事実がある。ジェファソンは米国建国に際して、ムスリムを米国の多元主義の限界を試す試金石と捉えていた。一八世紀後半、イスラーム圏から連れてこられた黒人奴隷を除けば、ムスリムが米国に在住していたわけではない。しかし、ジェファソンは一種の思考実験として、ムスリムを新たな国家の将来の一市民として想定し、その政治思想などをコーランから学ぼうとしたという。(5)

この『トマス・ジェファソンのコーラン』を著したデニース・スペルバーグ（Denise A. Spellberg）は、米国の建国の理念が今日のムスリムを正当に扱っているか否か注視すべきと指摘する。

「今日の米国ムスリムは、一八世紀と同様に、宗教的な包摂と平等という普遍性―これは、ジェファソン、ワシントン、マディソン、リーランドらによって建国に際して約束され、二〇〇年以上を経た現在でも、その完全な実現への途上にある理想―を象徴する存在となっている」(6)

ジェファソンのコーランと同様に、現代の米国社会におけるムスリムの受容のあり方は、米国の民主主義を評価するための、きわめて重要な試金石の役割を果たしていると考えられる。このジェファソンのコーランは、キース・エリソン（Keith Ellison）の連邦下院議員就任宣誓（二〇〇七年一月）やバラク・オバマ（Barack Obama）大統領のカイロ演説（二〇〇九年六月）の際にも、米国政治とイスラームを結びつけるシンボリックな存在として登場することになる。

以上のような米国の現状に関わる問題意識に加えて、本書での研究は学術的な要請に基づくものでもある。米国ムスリムの存在、あるいは米国ムスリムと米国政治外交との関連については、米国においてさえも、一九八〇年代まではほとんど注目されない研究分野であった。しかし、一九九〇年代に入り、冷戦終結後の新国際秩序の模索、湾岸戦争（一九九一年）を契機とする米国の中東・イスラーム地域への軍事的コミットメントの急拡大、『文明の衝突』論が示唆した米国とイスラーム世界との不穏な関係など、イスラームや各国のムスリムに関する事象が、米国研究のみならず国際関係論（国際政治学）の研究分野の中でも大きく注目されるようになった。そして、この流れを劇的に加速させたのが「九・一一テロ事件」であった。この事件とその後の展開は、米国とイスラーム世界との関係のみならず、米国においてマイノリティではあるが数百万人とされる米国ムスリム、特にその政治的な動向に関して、研究対象としてより大きな関心が向けられるべきとの認識を強めた。

このため、研究面での米国ムスリムへの関心が高まり、米国政治外交との関連の研究は増え始めたものの、学術的な研究対象として米国ムスリムを取り上げることは依然として新規分野にとどまっている。日本の研究界における米国ムスリム研究に関しては、米国研究の分野と、グローバルなムスリム研究の分野の双方から外れてしまった「盲点」となっている。米国研究の分野において、エスニシティやマイノリティ、移民、また黒人（人種）研究の一部としてのブラック・ムスリム（黒人系ムスリム）についての研究はかなり進んでいるものの、中東・アジアからの移民系ムスリムについての研究はほとんど見当たらない。また、グローバルに存在するムスリムを対象とする研究についても、欧米のような本来的に非イスラーム圏のムスリムについては見落とされがちで、特に米国のムスリムはヨーロッパ諸国のムスリムよりも研究対象としての認知度は低い。本書は、このように日本では未開拓の状況にある米国ムスリム研究を補完することを意図している。

第1章は、本書での議論の前提として、米国ムスリムの全体像をまとめる形で提示する。いくつかの統計・調査を基にして、米国ムスリムの人口規模、人種・エスニシティ・出自にみる多様性、居住地域、社会経済的地位などを確認する。移民系ムスリムおよび黒人系ムスリムそれぞれの歴史について概観し、米国ムスリム社会を構成するこの二者の相違を中心に、米国ムスリム内部における多様性の理解に力点が置かれる。また、本書の研究の位置づけを把握するためにも、米国ムスリムに関する先行研究のまとめを付加した。巻末の「参考文献」と合わせて、米国ムスリムに関する様々な分野の研究および著述が増えつつあることを示した。

第2章は、本書の主眼となる米国ムスリムの政治的関与についての予備的考察となる。ムスリムの政治参加の歴史的背景をたどり、その政治参加を牽引してきた代表的なムスリムの市民社会組織（Civil Society Organization）を紹介する。ムスリムの政治志向については、米国ムスリム社会自体の多様性から一義的な規定は困難であるが、一定の傾向は提示できるものと考える。また本章では、米国ムスリムの政治参加を、宗教としてのイスラームの観点からも考察する。移民系ムスリムが、非イスラーム世界とされる米国で政治的な営みを行うことは許容されるべきか否かという議論に、どのように対処してきたかが焦点となる。米国ムスリムのイスラーム信仰の形態は多様で信仰実践にも差異があるが、米国ムスリムの多数派は本来保守的な要素の強いイスラームを柔軟に解釈することで米国社会に順応してきた。これをリベラルなイスラームの実践と位置づけ、これによって公職への立候補など米国における政治参加が可能となり、現在の米国ムスリムの積極的な政治的関与に至っていることを提示する。

第3章は、米国ムスリムにとって最大の課題であるイスラモフォビアについて包括的に議論する。イスラモフォビアはムスリムに対する差別と偏見の体系であり、ムスリムの市民的自由（civil liberty）を脅かすものである。このイスラモフォビアの拡大に「九・一一テロ事件」が大きく作用したことに異論はない。しかし、イスラモフォビアは複雑で深遠な性格を有しており、「九・一一テロ事件」以前の米国におけるイスラーム認識の理解も必要となろう。さらに移民系ムスリムが多数派となる米国ムスリム社会においては、グローバルなイスラームの問題に影響を受けるという構造的な脆弱性が存在することを指摘する。そのうえで、本章では二つの具体的な事象――オバマに対する誹謗中傷、および反シャリーア法制定運動――を取り上げ、米国においてイスラームとの近接性やムスリムであることが、いかに大きな政治的ハンディキャップとなっているかを紹介する。

第4章は、中東・イスラーム地域を対象とする米国の対外政策の分野に視点を移す。米国ムスリムの研究は、基本的には米国政治社会研究（国内政治）の範疇であるが、同時に中東・イスラーム地域研究（対外政策）の視点も必要となる。冷戦期以降の米国は、様々な形で中東・イスラーム地域諸国を対象とする政策を展開してきた。しかし、「西側」の指導者として、またイスラエルの擁護者としての米国は、中東・イスラーム地域諸国とその住民――多くがムスリム――からしばしば敵対勢力として反発を受け、その反発の暴力的な表現型が「九・一一テロ事件」となった。これを契機に米国ムスリムは強度のイスラモフォビアにさらされることとなるが、本章では米国の対外政策が、米国内のムスリムにイスラモフォビアという形で悪影響をもたらすという、対外政策と国内政治とのリンケージに注目する。同時に、このリンケージを活かすことで、米国ムスリムの存在は、米国の中東・イスラーム地域政策を健全な方向に向かわせることが可能であることも提示する。

第5章は、米国ムスリムの視点から過去の大統領選挙を振り返る。本章はムスリムの政治的関与の実態を政治活動が活性化する大統領選挙に合わせて定点観測的に分析したものである。二〇〇〇年以降五回の大統領選挙におけるムスリムの行動を観察し、前章までの議論を踏まえたうえで、イスラモフォビアに抗うマイノリティとしての米国ムスリムの政治的関与を扱う。概ね共通する観察点から五回の大統領選挙を扱っており、各選挙時における米国ムスリムの政治的関与の試みとあり方を時系列的に把握することができると考える。そこでは、米国の二大政党制という大前提のもとで、米国ムスリムがその支持候補者の選定にあたって、様々な困難を経験してきていることが具体的に述べられる。

第6章は、トランプ政権四年と二〇二〇年のバイデン選出について検討した後、本書のまとめとして「九・一一テロ事件」から二〇年を経た米国ムスリム社会の変容を議論する。大統領選挙を通して「ムスリム入国禁止」などでイスラモフォビアを煽ったトランプであったが、大統領就任後のイスラモフォビア的言動はある程度収まっていた。ただし、トランプに対するムスリムの不信感は根強く、これは二〇一八年の中間選挙（連邦議会選挙）でのムスリムの公職への立候補の増大につながった。このようなムスリムの政治活動の活性化は特に若年層で顕著にみられたが、ムスリムの若年層はリベラルな政治的社会的価値観に強い共感を示し、民主党支持の傾向を強めた。しかし一方では、イスラームに基づく保守的な価値観を重視するムスリムも少なくはなく、イスラモフォビアを差し引けば共和党を再評価する傾向もみられた。本章では、このようなムスリム社会の変容を「凝集」から「拡散」への移行として捉え、この背景には保守とリベラルの対立軸に沿った米国社会全般にみられる分断化が強く影響していることを指摘する。

最後に補遺として、二〇二三年一〇月に発生したガザ紛争（ハマース＝イスラエル戦争）が、二〇二四年大統領選挙と米国ムスリムに与える影響についての議論を追加する。ガザ紛争も大統領選挙（予備選挙）も現在進行形の事象であり、その先行きは定かではないが、前章までの議論を踏まえて、今後の米国ムスリムの政治的関与がどのような展開を見せるのかについて一定の展望を提示する。

注

※以下、本書で参照・引用する新聞・雑誌・投稿フォーラムなどを含むインターネット上の各種資料については、一部のものを除き、原則としてそのＵＲＬの記載を省略する。

（1） Steve Friess, “Since 9/11, US Muslims Have Gained Unprecedented Political, Cultural Influence”, *Newsweek*(September 1, 2021). 同様の特集記事として以下を参照。Elizabeth Dias, “Muslim Americans’ ‘Seismic Change’”, *New York Times*(September 11, 2021).

（2） 人種の観点では「アフリカ系米国人（Afro-Americans）」であるが、以下では「移民系（immigrant）」と対比する形で「黒人系（black）」と表記する。

（3） Dean E. Murphy, “For Muslim Americans, Influence in Politics Still Hard to Come by”, *New York Times*(October 27, 2000).

（4） Shirin Ali and Sarakshi Rai, “Muslim Americans See their Political Clout Grow 20 Years after 9/11”, *Hill*(September 11, 2022).

（5） Denise A. Spellberg, *Thomas Jefferson’s Qur’an : Islam and the Founders*(N. Y. : Alfred A. Knopf, 2013), pp. 3–12.

（6） *ibid.*, p. 302.

米国ムスリムと民主主義——イスラモフォビアへの抵抗

目次

はしがき

第1章　米国ムスリム社会の全体像

1　米国ムスリムの人口

様々な推計値

米国国勢調査局（U. S. Census Bureau）による一〇年ごとの国勢調査には宗教や信条を問う項目がないため、米国ムスリム人口の公式統計は存在しない。米国ムスリムの人口については、過去に様々な推計値が報告されているが、推計値自体が論争的になる場合もあり、確定的な数値を示すことは困難である。初期の米国ムスリム研究の総括としては、一九八〇年代前半で米国ムスリムの人口は「およそ一五〇万人から三〇〇万人」とみられていた(1)。

米国ムスリム人口推計の一つの試みとして、国勢調査の調査項目にある「出自（ancestry）」と当時の米国移民帰化局（U. S. Immigration and Naturalization Service）の資料を基にし、その移民の出身国のムスリム人口比を勘案して、米国内の移民系ムスリムの人口を算出したものがある。この試みによれば、約一〇〇万人と推計した米国在住の黒人系ムスリムを加えて、一九八〇年時点での米国ムスリム人口は約三三〇万人であり、当時の米国の総人口の一・五%とされた(2)。

一九九〇年代に設立された複数のムスリム組織は、ムスリム人口をやや過大評価する傾向がみられた。当時の米国ムスリムの代表的組織の一つであるＡＭＣ（American Muslim Council）の一九九二年の報告書は、一九九〇年の時点で約五〇〇万人という数を提示していた。また、米国ムスリムの市民権擁護組織ＣＡＩＲ（Council on American-Islamic Relations）や北米最大のムスリム組織ＩＳＮＡ（Islamic Society of North America）などが協賛した"Mosque Study Project 2000"では、全米のモスク数と定期的な礼拝者数の平均値を基にして、「六〇〇～七〇〇万人という数が妥当」と報告していた(3)。

米国ムスリムについての代表的な研究者の一人であるジェーン・スミス（Jane I. Smith）は、ムスリムの人口把握が困難であることを指摘しつつも、一九九九年の著作で「コンセンサスとして、米国に永住するムスリムは約六〇〇万人であり、その社会は堅調に拡大している」としていた。その他の米国ムスリムに関する概説書などでも「約六〇〇万人」という数が紹介され、一九九〇年代末には「約六〇〇万人の米国ムスリム」という見方が広まっていた(4)。

二〇〇〇年代初頭には、ニューヨーク州立大学のイリヤス・バ＝ユナスとカッシム・コーン（Ilyas Ba-Yunus and Kassim Kone）は、先行する様々な推計の試みを包括的に再検討したうえで、「男女合わせた全ての年齢で五七四・五一万人を下回らない」とした。この数は、ムスリム組織などが引用する「約六〇〇万人」に近いものであるが、バ＝ユナスらは、この数でもシーア派やその他のスーフィー（イスラーム神秘主義）教団、およびネイション・オブ・イスラーム（Nation of Islam［後述］）に属する黒人系ムスリムを含めた場合、過小評価の可能性が高いとしていた(5)。

一方で、「約六〇〇万人」という数を疑問視する向きもあった。シカゴ大学の社会統計学者トム・スミス（Tom Smith）は、二〇〇〇年時点での米国ムスリム人口は一八八・六万人であり、そのうち成人（一八歳以上）人口は一四〇・一万人と控えめな値を提示した。スミスは、仮に様々な要素を追加考慮したとしても、米国ムスリムが「米国総人口の一％以上（すなわち成人二〇九万人、総数二八一・四万人）という推計を受け入れるのは困難である」と結論している(6)。

また、ニューヨーク市立大学の研究機関が行った全米での宗教調査（American Religious Identification Survey：ARIS）は、「マイノリティグループはその規模が過大評価されやすい傾向にある」ことを指摘し、二〇〇一年時点での成人ムスリム人口は一一〇～二二〇万人であり、子供を含めても三〇〇万人以下とした。[7]

さらに、保守派や反イスラーム主義者らは、米国ムスリムがその発言力を増すために意図的に人口規模を誇張していると批判する。一例として、中東・イスラーム地域研究者で保守派の論客でもあるダニエル・パイプス（Daniel Pipes）は、「それが虚構であっても、大きな数は政治的なアクセスと影響力を強める。例えば共和党に対してムスリム人口が八〇〇万人であると納得させれば、共和党から『ムスリム指導者との会合』のための電話がすぐに入ってくる」とし、ムスリム組織による人口推計値に懐疑的であった。[8]

「数百万人」の米国ムスリム

二〇〇七年、米国の代表的な世論調査機関であるピュー・リサーチセンター（Pew Research Center［以下、ピュー］）が、中立的な非ムスリム組織として初めて米国ムスリムの実態を調査し、包括的な報告書を公開した。この報告書は、米国ムスリムの成人人口を約一五〇万人とし、子供を合わせた場合の総人口は約二三五万人になるとした。この約二三五万人という数は、従来のムスリム組織などが提示してきた数よりかなり小さいものとなるが、定評のある調査機関の数として、これ以降各所で引用されることになる。[9]

ピューはこの後も同様の調査を継続し、二〇一一年の報告書では成人ムスリムが約一八〇万人、総人口が約二七五万人、さらに二〇一七年の報告書では成人ムスリムが約二一五万人、総人口が約三四五万人、二〇二〇年時点の推計値として総人口が約三八五万人になるとしている。[10]

最新の米国ムスリム調査として、米国ムスリムの調査研究に特化したＩＳＰＵ（Institute for Social Policy and Understanding）は、前出の"Mosque Study Project 2000"を担当したイフサン・バグビー（Ihsan Bagby）を主任とし、ピューのムスリム分析担当者ベシアー・モハメド（Besheer Mohamed）や、後述する米国ムスリム研究企画であるProject MAPS（Muslims in American Public Square［以下、ＭＡＰＳ］）元主任ザヒド・ブハリ（Zahid Bukhari）らを調査委員会に加え、二〇二一年に報告書を公開している。この中でバグビーらは全米のモスクを観察拠点として、ムスリム人口についての推計を試みている。この調査では、全米のモスクの数は二〇〇〇年の一二〇九から二〇二〇年には二七六九に増大しており、イード・アル＝フィトル（断食月ラマダン明けの祝宴）のモスク礼拝者の平均数は一四四五人とされる。これらの数から「モスクに通うムスリム（"mosqued" Muslims）」は約四〇〇万人と推計された。ここで「モスクに通わないムスリム」の推計値は示されていないが、ＩＳＰＵによる別の調査（二〇二二年）では、米国ムスリムの約一四％は「まったくモスクに行かない」との結果が示されている。これらのＩＳＰＵの調査結果に従って計算した場合、二〇二〇年代初頭の米国ムスリムの総数は、約四六五万人という値を提示することができる。(11)

このように米国ムスリムの人口については専門組織によっても推計値に幅があり、確定的な数値を示すことは困難である。ただし、これらの推計値を総合すれば、米国ムスリムの人口は二〇二〇年前後でおよそ四〇〇万人から五〇〇万人であり、出生率や移民数の増大を考慮しても、今後しばらくは、「数百万人（millions）」という捉え方で支障はないものと考えられる。

過去にビル・クリントン（Bill Clinton）大統領は、一九九八年九月、国連総会での演説の中で、「モスクやイスラミック・センターで祈りを捧げる六〇〇万人のアメリカ人」と具体的な数に言及したことがある。これは、当時ムスリム組織と親和的な関係にあったクリントンが、前述のようなムスリム組織が提示したムスリム人口数を受け入れる形で言及したものと考えられる。(12)

また、ジョージ・ブッシュ（George W. Bush）大統領は、「九・一一テロ事件」後の九月一七日、ワシントンＤＣのイスラミック・センターで行った演説の中で、「米国市民の中には数百万人のムスリム（"millions of Muslims"）がおり、そのムスリムはこの国にたいへん価値のある貢献をしている」と述べていた。(13)

なお、ピューの調査報告書（二〇一五年）に基づき、米国の宗教・宗派社会（faith community）の全体について確認しておくと、最大がキリスト教徒で七〇・六％——福音派（Evangelicals）二五・四％を含めたプロテスタント全体が四六・五％、カトリックが二〇・八％―次いで無宗教（unaffiliated）が二一・八％となる。同調査では、ユダヤ教徒は一・九％、ムスリムは〇・九％の数値となっている。また後のピューの調査（二〇二一年）では、キリスト教徒は二〇二一年で六三％に減少し、その後も減少を続け、反対に無宗教が同年に二九％に増大し、その後も増大を続けると推計している。[14]

若年層に偏る米国ムスリム

米国ムスリムは、世代別の人口構成においてかなり特殊である。前述のようにピューは、米国ムスリムの人口を二〇二〇年の推計値として約三八五万人としているが、これは二〇〇一年当時と比較して約二倍の値となる。ピューの調査（二〇〇七年～二〇一四年）では、米国ムスリムの年齢層は、一八～二九歳が四四％、三〇～四九歳が三七％、五〇～六四歳が一三％、六五歳以上が五％となっており、近年の人口増加分の大部分は若年層のムスリムが占めていると推測される。[15]

またＩＳＰＵの調査（二〇一七年）でも、一八～二四歳が二三％、二五～二九歳が一四％、三〇～四九歳が四三％、五〇～六四歳が一五％、六五歳以上が五％となっている。ＩＳＰＵの最新の調査（二〇二二年）は、米国ムスリムの約四分の一が「九・一一テロ事件」以前の米国を知らない一八～二四歳のＺ世代に相当し、若年層への偏りが顕著であることを報告している。[16]

他の宗教・宗派社会と比較しても、ムスリムは若年層の割合が最も大きい。表1-1、表1-2に示すように、ＰＲＲＩ（Public Religion Research Institute）の調査（二〇一六年）およびＩＳＰＵの調査（二〇一七年）によると、米国ムスリムの約四割は一八～二九歳の若年層であり、他の宗教・宗派社会との差は歴然としている。また、明示的な調査結果はないものの、おそらくは一八歳未満の未成人についてもムスリムの比率は高く、この傾向は将来的に継続するものと推測可能である。米国ムスリムのうち移民系ムスリムは一九六〇年代以降に急増し、主としてその二世と三世が

表1－1　米国人の宗教的帰属と年齢層（PRRI）

単位：%

	18～29歳	30～49歳	50～64歳	65歳以上
ムスリム	42	42	12	4
ヒンドゥー教徒	36	51	10	3
無宗教（Unaffiliated）	34	37	19	10
ヒスパニック・カトリック	25	44	21	10
ユダヤ教徒	18	30	25	27
白人・福音派	11	28	32	30
白人・カトリック	11	27	34	28

（出所）Robert P. Jones and Daniel Cox, "America's Changing Religious Identity : Findings from the 2016 American Values Atlas", Public Religion Research Institute（PRRI）（September 6, 2017）. Figure 6. Religious Affiliation by Age. より筆者作成。

表1－2　米国人の宗教的帰属と年齢層（ISPU）

単位：%

	18～29歳			30～49歳	50～64歳	65歳以上
	18～24歳	25～29歳				
ムスリム	23	14	37	43	15	5
無宗教（Non-Affiliated）	11	15	26	32	28	14
米国人一般	10	9	19	33	29	18
カトリック	9	5	14	35	31	20
プロテスタント	8	7	15	29	30	22
ユダヤ教徒	8	6	14	19	30	37

（出所）"American Muslim Poll 2017", ISPU（2017）, p. 9, Figure 10. より筆者作成。

若年層を形成している。このような分厚い若年層の存在は、後述するように米国ムスリムの政治参加と政治志向の変容において重要な意味をもつものと考えられる。

2　米国ムスリムの多様性

人種・エスニシティ・出自

米国ムスリムは、ムスリムであるという共通項を除けば、人種、エスニシティ（民族）、出自（祖先／出身国）は多岐にわたり、米国の宗教集団の中でも、その内部の多様性が最も大きい集団である。これは、過去にイスラームがいかに世界の多くの地域に広がったか、そしていかに多くの地域から人々が米国に移動してきたかを物語るものでもある。

米国ムスリムは、黒人系ムスリムと移民系ムスリムとの二つに大別できる。黒人系ムスリムは、米国建国以前から奴隷として強制移動させられたムスリムの子孫と、二〇世紀以降にイスラームに改宗した黒人から構成される。このような黒人系ムスリムは、いわば米国「ネイティヴ」、あるいは「先住（indigenous）」ムスリムといえる。これに対して移民系ムスリムは、様々な地域からの自発的な移民であり、地域的には中東系とアジア系が中心となる。したがって米国ムスリムの下位分類は、移民系であるアジア系と中東系に米国「ネイティヴ」の黒人系を加えた三類型が基本となる。

米国ムスリムについての初期の調査（二〇〇一年）によると、調査対象となったムスリムは米国生まれ（三六％）と外国生まれ（六四％）に分かれ、外国は八〇カ国にも分かれる。エスニシティは、南アジア系（三二％）、アラブ系（二六％）、黒人系（二〇％）、アフリカ系（七％）、その他（一四％）となっている。[17]

また世論調査機関のギャラップ（Gallup）の調査（二〇〇九年）では、黒人系（三五％）、白人系（二八％）、アジア系

（一八％）、その他（一八％）という分類になっている。[18]
表1-3は時系列的な変化が把握できるピューの調査をまとめたものである。この調査では出生地域の分類方法に若干の変更があるものの、米国生まれのムスリムが増大し、出身地域ではアラブ・中東地域からが減少する一方で、南アジアからのムスリムが増大している傾向を読み取ることができる。

人種の分類について、ピューは国勢調査の分類に従い、白人系、黒人系、アジア系、ヒスパニック系、その他としている。この分類では、中東系あるいはアラブ系の多くは白人系に分類されているものと考えられる。二〇一七年の調査に関しては、出生地（外国生まれ／米国生まれ）とその世代についてのデータが付されている（表1-4）。

これらの数値から、黒人系はほぼ米国「ネイティヴ」といえるので米国生まれと第三世代以上が多数を占めるが、米国ムスリム全体の中では割合を減らしていること、反対にアジア系は比較的新しい移民が多く、外国生まれと第二世代までが多数となり、全体での割合も大きくなっていることが分かる。また白人系ムスリム（中東系／アラブ系）は人口動態に大きな変動はなく、ヒスパニック系ムスリムは米国におけるヒスパニック人口全体の拡大に連動しているとみられる。[19]

なお、米国ムスリムは出自が非常に多様であるため、その分類方法には困難が伴う。特に、移民系ムスリムの場合、ムスリムを「人種（race）」（外見）の概念で分類する場合には混乱が伴う。一例として、トルコとイランからのムスリム移民の中には、米国の国勢調査での選択項目として「白人」として外部規定されることに抵抗感が存在する。他方、シリアやレバノンなど北部のアラブ系は、外見の特徴から自身を「白人」として登録する者もいる。[20]

このためISPUは、アラブ系ムスリムと白人系ムスリム（white Muslim）を別項目に分けて扱っている。ここで白人系ムスリムとは、ヨーロッパ、特にボスニア、コソボ、アルバニアなどかつてのオスマン帝国領にあった東欧・バルカン地域からの移民系ムスリム、またコーカサス地域、すなわちロシア南部とジョージア、アゼルバイジャンなどからの移民系ムスリムとされている。[21]

表1－3　米国ムスリムの出生地

単位：%

	アラブ／中東／北アフリカ	南アジア	イラン	ヨーロッパ	アフリカ／サハラ以南アフリカ	その他
Pew 2007	37（24）	27（18）	12（8）	8（5）	6（4）	10（6）
Pew 2011	41（26）	26（16）	5（3）	7（5）	11（7）	10（6）
Pew 2017	25（14）	35（20）	11（6）	4（2）	9（5）	—

注：数値は外国生まれのムスリムを母数とする。（　）内数値は米国ムスリム全体を母数とする。

（出所）"Muslim Americans: Middle Class and", Pew(2007), p. 15; "Muslim Americans: No Signs of", Pew(2011), p. 13; "US Muslims Concerned about", Pew(2017), p. 32. より筆者作成。

表1－4　米国ムスリムの人種

単位：%

	白人系	黒人系	アジア系	ヒスパニック系	その他
Pew 2007	38	26	20	4	16
Pew 2011	30	23	21	6	19
Pew 2017	41	20	28	8	3
外国生まれ	45	11	41	1	1
米国生まれ	35	32	10	17	5
第2世代	52	7	22	17	2
第3世代	23	51	2	18	7

（出所）"Muslim Americans: Middle Class and", Pew(2007), p. 17; "Muslim Americans: No Signs of", Pew(2011), p. 16; "US Muslims Concerned about", Pew(2017), p. 35. より筆者作成。

この分類に基づいたISPUの調査（二〇一七年）では、白人系二四％、アラブ系一八％、黒人系二五％、アジア系一八％、ヒスパニック系五％となっている。前述のピューの分類と比較した場合、ピューの調査結果にある白人系（四一％）の中にアラブ系の多くが含まれていると推測できる。[22]

このように、調査機関によって分類方法や呼称に差異があるものの、米国ムスリムを「アジア系・中東系・黒人系」という下位分類で三類型とすることは妥当であり、その割合も各調査機関でほぼ共通している。ここで重要な点は、米国ムスリム全体の中で、どの特定の人種、エスニシティ、そして出自の下位集団も絶対的な多数派を形成していないという特徴があることである。したがって、米国ムスリムは、必ずしも一つにまとまった均質的な集団ではなく、その政治志向も一つには定まらず、イシューによっては緊張関係も発生する、多様性が顕著な集団であることに留意しておく必要がある。

また、移民系ムスリムを比較研究したカレン・レナード（Karen Leonard）は、中東系とアジア系の相違は出身地という地理的な相違だけではないことを指摘している。中東地域は多くの国に分かれ歴史的・文化的にも多様で、ムスリムもスンナ派とシーア派に別れている一方、アジア系は南アジア地域のインド・パキスタン・バングラデシュの三国にほぼ限定されており歴史的・文化的な均質性が高い。これら（南）アジア系のムスリムにとっては、イギリス植民地支配とその後のインド・パキスタンの独立、バングラデシュの分離という経緯から、移民先である米国が一種の「再統合（reunion）」の場となっている。またアジア系ムスリムは中東系ムスリムに比べて、宗教的マイノリティとして生きる術や、出身国での政治参加の経験もあり、米国において政治的な活動を行ううえで相対的に有利な立場にある。このような観点からレナードは、「第一世代の南アジア系ムスリムは、米国におけるイスラームの形成と米国ムスリムの政治的動員において顕著な役割を果たしてきている」と評しており、これは後述する米国大統領選挙への米国ムスリムの政治的関与を考察するうえで重要な視点となる。[23]

多様なイスラーム信仰

米国ムスリムの多様性は、信仰の対象となるイスラームの多様性にも起因している。米国ムスリムはスンナ派ムスリムが多数派であり、シーア派の諸派は一割から二割程度とみられている。ＩＳＰＵによるモスク調査（二〇二〇年）によると、調査対象とした全米のモスクのうち六％がシーア派モスクであり、そのモスク数は二〇一〇年の一二六から一六六に増加している。同調査によると、シーア派モスクはスンナ派モスクと比較して新しいものが多いが建物は小さく、礼拝者数も少ない。また所在地域はスンナ派のものとほぼ同じ分布を示すが、米国南部で増加傾向がみられる。一般に全世界でのムスリム人口のうち約一割がシーア派であると考えられていることから、米国内のシーア派モスクが六％であるという状況は、米国ムスリムのスンナ派・シーア派の割合において特に偏った傾向はないものと推測できる[24]。

米国ムスリムのシーア派は、イラン系が中心となる一二イマーム派、イスマーイール派（Ismailiya）から分かれたニザーリー派（Nizariya）、およびボハラ派（Bohra）の三派が主体となる。近現代のニザーリー派はイマーム（イスラーム聖職者・指導者）をアガ・カーン（Aga Khan）と称するが、現在のアガ・カーン四世はニザーリー派の精神的指導者であると同時に、独自の財団とネットワークを通じて各国で事業を展開する富豪・事業家であり、特に開発途上国において社会・教育・文化事業などに尽力する特殊な存在となっている［後述］。ボハラ派は歴史的経緯からインドでの信者が多く、一九六〇年代以降に米国に移民した南アジア系ムスリムの一部を少数ながら構成している[25]。

米国ムスリム社会においてシーア派ムスリムは、その出身地域での歴史的経緯や言語文化習慣の違いから、総じてスンナ派とは分離した社会生活を送る傾向にあったことが指摘されている。ただし、ミシガン州デトロイト近郊のディアボーン（Dearborn）のように、もとよりシーア派住民が多数派で、郊外に全米最大規模のモスク（Islamic Center of America）を二〇〇五年に新規建設するなど、現在では必ずしも内向的・閉鎖的な社会ではない[26]。

前述のＩＳＰＵのモスク調査にあるシーア派モスクの増加傾向を考慮すると、イラン以外の中東諸国および南アジア諸国ではマイノリティとして内向的・閉鎖的であることを余儀なくされてきたシーア派は、米国においては比較的自由にその宗教的・文化的特性を表現できていると考えられる。これは米国におけるイスラームの一つの大きな特徴である。地理的にも広範で、自由な宗教実践が可能な場であるという点で、シーア派に限らず、イスラーム信仰の周縁におかれる様々なスーフィー教団にとっても、米国は魅力的な移民先となった。(27)

米国内の多様なイスラームの中でも、アフマディー派（Ahmadiya）は独特の役割を果たしてきた。アフマディー派は、インドのパンジャブ出身のミルザ・グラム・アフマド（Mirza Ghulam Ahmad : 1835–1908）が開祖であり、独自のイスラーム解釈でインドにおいて拡大し、コーランの各国語訳によって海外への布教活動に積極的に取り組んだ。一九二〇年、アフマディー派組織によりムハンマド・サーディク（Muhammad Sadiq : 1872–1957）師が米国に派遣され、シカゴを拠点としてキリスト教布教を真似てイスラームの布教に取り組んだ。興味深いエピソードとして、サーディク師は入国審査の際に、米国で禁じられている重婚（イスラームでは四人の妻帯が認められる）を容認する説教を行う可能性があるとして身柄を拘留された。サーディク師は拘留所で最初の黒人のムスリム改宗者を出したとされている。また、インド渡航以来イスラームに魅了され、米国内でイスラーム啓蒙活動に尽力したアレクサンダー・ラッセル・ウェブ（Alexander Russell Webb : 1846–1916）も当時のアフマディー派と近い関係にあったという。(28)

アフマディー派は、米国の黒人社会でイスラームへの関心を高めることに大きな役割を果たしたが、一九六〇年代に入ると黒人社会におけるその活動は限界を迎えた。理由の一つは、黒人社会におけるネイション・オブ・イスラームの台頭であり、黒人たちが南アジア系の「外国人」ムスリムから自立し始めたことによる。もう一つの理由は、一九六五年移民法の改正［後述］により、アフマディー派のような特殊で小規模な宗派に属しない「一般的な」スンナ派のムスリムが多数移民したことで、アフマディー派の先駆的役割と指導的役割が弱まったことにある。(29)

その他では、スンナ派の潮流の一つであるが、現在のパキスタンやバングラデシュで多くの信徒を持つタブリーギー・ジャマーアト（Tablighi Jama'at「唱導・伝道の集団」の意）も米国で一時的に勢いがあった。タブリーギーによ

表1－5　州別ムスリム人口比

	2020年		2010年		2000年	
州	順位	人口比（%）	順位	人口比（%）	順位	人口比（%）
イリノイ	1	3.7	1	2.8	4	1.0
ニューヨーク	2	3.6	3	2.0	3	1.2
ニュージャージー	3	3.5	4	1.8	2	1.4
メリーランド	4	3.1	11	0.6	5	1.0
ミシガン	5	2.4	6	1.2	7	0.8
ミネソタ	6	2.0	18	0.3	22	0.3
バージニア	7	2.0	2	2.7	9	0.7
マサチューセッツ	8	1.9	16	0.3	10	0.7
アリゾナ	9	1.5	37	0.1	24	0.2
カリフォルニア	10	1.3	9	0.7	8	0.8

（出所）Islam-Rankings by Area(States), The Association of Religion Data Archives ; ARDA. より筆者作成。

る米国での布教活動は一九五二年から始まった。米国内での最初の大規模集会は一九八〇年にデトロイトで行われ、一九八八年のシカゴでの集会では数千人の参加があり、当時としては在米ムスリムの最大の集会であったとされる。ただし、イスラーム伝統主義集団とされるタブリーギー・ジャマーアトは、米国など非イスラーム圏での政治や社会への参加には消極的であり、一般には目立たない存在となっている(30)［後述］。

都市部と接戦州への偏在

米国ムスリムは、移民系も黒人系もともに、「都市的な性格」が強いとされる。すなわち、黒人系ムスリムの先祖は、その多くが奴隷解放後に労働力として北部の都市に移動し、移民系ムスリムも一九世紀終盤以降、労働力として都市部とその近郊に居住した。結果的に、ニューヨーク、フィラデルフィア、ボストン、デトロイト、シカゴ、ロサンゼルス、サンフランシスコといった大都市圏が米国ムスリムの主要な居住地域となった(31)。

現状の州単位のムスリム人口に関して、米国のＡＲＤＡ（The Association of Religion Data Archives）の統計（二〇二〇年）を参照すると、ムスリムの人口比率の高い州は表1－5のようになる。

この統計から、もとよりムスリム人口の多い州でも少ない州でも、総じてムスリム人口が増えていることが分かる。そして重要な点は、ムスリム人口比率の高い州には、接戦州（swing states）、あるいは激戦州（battleground states）と呼ばれる、大統領選挙時などで共和党支持者と民主党支持者が拮抗する州が含まれていることである。一例として、接戦州の一つであるミシガン州では、一九九〇年代以降の大統領選挙で、民主党候補が続けて勝利してきた。しかし、二〇一六年選挙では、僅差ではあったが共和党のトランプが勝利した（同州での一般投票の得票率は共和党四七・五％、民主党四七・三％）。四年後の二〇二〇年選挙では民主党のバイデンが勝利を取り戻したが（同じく共和党四七・八％、民主党五〇・六％）、今後も接戦が予想される重要な州となっている。

なおミシガン州の中心都市デトロイトを含むウェイン郡（Wayne County）は、ムスリムあるいはアラブ系の住民の比率が全米で最も高い地域である。同郡内でもディアボーンとハムトラムク（Hamtramck）は、ムスリムあるいはアラブ系が特に集中しており、米国ムスリムの政治的関与を観察するうえで興味深い対象となっている。[32]

増加するモスク

米国では「イスラミック・センター」や「マスジド（Masjid）」と呼ばれることもあるが、ここでは総称として「モスク」を使用する。モスクは単に礼拝場としてではなく、地域社会の集会場として、また時には有権者登録や予備選挙（党員集会）の会場となるなど、政治的にも重要な役割を果たす。米国ムスリムの多様性を反映して、米国には世界各地にある様々な様式のモスクが集まっている。建造物としてのモスクの規模は、千人以上が一同に礼拝できる郊外型の大規模モスクから、一見モスクとは見えない一般的な建物や、集合住宅の「間借り」の一室といった小規模のものまで多様である。[33]

表1-6で示すISPUの調査によると、全米でのモスク数は二〇〇〇年に一二〇九、二〇一〇年に二一〇六（一〇年間の増加率七四％）、そして二〇二〇年には二七六九（同三一％）と増大している。これは継続的なムスリム人口の

表1－6　州別モスク数

順　位（2020年）	州	モスク数（2020年）	モスク数（2010年）	増加率（％）
1	ニューヨーク	343	257	33
2	カリフォルニア	304	246	24
3	テキサス	224	166	35
4	フロリダ	157	118	33
5	ニュージャージー	141	109	29
6	イリノイ	128	109	17
7	ミシガン	127	77	65
8	ペンシルベニア	112	99	13
9	ジョージア	99	69	43
10	オハイオ	94	60	57
…	…	…	…	…
46	バーモント	4	1	—
47	ハワイ	3	2	—
48	モンタナ	3	2	—
49	ワイオミング	3	3	—
50	アラスカ	2	3	—

（出所）Ihsan Bagby, “The American Mosque 2020,” p. 8. より筆者作成。

増加、特に新たな移民系ムスリムが自分たちのモスクを新規に設置していることが背景にある。前出のピューの調査（二〇一七年）では、二〇一〇年から二〇一七年のムスリムの人口増加率が二六％であったが、この値は右のほぼ同期間のモスクの増加率三一％と同期しているとみなせる。

同じくＩＳＰＵのモスク調査で興味深いのは、従来の市街中心地にあった小規模のモスクが減少し（二〇一〇年の一七％から二〇二〇年の六％に減少）、代わって郊外の大規模モスクが増加する傾向がみられる点である。これはムスリムの人口増と家族構成の変化に伴い、住宅の郊外化が影響していると考えられる。また、都心部でのモスクの増改築や新規建設には周辺住民による反対がみられることもあり（モスク管理者の二八％が、周辺からの反対が存在すると回答している）、「九・一一テロ事件」以降のイスラモフォビアが影響していると考えられる。

また増加する新たなモスクは専用モスク（purpose-built）として設置されている傾向があり（専用モスクの数は二〇〇〇年の三一四、全体の二六％から、二〇二〇年の一〇二五、全体の三七％に増加）、しばしば見られる既存の建造物を流用したモスクは徐々に少なくなってきている。

全米におけるこれらのモスクの分布は、州別のムスリム人口（比率）と連動していると考えられ、ニューヨーク州やカリフォルニア州など大都市を含む州にモスク分布の偏りがみられる。また、二〇一〇年から二〇二〇年までの新規モスクの増加率では、ミシガン州、オハイオ州、ジョージア州、テキサス州、フロリダ州などが目立っており、このことは大統領選挙時の接戦州でのムスリム人口の増加を示唆している。

社会経済的地位

米国ムスリムは、学位取得率など教育水準に関して、米国人一般あるいは他の宗教・宗派社会と比較しても大差はない。ただし移民系ムスリムは、米国人一般や米国生まれの黒人系ムスリムよりも学歴が高い傾向を示す。これは、高学歴者を優遇する米国の移民受け入れ政策が理由となる。[34]

米国ムスリムの経済的地位について、MAPSによる初期の調査（二〇〇一年）では、年間世帯収入が七・五万ドルを超えるムスリムが二八％（米国人一般で一七％）、五万ドルから七・五万ドル未満のムスリムが二二％（同一六％）であり、米国ムスリム社会は「相対的に裕福である」と報告されていた。[35]

しかし後のピューの調査（二〇一七年）によると、年間世帯収入について一〇万ドル以上とするものが二四％（米国人一般で二三％）である一方、三万ドル以下とするものが四〇％（同三二％）となっており、経済格差の存在を示唆している。また、住宅所有率は三七％（同五七％）、失業率は二九％（同一二％）となっており、ムスリムの経済事情は必ずしも堅調とはいえない。[36]

さらにＩＳＰＵの調査（二〇二二年）は、より詳細かつ悲観的である。年間世帯収入について、一〇万ドル以上とするムスリムが二二％でユダヤ系の四四％には劣るものの他とほぼ同水準である。しかし、三万ドル以下とするムスリムが三三％（プロテスタントで一九％、カトリックで二〇％、ユダヤ系で一二％、白人福音派で一四％、米国人一般で二六％）となっている。前述のように米国ムスリムは若年層の割合が大きいことから収入が低い可能性もあるが、全体として低収入層が大きい。また、三万ドル以下を米国ムスリム内で人種・エスニック的に分類すると、黒人系が四一％、白人系が二五％、アジア系が二三％（米国黒人平均で四三％、米国白人平均で二一％）となり、米国ムスリム内でも経済的地位に関して黒人系ムスリムが最下層に位置する。(37)

ギャラップの調査（二〇〇九年）では、現在の生活水準について「満足」と答える者がアジア系ムスリムの八二％に対して、黒人系ムスリムは五〇％と低く、「不満足」と答える者がアジア系では一七％、黒人系では四八％となる。これらの数値は米国黒人社会全般にみられる相対的に低い生活水準と関連するものであろうが、米国ムスリム内での経済的格差の存在は否定できないであろう。(38)

ヨーロッパ諸国との比較

これまでに述べてきた米国ムスリムの実態は、米国と同じく本来は非イスラーム圏であるヨーロッパ諸国のムスリムの実態とはいくつかの点で大きく異なる。

国の総人口の中でムスリムが占める人口比は、米国では約一％にとどまるが、ＥＵ（ヨーロッパ連合）諸国（二〇一七年当時の加盟国二八カ国）では平均して五％前後とみられる。ムスリム人口比の大きい順で、フランスが八・八％、スウェーデンが八・一％、ベルギーが七・六％、オランダが七・一％、その他オーストリア、イギリス、スイスが六％台となっている。人口数ではフランスが最大で約五七二万人（アルジェリア、モロッコ、チュニジアのマグレブ諸国出身のアラブ系が中心）、次いでドイツが約四九五万人（トルコ系が中心）、イギリスが約四一三万人（インド・パキスタン系が中心）と続く。ヨーロッパ諸国でのムスリム人口は年々増加しており、二〇五〇年には人口比で倍増し、平均一一・二%に達するとみられている。この場合、スウェーデンが二〇・五%、フランスが一七・四%、イギリスが一六・七%、ベルギーが一五・〇%、オランダが一二・五%となり、人口ではイギリスが約一三〇〇万人となりフランスの約一二六〇万人を抜くものとみられている。なお、ドイツをはじめとするヨーロッパ諸国でのムスリム人口の増加は、二〇一〇年代半ばのシリアなどからの難民の急増に大きく影響を受けている。ピューの試算では、ヨーロッパ諸国で現状の移民受け入れ政策が継続するとして、最大で一四%、移民受け入れを停止する場合でも出生率の高さから総人口比七・四%までは増大するとしている[39]。

このような米国とヨーロッパ諸国とのムスリム人口比の相違を反映して、「個人的にムスリムを知っているか」との質問に対し、肯定的に答える者が米国では四六%であるのに対し、フランスでは七九%、イギリスでは七一%となっている。米国内での地域差もあるが、米国の非ムスリムはヨーロッパ諸国と比べ、総じてイスラームやムスリムに対する知識や接触体験が少ないことを示している[40]。

一方で、ムスリムの側からみた居住国に対する姿勢や、居住国における自身の立場については、米国ムスリムはヨーロッパのムスリムより居住国に親和的な傾向がある。自身のアイデンティティに関して、居住国の国民としてではなくムスリムであることを優先する者が米国では四七%、フランスでは四六%でほぼ同等であるが、イギリスでは八一%、ドイツでは六六%、スペインでは六九%であり、米国ムスリムはイギリス、ドイツ、スペインなどよりは居住国に対する親和的傾向が強く、社会的統合の度合いが相対的に高いことを示唆している[41]。

経済的地位については、国民全体の低所得層の割合とムスリムの低所得層の割合の差違を比較すると、米国ムスリムは二ポイント程度であるのに対して、イギリスでは二二ポイント、フランスおよびドイツでは一八ポイント、スペインでは二三ポイントとなっており、ヨーロッパ諸国ではムスリムが低所得層に多いことが分かる。世帯収入の比較でも、前述のように米国では黒人系ムスリムが最下層となる内部格差が存在するものの、全体的にみれば米国ムスリムはヨーロッパのムスリムよりも相対的に豊かであるといえる[42]。

米国の移民とムスリムを研究するピーター・スケリー（Peter Skerry）は、米国ムスリムの特殊性として、人口規模と経済的地位の違いに加えて、米国ムスリムの分散した居住地域、出自の多様性、宗教的な自由、権利擁護組織の活発性を指摘する。米国ムスリムは広大な国土と多くの都市に分散しており、ヨーロッパ諸国と違い特定の地域や地区に集中して居住することがない（ディアボーンやハムトラムクは例外となる）。さらに出自の多様性も加わることで、特定の集団（セクト）が優勢になることがなく、米国社会に同化しやすい。信仰実践においても自由度が高く、フランスのように宗教的帰属の表出となるスカーフ着用の是非などが問題化することもない。さらに米国では市民社会組織や権利擁護組織などマイノリティをサポートする活動が顕著であり、黒人、ユダヤ系、日系米国人などの過去の経験からマイノリティの市民権（公民権）・人権擁護運動への理解が共有されている[43]。

またプリンストン大学のアマネイ・ジャマル（Amaney Jamal）は、米国ムスリムの特殊性として、米国ムスリムが宗教的な自由と経済的な成功を可能にする米国の構造に上手く適合していることを指摘し、「米国ムスリムは米国の民主主義の直接の受益者であり、したがって現状を維持することに利益を見いだしている」と分析している[44]。

このような米国ムスリムの特殊性についての関心は、「九・一一テロ事件」以降のイスラモフォビアの高まりに対応した議論でもある。ピューのヨーロッパ諸国のムスリムに関する世論調査（二〇〇六年）と、米国ムスリムに関する最初の大規模世論調査（二〇〇七年）は、テロ問題に対する懸念を背景に実施されたものである。そして、副題に「中産階級、概ね主流派（"Middle Class and Mostly Mainstream"）」と付されたピューの後者の調査報告書は、米国ムスリムは概ね米国社会に順応しており、テロに至るような急進的イスラーム主義には感化されていないことを諸々のデータにより提示する内容となっている[45]。

3　米国ムスリムの歴史的背景

移民系ムスリム

米国におけるイスラームとムスリムの歴史は、大西洋を挟んだ「旧大陸」と「新大陸」との複雑な関係の歴史でもある。一五世紀から一六世紀にかけ、ヨーロッパの強国が「新大陸」への交易路開拓に積極化したのは、当時の地中海以東の交易路を独占支配するオスマン帝国というイスラーム国家を回避するためでもあった。このヨーロッパの強国による「新大陸」進出が、結果的に米国におけるイスラームとムスリムの起源となっていったことは興味深い(46)。

米国ムスリム研究の先駆的役割を担ったスレイマン・ニャン（Sulayman S. Nyang）は、建国以前も含めた米国におけるイスラームの歴史を、以下の四つの画期に分ける(47)。

第一期は、コロンブスの「アメリカ発見」以前の一四世紀に始まる。既にこの時代に、西アフリカのムスリムがメキシコ湾岸地域に移動していた史的記録が散見される。これらの史的記録は確固としたものではないが、後にネイション・オブ・イスラームなどによるブラック・ナショナリズムが興隆した時期に、『アメリカ発見』はムスリムによってなされた」という言説が強調されることにもつながった。

第二期は、南北戦争以前の時代、およそ一九世紀半ばまでであり、黒人奴隷の歴史と重なる。セネガンビアを中心とする西アフリカからの黒人奴隷のうち、少なくとも一割はムスリムであったと考えられる。厳しい奴隷制度の中で奴隷がイスラームの慣習を維持することはほとんど不可能であったが、例外的に奴隷によるイスラームの慣習維持の記録が残されている(48)。

第三期は、南北戦争以後の一九世紀終盤、オスマン帝国下のアラブ人が米国東海岸と中西部に移民した時代である。初期のアラブ系キリスト教徒に続き、アラブ系ムスリムも移民した。米国の移民当局の記録としては「トルコ人」と

「シリア人」とされた。

第四期は、第二次世界大戦後の時代であり、この期のムスリム移民は米国に広範な「イスラーム的諸構造と諸制度(Islamic structures and institutions)」を建設していくことになる。

このニャンの分類で、前半二つの画期は黒人奴隷の歴史であるが、米国における黒人系ムスリムの初期の歴史でもある。この分類による後半二つの画期が、強制的ではなく自発的な移動による移民系ムスリムの歴史の主体となる。

このようなムスリムによる自発的な米国への移民には、以下の五つの「波」があった(49)。

①一八七五～一九一二年：オスマン帝国領内の「大シリア」(概ね現在のシリア、レバノン、イスラエル、パレスチナ、ヨルダン) 地域からの移民がみられ、当地のキリスト教系の学校 (missionary school) で学習したキリスト教徒が移民の主体であったが、スンナ派、シーア派、アラウィ派、ドルーズ派などのムスリムも少数含まれていた。多くは特別な技能を持たない出稼ぎ目的の若年者移民であり、多くは後に帰国した。しかし、その一部は米国に残留し、自発的移民としては最初期のムスリム移民となった。これらの移民は、文化や慣習の違う環境の中で、同郷出身者を中心とする小規模の共同体を形成していた。

②一九一八～一九二二年：オスマン帝国崩壊から英仏の委任統治時代の初期にあたり、既に米国内に定住していた先行移民の親族が移民の中心となった。一九二一年の米国での移民法改正、さらにこれを厳格化した一九二四年改正の移民法 (Johnson-Reed Act) は米国史上最も本格的な移民制限を課した法律であり、移民受け入れのクオータ制度(母国籍割当制度)が導入されたことでムスリム移民は制限されることとなった(50)。

③一九三〇～一九三八年：ムスリム移民は米国で定住している先行移民の親族に限定された形で継続したが、この期のムスリム移民の数は限定的であった。

④一九四七～一九六〇年：一九五二年改正の移民法 (McCarran-Walter Act) による新たなクオータ制度が適用され

たが、この恩恵を受けたのは主としてヨーロッパからの移民であった。それでも一定のムスリム移民は継続し、中東地域だけではなく、インド・パキスタン、東欧（アルバニア、ユーゴスラビア）、ソ連からのムスリム移民も少数ながら含まれた。

⑤一九六七年以降：一九六七年の第三次中東戦争（六月戦争）は、敗北したアラブ諸国から米国への移民を増加させる一因となった。しかし、より重要な転機は、一九六五年の改正移民法（Hart-Celler Act）によってリンドン・ジョンソン（Lyndon B. Johnson）政権が移民政策に関して従来のクオータ制度を廃止し、職能重視と家族再統合原則に基づいた移民受け入れに転換したことにある。これによりヨーロッパ系移民が相対的に減少した一方、ムスリムを多く含む中東系・アジア系移民が急速に増大した。この一九六五年の移民法改正は、米国ムスリムの移民の歴史において重要な転機となった。この移民法改正によって、中東、南アジア、アフリカのイスラーム地域諸国からの専門知識や特定技能を持った新たなムスリム移民が急増した[51]。

一九六五年以前、米国ムスリムの圧倒的多数は黒人系であり、移民系はシーア派とアフマディー派にほぼ限定されていた。初期のムスリム移民の動機は主として経済的なものであり、多くの者は出稼ぎ労働者として、いずれは帰国することを前提としていた。また移民の規模も小さく、初期の移住先となった米国中西部では顕著なムスリム共同体は形成されず、イスラームの実践や布教にも強い関心が向けられなかった。総じて、初期のムスリム移民は脆弱な生活環境にあり、経済的な動機と必要性から、米国社会への同化（ムスリムとしてのアイデンティティを弱め、米国の生活慣習に合わせること）を選択していった。また彼らは、多くが低い社会経済的地位にあり、政治参加への関心は希薄であったと考えられる[52]。

一九六五年の移民法改正と前後する時期、一九六四年の公民権法（Civil Rights Act of 1964）の成立にみられるように、米国では黒人を主体とする公民権運動の成果により、マイノリティの権利擁護の概念が拡大していた。また、一九六〇年代から一九七〇年代にかけて、米国社会におけるマイノリティの統合のあり方は、自身のアイデンティティを弱めるか放棄する「同化主義」（＝メルティング・ポット）から、自身のアイデンティティを保持し強化しつつ参加する「多文化主義」へと移行したといわれる。このような受け入れ側である米国の政治的社会的環境が変化する中で、移民系ムスリムにとってはムスリムとしてのアイデンティティを維持しつつ社会参画することへの障害や抵抗感は大幅に低下した。これ以降、移民系ムスリムは米国内で積極的にムスリム組織やネットワークなどの制度構築に取り組んでいくことになる。(53)

なお、この時期に移民し、米国の大学キャンパスで学んだ若いムスリム学生らがＭＳＡ（Muslim Students Association of the United States and Canada）を組織し、これが母体となり一九八一年にＩＳＮＡが設立された。やがてＭＳＡ出身のムスリムが社会で活動するようになり、それぞれの専門職でムスリム組織を形成し、これらが参画することでＩＳＮＡは成長し、一九九〇年代には北米におけるムスリム諸組織を束ねる統括組織となった。さらにムスリム移民の二世・三世以降の若年層を対象にしたＭＹＮＡ（Muslim Youth of North America）がＩＳＮＡ参画へのリクルート機能を果たしている。また、黒人系のムスリム組織もＩＳＮＡに参画しており、ＩＳＮＡは多様な米国ムスリム社会を包摂するシンボル的な組織となっている。(54)

一九六〇年代から一九七〇年代の米国側の変化がムスリム移民の「プル要因」であるならば、この期以降、中東やアジアのイスラーム地域諸国の政治変動に起因する「プッシュ要因」がムスリム移民を増大させた。アラブ・イスラエル紛争（一九六七年）、東西パキスタン分離（一九七一年）、レバノン内戦（一九七五年から）、イラン・イスラーム革命（一九七九年）、アフガニスタン内戦（一九七九年から）、ソマリア内戦（一九八八年から）、スーダン内戦（一九八〇年代以降）、湾岸戦争（一九九一年）、そして旧ユーゴスラビア内戦（ボスニア内戦、一九九〇年代前半）などの混乱から逃れるため、その行き先の有力候補として米国が選ばれることになった。

黒人系ムスリム

イスラームと米国の黒人社会との関係を考察するシャーマン・ジャクソン（Sherman A. Jackson）は、米国黒人社会でのイスラームの広まりについて、以下の四つの点を指摘している。①イスラームが米国の黒人社会に広まったのは二〇世紀の現象であり、②これは米国北部での現象であり、③これは都市部での現象であり、④これは労働者階級と下層階級での現象である。二〇世紀に入り、米国の工業化に伴う雇用機会の増大によって南部の多くの黒人が北部の産業都市部に移動し始めた。しかし、北部の都市においても彼らは貧しく教育も不十分であり、また黒人キリスト教会も彼らを十分に包摂することはなかった。このような文脈の中で、ティモシー・ドゥリュー（Timothy Drew）やイライジャ・プール（Elijah Poole）らが登場し、彼らは「黒人キリスト教会による逆境が作り出した真空地帯に踏み込んだ」のである。(55)

奴隷解放以降の米国における黒人系ムスリムの現代史は、複数の著名人物を中心にして既に多くが議論されている。その中でも、ネイション・オブ・イスラーム［以下、ＮＯＩ］に関する経緯は、以下のようにまとめられるであろう。(56)

一九世紀後半に解放された黒人奴隷たちは、米国社会で継続する厳しい人種差別の中で自分たちの居場所とアイデンティティを模索することになった。ノーブル・ドゥリュー・アリ（Noble Drew Ali）は、その鍵をイスラームに見いだした。一八八六年、ノースカロライナ州でティモシー・ドゥリューとして生まれたアリは、モロッコへの旅でイスラームに感化され、奴隷とされた黒人の本来のアイデンティティは「アジア（Asiatic）」であり「ムーア人（Moorish）」であると唱えた。著した“The Holy Koran of the Moorish Science Temple of America”は、伝統的なイスラームやコーランから乖離した内容であったが、預言者と自称し「愛、真実、平和、自由、正義」を五大原則としたアリの説教は、厳しい社会環境に置かれていた黒人層への訴求力があった。

最初の祈祷所が一九一三年にニューアークに建てられ、その後シカゴを中心にMoorish Science Temple of America（以下、ＭＳＴＡ）はコミュニティを拡大していった。しかし、一九二九年のアリの死によってカリスマ的指導者を失い、組織は弱体化した。アリの活動と伝統的なイスラームとの直接の関わりは曖昧であったが、MSTAはアフマディー派以外のイスラームを米国の黒人に伝える役割を果たした。

しかし、現在に至る米国の黒人系ムスリムの原点となったのは、イライジャ・ムハンマド（Elijah Muhammad）によるNOIの活動であった。一八九七年、イライジャ・プールとしてジョージア州に生まれたムハンマドは、聖地メッカから来た救世主（Mahdi）であると自称するウォレス・ファード（Wallace D. Fard）を師とした。一九三二年、ファードがデトロイトから失踪したのと前後してムハンマドはシカゴに移り、ファードの信徒らを自身の指導の下に置いた。その後、この信徒集団を明確な上下関係と役職を持つNOIとして組織化し、独自の自警組織（Fruit of Islam）を持つ一大組織にまとめ上げた。NOIの構成員は自らのアイデンティティを「アジア」としながらも、アフリカの「シャッバーズ族（Tribe of Shabazz）」に起源を求めた。MSTAと同様に、ムハンマドが独自に構築したNOIの教義も、伝統的なイスラームとの関係は希薄であった。白人を悪と捉え、黒人を選民とするNOIの基本思想は、イスラームという宗教よりも人種思想に力点を置く性格のものであった。このようなイスラームの名を冠した実質的には黒人至上主義のNOIの思想は黒人社会に浸透し、一九四〇年代以降その勢力を拡大することになった。

一九四七年にNOIの構成員となったマルコムX（Malcolm X）は、イライジャ・ムハンマドの庇護の下にありながらもNOIの新指導者として注目される存在となった。一九六〇年代初頭、そのカリスマ性を発揮したマルコムはムハンマドに代わって事実上NOIの指導的地位についた。マルコムと親交のあった人気プロボクサーのカシアス・クレイ（Cassius Marcellus Clay Jr.）がムスリムに改宗し「モハメド・アリ（Muhammad Ali）」と改名したのはこの頃であった。

同時期にマーティン・ルーサー・キング（Martin Luther King Jr.）牧師が穏健な形で公民権運動を率いていたのに対し、マルコムらNOIは急進的な黒人至上主義を主張し、反動的なブラック・ムスリムとして警戒視されるようになっていた。一方でマルコムは、指導者ムハンマドやNOIの他の構成員との確執などもあり、組織の中で孤立していった。自身の役割に限界を感じたマルコムは、一九六四年四月、メッカへの巡礼に向かった。メッカを含むイスラーム圏の各所で伝統的なイスラームに接したマルコムは、「正統派ムスリム」への回帰を宣言し、名もEl-Hajj Malik el-Shabazzと改名した。

一九六五年二月のマルコム暗殺以後もNOIは発展し、一九七〇年代に入ると構成員は百万人、全米に数十カ所の支部（temples）を有していたとされる。しかし、一九七五年に指導者ムハンマドが死去すると組織は転機を迎えた。ムハンマドの息子であるウォーレス・ムハンマド（Wallace Muhammad）がNOIを引き継いだが、ウォーレスは以前から父やマルコムが率いるNOIのあり方に疑問を抱いていた。コーランとアラビア語を学修したウォーレスは一九六七年にメッカ巡礼を経験し、マルコム同様に正統派イスラーム（スンナ派）への回帰を目標とした。そしてウォーレスはファードや父ムハンマドの黒人至上主義を否定し、自警組織も解散し、NOIの性格を政治的な人種思想・運動から精神的なイスラーム信仰へと転換することを試みた。ウォーレスは組織名自体をNOIからWorld Community of Islam in the West を経て、American Muslim Missionと改め、自身の名をウォーリス・ディーン・モハメド（Warith Deen Mohammed）と改め、機関誌名も"Muhammad Speaks"から"Bilalian News"を経て"American Muslim Journal"と改めた（最終的には"Muslim Journal"）。

このようなウォーリスによる「変革」に反対したのがNOIの保守強硬派を率いるルイス・ファラカン（Louis Farrakhan）であった。一九八〇年代、ファラカンはウォーリスにより事実上解体されたNOIの「原点回帰」、すなわち黒人至上主義の政治的な人種運動を復活させた。ファラカンは自警組織も復活させ、しばしば過激な黒人至上主義的言動で論争をもたらし、一九九五年にはワシントンDCでムスリムに限定されない黒人による「百万人行進」を主催するなど、NOIの指導的地位を引き継いだ(57)。

一九八〇年代以降、ウォーリス・ディーン・モハメドは、イマームとして元NOIの構成員や新規の入信者に穏健ながらも積極的な啓蒙活動を行った。一九八五年にAmerican Society of Muslim : ASM（最終的にはThe Mosque Cares）と組織名を改め、NOIと一線を画する姿勢は米国内外のイスラーム社会に評価され、ウォーリス・ディーンは米国のイスラーム指導者の一人として国際的に認知されるようになった。ウォーリス・ディーンの組織はISNA傘下の一組織となり、二〇〇八年に死去するまでウォーリス・ディーンはイマームとして米国の黒人系ムスリムを代表する指導者であった。

内部が多様な米国ムスリム社会の中で、ウォーリス・ディーンが果たした最大の役割は、一九六〇年代以降増大した移民系ムスリムと、NOIの下で偏狭なイスラーム解釈をもった黒人系ムスリムとのギャップを埋め合わせたことにあるといえる。米国内では、他の移民系ムスリムやその組織はNOIが代表する黒人系ムスリムを「亜種」とみなす傾向が強く距離感があったが、ウォーリス・ディーンの指導の下で両者間の距離は縮まった。一例として、元NOIの構成員であったシラジ・ワハジ（Siraj Wahaj）は主流のスンナ派ムスリムとなり、後にISNAの副会長を務め、一九九一年には米国連邦下院議会でムスリムによる初めての祝祷（invocation）を務めるなど、NOI出身の黒人系でありながら米国ムスリム社会の中で指導的役割を果たしている(58)。

なお、米国の黒人系ムスリムの多数が右でみたようなNOIの系譜に属するが、これ以外のイスラーム集団を通じてムスリムに改宗する黒人も多い。これらのイスラーム集団は、それぞれに異なった信仰形態を持つが、全てスンナ派イスラームの系譜に属するとされ、かつてのNOIのような黒人至上主義や排斥主義とは一線を画する(59)。

このような黒人系ムスリムに共通する特質は、移民系ムスリムがその出自によって自動的にムスリムとなるのに対し、黒人のイスラーム信仰の動機が米国における人種問題（黒人差別）と密接に関係しているという点である。かつてのMSTAやNOIは、白人優位の社会や伝統的キリスト教会への反発と不信をその原動力とした。このため黒人は、イスラームを社会正義と平等の実現の一手段と捉える傾向を強めたが、そこでは必ずしもイスラームの主流派あるいは正統派の教義に拘泥する必要はなかった。この点についてエドワード・カーティス（Edward E. Curtis Ⅳ）は、黒人系ムスリムの代表者であったウォーリス・ディーンの功績として「現在の黒人の必要性に合致するイスラームの解釈をもたらすこと」にあったと指摘する。またジャクソンは、MSTAやNOIが伝統的なイスラームとは距離があったとはいえ、イスラームを黒人による文化的・イデオロギー的「所有物（property）」に変革させた点を評価する。いずれの指摘も、厳しい環境に置かれた米国の黒人が、移民系ムスリムが米国ムスリム内で多数派となる以前から、自発的にイスラームを必要とし、これを加工しつつ取り入れていった歴史を示している。(60)

4 米国ムスリム研究の概観

多岐にわたる研究分野

米国ムスリムについての研究状況をまとめたレナード［前出］は、自国内のムスリム研究が進んでいるヨーロッパ諸国と違い、米国でのムスリム研究は、従来からの黒人系を対象とするものを除けば、相対的に未発展であると述べている。しかし「九・一一テロ事件」以降は、米国ムスリムに対する関心は学術研究の分野でも急速に拡大しており、米国ムスリム研究は過去約二〇年間で大きく発展してきた。そこで扱われるイシュー領域は、概ね以下のように分類できよう。(61)

①移民としての歴史（Immigrant History）

この分野は、一九世紀以降の米国へのムスリム移民の歴史が中心となる。移民前の出身国の事情から、米国でのコミュニティ形成過程などが扱われる。ムスリム移民については、中東地域および南アジア地域の出身地域別で扱われることが多い。ムスリム移民の歴史研究は、米国研究において従来からの重要な研究分野である移民研究を補完するものとなっている。

②黒人系ムスリム（Race / Black Muslim）

黒人系ムスリムに関しては米国研究のなかで既に一つの独立した研究分野が形成されている。すなわち、米国建国期の奴隷時代と奴隷解放、二〇世紀以降のＭＳＴＡやＮＯＩの活動、そして現在に至る黒人系ムスリムの個人や組織が研究対象とされる。マルコムXなど著名人の経歴も含めて、この分野に関しては日本語文献も多い。この分野の研究も、従来の研究分野である人種の観点からの米国黒人研究を、イスラームとムスリムの観点から補完するものとなっている。

③宗教と社会（Religion / Society）

この分野は、イスラームがムスリムの社会生活の広い範囲に関わることからイシュー横断的となるが、主としてムスリムとしてのアイデンティティに関わる問題、イスラーム的生活様式やムスリムの社会統合、出自やエスニシティとの関連、スーフィー教団も含めた宗教的マイノリティの実態調査などが含まれる。特に近年では、ムスリム女性の人権、フェミニズム、ジェンダーなどの新しい視点での研究が増えており、「イスラームとジェンダー」といった一つの独立した研究分野が発展しつつある。

④国内政治と対外政策（Politics / Foreign Policy）

これは米国ムスリムを政治的主体として扱う分野となる。イスラームと民主主義、ムスリムの政治的関与、および対外政策との関連などが議論の焦点となる。米国ムスリムとしての政治思想・政治哲学から、現場での政治参加の実践まで幅広く扱われているが、総じて米国政治外交研究の分野において米国ムスリムは新しい分析対象といえる。本書の研究は、この分野での貢献を意図したものである。

⑤イスラモフォビア（Islamophobia）

これはムスリムを米国における差別・偏見の対象として扱う特殊な分野であり、差別・偏見の具体的事象を扱うものから、イスラモフォビアを「オリエンタリズム」論の延長として人文・社会科学の複合的な視点から議論するものまで幅がある。これらの議論は、イスラモフォビアの存在を批判的に捉える点で共通しているが、一方では、イスラモフォビアを拡散するようなセンセーショナリズムに偏った内容のものも少なくない。このようなイスラモフォビアをめぐる議論は「九・一一テロ事件」以降に急速に拡大した(62)。

⑥米国ムスリムによる個人的な記述（Biography／Memoir）

これは米国ムスリム自身による自伝、体験記、モノローグ、またムスリムを対象とした取材記録や写真集などであり、分析的なものではなく記述的なものが中心となる。個人的な描写を中心とするものが多く、しばしば小規模の出版形態となるが、米国ムスリムの「生の声」を拾い集めることができる。

⑦レファレンス用途（Reference）

インターネット上のものも含め、米国ムスリムに関する百科事典、用語集、ハンドブック（便覧）などが刊行されており、レファレンス用途として有用である。米国ムスリムの代表的研究機関であるＩＳＰＵが分野別の文献目録と解題（annotated bibliography）を公開し、随時アップデートしている(63)。

⑧研究機関による調査報告書

世論調査や統計で学術的にも信頼性の高いピュー・リサーチセンターは、その人口規模も含めて把握が難しい米国ムスリムについて全米規模での調査を行ってきた。その調査報告書は、最初のものが二〇〇七年版であり、その後に二〇一一年版と二〇一七年版が続いている(64)。

ＩＳＰＵは米国ムスリムに特化した多角的な調査研究を行っており、米国ムスリムについて重要な情報・データ提供機関となっている。ＩＳＰＵは、二〇一六年以降、米国ムスリムに関する広範囲のアンケート調査に基づく調査報告書を公開している。最新のものは二〇二二年度版であり、同時に行われた米国モスク調査と合わせて、直近の米国ムスリムの動向の把握に貢献している(65)。

その他、人権やイスラモフォビアの問題に特化しているＣＡＩＲも随時調査報告書を公開している。ギャラップは二〇一一年に「九・一一テロ事件」から一〇年を機に調査を行い、単年の分析ではあるが他を補完するデータを提供している(66)。

ゾグビー（Zogby International）社は、従来から在米のアラブ系を調査対象としてきたが、その下位分類としてムスリムを抽出して提示することがある。アジア系や黒人系のムスリムが調査対象に含まれないことが限界となるが、中東問題とアラブ系米国ムスリムとの関係についての重要な情報源となっている。(67)

研究の変遷と発展

米国ムスリム研究は、一九八〇年代がその萌芽期となる。一九八〇年代以前では、人種問題の枠内でNOIなどの黒人系ムスリムが研究されることを除いては、米国ムスリムはまとまった研究対象ではなかった。一九七九年のイラン・イスラーム革命の影響もあり、一九八〇年代にはイスラーム全般に対する関心は拡大したが、米国内在住のムスリムという特定の範疇への関心は必ずしも高まらなかった。この点についてレナードは、従来の研究が、黒人研究（ブラック・ナショナリズム、人種問題）と移民研究（エスニック・アイデンティティなど）に分かれていた状況を踏まえ、「一九九〇年代以前、研究分野における労働の分担（scholarly division of labor）によって、米国内のムスリムがしばしば見落とされてきた」と指摘している。(68)

このような状況の中で、一九八〇年代以降、イヴォンヌ・ハッダード（Yvonne Yazbeck Haddad）は、米国ムスリム研究において大きな貢献を果たした。自身も一九六〇年代初頭のシリアからの移民であるハッダード（キリスト教徒）は、移民系で中東系ムスリムを対象とする米国ムスリム研究の基盤を築いた。ハッダードは研究初期にあたる一九八四年の編著作で、「[イスラームの] 真正性（authenticity）への探求が、世界中でその数を増やしつつあるムスリムにとって、ますます主要な関心事となりつつある」と自身の問題意識を述べている。(69)

また、アフリカからの移民系・黒人系ムスリムであるハワード大学のニャン［前出］は、アフリカ、中東、そしてイスラームについての幅広い研究で重要な役割を果たし、米国ムスリムについても一九八〇年代の早い段階から研究の対象としていた。(70)

一九九〇年代になると、イスラーム全般に対する学術的な関心と社会一般の関心の双方がより高まっていった。その背景として、湾岸戦争（一九九一年）による中東地域に対する注目、テロ事件（一九九三年のニューヨークの世界貿易センタービル地下駐車場爆破、一九九八年の在ケニア・在タンザニア米国大使館爆破など）、冷戦終結後の世界秩序の模索、共産主義に代わるイスラーム急進主義の台頭、サミュエル・ハンティントン（Samuel P. Huntington）の『文明の衝突』（一九九三年）によるイスラーム脅威論などがあった。またクリントン政権がイスラームの祭事にムスリムをホワイトハウスに招くなど、米国内のムスリムに対する政治的な認知度も高まった。後述する米国ムスリムによる市民社会組織が設立されていったのも一九九〇年代である。

米国ムスリムに対する学術研究分野での関心は、ジョージタウン大学の研究所Center for Muslim-Christian Understanding所属の研究者を中心とする米国ムスリムの調査研究企画であるプロジェクトMAPSに収斂した。一九九九年に始まったMAPSは、米国ムスリムに関する抱括的な調査企画であり、米国ムスリム研究の先駆的なものとなった。同研究所所属のブハリが研究主任となり、米国におけるイスラーム研究の第一人者であるジョン・エスポジト（John L. Esposito）をはじめ、イスラームに関する主要な研究者と宗教指導者が多数参画した。ジョージタウン大学に籍を移したハッダードも、同企画に大きく貢献した。MAPSの研究成果は多方面から注目されることになったが、それは同企画実施期間の最中に「九・一一テロ事件」が発生し、米国とイスラームとの関係についての研究者の知見に対する社会的需要が一気に高まったからである(71)。

「九・一一テロ事件」を受けて、米国ムスリム研究は活性化された。一例として、二〇〇三年ウィルソン・センター（Woodrow Wilson International Center for Scholars）での学術会議は、当時の米国ムスリムに関する代表的な専門家・研究者を多数集めた合同研究企画であり、米国ムスリムに関連する諸問題が包括的に提示され議論された。この学術会議の報告書には、米国ムスリムの諸問題を考察するにあたって現在に至るまで有益な論考が揃っている(72)。

一方で懸念される問題として、「九・一一テロ事件」によってムスリムやイスラームの概念と認識が矮小化されることが指摘された。米国ムスリムに関する研究や出版物の量は増えたものの、その質は必ずしも向上したとはいえないという懸念もある。前出のレナードは、「研究者は、米国ムスリムを自発的な所属意識のない、出自に拘束され続ける集団としてステレオタイプ的に分析するのではなく、より民主的で内包的でコスモポリタン的な市民的文化を形成するような、多様なアイデンティティと所属意識を有した市民として扱わなければならない」と注意喚起している。米国ムスリム内部での多様性に留意し、より柔軟な存在として米国ムスリムを捉えるべきとするレナードの指摘は、今後の米国ムスリム研究にとって重要な示唆を含む(73)。

また、二〇一〇年に版を改めて米国ムスリムについての包括的研究書を刊行したスミス（Jane I. Smith）もまた、米国ムスリム社会の内部的な差異や分断に関心を示す章を追加した。ここでスミスは、米国ムスリムの多様性に起因する潜在的な緊張関係の源泉として、①イスラーム信仰における保守とリベラルの差異、②スンナ派とシーア派との潜在的な緊張関係、③移民系ムスリムと黒人系ムスリムとの距離感、④ムスリム男女間の不平等、⑤出身国と居住国（米国）との二重の所属意識の存在の五項目を指摘している。スミスは、「九・一一テロ事件」が、このような米国ムスリム社会内部にある差違や緊張関係を「一時的に覆い隠す(74)」ことになったが、これらが解消されたわけではないとし、米国ムスリムを一元的に扱うことの限界を指摘している。

より近年では、これまでの米国ムスリム研究を社会科学の手法でより精緻化すべきとの要請もある。ブライアン・カルファーノとナジタ・ラジェヴァルディ（Brian R. Calfano and Nazita Lajevardi）は、テロ事件など米国内外でのムスリムやイスラームに関わる事象に呼応する形での「単発的あるいは時事的な（episodic）」分析ではなく、より多くのデータに基づいた、比較可能で「定量的な（quantitative）」分析の必要性を提言しており、これによって米国ムスリム本来の内部の多様性を前提とした政治行動の理解が可能になるとする。カルファーノらは米国ムスリム研究の現状について、ピューやＩＳＰＵが提供する調査データは研究に貢献しているが、より母数の大きい全国的な調査が必要であり、また黒人系を調査対象に取り込むことが不十分であることなどを指摘し、「研究者らは、ムスリムについて問うべき問題の種類と適用すべき論理的枠組みを特定することにおいて、依然として初期段階にある」と評している(75)。

これらの指摘に共通するのは、米国ムスリムの多様性にどのように対応するかという問題意識である。本書は便宜上「米国ムスリム」という語句を頻繁に使用するが、このような「米国ムスリム内部の多様性」という観点に常に留意しつつ、議論を進めていくことにする。

注

（1） Akbar Muhammad, 'Muslims in the United States : An Overview of Organizations, Doctrines, and Problems' in Yvonne Yazbeck Haddad, Byron Haines, and Ellison Findly (eds.), *The Islamic Impact* (Syracuse, N. Y. : Syracuse Univ. Press, 1984), pp. 195–196.

（2） Carol L. Stone, 'Estimate of Muslims Living in America' in Yvonne Yazbeck Haddad (ed.), *The Muslims of America* (N. Y. : Oxford Univ. Press, 1991), pp. 25–36.

（3） Fareed H. Nu'man, "The Muslim Population in the United States : Brief Statement", AMC (December 1992), https : //islam.uga.edu/muslimpop_usa.html ; Ihsan Bagby, Paul M. Perl, and Bryan T. Froehle, "The Mosque in America : A National Portrait. A Report from the Mosque Study Project", CAIR (April 26, 2001).

（4） Jane I. Smith, *Islam in America* (N. Y. : Columbia Univ. Press, 1999), p. xii ; James A. Beverley, *Islamic Faith in America* [Faith in America Series] (N. Y. : Facts on File, 2003), p. 7.

（5） Ilyas Ba-Yunus and Kassim Kone, 'Muslim Americans : A Demographic Report', in Zahid H. Bukhari, Sulayman S. Nyang, Mumtaz Ahmad, and John L. Esposito (eds.), *Muslims' Place in the American Public Square : Hope, Fears, and Aspirations* (Walnut Creek, CA : AltaMira Press, 2004), pp. 299–322. 若干の追加分析を加えたものは以下。Ilyas Ba-Yunus and Kassim Kone, *Muslims in the United States* (Westport CT : Greenwood Press, 2006), pp. 27–44.

（6） Tom W. Smith, "Estimating the Muslim Population in the United States", American Jewish Committee (2001) ; Tom W. Smith, "Review : The Muslim Population of the United States : The Methodology of Estimates", *The Public Opinion Quar-*

terly, vol. 66, issue. 3 (September 2002), pp. 404–417.

(7) Barry A. Kosmin and Egon Mayer, “Profile of the US Muslim Population”, American Religious Identification Survey (ARIS), Report No. 2 (October 2001), The Graduate Center of The City University of New York (2001).

(8) Daniel Pipes, “How Many US Muslims?” *New York Post* (October 29, 2001). なお、後述するように、実際に二〇〇〇年大統領選挙期間中に、ムスリム組織代表らとの会合を受け入れたのは共和党の選挙陣営であった。

(9) “Muslim Americans: Middle Class and Mostly Mainstream”, Pew Research Center (May 22, 2007) ［以下 “Muslim Americans: Middle Class and”, Pew (2007)］, p. 3.

(10) “Muslim Americans: No Signs of Growth in Alienation or Support for Extremism”, Pew Research Center (August 30, 2011) ［以下 “Muslim Americans: No Signs of”, Pew (2011)］, p. 20; “US Muslims Concerned about Their Place in Society, but Continue to Believe in the American Dream”, Pew Research Center (July 26, 2017) ［以下 “US Muslims Concerned about”, Pew (2017)］, p. 30. なおピューは、現状の米国の人口動態が継続すれば、ムスリムはその人口増大（自然増と移民増）によって、二〇四〇年にはユダヤ教徒を上回り、二〇五〇年には八一〇万人となり全米人口の二・一％に達するとの予測をしている。Besheer Mohamed, “New Estimates Show U. S. Muslim Population Continues to Grow”, Pew Research Center (January 3, 2018).

(11) Ihsan Bagby, “The American Mosque 2020: Growing and Evolving, Report 1 of the US Mosque Survey 2020: Basic Characteristics of the American Mosque”, ISPU (June 2021) ［以下 “The American Mosque 2020”］, p. 5; Dalia Mogahed, Erum Ikramullah, and Youssef Chouhoud, “American Muslim Poll 2022: A Politics and Pandemic Status Report”, ISPU (2022) ［以下 “American Muslim Poll 2022”, ISPU (2022)］, p. 16.

(12) William J. Clinton, “Remarks to the 53d Session of the United Nations General Assembly in New York City (September 21, 1998)”, The American Presidency Project, UC Santa Barbara, https://www.presidency.ucsb.edu/ ［以下、American Presidency Project］.

(13) George W. Bush, “Remarks at the Islamic Center of Washington (September 17, 2001)” American Presidency Project. この後もブッシュ大統領は、一九九〇年代から恒例となっていたラマダンの際に送る祝福メッセージの中や、ホワイトハウス

にムスリム関係者を招いての式辞の際には、「数百万人のムスリム」という表現を使っている。

（14） "America's Changing Religious Landscape", Pew Research Center（May 12, 2015）, p. 4；"About Three-in-Ten U. S. Adults Are Now Religiously Unaffiliated", Pew Research Center（December 14, 2021）, p. 4.

（15） Besheer Mohamed, "Muslims are a Growing Presence in U. S., but Still Face Negative Views from the Public", Pew Research Center（September 1, 2021）. ピューによる若干違う区分による世代分布は以下。Younger Millennial（一九九〇～一九九六年生まれ）二九％、Older Millennial（一九八一～一九八九年生まれ）二二％、Generation X（一九六五～一九八〇年生まれ）三一％、Baby Boomer（一九四六～一九六四年生まれ）一五％、Silent（一九二八～一九四五年生まれ）四％、Greatest（一九二八年前生まれ）数値なし。Religious Landscape Study, Pew Research Center, Muslims, https://www.pewresearch.org/religion/religious-landscape-study/religious-tradition/muslim/.

（16） Dalia Mogahed and Youssef Chouhoud, "American Muslim Poll 2017：Muslims at the Crossroads", ISPU（2017）［以下 "American Muslim Poll 2017", ISPU（2017）］, p. 9, Figure 10；"American Muslim Poll 2022", ISPU（2022）, p. 11, Figure 1.

（17） "American Muslim Poll, Nov/Dec 2001," Project MAPS（2001）［以下、Project MAPS（2001）］, p. 4. 同調査のニューズレターは「これほど多様なムスリムが一国に集まるのは、世界の一〇〇カ国以上から二〇〇万人以上のムスリムが集まるハッジ（巡礼）の際のサウジアラビア以外には類例がないであろう」と評している。"Newsletter," Project MAPS（Spring 2002）, p. 2.

（18） 「その他」一八％には「白人」の選択を避けた中東系あるいはアラブ系のムスリムが相当数含まれるものと推測される。"Muslim Americans：A National Portrait, An in-Depth Analysis of America's Most Diverse Religious Community" Gallup Center for Muslim Studies（2009）［以下 "Muslim Americans：A National Portrait," Gallup（2009）］.

（19） ヒスパニック系ムスリム、あるいはラテン系ムスリム（Latino Muslims）は数万人規模とみられているが、米国ムスリムを構成する最も新しいエスニック・マイノリティとして近年注目されている。Harold D. Morales, *Latino and Muslim in America：Race, Religion, and the Making of a New Minority*（N. Y.：Oxford Univ. Press, 2018）；'Latinos', in Jocelyne Cesari（ed.）, *Encyclopedia of Islam in the United States*（Westport, CT：Greenwood Press, 2007）, vol. 1［以下、Cesari（ed.）, *Encyclopedia*］, pp. 383–385；J. I. Smith, *op. cit.*, pp. 66–67.

（20） Sarah Parvini and Ellis Simani, "Are Arabs and Iranians White? Census Says Yes, but Many Disagree", *Los Angeles Times*(March 28, 2019); "US Muslims Concerned about", Pew(2017), p. 36, Sidebar. このような中東系移民の人種の分類項目に伴う問題については、二〇二〇年国勢調査に向けて「中東・北アフリカ（Middle Eastern or North African; MENA）」という新規の独立項目の設定が検討されたが、トランプ政権になって新規設定は取りやめとなった。このためバイデン政権は、あらためて独立項目の設定を進め、二〇二四年三月、「中東・北アフリカ」の項目を新規設定することを決定した。Hansi Lo Wang, "Next U. S. Census will Have New Boxes for 'Middle Eastern or North African,' 'Latino'", NPR News (March 28, 2024).

（21） Youssef Chouhoud, "Who are White Muslims?" ISPU(April 30, 2021).

（22） "American Muslim Poll 2017", ISPU(2017), p. 9, Figure 11.

（23） Karen Leonard, 'South Asian Leadership of American Muslims,' in Yvonne Yazbeck Haddad(ed.), *Muslims in the West: From Sojourners to Citizens*(N. Y.: Oxford Univ. Press, 2002), pp. 233–249.

（24） Bagby, "The American Mosque 2020", pp. 26–27.

（25） 'Isma'ilis,' 'Shi'a Communities,' in Cesari(ed.), *Encyclopedia*, pp. 348–351, 574–582; J. I. Smith, *op. cit.*, pp. 60–64.

（26） ディアボーンのムスリム社会については以下を参照。Linda S. Walbridge, 'The Shi'a Mosques and their Congregations in Dearborn,' in Yvonne Yazbeck Haddad and Jane Idleman Smith(eds.), *Muslim Communities in North America*(Albany, NY: State Univ. of N. Y. Press, 1994).

（27） ただし、スーフィー教団は米国内の他の主流の諸イスラーム組織や現代的なムスリムから冷視される傾向にあり、特に「九・一一テロ事件」以降は米国社会において「二重もしくは三重の周縁化（double or triple marginalization）」ともいえる状況を経験している。Markus Dressler, 'Pluralism and Authenticity: Sufi Paths in post-9/11 New York,' in Ron Geaves, Markus Dressler and Gritt Klinkhammer(eds.), *Sufis in Western Society: Global Networking and Locality*(N. Y.: Routledge, 2009), p. 78. 米国内でのスーフィー教団の活動については以下を参照。J. I. Smith, *op. cit.*, pp. 68–75; 'Sufism,' in Cesari(ed.), *Encyclopedia*, pp. 603–607; William Rory Dickson, *Living Sufism in North America: Between Tradition and Transformation*(Albany, NY: State Univ. of N. Y. Press, 2015); Marcia Hermansen, 'What's American about American Sufi Movements?' in David Westerlund (ed.), *Sufism in Europe and North America* (N. Y.: RoutledgeCurzon, 2004)；高橋圭「多様なムスリムが触れ合う場――米国におけるスーフィー系サードプレイスの形成と変容」『宗教研究』、九六巻、二号（二〇二二年）。

（28）'Ahmadiyya Movement', in Cesari (ed.), *Encyclopedia*, pp. 28–30; Yvonne Yazbeck Haddad and Jane Idleman Smith, *Mission to America: Five Islamic Sectarian Communities in North America* (Gainesville, FL: Univ. Press of Florida, 1993), pp. 49–78 [chap. 3, The Ahmadiyya Community in North America]; Karen Isaksen Leonard, *Muslims in the United States: The State of Research* (N. Y.: Russell Sage Foundation, 2003), pp. 39–40.

（29）現在のアフマディー派はイギリスでの活動が顕著であり、ロンドン郊外に広大な敷地を持つモスクと関連施設（Baitul Futuh Mosque in London）を新築するなど、南アジア系ムスリムを中心にして拡大している。Ahmadiyya Muslim Association UK, https://ahmadiyya.uk/.

（30）'Tablighi Jama'at, in Cesari (ed.), *Encyclopedia*, pp. 609–610; Barbara D. Metcalf, 'New Medinas: The Tablighi Jama'at in America and Europe', in Barbara Daly Metcalf (ed.), *Making Muslim Space in North America and Europe* (Berkeley, CA: Univ. of California Press, 1996), pp. 110–127.

（31）Ba-Yunus and Kone (2004), *op. cit.*, pp. 312–314.

（32）Rosina J. Hassoun, *Arab Americans in Michigan* (East Lansing, MI: Michigan State Univ. Press, 2005). ディアボーンのアラブ系住民は、二〇〇〇年では約三割であったが、二〇二〇年には人口約一〇万人の五割を超えるに至っている。Niraj Warikoo, "Census: Arab Americans now a Majority in Dearborn as Middle Eastern Michiganders top 300K", *Detroit Free Press* (April 4, 2024).

（33）米国における建造物としてのモスクについては以下を参照。Akel Ismail Kahera, *Deconstructing the American Mosque: Space, Gender and Aesthetics* (Austin, TX: Univ. of Texas Press, 2002).

（34）"American Muslim Poll 2022", ISPU (2022), p. 12; "US Muslims Concerned about", Pew (2017), p. 41.

（35）Project MAPS (2001), p. 5; "Newsletter", Project MAPS (Spring 2002) p. 2.

（36）"US Muslims Concerned about", Pew (2017), p. 42.

（37）"American Muslim Poll 2022", ISPU (2022), p. 11–12.

(38) "Muslim Americans : A National Portrait", Gallup (2009), p. 86.

(39) Conrad Hackett, "5 Facts about the Muslim Population in Europe", Pew Research Center (November 29, 2017). なお、イギリスで行われる一〇年ごとの国勢調査では、宗教・信条についても質問項目がある。二〇二一年の国勢調査によると、ムスリム人口（イングランドとウェールズ）は三八七万人（二〇一一年では二七一万人）、総人口比六・五％（二〇一一年では四・八％）である。北アイルランドのムスリム人口は約一万人、スコットランドは約七・六万人（二〇一一年調査）である。"Census 2021, First Look", The Muslim Council of British (November 2022).

(40) "What Americans Know About Religion", Pew Research Center (July 23, 2019).

(41) "Muslim Americans : Middle Class and", Pew (2007), p. 3.

(42) Ibid.

(43) Peter Skerry, "The American Exception", *TIME* (August 21, 2006) ; Peter Skerry, "The American Exception : Homegrown Terrorism in the U. S.", Brookings Institution (August 14, 2006).

(44) Amaney Jamal, 'Muslim Americans : Enriching or Depleting American Democracy?' in Alan Wolfe and Ira Katznelson (eds.), *Religion and Democracy in the United States : Danger or Opportunity?* (Princeton, NJ : Princeton Univ. Press, 2010), p. 94.

(45) "The Great Divide : How Westerners and Muslims View Each Other", Pew Global Attitudes Project, Pew Research Center (June 22, 2006) ; "Muslim Americans : Middle Class and", Pew (2007).

(46) 米国におけるイスラームとムスリムの包括的な歴史研究として以下を参照。Kambiz GhaneaBassiri, *A History of Islam in America : From the New World to the New World Order* (N. Y. : Cambridge Univ. Press, 2010).

(47) Sulayman S. Nyang, *Islam in the United States of America* (Chicago, IL : Kazi Publications, 1999), pp. 12–22.

(48) この時期の黒人奴隷ムスリムについては以下を参照。Allan D. Austin, *African Muslims in Antebellum America : Transatlantic Stories and Spiritual Struggles* (N. Y. : Routledge, 1997) ; Sylviane A. Diouf, *Servants of Allah : African Muslims Enslaved in the Americas* (N. Y. : New York Univ. Press, 1998).

(49) この五つの「波」については以下を参照。Yvonne Yazbeck Haddad and Adair T. Lummis, *Islamic Values in the United*

States : A Comparative Study (N. Y. : Oxford Univ. Press, 1987), pp. 13–14.

（50） 日本では「排日移民法」とも呼ばれる。この移民制限はムスリム移民を念頭に置いたものではなく、アジア系移民に加えて、バチカンに忠誠心を示すカトリックや共産主義に共感する者が多いユダヤ教徒が米国に移住してくることに対する強い警戒感がその背景にあったとされる。西山隆行『移民大国アメリカ』筑摩書房、二〇一六年、三四―三七頁。

（51） 一九六五年移民法改正によるムスリム移民の増加についての公式の統計資料は不在だが、ＭＡＰＳの調査によると、米国ムスリムの移民時期について、一九七〇年より前が一二％、一九七〇～一九七九年が二五％、一九八〇～一九八九年が三六％、一九九〇年以降が二四％となり、一九七〇年代以降に移民した者が八割以上となる。Project MAPS (2001), p. 5.

（52） GhaneaBassiri, *op. cit.*, pp. 138–164 ; Aminah Beverly McCloud, 'Islam in America : The Mosaic', in Yvonne Yazbeck Haddad, Jane I. Smith, and John L. Esposito (eds.), *Religion and Immigration : Christian, Jewish, and Muslim Experiences in the United States* (Walnut Creek, CA : AltaMira Press, 2003), pp. 160–161 ; J. I. Smith, *op. cit.*, pp. 50–64 ; Kathleen M. Moore, *The Unfamiliar Abode : Islamic Law in the United States and Britain* (N. Y. : Oxford Univ. Press, 2010), p. 39–40.

（53） GhaneaBassiri, *op. cit.*, pp. 272–281.

（54） Mohamed Nimer, *The North American Muslim Resource Guide : Muslim Community Life in the United States and Canada* (N. Y. : Routledge, 2002), pp. 65–80.

（55） Sherman A. Jackson, *Islam and the Blackamerican : Looking toward the Third Resurrection* (N. Y. : Oxford Univ. Press, 2005), pp. 38–47.

（56） J. I. Smith, *op. cit.*, pp. 78–103 ; GhaneaBassiri, *op. cit.*, pp. 218–227 ; Edward E. Curtis Ⅳ, *Islam in Black America : Identity, Liberation, and Difference in African-American Islamic Thought* (Albany, NY : State Univ. of N. Y. Press, 2002) ; Robert Dannin, *Black Pilgrimage to Islam* (N. Y. : Oxford Univ. Press, 2002) ; Zain Abdullah, *Black Mecca : The African Muslims of Harem* (N. Y. : Oxford Univ. Press, 2010) ; Dawn-Marie Gibson, *A History of the Nation of Islam : Race, Islam, and the Quest for Freedom* (Santa Barbara, CA : Praeger, 2012) ; 松岡泰『アメリカ政治とマイノリティ――公民権運動以降の黒人問題の変容』ミネルヴァ書房、二〇〇六年［第七章「アメリカの黒人イスラム教団――ネイション・オブ・イスラムについて」］。

(57)　その後のファラカンおよびNOIによる活発な活動は見られないが、NOI構成員は約五万人といわれている。Neil MacFarquhar, "Nation of Islam at a Crossroad as Leader Exits," *New York Times* (February 26, 2007).

(58)　'Wahaj, Siraj (b. circa 1950)'; in Cesari (ed.), *Encyclopedia*, pp. 628–629.

(59)　黒人を主体とするスンナ派イスラーム集団として、スミスは以下の諸集団を挙げている。Hanafi Madhhab, Darul Islam (Dar ul-Islam) Movement, Mosque of Islamic Brotherhood, Islamic Party, Ansar Allah (Isa Muhammad), Allah's Nation of the Five Percenters. J. I. Smith, *op. cit.*, pp. 97–103. ジャクソンは以下の諸集団を挙げている。Salafi movement, Dar al-Islam movement, American Society of Muslim, Jamaat al-Tablighi. Jackson, *op. cit.*, pp. 48–51.

(60)　Curtis, *op. cit.*, p. 127; Jackson, *op. cit.*, p. 5. なお、現在の米国の黒人一般の宗教については、プロテスタント（五三%）、福音派（一四%）、カトリック（五%）、ムスリム（二%）となっている。また、この二%の黒人系ムスリムのうち、その約半数がムスリムへの改宗者であるとされている。Religious Tradition by Race/Ethnicity, Religious Landscape Study, 2007–2014, Pew Research Center; Besheer Mohamed and Jeff Diamant, "Black Muslims Account for a Fifth of All U. S. Muslims, and about Half are Converts to Islam," Pew Research Center (January 17, 2019).

(61)　レナードの分析対象は、ほぼ「九・一一テロ事件」以前の研究状況に限定されている。Leonard, *Muslims in the United States* (2003), p. 130.

(62)　米国に限定されないイスラモフォビアについて、学際的に研究する専門誌が二〇一二年から刊行されている。*Islamophobia Studies Journal*, Pluto Journals, https://www.jstor.org/journal/islastudj.

(63)　Muslim American Experience Bibliography, Books Addressing Muslims or Islam in the United States (1966–2023), ISPU, https://www.ispu.org/thought-leadership/muslim-american-experience-bibliography/.

(64)　二〇一七年版以降にまとまった調査報告書は出されていないが、ピューのウェブサイトでは"Muslim Americans"の項目で米国ムスリムの状況が随時報告されている。

(65)　二〇一二年までの米国ムスリムの政治的関与については、以下の報告書が世論調査のデータなどを提示しつつ最も包括的な情報を提供している。Farid Senzai, "Engaging American Muslims: Political Trends and Attitudes", ISPU (April 1, 2012).

(66)　"MUSLIM AMERICANS: Faith, Freedom, and the Future, Examining U. S. Muslims' Political, Social, and Spiritual Engagement 10 Years After September 11", Abu Dhabi Gallup Center(August 2011).

(67) アラブ系移民二世にあたるJames(Jim)Zogby（兄）が会長を務める研究機関Arab American Institute(AAI)と、John Zogby（弟）の世論調査機関（Zogby International）は、しばしば合同で調査報告書を刊行している。

(68) Leonard, *Muslims in the United States*, p. 130.

(69) Haddad(ed.), *Islamic Impact*(1984), p. 5. ハッダードの最も初期の研究は以下。Yvonne Yazbeck Haddad, "The Muslim Experience in the United States", *The Link*, vol. 12, no. 4(Sep/Oct 1979), pp. 1–12. またハッダードは、一九八〇年代前半までの米国ムスリムに関連するアラブ・イスラーム研究、およびムスリム組織の機関誌・広報誌などの詳細な文献目録を作成している。これによると、一九八〇年代以前にも米国ムスリムの現状調査や移民系ムスリムに関する研究は、少ないながらも存在し、*Muslim World*など研究専門誌に論文として掲載されていたことが分かる。"Muslims in America : A Select Bibliography", *Muslim World*, vol. 7, issue 2(April 1986), pp. 93–122.

(70) Sulayman S. Nyang, "Islam in the United States of America : A Review of the Sources", *The Search*(Spring 1980), pp. 164–182.

(71) ＭＡＰＳは研究企画終了に伴いウェブサイト［www.projectmaps.com］を閉鎖したが、本書で引用する主要な資料などは以下から入手可能である。Center for Islam & Public Policy, Muslims in America, http : //www.cippusa.com/muslims-in-america/. MAPSの研究成果は以下にまとめられている。Zahid H. Bukhari, Sulayman S. Nyang, Mumtaz Ahmad, and John L. Esposito(eds.), *Muslims' Place in the American Public Square : Hope, Fears, and Aspirations*(Walnut Creek, CA : AltaMira Press, 2004). なお、筆者はジョージタウン大学で開催されていたＭＡＰＳの公開カンファレンス（二〇〇二年五月）に参加する機会があった。また、ＭＡＰＳ主任のブハリらは、その成果報告の一環として来日し、上智大学などで講演会を行っている。

(72) Philippa Strum and Danielle Tarantolo(eds.), "Muslims in the United States : Demography, Beliefs, Institutions［Proceedings］", Woodrow Wilson International Center for Scholars(June 18, 2003).

(73) Leonard, *Muslims in the United States*, p. 142.

(74) J. I. Smith, *op. cit.*[2nd ed.(2010)], pp. 196–199.

(75)　Brian R. Calfano and Nazita Lajevardi (eds.), *Understanding Muslim Political Life in America : Contested Citizenship in the Twenty-First Century*, (Philadelphia ; PA : Temple Univ. Press, 2019), p. 3.

第2章　政治的主体としての米国ムスリム

1　米国ムスリムの政治参加

政治参加の意義と位置づけ

一般に政治参加とは、政府人員の選択とその行動に影響を与える合法的な範囲での様々な政治活動の総体であり、政府の諸決定に影響を与えることを目的としている。政治参加は公職への立候補、投票、選挙運動、協同的行動、個人陳情、また様々な形態の利益団体や市民社会組織による組織活動、抗議行動を含めた問題提起（advocacy）の実践なども含む。政治参加が重要であるのは、それが民主政治の基幹をなすことに加え、社会全体の利益を最大化すべく、参加の過程によって社会の諸問題の解決手段や目標が明確となり、とるべき手段の優先順位や必要な資源配分の決定などがなされるからである(1)。

米国ムスリムにとっての政治参加の意義は、米国社会のマイノリティとして、あるいは比較的新しい移民集団として、いずれにしても相対的に脆弱な状況にある自身の政治的・経済的・社会的利益を維持・拡大することにある。とりわけイスラモフォビアの環境下で不利益を被るムスリムにとって、市民的権利の擁護は政治参加への最も重要な動機の一つとなる。

特に移民系ムスリムにとって、その政治参加において対処すべき課題は多い。アフリカ研究およびイスラーム研究で著名なアリ・マズルイ（Ali A. Mazrui）は、米国ムスリムはアイデンティティ、参加、価値および行動規範という三つの文化的危機あるいは課題に向き合っていると指摘した。アイデンティティの危機とは、移民系が多数となる米国ムスリムの出自の多様性に起因する、複数の帰属先に対する政治的な忠誠心の葛藤という問題である。参加の危機とは、米国における社会生活や政治を含む公的活動に、移民系ムスリムがどのよう形で、またどの程度積極的に関与するべきかという問題である。価値および行動規範の危機とは、イスラームに基づく倫理的な行動規範を、どのように米国の国内および対外政策の両面で政策選択に反映させるかという問題である。マズルイは、米国ムスリムがこれらの危機あるいは課題を抱えながらも、米国において政治的な関与を深めていることを早い時期から肯定的に評価していた。マズルイは、米国のユダヤ系と同様に、米国ムスリムが米国政治に参加することは当然であり、むしろ参加することで米国の内政と外交にも責任を持つべきだとし、米国ムスリムの政治参加の必要性と重要性を強調していた(2)。

政治参加を試みるムスリムの存在は、これを受け入れる米国政治社会の側にとっても重要な意味を持つ。米国ムスリムを多方面から研究するエドワード・カーティスは、「米国ムスリムの政治参加の成功は、個人の自由や権利を確立することだけではなく、一つの繁栄する政治的共同体の可能性にもつながるものである」と述べ、米国ムスリムの新規の政治参加が米国社会の将来にとっても重要であることを指摘している(3)。

また分析レベルでは、米国ムスリムの政治参加を通じて米国の民主主義を検証することが可能となる。市民の政治参加は民主主義の不可欠な要素であり、特定の属性を持つ市民の政治参加の歴史、形態、課題を検討することで、その国の民主主義の実態を浮き彫りにすることができる。米国がその典型であるような、多元的な社会――多民族、多人種、また移民など様々なマイノリティを含む社会――である場合、それら多元的な要素（集団）の政治参加の状況を分析することは、その国の政治体制の特質や国内・対外政策の形成過程を理解するための重要な要件である。米国ムスリムは米国の政治社会を構成する多元的な要素の一つであり、広く米国の政治と外交を議論するための重要なケース・スタディとなる。

特に米国ムスリムの政治参加に関して重要な点は、この議論が米国政治外交研究を補完するだけではなく、一つの慣用句ともなった「イスラームと民主主義」という主題を考察する際に、一つの重要な視座を提供することにある。これまでに、イスラームと民主主義との関係については、特にその相反性――イスラームと民主主義は両立しないとの否定的な考え――が強調され、この論点を中心にきわめて活発に議論されてきた。これは、冷戦終結によって米ソのイデオロギー対立が収束する一方、民主主義が実践されているとされる西側諸国にとってイスラームが共産主義に代わる新たな「脅威」として認識され始めたことに起因する。一九九三年のハンティントンの『文明の衝突』は、このイスラーム脅威論を活性化した。さらに二〇〇一年の「九・一一テロ事件」は、抽象的なイスラーム脅威論を具体的なイスラーム（ムスリム）によるテロ・破壊・戦争行為に転化させ、イスラームと民主主義との相反性を印象づける決定的な出来事となった(4)。

しかし、イスラームと民主主義との相反性に拘泥すれば、それはイスラモフォビアの拡大を促す議論につながりかねない。そこで、米国ムスリムの政治参加と政治行動を観察し議論する際の基本的な視座として、米国国内の政治社会の場が、イスラームと民主主義の接近の可能性を探る「実験場」であると捉えることが重要である。すなわちムスリムの政治参加を、イスラーム的特質や長所、あるいはムスリムとしてのアイデンティティを保持しつつも、米国で実践される民主主義との調和を可能とさせる重要な手段の一つとして位置づける。米国ムスリムは政治参加という手段によって、自身のアイデンティティの変更や喪失を伴うような同化（assimilation）でもなく、反対にアイデンティティ堅持を目的とする社会からの孤立（isolation）でもなく、米国の多元的な要素の一つとして社会の発展に積極的に寄与することが可能となるからである。

政治参加の萌芽

前述のように、米国へのムスリムの自発的な移民は概ね一九世紀終盤にまで遡れるが、当初の移民の動機は経済的なものであり、米国社会への同化を前提とし、政治的な関与と関心は希薄であった。しかし一九六〇年代半ば以降、移民の増加によるコミュニティの拡大に伴い、ムスリムとしてのアイデンティティ維持への欲求と同時に、政治的な関心も高まっていった。

ムスリム移民が増加するのとほぼ同時期、一九六四年の公民権法成立が象徴するように、米国社会でマイノリティの権利擁護の概念が拡大しつつあった。弱者でありマイノリティである米国の黒人は、公民権運動の成果を得て徐々に米国社会に組み込まれ、その社会経済的地位は上昇し始めた。公民権運動に参加した黒人のなかの一部はムスリムであり、政治的権利獲得のための政治参加という観点では、移民系ムスリムよりも黒人系ムスリムの方が一歩先んじていたことになる。この公民権運動の展開と成果を間近で見てきた移民系ムスリムは、米国社会がマイノリティを包摂する多元主義の国（社会）である（べき）との認識を強く抱き、このような環境変化を好意的に受け入れていった。同時に、一九六〇年代以降の移民系ムスリムとその二世たちが、政治参加の重要性と効用に感化されていったと考えても不自然はない。事実、現在に至る米国のムスリム諸組織の形成に尽力したのは一九六〇年代に移民したムスリムであり、さらに現在積極的な政治的活動を進めているムスリム諸組織を率いているのは主として一九六〇年代の移民ムスリムの二世たちである(5)。

ただし、実際に米国ムスリムが政治的な行動を積極化させるのは、一九九〇年代になってからのことである。一九七〇年代までに、移民系ムスリムは寛容な米国社会に概ね適応していたが、その活動は経済的な分野を中心としていた。また後述するように、イスラームの宗教的制約から政治への関与をためらう傾向も残存していた。この状況が変化し始めたのは、一九七九年のイラン・イスラーム革命を経た一九八〇年代になって、米国内で「イスラーム脅威論」が議論されるようになってからである。一九九〇年代以降は「イスラーム脅威論」がイスラモフォビアという用語となって拡大していく時期であり、イスラーム全般および米国ムスリムに対する米国人一般の猜疑心が高まっていった。ムスリムの市民権擁護組織であるＣＡＩＲが一九九四年に設立されていることからも分かるように、米国ムスリムの政治参加への萌芽は、一種の自己防衛行動としてイスラモフォビアの拡大に抗う経緯と同期していた(6)。

米国では基本的に、政治・法制度が個人の宗教的表現の自由を保障しており、政治参加によって特別の権利を主張せずとも、既存の政治・法制度の枠組みの中で自身の宗教的欲求は満たされるはずであった。「九・一一テロ事件」以前、ロサンゼルス近郊のムスリムの政治動向を分析したカンビズ・ガニーバシリ（Kambiz GhaneaBassiri）は、米国ムスリムの宗教的実践に関して、「個々のムスリムにとって、米国で自身の宗教的実践の権利を主張するために、大衆政治動員を行うという差し迫った必要性はない」と指摘していた(7)。

しかし、「九・一一テロ事件」は、米国内でムスリムの置かれた政治的社会的環境を一気に悪化させた。イスラモフォビア拡大の中で、宗教的な実践はもとより、米国社会での生活そのものの継続に不安を抱いたムスリムは、政治的な行動あるいは政治参加を積極化することによって、米国における自身の存在とアイデンティティの維持を図る必要性に迫られたからである。

2　米国ムスリムの市民社会組織

AMC：American Muslim Council(8)

米国ムスリムの政治参加の動機が、市民的権利の擁護と拡大にあったとすれば、政界への直接的な接近を試みたAMCは当初から特異な組織であった。ムスリムの政治活動組織の先駆となるAMCは一九九〇年にワシントンDCで設立され、アブドゥル・ラフマン・アラムーディ（Abdul Rahman al-Amoudi）の個人的な指導力の下で活動した。一九九一年の湾岸戦争終結後、当時のブッシュ（George H. W. Bush）政権に対してラマダンの開始と終了の際に国内ムスリム向けの祝福メッセージを伝えることを働きかけ、これを実現させた。当時のブッシュ政権はイラクのサダム・フセイン（Saddam Hussein）大統領の反米レトリック——湾岸戦争はキリスト教諸国によるイスラーム諸国への侵略であるなど――を否定するためにも、中東のイスラーム諸国とムスリムに対する好意的な姿勢を強調しており、米国ムスリムにとっては米政権に接近する好機会となった。なお、ホワイトハウスがラマダンを祝福する慣習は次のクリントン政権にも引き継がれ、一九九六年にはホワイトハウスでのイード・アル＝フィトルが催されることになり、ヒラリー・クリントン（Hillary Clinton）大統領夫人が主催者を務めた(9)。

一九九九年には初めてムスリムが米国大使に任命されたが、AMCの働きかけが大きかったようである。またAMCはムスリムの退役軍人組織（American Muslim Armed Forces and Veteran Affairs Council）の設立に助力し、米軍内部でのムスリムの人権問題やムスリムの従軍聖職者（Muslim chaplain）の任命実現にも貢献している。アラムーディはクリントン政権期に「親善大使」の扱いで中東諸国を訪問したこともあり、一九九〇年代に最も米政権に関わったムスリム指導者であった(10)。

AMCのアラムーディはクリントン政権との協調的関係を構築しムスリムの社会認知向上に努めていたが、二〇〇三年九月、米捜査当局によって逮捕拘束された。直接の容疑は出入国の虚偽申請（イエメン籍のパスポートを使用しリビア入国を繰り返していたなど）であるが、捜査当局は中東地域のイスラーム急進主義組織との関連やマネーロンダリングの疑いをもっていた。捜査当局が最も警戒していたのは、慈善活動と称して米国で集めた資金をテロとの関連が疑われる中東のイスラーム急進主義組織に流している可能性であった。AMCをはじめムスリム諸組織はアラムーディの逮捕が不当であるとして釈放を求めたが、二〇〇四年に懲役二三年の実刑判決が下った(11)。

当時アラムーディは米国ムスリムの中で最も著名な活動家とみなされていたが、一部の保守派の論客や反イスラーム主義派らは、アラムーディを反米イスラーム組織と関わりをもつ危険人物とみなしていた。二〇〇〇年一〇月末、ホワイトハウス向かいのラファイエット広場での反イスラエル抗議集会（Rally for Jerusalem）でアラムーディは、ともにイスラーム急進主義組織であるパレスチナのハマース（HAMAS : Harakat al-Muqawamah al-Islamiyyah「イスラーム抵抗運動」の意）やレバノンのヒズブッラー（Hizb Allah「神の党」の意）を支持する旨の発言をして物議を醸した。[12]

アラムーディ逮捕の真相は不明であるが、「九・一一テロ事件」を境に、米国内のムスリム諸組織に対する警戒感が高まったことは事実である。AMCは、一九九〇年代のクリントン政権による対ムスリム親和政策の対象から、「九・一一テロ事件」後のブッシュ政権によるテロ対策としての締め付けの対象へと大きくその位置づけを変えた。AMCをめぐる一連の出来事は、「九・一一テロ事件」の以前と以後で、米国ムスリムの置かれた立場が大きく変化したことを示すものであった。[13]

CAIR：Council on American-Islamic Relations[14]

一九九四年に設立されたCAIRは、現在最も活発な活動を行っている米国ムスリムの市民権擁護組織である。CAIRは「九・一一テロ事件」後に活動が収縮したAMCの役割を事実上継承したともいえる。[15]

CAIRはワシントンDCに本部を置き、複数の地域支部を持つ。主な活動内容は、政治家・政府高官などの公職者および各種メディアのムスリム（イスラーム）に関する言動などの監視、ムスリムに対する人権侵害・差別問題の情報収集・報告とこれに対する対処（訴訟を含む）の助言と支援、「アクション・アラート」（特定のイシューに関して、Eメールやソーシャルメディアなどの手段で支持・抗議などを組織的に表出するもの）の実践、そして有権者登録の促進などである。ムスリムに対する差別偏見を発見次第直ちに正していくという、いわゆる「ウォッチドッグ」組織として機能している。創設者を含む主要メンバーはアラブ系ムスリムであるが、移民系ムスリムに限定されない米国内のムスリム全体の問題に対処している。[16]

CAIRの年次報告書によれば、CAIRに報告された差別的事件の件数は、一九九九年が三二二件、二〇〇〇年が三六六件、二〇〇一年が五二五件、二〇〇二年が六〇二件となっており、「九・一一テロ事件」後に急増している。さらに二〇〇三年にはその件数は七〇％増加して一〇〇〇件を超えた。二〇〇四年の報告書は、ムスリムに対する差別的事件の増加の背景として、「①『九・一一テロ事件』から続く恐怖感、②イラク戦争と戦争賛成派のレトリックが作り出す状況、③ムスリムを邪教の信徒、米国の敵とみなすような反ムスリム・レトリックの著しい増加、④その施行が人権侵害に結びつく『愛国者法（USA PATRIOT Act）』の存在、⑤CAIR事務所の増加に伴うムスリムによる事件報告の増加」の諸要因を指摘している[17]。

CAIRは反イスラーム主義者や保守派からの批判を受けながらも、イスラモフォビアへの抵抗を常に怠らない姿勢を見せている。この点では、同じくマイノリティのユダヤ系の人権擁護組織として反ユダヤ主義（anti-Semitism）を警戒するADL（Anti-Defamation League）があるが、CAIRはADLの活動様式を一つのモデルにしているものと考えられる。

MPAC : Muslim Public Affairs Council[18]

MPACは一九八八年、ロサンゼルスを拠点とするICSC（Islamic Center of Southern California）が母体となり設立された。ICSCは一九五二年にMuslim Association of America in Los Angelesとして設立された米国でも最も伝統のあるモスクの一つであるが、現在では集団礼拝のためのモスクとしてだけではなく、一つの社会活動組織として機能している。元来リベラルな政治風土を持つカリフォルニアで、比較的ムスリム人口が大きく、モスクによる積極的な社会活動が進めば、そこから政治的な活動にも関与するムスリム組織が制度化されていくことはむしろ当然といえる[19]。

MPACの設立と発展に大きく寄与したのはマヘル・ハトフート（Maher Hathout）である。ハトフートは、ICSCでイマームの役割として金曜礼拝のフトバ（集団礼拝時の説教）を行ってきた。ICSCでは専属のイマームを持たず、博士号などを持つ地元ムスリム知識人がフトバを担当してきた。一九三六年カイロ生まれのハトフートは、一九六〇年にカイロ大学で医学の学位をとった後、一九七一年に渡米し、南カリフォルニア地域の知識人代表としてムスリム社会の拡大と充実に積極的に関わってきた。ハトフートは、後述するリベラルなイスラームを地域社会で先駆的に実践してきた人物といえる[20]。

現在のMPACは、前出のアル＝マラヤティが会長を務めており、イスラームや中東に関する問題でメディアでの発言も多い。MPACが取り組むイシューとして、国内問題ではCAIRと同様のマイノリティとしてのムスリムの人権・市民権擁護活動がある。ただしCAIRが「ウォッチドッグ」として問題の発生に対処するのとは違い、MPACは「米国ムスリム・コミュニティーに貢献する役割において、一歩先を行く」方針を提示している。MPACは、有権者登録の促進、選挙支援活動、立候補者の擁立などムスリムの政治参加の拡大と、政治過程を通じた現状改革に力点を置いており、ワシントン政治に焦点を合わせたロビー組織に近いものとなっている。注視する外交問題としては、パレスチナ問題・中東政策、カシミール問題・南アジア政策を挙げている。MPACが主としてアラブ系ムスリムで組織されており、会長のアル＝マラヤティ自身もイラクからの移民系であることから、パレスチナ問題・中東政策に特に強い関心がみられる[21]。

ここで取り上げたAMC、CAIR、MPAC、またISNAなどのムスリム組織は、一九九〇年代の設立当初は出身地の中東・アジアのイスラーム系諸組織との人的関係も強く、またイスラーム的な保守志向も強かったとみられる。この点は、後に反イスラーム主義者らによる批判につながっていった。ただし、これらの組織は徐々に現地化（米国化）が進み、イスラーム的な保守志向は後退し、特に「九・一一テロ事件」以降はテロ組織との関係への疑惑が高まったこともあり、資金援助も含めて中東・アジアのイスラーム系諸組織からは独立し、米国の市民社会組織として活動するようになっている[22]。

3　米国ムスリムの政治志向

社会的価値観

現在の米国において、生命倫理、家族観、ジェンダーなどに関する社会的価値観をめぐっては「文化戦争」と呼ばれるほどの深刻な論争になっており、選挙や政策決定などの政治過程にも大きな影響を及ぼしている。米国ムスリムの社会的価値観もまた、その政治志向を考察するうえで重要な指標となる。

米国ムスリムの社会的価値観に関するMAPSの初期の調査（二〇〇一年）によると、同性婚合法化（賛成二〇%、反対七一%）、妊娠中絶（賛成三五%、反対五七%）、死刑制度（賛成六八%、反対二七%）、安楽死（賛成三三%、反対六一%）、人クローン研究（賛成二七%、反対六三%）と全般的に保守的志向を示している。ただし、銃規制（賛成七九%、反対一八%）に関しては、米国の保守的志向との違いがある[23]。

社会的価値観に関して米国ムスリムの中でも最も関心と懸念がもたれているイシューが同性婚（same-sex marriage）、同性愛（homosexuality）、ＬＧＢＴ（性的少数者）の受容など、ジェンダー・アイデンティティに関わるものである[24]。比較的新しいピューの調査（二〇〇七年）でも、米国ムスリムの同性愛の社会的認知については賛成二七%、反対六一%となっており、同性婚合法化と同様に、保守的傾向を示していることには変わりがない。ただし、ピューの調査を時系列および世代別で比較すると、近年になるにつれて、また世代が新しくなるにつれて同性愛の社会的認知を肯定するリベラル化の傾向が確認できる（表2-1）。

政治的価値観

一般に、米国政治の文脈における政治志向は、保守（conservative）とリベラル（liberal）の対立軸を設定し、中間

表2-1　同性愛の社会的認知への賛否

単位：%

	同性愛の社会的認知に「賛成」					同性愛の社会的認知に「反対」				
	全年齢	18～29	30～39	40～54	55+	全年齢	18～29	30～39	40～54	55+
2007年	27	32	26	26	22	61	57	58	69	59
2011年	39	46	35	43	21	45	38	42	47	63
2017年	52	60*		45*	42*	33	—	—	—	—

注：ピューの2017年の調査では年齢層の区分に変更があるため、「18～29」と「30～39」を合わせた欄に "Millennial" の数値を、「40～54」の欄に "Generation X" の数値を、「55+」の欄に "Baby Boomer or Older" の数値を記入している。

（出所）"Muslim Americans: Middle Class and", Pew (2007), p. 45; "Muslim Americans: No Signs of", Pew (2011), p. 59; "US Muslims Concerned about", Pew (2017), p. 91. より筆者作成。

部分を中道（moderate）とするスペクトラムの中で位置づけられる。この位置づけは、主として政治・経済・社会の様々なイシューにおける「自由」の度合い、あるいはあるべき政府の「介入度」に対する考え方の違いに基づいており、税制、各種規制、社会福祉、マイノリティ・弱者対策など、政治面のみならず経済面や社会面において政策的な差違として表面化する。保守的な政治志向は「小さな政府」の下で減税や規制緩和などが重視され、リベラルな政治志向は「大きな政府」の下で高福祉政策やマイノリティ・弱者保護が重視される。さらに保守的な政治志向が強化されると、政府の役割を極小化し個人の自由を最大化することを期待するリバタリアニズム（libertarianism；自由至上主義）となり、一方ではリベラルな政治志向が強化されると、より積極的な政府の介入による大胆で広範な社会改革を目指すプログレッシブ（progressive；急進左派）となる。

このような政治志向のスペクトラムにおいて、米国ムスリムの政治的価値観に関しては、保守志向は弱く、中道からリベラルに大きく傾いている。MAPSの調査（二〇〇一年）では、政治志向に関して直接問う項目はないが、国民皆保険提供、貧困支援策などに関しては九割以上が賛成しており、『米国ムスリムは、『大きな政府』による解決を選好している』としてリベラル志向が強いことが指摘されている。また支持政党は、民主党（四〇%）、共和党（二三%）、無党派（independents）（二八%）

となっていた。[25]

ギャラップの調査（二〇〇九年）によると、政治志向についての質問に対して、リベラル（二九％）、中道（三八％）、保守（二五％）と回答し、支持政党は、民主党（四九％）、共和党（八％）、無党派（三七％）となっていた。なお同調査による米国の宗教・宗派社会の共和党支持率については、プロテスタント（三七％）、カトリック（二三％）、モルモン教徒（五一％）、ユダヤ教徒（一四％）、米国人一般（二六％）となっており、ムスリムの支持率が最も低かった。ギャラップは、ムスリムは「ユダヤ教徒に次いで最も保守的でなく、またユダヤ教徒に次いで最もリベラル」とするが、ムスリム社会内部の多様性を反映して「政治的スペクトラムの中で最も均等に分布している宗教集団である」とも評している。[26]

政治志向に関して、時系列的な変化が分かるピューの三回の調査をまとめたものが表2-2である。

表2-2（1）（2）（3）
米国ムスリムの政治志向と支持政党

（1）　　単位：％

	リベラル	中道	保守
2007年	24	38	19
2011年	27	38	25
2017年	30	39	21

（2）　　単位：％

	「大きな政府」を支持	「小さな政府」を支持
2007年	70	21
2011年	68	21
2017年	67	25

（3）　　単位：％

	民主党支持	共和党支持
2007年	63	11
2011年	70	11
2017年	66	13

注：両党の支持は、「寄り（lean）」も含む。

（出所）"Muslim Americans : Middle Class and", Pew (2007), p. 7, 41 ; "Muslim Americans : No Signs of", Pew (2011), p. 9, 53, 58 ; "US Muslims Concerned about", Pew (2017), pp. 85–86, 95. より筆者作成。

以上のいくつかの調査によると、総じて米国ムスリムは、政治的にはリベラルの傾向を示すことが分かる。ただし、その政治的なリベラルの度合いに関しては、例えばユダヤ教徒の方がよりリベラル志向を示しており、ムスリムが極端にリベラルというわけではない。右のいくつかの調査の数値からは、米国ムスリムに関しては、総じて「リベラル寄りの中道」が多数派であるといえる。

ただし、政党帰属意識あるいは支持政党に関しては、米国ムスリムは民主党と共和党との二者択一の設定においては民主党を支持する傾向が非常に強い。これは民主党がリベラル層の支持を得やすい政党であるということが基本にあるが、「九・一一テロ事件」以降の「テロとの戦い（War on Terror）」を強行した共和党政権に対する不満と、イスラモフォビアを政治（選挙）に持ち込む共和党議員の存在が共和党の敬遠に大きく影響しているものと考えられる。一方では、宗教的に敬虔なムスリムが、同性愛の受容などの社会的価値観に関しては保守性を示し、共和党の支持層の一つであるキリスト教保守派と同じような志向を持っていることから、部分的には米国ムスリムと保守的な共和党支持層とは親和的な関係にあることにも留意しなければならない。

前述のように米国ムスリムは多様な構成になっており、その政治的・社会的価値観を一元的に論じることには限界がある。また、その政治志向や価値観は時代あるいは世代とともに変容するものである。この米国ムスリムの志向や価値観の多様性と時代的な変容は重要な論点であり、後の章で再考することになる。ここでは一般的な見取り図として、米国ムスリムは、政治的にはリベラルであるが社会的には保守である、という志向の「ねじれ」が存在することを指摘しておく。さらに、ムスリムの政治志向に関しては、次節で述べるイスラームという宗教的要因との関連にも注意を払う必要がある。

4　イスラーム的制約の克服

「イスラームの家」と「戦争の家」

一九六〇年代以降にみられた移民法改正、多文化主義の浸透、公民権運動の進展など、受け入れ側である米国の政治社会的環境は、米国ムスリム―特に移民系ムスリム―が政治参加を試みるにあたって好ましいものとなった。しかし、米国ムスリムの政治参加の拡大には、米国側の環境変化だけではなく、ムスリム側の能動的な取り組みが必要とされた。

初期の移民系ムスリムは、その多くが低い社会経済的地位にあり、出身国とは大きく異なる政治制度と政治文化の中で、米国での政治への参加意識は希薄であった。また多くが中東や南アジアからの移民であったムスリムは、出身国の権威主義的あるいは軍事独裁的な政治体制の中で、「政治には関わらない方が無難である」という経験則に縛られていたことも想像できる。ただし、このような政治参加への消極性は、移民後の米国での生活が長期化することで徐々に後退していった。また後に米国社会でイスラモフォビアが拡大するにつれて、自己の権利擁護のために、政治的な活動の必要性も高まっていった。

しかし、ここで残ったものが、政治参加に対するイスラームという宗教的な制約要因であった。伝統的なイスラーム法学（神学）では、世界はイスラーム法（シャリーア）が適用されている「イスラームの家（dar al-Islam / the abode of Islam）」と、イスラーム法が適用されていない「戦争の家（dar al-harb / the abode of war）」に二分されるとの考えがある。歴史的には、前者はイスラーム政権の支配領域を指し、後者は非イスラーム（実質的にはキリスト教）政権の支配領域を指してきた。ムスリムは「イスラームの家」で生活することが規範とされ、「戦争の家」での生活は例外行為とされる。またムスリムは、前者の中にあることで平和と安定を享受できるのであり、後者を前者に変革する不断の努力、すなわち「ジハード」の実践が期待されている。また、後者の「戦争の家」は「不信者の家（dar al-kufr / the abode of infidels）」とも呼ばれ、ムスリムの世界観として忌避すべき対象とされる。(27)

このような議論を認識していたムスリムは、非イスラーム世界である米国へ移住する際、二つの選択肢があった。一つは米国社会をイスラームの実践が許された「イスラームの家」と捉え、米国の民主主義や多元主義を肯定的に受け入れ、米国社会への積極的な参加を望むものである。もう一つは米国を「戦争の家」と捉え、米国内での生活に際し米国的文化や価値からは距離を置き、ムスリムとしての価値、規範、アイデンティティを堅持しようとするものである。前者の立場からは、政治参加に積極的な姿勢が期待できるが、後者の立場からは政治への不関与、さらには孤立（隔絶）の姿勢が導き出される。

いずれの立場にしても、ムスリムの米国への移民は自発的な選択であり、征服や戦争によって強要されたものではない。また、一九六五年の移民法改正以降の移民の特徴として、相対的に高い知識と専門性を持ち、保守的な宗教思想に拘束されない世俗志向が強いことが挙げられる。さらに、もとより米国内にイスラームの伝統的な宗教権威（イスラーム神学者・法学者、モスクや宗教教育施設・制度など）が希薄であったために、右のようなイスラームの「伝統的」解釈に束縛されたり、上位の宗教権威者に一元的な行動規範を強要されたりする可能性は低かった。むしろ逆に、ムスリム移民自らが、自分たちの環境に合ったイスラームの解釈と制度を、新たに作り出していく可能性が開けていた。

北米フィクフ評議会の設立

一九八〇年代になると、米国が「イスラームの家」であるか否かといった議論は、どのようにして米国でムスリムとしての生活を送るかという実際的な議論に論点が移行していった。この実際的な議論を集約する形で、一九八六年にＩＳＮＡの下で北米フィクフ評議会（Fiqh Council of North America）が設立された。フィクフ（fiqh）とは、イスラーム法学（Islamic jurisprudence）を意味し、コーランとスンナに基づくイスラーム法の解釈論であり、実際には神意を推し量って法律上の問題に判断を下す行為である。この評議会の主な役割は、イスラーム法と米国の世俗法とのすり合わせであり、「イマームは、評議員（councilor）というよりも、むしろ助言役（counselor）である」とされた。したがって評議員は、伝統的なイスラーム法解釈に精通しつつも政治的には中立で、最低五年の米国在住の経験者であることが求められた。また評議員は、伝統的イスラーム法を尊重するが、これを強要するのではなく、ムスリムが非ムスリムの米国人と同等の文化的生活を送るために、ムスリムの行動にイスラーム的な正統性を付与することを重視した。[28]

ともに著名なイスラーム法学者であり、北米フィクフ評議会の設立に貢献したタハ・ジャービル・アル＝アルワーニ（Taha Jabir al-Alwani：一九三五～二〇一六年）と、カタール在住のユースフ・アル＝カラダーウィ（Yusuf al-Qaradawi：一九二六～二〇二二年）の二者は、既に一九九〇年代に非イスラーム圏である欧米諸国でムスリムがマイノリティとして生活する際の指針として「マイノリティのイスラーム法学（Fiqh al-Aqalliyat）」を提唱していた。そこでは、欧米の開かれた社会においてムスリムがムスリムとして生活し、政治や社会に参加することに支障はなく、むしろ参加することこそがイスラームの実践につながるという主旨が述べられていた。[29]

またアル＝アルワーニは、二〇〇〇年の米国大統領選挙の際に、「米国ムスリムが、自分たちの権利を守り、自分たちが好む見解や大義を支持するのであれば、［選挙に］建設的に参加することは義務である」と選挙への参加を強く肯定するファトワー（fatwa：イスラームに基づく法学裁定あるいは見解）を発していた。[30]

二〇〇一年から二〇一〇年までＩＳＮＡの副会長および会長を務めたイングリッド・マットソン（Ingrid Mattson）は、移民系ムスリムによる米国社会についてのパラダイム（捉え方）として三つの形態を挙げた。第一は「孤立（isolation）」であり、米国社会を「戦争の家」、またはイスラームが啓示される以前の「無知」で「衝動的」な社会である「ジャーヒリーヤ（Jahiliya）」と位置づけ、そこでの関与を忌避し抵抗を示す。第二は「受容（embrace）」であり、米国の様々な諸制度を受け入れ、イスラームと無関係にこれらに従う。第三は「選択的関与（selective engagement）」

であり、イスラームの価値観やムスリムとしてのアイデンティティを損なうことなしに、米国で社会正義などを実現しようとする姿勢である。マットソンは、この「選択的関与」というパラダイムに基づいた積極的で公正な政治的・社会的な活動を推奨しており、この姿勢は「九・一一テロ事件」以降のＩＳＮＡの行動方針に表れている[31]。

これらのムスリム知識人らは、後述するリベラルなイスラームを提唱するリベラル・ムスリムの系譜に属するといえる。このような個人または組織の貢献もあり、概ね一九九〇年代が終わる頃には、米国のような非ムスリムが多数派である国で、イスラームを実践しつつ政治と社会に関与することに支障がないことはムスリム知識人の中でコンセンサスとなっていった。移民系の一般のムスリム自身も、米国社会の多元主義を前提とし、いかにして個人としての信仰を維持しつつ自らの居場所を確保するかという課題に取り組んでいった。さらには、ムスリム移民がイスラーム的ビジョンを持つことは、移民先で重要な役割を果たすための使命であるとし、イスラームが説く社会正義や人道主義を実践し、非イスラームの地を改善しようとするより積極的な動機付けもみられた[32]。

このようにして米国ムスリムは、そのアイデンティティを維持しつつも、世俗的な米国の諸制度を尊重し、これに参加していくという方向を目指した。その際ムスリムは、モルモン教徒のような孤立した生活様式ではなく、ユダヤ教徒のように米国の政治と社会に積極的に関与していく方法を選択した。さらにムスリムの一部は、米国が「ユダヤ＝キリスト（Judeo-Christian）」国家と呼ばれるほどに米国政治社会に浸透していったユダヤ教徒を模範とし、将来米国が「ユダヤ＝キリスト＝イスラーム」国家とみなされることを期待して、米国の政治社会に参加していった[33]。

5　リベラルなイスラーム

普遍的な価値の追求

ＭＡＰＳの研究主任を務めたジョージタウン大学のブハリは、非イスラームの地でムスリムが政治参加を実践する動機として、①自身の権利擁護のため、②ウンマ（世界全体のムスリム共同体）が抱える問題解決のため、③イスラームの知恵（wisdom）を社会正義や政治的責任の向上に活用するための三点を挙げている。①は米国内のイスラモフォビアへの防衛行動である。②は海外の同胞ムスリムが抱える諸問題（パレスチナ、アフガニスタン、イランなどにおける）の解決に向けて連帯する動機である。特に「テロとの戦い」によってイスラーム急進主義の問題がグローバル化したことで、この動機の重要度は高まった。③は①と②を包摂する、より普遍的な価値を求める行動であり、その対象はムスリムやイスラーム世界に限定されるものではない[34]。

移民系の米国ムスリムが、経済的動機による移民から始まり、イスラーム的な制約を克服することで社会参画を可能とし、内外のムスリムに対する差別的な環境に対処していこうとするプロセスは、ブハリが指摘する三点のムスリムの政治参加の動機に対応する。そこでは、個人から社会への関心の拡大、あるいは利己的な動機から公共の利益を求める行為へと、ムスリムの政治参加の動機の変化がみられる。

一九九〇年代以降、米国社会でイスラームとムスリムに対する猜疑心が高まると、ムスリムは自身の権利擁護と存在の正当性を主張せざるを得ない状況に置かれた。しかし、ここでムスリムが自己防衛だけに力点を置けば、ムスリムの団結は促される一方で、ムスリム社会の孤立も避けられない。ムスリムとしての存在が鮮明になればなるほど、ムスリムを誹謗中傷する反イスラーム主義者らも、差異を強調することで攻撃を強化する。米国ムスリムが排他的（exclusive）に自集団の利益擁護を図ろうとすれば、そこには偏狭なアイデンティティ・ポリティクスに陥る危険性が潜んでいる。そこで米国ムスリムは、世俗的な社会正義や公共善の実現という、より包括的（inclusive）で政治的にリベラルな思想を重視する方向に可能性を見いだした。ここにおいて、ムスリムとして市民参加や政治参加を実践する動機と、米国の一市民として行動する動機との接点が見えてくる[35]。

また、「イスラームの家」論にみるように、伝統的に非イスラーム社会への参加に消極的であったムスリムにとっては、イスラームの信条やムスリムとしてのアイデンティティを維持しつつ、米国政治への積極的な参加を可能とするような根拠（rationale）が必要とされる。ここで重視されるのが、リベラルなイスラームという概念である。リベラルなイスラームとは、イスラームの柔軟な解釈に基づき、コーランをはじめとするテキストの解釈に拘泥せず、イスラームの持つ基本的な価値や規範――社会的・政治的には、正義、慈悲、寛容、非抑圧、諮問的政府（＝民主主義）など――を重視する考え方である。敷衍されたイスラームの基本的な価値や規範は、現代の非イスラーム社会や世俗的社会においても社会正義や公共善、政治面でのリベラリズムと同期する。イスラーム的価値観を包含する、より普遍的な価値観としてのリベラリズムを重視することで、政治参加への根拠がイスラームの観点からも担保されることになる(36)。

チュニジアのラシッド・ガンヌーシ（Rachid Ghannouchi）は、二〇一一年一月「アラブの春」によるチュニジア政変後に亡命先から帰国を果たした。イスラーム主義政党ナハダ党首であるガンヌーシは、既に一九九三年の時点で「イスラーム政府でなくとも、公正な政府はイスラーム政府に近いと考えられる。なぜなら、公正さはイスラーム政府における最も重要な特徴であり、公正さこそが神の法だと言われるからである」と述べ、人権擁護と民主主義確立のため、ムスリムが民主主義を志向するリベラルな世俗的集団と連帯する必要性を先駆的に説いていた(37)。

また、米国ムスリムを多面的に研究するハッダードは、「米国の多元主義の中にムスリムの居場所を求める」という考え方の下で、米国のムスリム知識人らが「米国社会との妥協策（modus vivendi）の必要性だけでなく、ムスリム社会そのものにおける多元主義の発展の必要性に力点を置いてきた」とし、多元的で柔軟なイスラームの解釈の導入による米国ムスリム社会の適応能力と柔軟性を肯定的に評価している(38)。

リベラル・ムスリムの主導

イスラーム法学者でもあるカリフォルニア大学のカリード・アブ・エル・ファドル（Khaled Abou El Fadl）は、リベラルに解釈されたイスラームの実践を主張するリベラル・ムスリムの代表的な一人である(39)。

アブ・エル・ファドルは、ワッハーブ派（Wahhabiya）などのイスラーム保守派によるイスラームの狭義の解釈を批判し、他者が時空を超えて法学的・神学的議論をするには限界があり、「イスラームの家」論を含むイスラーム法の解釈は時代によって流動的であり、今日では不適切で非現実的な議論であるとする。自由、公正、諮問的手続きの約束された政府が機能するなどイスラーム的な規範が実現されていれば、ムスリムがマイノリティであってもそこは「イスラームの家」であり、ムスリムの居住と市民的・政治的な参加は正当化される。アブ・エル・ファドルは、伝統的なイスラーム的規範と非イスラーム的な（多くの場合、世俗的主義的な）現実との間で「バランスをとる」ことが重要だとしている(40)。

米国ムスリムを研究するムクテダー・カーン（M. A. Muqtedar Khan）も、リベラルなイスラームを提唱する米国ムスリムの一人である。カーンは、移民系ムスリムにとっての米国のイメージとして「民主主義の米国（America the democracy）」と「植民地主義の米国（America the colonial power）」という二面性があることを指摘する。カーンは、前者を重視する者が米国的価値観を共有し、米国社会に参加あるいは順応しようとする民主派ムスリム（Muslim democrat）であり、後者を重視する者が米国的価値観を拒否し、米国社会に順応することを拒む孤立派ムスリム（Muslim isolationist）であるとした。そして、民主派ムスリムは、リベラルなイスラーム解釈を通じて米国社会に関与し、様々な機会（出版物、講演、コンベンション、金曜礼拝など）を通じて、米国ムスリム社会全体にイスラームに関する新しい理解を促してきたとする。ここでカーンが注目したのは、イジュティハード（ijtihad）の概念である。イジュティハードとは、イスラーム法学においてコーランなどの（抽象的な）典拠から、理性的判断に基づいて特定の（具体的な）法規定を導き出す行為である。カーンは伝統的にはイスラーム法学者に限定的な行為であるイジュティハードを、現代社会におけるイスラームのリベラルな解釈として再定義した。カーンは、「民主派ムスリムは、正義、宗教的寛容、文化的多元主義というイスラームの原則を強調する。そして、自由、人権、寛容の尊重という西洋の価値観を、これらを正当化するイスラーム的起源に前例を見いだすことでイスラーム化した」と述べ、米国でのムスリムの政治参加は単に許されるだけのものではなく、むしろ積極的に推進されるべきものと結論している[41]。

また米国のイスラーム指導者の一人、フェイサル・アブドゥル・ラウフ（Feisal Abdul Rauf）は、イスラームが理想とする価値と米国が理想とする価値は一致するという、非常に親米的な考えを提示する。アブドゥル・ラウフは米国を「イスラーム法が政府に求める諸原則を、明確に具体化する制度を持つ国」とし、米国は「実質的にイスラーム国家」でありイスラーム法に基づいた国（a sharia-compliant state）であるとさえいう[42]。

なお米国ムスリムではないが、欧米でのリベラルなイスラームのあり方について影響力のある発言をしているのがタリク・ラマダン（Tariq Ramadan）である。ラマダンもまた、「古典的概念と現在の状況との深刻なギャップ」の存在を指摘し、「イスラームの家」論の硬直性を批判する。ラマダンは「批判的イスラーム（critical Islam）」の概念を提唱し、イスラームの原理を他の宗教・信条、科学、社会との継続的な対話に見いだす。またラマダンは、ムスリムが行動の枠組みと指針を得るために、政治・経済分野において、イスラームのメッセージが持つ普遍的でグローバルな諸原則に立ち返るべきであるとする。このことからラマダンは、政治参加の形態に関して、「私の宗教、私の文化、私のエスニック集団」に力点を置く、いわゆるアイデンティティ・ポリティクスには慎重な姿勢を示す[43]。

このようなリベラルなイスラームを提唱するリベラル・ムスリムは、イスラームの持つ価値観と欧米の非イスラーム文化圏の価値観との共通性に注目し、両者の親和性を強調してきた。このようなリベラル・ムスリムの発言は広範な影響力を持っており、米国におけるムスリムの政治参加は、このようなリベラル志向の思想的議論を経たうえで、その正統性を獲得していったといえる[44]。

保守派とプログレッシブの存在

リベラルなイスラームの対概念として、保守的なイスラームは、コーランをはじめとするテキストを重視する思想であり、イスラーム復古主義、あるいは原理主義とも呼ばれる。この立場にある保守派のムスリムは、依然として米国を「戦争の家」と捉え、米国的文化や価値からは距離を置き、ムスリムとしての価値、規範、アイデンティティを堅持しようとする。

ただし、市民参加や政治参加に否定的な見解を持つ保守派のムスリム集団は、米国ムスリムの中でもさらにマイノリティの集団である。一例として、イスラーム伝統主義集団とされるタブリーギー・ジャマーアト［前出］は、もとより世俗国家（非イスラーム国家）の正統性を認めておらず、したがってそこでの政治に関わること自体を想定しない非政治的（apolitical）な態度を示す。このタブリーギーはモスクの運営にも積極的で、一九八〇年代には米国内で二五カ所以上のモスクで指導的役割を果たしていたという。一九九〇年代以降は、移民の多いニューヨーク市クイーンズ区にあるモスクMasjid Al-Falahを拠点とし、黒人やヒスパニック系のムスリムへの改宗にも積極的に関わっていた。(45)

また、ヒズブ・アル゠タフリール（Hizb al-Tahrir「解放の党」の意）は、イスラーム国家建設を目標とし、現行の世俗的な政治制度を否定する孤立派の典型的な主張をしている。これによると、米国をはじめとする西側諸国は「不信者の地」であり、ムスリムが参加すべき対象ではなく、「イスラームの地」に転換させるべき対象とみなされる。(46)

サウジアラビアを起源とする保守的イスラーム集団の筆頭とされるワッハーブ派は、依然として古典的な二元論にこだわっている。ワッハーブ派の系譜にあるイスラーム原理主義的なサラフィーヤ主義（salafiyya）などに感化される米国ムスリムがどの程度存在するかは明らかではない。このような保守派ムスリムは必ずしも米国内で組織化されておらず、また主要なメディアや論壇などにも登場しない。しかし、「民主主義や資本主義経済は不信者の制度である」といった極論がインターネット上に拡散しているのも事実である。そして、このような限定的ではあるが急進的なイスラーム保守派の主張は、イスラームの危険性を煽り、イスラモフォビアの拡大を助長することにつながっている。

このような保守派ムスリムの存在の対極として、近年ではリベラルなムスリムの一部がより急進的なリベラル志向を持つムスリム、すなわちプログレッシブなムスリムに変化する傾向もみられる。プログレッシブなムスリムとは、イスラームの伝統を尊重しつつも、何よりも社会の公正と多元主義を重視するムスリムである。この公正と多元主義においては、女性やLGBT、人種・エスニック的マイノリティの尊重、経済的弱者の擁護という規範意識が非常に強い。プログレッシブは政治志向のスペクトラムにおいてはリベラルと同様に左派に属するが、プログレッシブからみるとリベラルなムスリムでさえも保守的と映り、したがってリベラルは社会を変革させる能力には乏しいとしてプログレッシブによる批判の対象となる。(47)

このようなプログレッシブなムスリムとその運動は、一九九〇年代末頃からインターネット上の交流を通じて拡大した。ムスリムのアイデンティティを維持しつつも、伝統的で保守的なイスラームを否定し、同時に米国の世俗の政治社会面での保守性も否定するプログレッシブなムスリムは、音楽や芸術の分野でも存在感を強め、一つのカルチャーやムーブメントを形成している。このようなプログレッシブなムスリムは特に若年層に多いが、様々なイシューの中でLGBTなどジェンダーに関わるイシューについては、保守的なイスラーム思想とどのように折り合いを付けるかが課題となっている。(48)

リベラルなイスラームへの支持

一般的な米国ムスリムはリベラルなイスラーム解釈について、どのように考えているのであろうか。ピューの調査（二〇〇七年）によると、敬虔なムスリムであることと米国のような近代社会で生活することとの間に葛藤がないとする者（六三％）が、あるとする者（三二％）を大きく上回る。また、ムスリム移民と米国の生活習慣との望むべき関係について、米国の習慣に合わせるべきとする者（四三％）が、米国社会から距離を置くべきとする者（二六％）を上回る。(49)

後のピューの調査（二〇一七年）でも、イスラームの教えの正しい解釈は、「一つより多くある」（六四％）、「一つし

表2－3　米国の政治と社会（civic institutions）への参加について

（1）政治への参加について　　単位：％

	強く賛成	賛成	中立／反対
2000年	72	17	11
2010年	70	21	10
2020年	77	18	5

（2）社会への参加について　　単位：％

	強く賛成	賛成	中立／反対
2000年	78	19	3
2010年	81	17	3
2020年	83	15	2

（出所）Ihsan Bagby, "The American Mosque 2020: Growing and Evolving, Report 2 of the US Mosque Survey 2020: Perspectives and Activities", ISPU (June 2021), pp. 7–8. より筆者作成。

かない」（三一％）となっており、米国ムスリムはイスラームを多元的に、したがって柔軟に捉える者が多数である。なお、同調査では「伝統的なイスラームの理解には新しい解釈が必要か？」との問に対して、ムスリム全体は必要（五二％）・不必要（三八％）と回答しているが、移民系のうち「中東・北アフリカ」出身が必要（三六％）・不必要（四一％）であるのに対して「南アジア」出身では必要（五六％）・不必要（三四％）と差異を示しており、相対的に新しい移民である南アジア系のムスリムの方がより柔軟でリベラルな傾向を示唆していることは興味深い[50]。

またISPUのモスク調査（二〇二〇年）は、米国ムスリムが総体として米国の政治と社会に積極的に参加しつつある傾向を時系列的に示している（表2－3）。

このような米国ムスリムの政治と社会への参加姿勢の拡大には、モスクの果たす役割も大きいと考えられている。モスクに通うことが宗教的急進主義思想やテロ組織ネットワークの温床になるとの懸念があるが、これに対して、米国内のモスクの存在は、リベラルなイスラームの普及に貢献しているとの調査報告がある。そこでは、モスクでの礼拝や社会活動に積極的なムスリムは米国の民主的な政治制度との親和性が高く、モスクはムスリムの社会参加や政治制度への統合を促進する機能を持つことが指摘されている。また別の調査報告では、モスクに通うことは政治参加に肯定的な効果をもたらすが、それはモスクでの礼拝という宗教的実践そのものの影響ではなく、モスクが提供する様々な社会活動に参加することの影響であることが指摘されている[51]。

これは米国のモスクにおけるイマームの役割が必ずしも宗教的な権威をまとった指導者ではなく、地域社会の「まとめ役」を果たしているからでもある。過去には、一九六〇年代以降の米国ムスリム社会の拡大によって、モスクの専従イマームが不足するという事態が発生した。このため、古典的なイスラーム教育を受けた者ではない医師やエンジニアなどの知識人層がイマームの役割を担うことが多くなった（前出のハトフートの例）。結果的に、イスラームの宗教的権威の新しい基準ができ、米国におけるイスラームのあり方と権威に大きな変化をもたらした。米国では、モスクをコミュニティの中心としながらも、旧来の保守的イスラームに拘束されない形で、柔軟なイスラーム解釈とリベラルな志向が受容される環境が存在しているといえる[52]。

前出のＩＳＰＵのモスク調査（二〇二〇年）でも、米国のモスクの大きな特徴として、モスクが礼拝以外の様々な政治的・社会的活動の場になっていることが指摘されている。調査対象モスクの五四％が過去一年間に選挙のための有権者登録の場を提供し、五一％が政治家の訪問や演説の場となり、三七％が政治について議論する場を提供している。またモスクへの女性の受け入れに関しても概ね肯定的な対応をしているモスクが増加している。このような、モスクを介した米国ムスリムの米国社会への順応と政治参加意識の向上という側面に今後も注目していく必要があろう[53]。

公職への立候補

米国ムスリムの大多数が米国の政治制度を受け入れ、政治参加を肯定しているとしても、実際にムスリムが公職に立候補する、あるいは立候補者を支援するような政治活動を行うには困難が伴う。これは米国ムスリムが単にマイノリティであるからだけでなく、イスラモフォビアに起因する障害が大きく影響するからである。

後述するように、「九・一一テロ事件」後の大統領選挙や議会選挙では、イスラモフォビアの拡大という米国ムスリムにとって厳しい社会情勢の中で、ムスリム自身の立候補はもとより、ムスリムでない特定候補者へのムスリムによる支持行動さえも、その候補者によって敬遠されるという事態がみられた。特に二〇〇八年大統領選挙では「オバマはムスリム」という一部の誤認を利用し、「オバマ支持＝イスラーム急進派によるテロに弱腰＝愛国的でない＝非米国的である」という反オバマ・キャンペーンが対立候補によって展開された。

ここにみられる構図―イスラームに親和的な態度は、非米国的であるとの見方―は、米国ムスリムがどのレベルで政治参加するとしても、きわめて大きな障害となってきた。前述のようにムスリム（参加する側）としては、リベラルなイスラームの解釈によって米国での政治参加に対する宗教的制約を克服したものの、「九・一一テロ事件」によって、米国（受け入れる側）がムスリムの政治参加へのハードルを一方的に高くしたという状況が存在する。

また別の観点では、選挙の制度的な制約も存在する。米国におけるムスリムの政治参加に関するアブドュルカーデル・シンノ（Abdulkader H. Sinno）の調査（二〇〇六年一二月時点）で、米国連邦議会ではムスリム議員の比率が、欧米の他の民主的国家と比較して、かなり低いことが指摘されている。シンノの調査によると、各国（中央政府）議会議員総数におけるムスリム議員比率は、高い順からオランダ（四・六七％）、ベルギー（四・〇％）、デンマーク（一・六八％）、カナダ（一・三％）、フランス（一・二一％）、スウェーデン（一・一五％）、EU議会（一・〇九％）、イギリス上院（〇・九七％）、ドイツ（〇・八一％）、イギリス下院（〇・六二％）、ノルウェイ（〇・五九％）、米国（〇・二％）となっている[54]。

シンノは米国でムスリム議員の比率が低い理由について、イデオロギー（イスラーム的制約）、法的な地位や市民権（立候補や投票資格）、エスニック的分断などではなく、米国の選挙で採用されている一名だけが当選する小選挙区制、広域となる選挙区（上院）、キリスト教保守派と親イスラエル・ロビー組織との連携による反ムスリム・キャンペーンの展開を含む「複合的要因」を挙げている。特に小選挙区制は、比例代表制と比べて有力候補に有利な制度的特質を持っており、マイノリティの立候補には不利である。また、選挙区が広域となり有権者数が増えると、必然的に非ムスリムの数が多くなり、イスラモフォビアの逆風を抑えることが難しくなるためムスリム候補にとって不利に働く。

比例代表制を選挙制度に採用していない米国において、マイノリティがマイノリティを代表する形で議席を獲得することは制度的にも困難となっている(55)。

この状況のなかで、ムスリムが公職への立候補を試みるのであれば、ムスリムのアイデンティティに限定されない社会正義、弱者の人権擁護、公共善の重視といったリベラルな政策主張が重要となる。米国ムスリムにとっては、イスラームそのものではなく、イスラームのなかのリベラルな要素を抽出して前面に押し出し、リベラル派と連携することが政治参加拡大のために重要な鍵となる。

実際、公職への立候補と当選を果たしてきた米国ムスリムは、このような方向性を見せている。米国のムスリム政治家の先駆者であるキース・エリソンは、出身州の中心都市ミネアポリスに選挙区を持ち、したがって選挙区は小さく、マイノリティやリベラル派が集まりやすい傾向にある。このような場合、自身がムスリムであることを過度に強調することは、選挙区内の非ムスリム有権者の支持獲得には適さない。二〇〇七年から連邦下院議員となったエリソンは、同年一月の下院議員就任式の際に、かつてジェファソン大統領が所有していたコーランに手を置いて宣誓したが、このことが賛否両論を含めて大きく報道された。この件についてエリソンは、自身の行為はきわめて「アメリカ的」なものであり、それは「態度、精神（ethos）に規定されるものである。アメリカは法の前の平等の考えに基づいて運営され、基本的な公正さが信条なのである」と述べている。ここではコーランはイスラームを示すものではなく、自由と平等を尊重する米国の政治信条を示すものなのである(56)。

また、二〇〇八年の選挙で連邦下院議員に当選した米国ムスリムのアンドレ・カーソン（André Carson）も、都市部のインディアナポリスに選挙区を持ち、有権者の構図はエリソンと同様である。両者に共通するのは、移民系マイノリティやリベラルの支持層が厚い米北部州内の中心都市部（それぞれミネアポリスとインディアナポリス）を選挙区としていることである。公職活動に際して、エリソンとカーソンはともに、ムスリムとしてのアイデンティティを前面に出して政治活動をしたわけではなく、民主党、マイノリティ、リベラルという側面を強調した。ムスリムを前面に出すことは「九・一一テロ事件」後の政治環境からリスクを伴うが、もとより「ムスリム票」だけで当選することは困難である。選挙戦におけるアウトリーチ——候補者が自身への支持や理解、さらに資金や得票を期待して、特定の集団や個人に積極的に働きかけること——の観点からは、ムスリム候補者にとって広範なリベラル層に力点を置くことがより合理的である。

ただし、両者ともにムスリムのアイデンティティを軽視しているものではなく、時には全米のムスリムを代表する政治家として行動し、移民系や黒人系を問わず、米国ムスリム全般からの尊敬と支持を集めている[57]。

後の二〇一八年の中間選挙で連邦下院議員に当選することになるムスリム女性のラシダ・タリーブ（Rashida Tlaib）は、自身の政治活動とイスラームとの関係について、「自分の地域を良いものにしていくことの重要性は、イスラームの延長である。エリソンやカーソンと同様に、私は圧倒的にムスリムの少ない地域から選出されている。……弱者を守り困窮者に奉仕するという私たちの信仰が求めるものを通じて、私たちの宗教を最も深遠で力強い形で表すことができる」と述べていた[58]。

このように、米国ムスリムにとって、アイデンティティ・ポリティクスに依拠して宗教性を前面に出した政治参加の形態は、選挙戦術として必ずしも有効な手段でもなければ、イスラモフォビア拡大の社会情勢から現実的な手段でもない。このため公職を目指すムスリムは、「ムスリムの利益」ではなく、リベラル・ムスリムが主唱するような「イスラーム的規範が示す社会全体にとっての利益」を強調することで、その成果を得てきているのである。

注

（1） Sidney Verba and Norman H. Nie, *Participation in America : Political Democracy and Social Equality*, (Chicago, IL : Univ. of Chicago Press, 1987［original 1972］), pp. 2-5.

（2）　Ali A. Mazrui, 'Muslims between the Jewish Example and the Black Experience : American Policy Implications', in Zahid H. Bukhari et al(eds.), *Muslims' Place*, pp. 117–144 ; Ali A. Mazrui, 'Between the Crescent and the Star-Spangled Banner : American Muslims and US Foreign Policy', *International Affairs*(July 1996) vol. 72, no. 3, pp. 493–506.

（3）　Edward E. Curtis IV, *Muslim American Politics and the Future of US Democracy*(N. Y. : New York Univ. Press, 2019), p. 158.

（4）　John L. Esposito and John O. Voll, *Islam and Democracy*(N. Y. : Oxford Univ. Press, 1996) ; Fatema Mernissi, *Islam and Democracy : Fear of the Modern World*(N. Y. : Basic Books, 2002 [1st edition, 1992]) ; Samuel P. Huntington, "The Clash of Civilizations?" *Foreign Affairs*(Summer 1993).

（5）　Steve A. Johnson, 'Political Activity of Muslims in America' in Haddad(ed.), *The Muslims of America*, pp. 111–124 ; Akbar Muhammad, op. cit., pp. 206–213 ; GhaneaBassiri, *op. cit.*, pp. 23–41.

（6）　Nimer, *op. cit.*, p. 129.

（7）　Kambiz GhaneaBassiri, *Competing Visions of Islam in the United States : A Study of Los Angeles*(Westport, CT : Greenwood Press, 1997), p. 101.

（8）　'American Muslim Council', in Cesari(ed.), *Encyclopedia*, pp. 57–58.

（9）　J. I. Smith, *op. cit.*, pp. 172–173.

（10）　フィジー大使（ナウル、トンガ、ツバル兼任）にオスマン・シディク（M. Osman Siddique）が任命された。また、インド系のイスラーム・シディキ（Islam A. Siddiqui）はクリントン政権下で農務省副長官に任命され、ムスリムとしては米政権内で最高位の役職となった。Paul Findley, *Silent No More : Confronting America's False Images of Islam*(Beltsville, MD : Amana Publications, 2001), p. 246. 一九九三年から二〇〇〇年までの間に、陸海空軍のそれぞれで従軍ムスリム聖職者が任命された。J. I. Smith, *op. cit.*, pp. 157–160 ; Mohamed Nimer, 'Muslims in American Public Life' in Haddad（ed.), *Muslims in the West*, pp. 176–179.

（11）　Thomas Crampton, "Muslim Advocate Sentenced to 23 Years for Libyan Dealings", *New York Times*(October 16, 2004).

（12）　Steven Emerson, *American Jihad : The Terrorists Living Among Us*(N. Y. : Freepress, 2002), pp. 223–227. 反イスラーム

主義者だけでなく、親イスラエル派あるいは保守派もムスリム組織に対し懐疑的な態度を示していた。Matthew Levitt, "Subversion from Within : Saudi Funding of Islamic Extremist Groups Undermining U. S. Interests and the War on Terror from within the United States", Washington Institute for Near East Policy (September 10, 2003).

(13) ハッダードは、一九九〇年代の米国ムスリムとクリントン政権との関係について、従前から米国ユダヤ系との親密な関係にあったクリントン政権の「シンボリックなムスリムの受け入れ」であり、ムスリム側も政権の政策に影響を与えるには至っていないことを十分に承知しつつも、ムスリム社会の地位向上を目的として政権に接近していたと評している。Yvonne Yazbeck Haddad, *Becoming American? : The Forging of Arab and Muslim Identity in Pluralist America* (Waco, TX : Baylor Univ. Press, 2011), p. 23.

(14) "CAIR : Who We Are", CAIR (June 2010) ; Nimer, *The North American Muslim Resource Guide*, pp. 133–135 ; Erik Love, 'Civil Liberties or Civil Rights? Muslim American Advocacy Organizations', in Matthias Kortmann and Kerstin Rosenow-Williams (eds.), *Islamic Organizations in Europe and the USA : A Multidisciplinary Perspective* (N. Y. : Palgrave Macmillan, 2013), pp. 37–53.

(15) 既に一九九〇年代後半にＡＭＣは市民権運動と訴訟問題に関する活動をＣＡＩＲに委ねていた。両組織の連携についてアラムーディは"happy marriage"と評していた。Findley, *op. cit.*, p. 213.

(16) オマル・アフマド（Omar Ahmad）、ニハド・アワド（Nihad Awad）、イブラヒム・フーパー（Ibrahim Hooper）、モハメド・ニメール（Mohamed Nimer）らが初期の幹部を務め、しばしばメディアに登場して発言している。アフマドとアワドはヨルダンのパレスチナ難民キャンプ生まれ、フーパーはカナダ人の改宗者である。Findley, *op. cit.*, pp. 213–219.

(17) "CAIR Civil Rights Reports", CAIR (1999, 2000, 2001, 2002, 2003) ; "Unpatriotic Acts : The Status of Muslim Civil Rights in the United States 2004", CAIR (2004), p. 2.

(18) About MPAC, MPAC, https : //www.mpac.org/abcut/ ; Nimer, *The North American Muslim Resource Guide*, pp. 131–133.

(19) Ron Kelley, "Muslims in Los Angeles" in Haddad and Smith (eds.), *Muslim Communities in North America*, pp. 135–167.

(20) 筆者は二〇〇三年一二月にＩＳＮＡの西部地区大会（於カリフォルニア州ロングビーチ）に参加したが、ハトフートが登場するセッションには他よりも多くの参加者がみられ、カリフォルニアのムスリム社会のハトフートへの支持が強いことを実感した（二〇一五年、ハトフート死去）。

(21) Salam Al-Marayati, "We Need More American Muslims in Public Life", *Newsweek* (August 21, 2020).

(22) M. A. Muqtedar Khan, "Political Muslims in America: From Islamism to Exceptionalism", *Middle East Policy* (Spring 2015), vol. 22, no. 1.

(23) Project MAPS (2001), Table 8, p. 28. ＭＡＰＳの諸データをより詳細に分析した後の研究では、「ムスリムは社会福祉問題ではリベラルな見解を持ち、道徳（moral）問題に関しては保守的な見解を持つ」と結論している。Paul A. Djupe and John C. Green, 'The Politics of American Muslims', in J. Matthew Wilson (ed.), *From Pews to Polling Places: Faith and Politics in the American Religious Mosaic* (Washington DC, Georgetown Univ. Press, 2007), p. 246.

(24) ムスリムの性的志向を問うＩＳＰＵによる調査（二〇一七年）では、ストレート（ゲイ・レズビアンではないヘテロセクシャル）（九一％）、ゲイかレズビアン（ゼロ％）、バイセクシャル（四％）、その他（三％）となっている。この比率はユダヤ教徒、カトリックなどの他の宗教・宗派社会や米国人一般と大差はない。ただし、伝統的に同性愛を忌避する傾向が強いムスリムに対するこのような調査の回答（ゲイかレズビアンがゼロ％など）の信頼性には疑問が指摘されている。"American Muslim Poll 2017", ISPU (2017), p. 10, Figure 16; Daniel Burke, "In a Survey of American Muslims, 0% Identified as Lesbian or Gay. Here's the Story behind That Statistic", CNN (May 28, 2019).

(25) Project MAPS (2001), p. 11, Table 8, p. 28.

(26) "Muslim Americans: A National Portrait", Gallup (2009), pp. 49–51.

(27) このような世界の二分論は、ムスリムの世界観としてしばしば言及されるが、コーランやスンナ（預言者ムハンマドの言行）に明示されているものではない。この二分論は、一一世紀以降のキリスト教徒による国土回復運動（レコンキスタ）が展開する中で、イベリア半島に残されたムスリムの立場についての解釈が定式化されたものと考えられている。また、イスラーム諸法学派の間で、これら概念についての見解に相違もある。'Dar al-harb and Dar al-Islam', in Cesari (ed.), *Encyclopedia*, pp. 170–173; Omar Khalidi, 'Living as a Muslim in a Pluralistic Society and State: Theory and Experience', in Bukhari et al (eds.), *Muslims' Place*, pp. 43–46.

(28) Yusuf Talal DeLorenzo, 'The Fiqh Councilor in North America' in Yvonne Yazbeck Haddad and John L. Esposito (eds.), *Muslims on the Americanization Path?* (N. Y.: Oxford Univ. Press, 2000); Karen Leonard, 'Organizing Communities: Institutions, Networks, Groups', in Juliane Hammer and Omid Safi (eds.), *The Cambridge Companion to American Islam* (N. Y.: Cambridge Univ. Press, 2013).

(29) Shammai Fishman, "Fiqh al-Aqalliyyat: A Legal Theory for Muslim Minorities", Hudson Institute, Research Monographs on the Muslim World, Series No 1, Paper No 2 (October 2006); 'Alalwani, Taha (b. 1935)', in Cesari (ed.), *Encyclopedia*, pp. 47–18.

(30) Alexander Rose, "How Did Muslims Vote in 2000", *Middle East Quarterly* (Summer 2001), pp. 13–27.

(31) Ingrid Mattson, 'How Muslims Use Islamic Paradigms to Define America', in Haddad, Smith, and Esposito (eds.), *Religion and Immigration*, pp. 199–215. カトリックからイスラームに改宗したカナダ人女性であるマットソンは、リベラルな解釈に基づくコーランの新規英訳にも賛同するなど、ＩＳＮＡを現代的な米国により適する形に変革していった。Jonathan Curiel, *Islam in America*, (N. Y.: I. B. Tauris, 2015), pp. 41–45.

(32) Leonard, *Muslims in the United States*, pp. 87–92; Larry A Poston, *Islamic Da'wah in the West: Muslim Missionary Activity and the Dynamics of Conversion to Islam* (N. Y.: Oxford Univ. Press, 1992), pp. 31–45.

(33) M. A. Muqtedar Khan, 'Constructing the American Muslim Community', in Haddad, Smith and Esposito (eds.) *Religion and Immigration*, p. 178; Yvonne Haddad, 'The Shaping of a Moderate North American Islam: Between "Mufti" Bush and "Ayatollah" Ashcroft', in Ron Geaves et al (eds.), *Islam and the West Post 9/11* (Burlington, VT: Ashgate, 2004), p. 98; Haddad, *Becoming American?*, pp. 34–35.

(34) 'Zahid Bukhari on Muslims in American Politics (2000)', in Edward E. Curtis Ⅳ (ed.), *Encyclopedia of Muslim-American History*, vol. Ⅱ (N. Y.: Facts on File, 2010), pp. 464–467.

(35) Andrew F. March, *Islam and Liberal Citizenship: The Search for an Overlapping Consensus* (N. Y.: Oxford Univ. Press, 2009), pp. 242–258. リベラルなイスラームあるいはクルアーンの解釈を、自身のアイデンティティを維持しつつも「他者」との共生を可能とする思索と行動と捉え、その今日的な実践の試みを議論するものとして以下を参照。大川玲子『リベラルなイスラーム——自分らしくある宗教講義』慶應義塾大学出版会、二〇二一年。

(36) イスラーム創生期以来、リベラルなイスラームの系譜は多岐にわたるが、近現代に限定すれば、ジャマール・アッ＝ディーン・アル＝アフガーニー（Jamal al-Din al-Afghani）やムハンマド・アブドゥフ（Muhammad Abduh）に代表される、一九世紀後半のイスラーム改革運動にその源流をみることができよう。リベラルなイスラームの系譜については以下を参照。Charles Kurzman, 'Introduction : Liberal Islam and Its Islamic Context', in Charles Kurzman (ed.), *Liberal Islam : A Sourcebook* (N. Y. : Oxford Univ. Press, 1998), pp. 3–26.

(37) Rachid Ghannouchi, 'Participation in Non-Islamic Government', in Kurzman (ed.), *op. cit.*, pp. 89–95. 過去にガンヌーシは米国でのＩＳＮＡ年次全国大会の場で、米国は「不信者の国（bilad al-kuffar）」ではなく、「開かれた国（bilad al-mafutha）」であり、むしろ「信仰実践の家（dar al-da'wa）」であると述べ、米国ムスリムにもリベラルな思想的影響を与えていた。Haddad, *Becoming American?*, pp. 28–29 ; Yvonne Yazbeck Haddad and Robert Stephen Ricks, 'Claiming Space in America's Pluralism : Muslims Enter the Political Maelstrom', in Abdulkader H. Sinno (ed.), *Muslims in Western Politics* (Bloomington, IN : Indiana Univ. Press, 2009), pp. 18–22.

(38) Haddad, *Becoming American?*, p. 65.

(39) Khaled Abou El Fadl, "Islamic Law and Muslim Minorities : The Juristic Discourse on Muslim Minorities from Second/Eight to the Eleventh/Seventeenth Centuries", *Islamic Law and Society*, vol. 1, no. 2 (August 1994), pp. 141–187 ; Khaled Abou El Fadl, *The Great Theft : Wrestling Islam from the Extremists* (N. Y. : HarperOne, 2005), pp. 48–49 ; ［邦訳］カリード・アブ・エル・ファドル『イスラームへの誤解を超えて——世界の平和と融和のために』日本教文社、二〇〇八年。

(40) 二〇世紀初頭、オスマン帝国支配下にあったボスニア＝ヘルツェゴビナがオーストリア＝ハンガリー帝国に併合された。この時、オスマン帝国のイスラーム法学者が、ボスニアのムスリムは「イスラームの家」に移住しなければならないと告知した。この告知に対して、当時エジプトにいたイスラーム改革主義者ラシード・リダー（Rashid Rida）は強い批判を行った。移住せよという教条的で非現実的な判断に対する批判と、もはやイスラーム的であることが疑わしいオスマン帝国の支配体制に対する批判でもあった。リダーは、移住すべきか否かという「自身の問題について最良の判断をするのはボスニアのムスリムである」とするファトワーを出した。アブ・エル・ファドルは、このリダーの判断を模範として高く評価している。Khaled Abou El Fadl, 'Striking a Balance : Islamic Legal Discourse on Muslim Minorities', in Haddad and Esposito (eds.), *Muslims on the Americanization Path?*, pp. 48–49.

(41) M. A. Muqtedar Khan, *American Muslims : Bridging Faith and Freedom* (Beltsville, MD : Amana Publications, 2002), pp. 27–35.

(42) Feisal Abdul Rauf, *What's Right with Islam : A New Vision for Muslims and the West*, (N. Y. : HarperCollins, 2004), p. 80, 86 ; ' Feisal Abdul Rauf, Forceful Voice of Reason', in Linda Brandi Cateura, *Voices of American Muslims : 23 Profiles* (N. Y. : Hippocrene Books, 2005), pp. 93–101.

(43) Tariq Ramadan, *Radical Reform : Islamic Ethics and Liberation* (N. Y. : Oxford Univ. Press, 2009), p. 144. このような観点からラマダンは、「我々［ムスリム］の利益を守る候補者やムスリムに投票することの問題ではない。良心に基づいて判断するための客観的な基準を設定することが重要である」と述べ、後述のムスリムによるブロック投票にも否定的であるのが興味深い。Tariq Ramadan, *Western Muslims and the Future of Islam* (N. Y. : Oxford Univ. Press, 2004), p. 170.

(44) ジョージタウン大学のエスポジトは、このような柔軟なイスラームの解釈を提唱する米国の代表的な学者や知識人として、以下の諸氏を挙げている（エスポジト自身もこの範疇に入る）。Seyyed Hossein Nasr, Ismail al-Faruqi, Fazlur Rahman, Abdul Aziz Sachedina, Fathi Osman, Sulayman Nyang, Sherman Jackson, Mahmoud Ayoub, Khaled Abou El Fadl, Muqtedar A. Khan. John L. Esposito, 'America's Muslims : Issues of Identity, Religious Diversity, and Pluralism', in Thomas Banchoff (ed.), *Democracy and the New Religious Pluralism*, (N. Y. : Oxford Univ. Press, 2007), p. 138.

(45) Haddad and Lummis, *Islamic Values in the United States*, p. 21 ; J. I. Smith, op. cit., p. 161–162 ; 'Tablighi Jama'at', in Cesari (ed.), *Encyclopedia*, pp. 609–610. タブリーギーは、南アジア地域においても西側諸国においても、政治的に関与する意図は希薄である。ただし米国人でターリバーン（Taliban）に属したジョン・ウォーカー・リンド（John Walker Lindh；二〇〇一年一一月にアフガニスタンで拘束、禁固二〇年の実刑で服役、二〇一九年に仮釈放）、旅客機爆破テロ未遂犯「靴爆弾男」リチャード・リード（Richard Reid；二〇〇一年一二月に逮捕、終身刑）などはタブリーギーの思想に影響を受けて急進化したとも言われ、その組織と政治的な急進主義との関連性は判然としない。Susan Sachs, "A Muslim Missionary Group Draws New Scrutiny in U.S.", *New York Times* (July 14, 2003); Nicholas Howenstein, "Islamist Networks : The Case of Ta-

bligi Jamaat", United States Institute of Peace (October 12, 2006).

（46）その原理主義的な主張は、同組織のウェブサイト（http://www.hizb-ut-tahrir.org/EN/）で展開されている。Madeleine Gruen, "Hizb ut-Tahrir America Uses Social Media to Promote its 'Emerging World Order' Conference", HuffPost (June 14, 2010).

（47）Omid Safi, 'Introduction', in Omid Safi (ed.), *Progressive Muslims: On Justice, Gender, and Pluralism* (London: Oneworld Publications, 2003), pp. 1–29; Ahmed Nassef, "Listen to Muslim Silent Majority in US", *Christian Science Monitor* (April 21, 2004).

（48）一例として、「タクワコア（Taqwacore）」と呼ばれる音楽ジャンルがある。「タクワコア」とは、イスラーム用語で「神への畏敬・畏怖」を意味するTaqwaの語と「ハードコア（Hardcore）」を掛け合わせたものである。これは、ムスリムによる一種のパンク・カルチャーであるが、このような志向に関しては米国ムスリム社会でも賛否両論がある。Michael Muhammad Knight, *The Five Percenters* (London: Oneworld Publications, 2007); Sanjiv Bhattacharya, "How Islamic Punk Went from Fiction to Reality", *Guardian* (August 4, 2011); 宮本　一高「Taqwacore タクヮコア・シーンについて」New Breed Scene（二〇一一年七月一一日）, https://newbreedscene.com/musicscene/taqwacore/.「タクワコア」を主導した人物（Michael Muhammad Knight）は、「もし預言者［ムハンマド］が、こういったものを好まなかったとすれば、二〇〇五年の時点で、彼は間違っている」と冗談気味に述べている。Curiel, *op. cit.*, pp. 89–90.「タクワコア」を主題にしたドキュメンタリー映画は以下。Omar Majeed, *Taqwacore: The Birth of Punk Islam*, LORBER Films, 2009 [DVD, 82 mins.].

（49）"Muslim Americans: Middle Class and", Pew (2007), p. 2.

（50）"US Muslims Concerned about", Pew (2017), p. 114–115.

（51）Karam Dana, Matt A. Barreto, and Kassra A. R. Oskooii, "Mosques as American Institutions: Mosque Attendance, Religiosity and Integration into the Political System among American Muslims", *Religions* (2011), vol. 2, no. 4, pp 504–524; Aubrey Westfall, "Mosque Involvement and Political Engagement in the United States", *Politics and Religion* (December 2019) vol. 12, issue 4, pp. 678–709.

（52）Zareena Grewal, *Islam Is a Foreign Country: American Muslims and the Global Crisis of Authority* (N. Y.: New York

Univ. Press, 2014), pp. 131–134.

(53) Bagby, "The American Mosque 2020, Report 2" pp. 14–15.

(54) Abdulkader H. Sinno, 'Muslim Underrepresentation in American Politics,' in Sinno (ed.), *op. cit.*, Table 5.1. シンノが調査した当時の米国連邦議会では、キース・エリソン（下院）の一人のみであった。

(55) Sinno, *ibid.*, pp. 81–90.

(56) Moore, *op. cit.*, pp. 81–101 ; Keith Ellison, *My Country, 'Tis of Thee : My Faith, My Family, Our Future* (N. Y. : Gallery Books / Karen Hunter Publishing, 2014), pp. 10–12.

(57) 一例として、二〇一一年三月、ピーター・キング公聴会［後述］では、エリソンが米国ムスリムの立場を強く擁護する証言を行い、全米的なムスリムの代弁者として評価された。Sheryl Gay Stolberg and Laurie Goodstein, "Domestic Terrorism Hearing Opens with Contrasting Views on Dangers", *New York Time* (March 10, 2011).

(58) Rashida Tlaib, "I Speak for Myself : Serving as a Muslim and an American", HuffPost (May 12, 2011).

第3章　イスラモフォビアと米国政治

1　米国におけるイスラモフォビア

定義と発現形態

イスラーム（Islam）と「恐怖症」あるいは「嫌悪症」を意味するフォビア（phobia）を繋げたイスラモフォビア（Islamophobia）という用語（造語）は、現在では広く用いられている。この用語を最初に分析的に用いたのは、人種差別問題に取り組むイギリスの研究機関ラニーミード・トラスト（Runnymede Trust）とされている。その一九九七年の報告書によると、イスラモフォビアという用語は一九八〇年代終盤からムスリム社会の中で散見されており、最初に活字となったのは米国のインサイト（Insight）誌の記事（一九九一年二月）であったという。同報告書は、西欧社会において数世紀にわたり存在してきたムスリムに対する「恐怖と嫌悪（dread and dislike）」が、一九七〇年代半ば以降により顕在化したとし、イスラモフォビアが、ムスリムに対する「排除（exclusion）」「差別（discrimination）」「偏見（prejudice）」「暴力（violence）」という四つの要素から構成されるとした(1)。

しかし、イスラモフォビアという用語が分析的な概念を超えて一般化したのは、「九・一一テロ事件」後である。「九・一一テロ事件」の実行犯がイスラーム急進主義集団であったことから、米国国民一般のイスラームとムスリムに対する猜疑心、恐怖、嫌悪、そして敵意は、イスラモフォビアという用語とともに一気に拡大した(2)。

このイスラモフォビアという用語の定義の一例として、ＣＡＩＲ委員長（当時）のパーヴェズ・アフメド（Parvez Ahmed）は、「イスラームに対する根拠のない恐怖心と敵意であり、これらは、ムスリムに対する差別、政治社会過程の主流からの排除、ステレオタイプ化、推定の有罪、そしてヘイトクライムにつながるものである」としている。その他、イスラモフォビアの定義については様々な議論があるが、イスラームとムスリムに対する差別的な感情あるいは偏見と、暴力を含めた行為がイスラモフォビアの基本的な共通要素であり、イスラームとムスリムに対する差別と偏見の体系としてまとめることができる。(3)

国連では、国連人権高等弁務官事務所（UN Office of the High Commissioner for Human Rights : OHCHR）の報告書（二〇二〇年）に基づき、イスラモフォビアの影響はムスリムだけに限定されないこと、インターネット上での言動も含まれること、また「構造的・文化的なレイシズムに発展する制度的・イデオロギー的・政治的・宗教的な敵意」によって動機づけられているなど、より包括的なイスラモフォビアの定義が提示されている。(4)

このようなイスラモフォビアは、発現形態の観点から、個人的・集団的な次元、構造的・制度的な次元、そしてこれら二つの相互作用によって増幅されるイスラモフォビアという三つに類型化することができる。(5)

個人的・集団的な次元では、ムスリムに対する個人的な差別的感情や偏見、物理的暴力を含むヘイトクライム、ヘイト集会、モスク建設への反対やモスク施設の破壊行為などがみられる。また各種出版物、従来型のマスメディア、および今日的なソーシャルメディアなどを介して個人や組織が発信し、社会で共有・拡散されるイスラームとムスリムに対する差別と偏見の表出もここに含まれる。この次元のイスラモフォビアは可視的で認識しやすいものであり、最も一般的なイスラモフォビアの発現形態である。

構造的・制度的な次元のイスラモフォビアは、国あるいは政府の公的な制度や政策に現れるものである。そこでは「テロ対策」の名の下で、しばしばイスラームやムスリムが安全保障や治安に対する「脅威」として位置づけられる。具体的には、国土安全保障省（Department of Homeland Security : DHS）の設置、「愛国者法」の制定、国家安全保障出入国登録システム（NSEERS）の導入、「ムスリム入国禁止」令（トランプ政権期、［後述］）など全国的な法制度や、各種公的サービスへのアクセス制限、私企業における雇用や就業における差別的待遇なども含む[6]。

さらにイスラモフォビアはこれら二者の間、すなわち個人・集団的次元と構造的・制度的次元との相互作用によって増幅される。そこでは、個人的・集団的レベルのイスラモフォビアが公権力によって正統化されると同時に、構造的・制度的（公的）レベルの諸政策が特定の市民に支持されるという相互プロセスが存在し、これによってイスラモフォビアが強化拡大されていく。具体的には、政府機関によるムスリムの監視・プロファイリングへの市民の関与、選挙政治にみられる公職者によるムスリム・バッシング（ムスリム叩き）による集票行動、またピーター・キング公聴会や反シャリーア法制定運動［後述］などが含まれる。

このように米国におけるイスラモフォビアの発現形態が複雑で重層的な構造にあること、そして地理的には中東・イスラーム地域と深く関わっていることから、イスラモフォビアをかつてエドワード・サイード（Edward W. Said）が提示した「オリエンタリズム（Orientalism）」論の延長あるいは再来とする見方もある。スティーヴン・シーヒ（Stephen Sheehi）は、「北米におけるイスラモフォビアは、オリエンタリズムの強化版（on steroids）であり、ポストモダンの新しいバージョン三・〇である」と述べる。シーヒは、イスラモフォビアを単なるムスリムに対する差別という問題ではなく、冷戦終結後の米国による世界規模での政治経済的な一極支配体制を維持強化するためにもたらされた「新しいイデオロギー的形成体」とみなす[7]。

シーヒと同様に、イスラモフォビアを米国の中東・イスラーム地域政策とリンクさせ、長年の米国によるイスラエル偏重政策や親米アラブ権威主義体制の支持などの帝国主義的な不公正が、イスラモフォビアの本質であるとする議論もみられる。このような議論は、イスラモフォビアを、オリエンタリズムを継承した米国の帝国主義的な対外政策、および黒人人種差別問題や移民排斥問題のような抑圧的な国内政策の新たな派生形の一つとして批判的に捉えている[8]。

歴史的背景――「九・一一テロ事件」以前

イスラモフォビアの源泉については、西洋諸国（＝キリスト教社会）におけるイスラームやムスリムに対する恐怖や嫌悪という意味では、中世の十字軍の時代にまで遡って議論することは可能である。しかし、米国におけるイスラモフォビアは、ムスリムの存在が米国内で認識されるようになった二〇世紀終盤以降に発生したものである。

一九六〇年代後半から増加した移民系ムスリムは、米国社会に概ね適応し、その存在は特別目立ったものではなかった。しかし、一九七九年のイラン・イスラーム革命、一九八〇年から一九八八年までのイラン・イラク戦争、一九八六年の米軍によるリビア空爆、そして一九八七年以降のパレスチナでのインティファーダ（民衆蜂起）など、中東・イスラーム地域での不穏な出来事は、米国内でムスリムに対する関心と同時に異質感と警戒感を強めた。またハリウッド映画に代表される米国メディアの中東・イスラームに関する表出のあり方は、米国社会において中東あるいはイスラーム（およびアラブ諸国やアラブ人）に対する偏見を助長しており、米国の移民ムスリム社会に対する視線は徐々に厳しくなっていった。(9)

その中で一九八九年に起こった「ラシュディ問題」は米国ムスリムにとって重要な出来事となった。インド系イギリス人作家であるサルマン・ラシュディ（Salman Rushdie）が著した *The Satanic Verses*（邦題『悪魔の詩』）が、イスラームと預言者ムハンマドを冒涜するものだとして、各国のムスリムはラシュディを強く非難し、激しい抗議行動も発生した。当時のイランの最高指導者ルーホッラー・ホメイニ（Ruhollah Khomeini）師は、ラシュディに死罪を宣告するファトワーを出し、ラシュディは身を隠す事態となった。(10)

イスラーム世界で沸き起こったラシュディ批判の一方で、欧米では「表現の自由」を根拠とするラシュディ擁護の論調が多数派であり、イスラームは理解不可能な前近代的思想として脅威と嫌悪、時には嘲笑の対象となった。しかし米国ムスリムの観点からは、「表現の自由」を尊重するとしても、米国社会で黒人やユダヤ系の差別につながる言論が強く否定される一方で、ムスリムに関しては差別的な言動が許容されるという不公平の実態が明らかになった。

米国社会に適応してきたはずのムスリム社会は動揺し、ムスリムが米国社会において差別の対象であり弱者であることをあらためて認識した。同時に、世俗的な生活を享受していたムスリムも、そのムスリムとしてのアイデンティティを周囲によって再認識させられることになった(11)。

さらに、湾岸危機・湾岸戦争（一九九〇～九一年）では大規模な米軍派兵に至り、米国人の中東問題に対する関心が高まったのと同時に、中東・アラブ・イスラームに対する既存の偏見も強まることとなった。イラクのクウェート侵攻に際して、ほとんどの中東・イスラーム諸国は米国と国際社会に同調し、国際秩序の回復のために米国が主導する多国籍軍を支援した。米国ムスリムも、米国にとって中東で信頼できるパートナーはイスラエルだけであるという歴代米国政権の考えを改めさせるためにも、また移民系ムスリムの米国国家に対する忠誠を示すためにも、米国の政策を支持する好機と考えた。しかし現実には、必ずしも米国内でイスラーム諸国やムスリムに対する敬意は払われず、むしろイスラーム世界は「危険なもの」との認識が強まった(12)。

このような認識を強めることになったのが、一九九三年にフォーリン・アフェアーズ誌に掲載されたハンティントンの論考『文明の衝突』であった。以後一九九〇年代は、中東における国際政治の展開と平行して、米国内では「米国とイスラーム世界（の対立不可避論）」「イスラームと民主主義（の両立不可能論）」「イスラーム脅威論」という話題が学界、メディアを問わず広く取り上げられるようになった。

米国内でのイスラームに対する否定的な言説は、その他いくつかの出来事によってさらに拡大した。一つは一九九三年二月のニューヨークの世界貿易センタービルでの爆弾テロ事件である。事件の首謀者は米国在住の盲目のイスラーム指導者オマル・アブドゥル・ラフマン（Omar Abdul Rahman）とされ、ムスリムのテロリストが米国内に存在することに米国市民は衝撃を受けた。米国人一般の米国ムスリムに対する猜疑心が向けられ始めたのはこの頃からであり、ムスリムの市民権擁護組織であるＣＡＩＲが一九九四年に設立されたのは、このような猜疑心に対する米国ムスリムの一種の自己防衛行動であった。

一九九五年四月のオクラホマシティの連邦ビル爆破テロ事件も、ムスリムに対する猜疑心を強めた。百数十人が死亡し、数百人が負傷したこの爆破テロ事件は、実際はイスラームとは無縁の米国人の元陸軍兵士による犯行であったにもかかわらず、事件当初からイスラーム急進派テロ組織の関与が一部のメディアで憶測報道された。この爆破テロ事件は、翌年のクリントン政権による「対テロ法」の導入を強く後押しすることになる［後述］。

さらに、海外での米軍あるいは米政府関連施設に対するイスラーム急進組織アル＝カーイダ（al-Qaeda）によるテロ攻撃——サウジアラビアのダーラン基地の米軍宿舎爆破テロ（一九九六年六月）、在ケニア・在タンザニア米国大使館爆破テロ（一九九八年八月）、米海軍ミサイル駆逐艦コール（USS Cole）爆破テロ（二〇〇〇年一〇月）——は、ムスリム全般に対する猜疑心を増長させた。

このように、湾岸戦争以降の一九九〇年代は、米国内外で発生するイスラーム関連の諸事件が米国ムスリムにとって困難な環境を徐々に形成し、イスラモフォビアが顕在化していく時期であった。そして二〇〇一年の「九・一一テロ事件」は、この流れを決定的なものとし、様々な次元でイスラモフォビアが拡大深化していくこととなった。

米国ムスリムの脆弱性

右でみたように、米国におけるイスラモフォビア発現過程は、グローバルな側面と、米国内の政治社会の側面という相互に関連する二側面から成るという特質がある。グローバルな側面は、イスラーム地域諸国、特に中東諸国での地域紛争やテロ事件の発生、また抑圧的な権威主義体制の存在などに起因する。これらは外部的な要因であり、米国ムスリムが直接関与するものではないにもかかわらず、そのような国や地域を出自とし、イスラームという共通項で結ばれる米国ムスリムに対する否定的な「イメージ」の形成につながる。

米国の対外政策もまた、イスラモフォビア発現過程のグローバルな側面の重要な一部分である。かつての西洋諸国の植民地主義政策と同様に、ムスリムを多数含むイスラーム諸国に対する米国の対外政策は、米国自身の立場を正当化し、相手を操作可能な対象とみなす傾向が強い。このため、米国のイスラエル・パレスチナ政策、湾岸戦争、「テロとの戦い」の軍事介入など、米国の中東・イスラーム地域諸国に対する対外政策が、現地のムスリムおよび米国ムスリムによる不同意と批判を招くことはしばしばみられる。しかも、米国ムスリムによる米国の対外政策に対する批判と反発は、翻って米国内の米国人一般によるムスリムに対する反感――在住する米国に対する「忠誠心」はないのか、という批判――を招くことにもつながる。そこでは米国の政策決定者らに限定されず、米国人一般の中でもイスラームやムスリムに対する敬意が希薄となり、むしろイスラームやムスリムは危険で厄介なものという意識が醸成される。

イスラモフォビア発現過程の米国内の政治社会の側面については、米国の伝統を一面的に尊重し、異質な事象を排除しようとする政治社会的な志向、すなわち保守主義の存在が強く作用する。特に選挙時において、この保守主義を刺激するべく、政治指導者・立候補者らの反イスラーム的な主張とレトリックが顕著となる。選挙で競合する相手、またマイノリティを「悪者扱い（demonize）する」ことや「スケープゴート」に使うことは、自身の立場を正当化するための政治（家）の常套手段であり、米国内の特定の政治集団はムスリム・バッシングを選挙戦術として活用してきた。この点で、移民、マイノリティ、非キリスト教徒、海外の問題頻発地域出身者であるムスリムは、イスラモフォビアが政治的に拡大再生産される米国において非常に脆弱な立場にある。このため選挙サイクルに呼応する形で、共和党政治家あるいは支持者が保守層に訴求すべく、民主党やリベラルを批判する際のプロパガンダやレトリックとして、何らかの形でイスラームが利用されることになった。このようなイスラームを利用する特殊な形態の「ネガティヴ・キャンペーン」は、二〇一六年大統領選挙時のトランプの登場で特に顕著にみられることになる［後述］。

また特に社会の側面として、米国内の報道とメディアの性質にも留意しなければならない。「アラブ系」や「アジア系」に対する否定的な印象を与える偏向報道は従来から存在していたが、特に「九・一一テロ事件」以降、これに「イスラーム」や「ムスリム」という要素が追加された。さらに、ソーシャルメディアをはじめとする発達したインターネット環境が、このような傾向をさらに強めた。ムスリムやイスラームを「標的」とする集団は「イスラモフォビア・ネットワーク」「イスラモフォビア・インダストリー」、また個人は「イスラモフォーブ（Islamophobe）＝反イスラーム主義者」などと呼ばれ、イスラモフォビアを率先して拡大させてきている[13]。

ここで重要な点は、このグローバルな側面と米国の国内政治社会の側面という二つの側面の関係性である。米国ムスリムは、その米国社会における立場に関して、米国の対外政策、特に対中東・イスラーム地域政策と、その結果としての中東・イスラーム地域政治の展開状況から受ける影響が大きい。特に移民系ムスリムの場合、海外のイスラーム地域での紛争やテロ事件などの問題が、否定的な形で自身の立場（周囲からの評価）に波及することが不可避である。この点で黒人系ムスリムは、ムスリムであることによって被る影響よりも、黒人であることによる人種差別の影響が強く、イスラモフォビアの対象として被る問題は相対的に小さいと考えられる。また、移民系ムスリムでも南アジア地域諸国を出自とするムスリムは、ターリバーンおよびアル＝カーイダの掃討作戦に関するもの以外では南アジア地域で米国が直接関与する顕著なイシューがないため、グローバルな側面からの影響は中東地域出身のムスリムより相対的に小さいと考えられる。結果的に米国ムスリム全体に影響を与える確率が高いのは、中東地域諸国で断続的に発生する諸イシューと、これに対応する米国の対外政策であり、両者ともにほとんどの場合米国ムスリムに関して否定的な評価と印象を与えるものとなる。

米国ムスリムにとって、中東・イスラーム地域で発生するテロ事件や権威主義政権の人権抑圧については力の及ばない領域であり、また米国の対外政策に関与し影響を与えることにも限界がある。グローバルなイシューとしてのイスラームが、不可避的に米国の国内イシューとしてのイスラームに転化し、もとより脆弱なマイノリティである米国ムスリムの立場をさらに弱めることになる。米国ムスリムは、米国内の他のマイノリティ集団や弱者とは違い、イスラモフォビアに起因する構造的な脆弱性を抱えているのである。

2　オバマとイスラモフォビア

事実誤認と誹謗中傷

「いつも額（ひたい）に出生証明書を貼り付けておくわけにはいかないのでね……」

二〇一〇年八月末、オバマ大統領はNBCのインタビュー番組の中でこのように苦々しく述べた。直前のピューの調査が、米国人の一八％は「オバマはムスリム」と考えていると報告していた。また、オバマの出生地が米国ではない（したがって米国大統領になる資格がない）と疑われるため、出生証明書を提示せよという議論、いわゆる「バーサー（birther）論」が広まっていた。(14)

「オバマはムスリム」という言説は、オバマが米国政治で注目されるにつれて拡大したものであり、特にオバマに対抗する側の人々が好んで使用する政治的なレトリックである。政治的な対抗者に「ムスリム」あるいは「親イスラーム的」とレッテルを貼ることは、イスラモフォビアの蔓延という環境の中では対抗者の信用を失墜させる誹謗中傷戦術（smear campaign）として大きな効果があるからである。

「オバマはムスリム」という言説、噂、そして事実誤認は、翌年に大統領選挙を控えた二〇〇七年初頭のオバマの出馬表明前後から、インターネット上のブログを中心に拡大していった。このような言説が生まれる背景としては、ケニア生まれのオバマの実父バラク・フセイン・オバマ（Barack Hussein Obama Sr.）がムスリムであったこと、オバマ自身がフセイン（Hussein）というイスラーム系のミドルネームを持っていること、母親の再婚相手である継父ロロ・スートロ（Lolo Soetoro）がインドネシア出身のムスリムであったこと、再婚後にジャカルタのムスリム社会でオバマが幼少期を過ごした事実が挙げられる。また、ジャカルタではイスラーム神学校（madrassa）でイスラーム教育を受けたとも噂された。しかし、ケニアの実父はムスリムとして育ったものの、結婚時には無神論者であることを公言しており、インドネシアの継父は信仰実践しないムスリムであった。幼少期をインドネシアで過ごしたオバマは、周囲に多数のムスリムがいたものの、自身をムスリムと認識して育ったわけではなかった。また噂されたようなイスラーム神学校ではなく、カトリック系学校の小学部と地元公立小学校に通っており、後者ではイスラームについての一般的な教育はあったが、宗教についての選択授業の一つにすぎなかった。オバマは、大統領選挙出馬以前に出版していた自伝の中で、このような自身の育った環境について詳細にふれており、自身はシカゴに拠点をもつトリニティ・ユナイテッド教会（Trinity United Church of Christ）に属するキリスト教徒であることを明確に述べていた。[15]

ここでの問題は、オバマの信条についての単なる誤認ではなく、オバマとイスラームを意図的に結びつけ、ムスリムとしてのオバマを誹謗中傷する言説の存在と拡大である。反オバマ陣営にとって、オバマをムスリムとすることは、オバマの信用を落とすための有効な選挙戦術となっていた。特に保守派の選挙戦術として、また保守派の論客の主張として、時には人気トーク番組のホストの発言として、「イスラームは危険である」「オバマはムスリムであり、したがって米国大統領として適しない」という、イスラモフォビアを喧伝するメッセージが二〇〇八年大統領選挙戦で多用されていた。[16]

ニューヨーク・タイムズ紙コラムニストのニコラス・クリストフ（Nicholas D. Kristof）は、「今回の選挙で最も悪質な偏見は、人種についてのものでも性別についてのものでもない。それは宗教についてである」とし、この「オバマはムスリム」問題の特異さを指摘している。クリストフは、黒人や女性の大統領候補なら支持できるがムスリムの大統領候補は支持できないとする世論調査の結果を示しつつ、本来の米国社会であれば思想信条の自由の観点から、どのような信条であっても「それがどうだというのか？（So what?）」という返答が可能であるが、イスラームに関しては現在の米国社会でこのような対応は不可能であるとした。[17]

このような誹謗中傷戦術に効果があるのは、オバマというマルチ・エスニックな背景を持つ候補者特有の現象であり、悪意の有無にかかわらず米国人の多くがオバマをムスリムと誤認しているからである。オバマとヒラリー・クリントンが民主党内の予備選挙で激しく競っていた二〇〇八年三月、ピューの世論調査によると、「オバマはムスリムである」という「噂」を知っている者が七九％にもなる。そして、米国民の五三％はオバマがキリスト教徒であると正しく認識しているが、一〇％がムスリムであると誤認している。さらに、自身を保守派とする回答者の方が中道およびリベラルよりも、オバマをムスリムと誤認する割合が高い。オバマをムスリムと誤認する傾向は、共和党員であるか民主党員であるかを問わず、両党員ともに自身を保守派とする回答者の方が強い。また、後のピューの調査（二〇一一年）でも、オバマの信仰する宗教をキリスト教と正しく答えられるのは五五％であり、一〇％がムスリム、三四％が分からないと答えている。このような誤認傾向は、教育水準の低い者、宗教的右派、または南部・中西部の地方在住者に強くみられ、これは後の二〇一六年大統領選挙でトランプを支持する層と重なることが分かる。[18]

二〇〇八年九月の全国党大会後のピューの調査でも、依然として米国人の一三％がオバマをムスリムだと誤認している。対立候補のジョン・マケイン（John McCain）支持者では一九％、オバマ支持者でもその七％がオバマをムスリムと誤認している。また、白人よりも黒人の方がオバマをムスリムと誤認する傾向が強く（白人の四％、黒人の一四％が誤認）、白人の中では大学卒業者の七％、非大学卒業者の一七％がオバマをムスリムとみなしている。[19]

この結果について、単なる知識不足による事実誤認なのか、または反オバマや保守派・右派の回答者が悪意を持ってアンケートに答えているのか判然としない。オバマが黒人だということで、オバマとマルコムXやルイス・ファラカンのようなブラック・ムスリム、あるいはＮＯＩ（ネイション・オブ・イスラーム）との関連を誤認している可能性も否定できない。いずれにせよ、これまでの大統領候補者と比べると、オバマが外見・姓名・経歴からムスリムとして認識される可能性は相当高いものであった。

オバマ陣営の過剰反応

大統領選挙戦にのぞむオバマ陣営は、公式ウェブサイトを使って事実誤認と誹謗中傷に対応した。ウェブサイト内に設けられた「事実確認（Fact Check）」のコーナーに、「オバマは以前も今もムスリムではない」「オバマは急進的なムスリム学校に通っていない」「オバマは敬虔なキリスト教徒である」などの見出しを掲げ、これまでの根拠の乏しい各種報道に対して一問一答形式で詳細に反論した。オバマ陣営がこれまでにもオバマと急進的なイスラーム主義との関係を否定することはしばしばあったが、このように公式ウェブサイトを使用して明示的に反論したことは前例がなかった[20]。

ウェブサイトでの反論は、オバマ陣営に根拠のない噂を明確に断つ意図があったのであろう。しかし、米国ムスリムの観点では、ウェブサイトでの記述は、ムスリムであること、またはイスラームに関わることが悪事であり、あたかも自身の「無罪」を弁明しているかのような印象を与えた。また、このコーナーのなかには、「イスラームは平和の宗教である」や「ムスリム社会は米国の多様性の一部である」などのイスラームやムスリムに対する「政治的に正しい」表現もみられず、たとえオバマ支持者であってもムスリムによい印象を与えるものではなかった。このコーナーは一種の過剰反応ともいえ、オバマ陣営もまた、イスラームやムスリムを否定的に捉えていることを露呈していた。

この公式ウェブサイトでの反論からも分かるように、オバマ陣営は二〇〇八年の選挙戦を通してイスラームおよびムスリムとの関連を強く否定すべきとの選挙戦術をとっていた。このような選挙戦術は、「九・一一テロ事件」以降の米国の政治環境の中では、公職立候補者が遵守すべき一つのルールとなっていた。これは、米国ムスリムおよびイスラーム関係諸組織へのアウトリーチで得られる票よりも、「イスラームに同情的」さらには「テロに対して弱腰」とみられることで失う票の方が圧倒的に多いであろうという、政治的な計算に基づくものであった[21]。

このようなイスラームに関してオバマ陣営が持つ脆弱性は、身内の民主党内からも攻撃を受ける機会を作り出した。二〇〇七年一二月五日、ＡＰの報道によると、アイオワ州の民主党員でクリントン陣営の選挙ボランティアが、オバマを誹謗中傷するチェイン・メールを複数に転送した。メールの内容は、オバマが急進的なイスラーム主義学校に通っていたことやオバマが当選後に聖書ではなくコーランを宣誓に使うなど、オバマが急進的なムスリムであることを示唆していた。この件は当該ボランティアの辞任で収束したが、「オバマはムスリム」という誹謗中傷が選挙期の米国社会でいかに影響するかを示す一件であった。このような誹謗中傷戦術は、いわゆる「ネガティヴ・キャンペーン」として以前から存在していたが、見えない形で陰口を流布させる手法（"whispering campaign"）は、インターネットやソーシャルメディアの普及によって大きな効果をもたらすことになった。[22]

イスラームとの近接性

米国の公職に関わる者や立候補者がイスラームとムスリムに言及する場合、以下のいくつかの事例が示すように、外交問題か内政問題かを問わず、政治的リスクを伴うことになる。

①イラン問題(1)

二〇〇七年七月二三日の民主党候補者討論会で、大統領就任後に「イラン、シリア、ベネズエラ、キューバ、北朝鮮の指導者らと個別に会うことに前向きか否か」との質問に対して、オバマは肯定的に答え、「現［ブッシュ］政権の外交原則となっているような、対話を持たないことがその国に対する懲罰という考え方は間違っている」との理由を付した。ここでオバマは、自分が大統領になればイランのマフムード・アフマディネジャド（Mahmoud Ahmadinejad）大統領と無条件で会うと述べたが、このような外交姿勢はオバマの「寛容さ」を示す一方、オバマが安全保障問題に関して「弱腰」であり、頼りにならない「弱い大統領」であるという批判材料として用いられることになった。[23]

②イラン問題(2)

二〇〇八年六月初頭、対立候補のマケインは、民主党の候補者指名をほぼ確実にしたオバマに対して、イラン問題で攻撃を仕掛けた。マケインは、イラン問題に敏感な親イスラエル・ロビー組織ＡＩＰＡＣ（American Israel Public Affairs Committee）の年次総会での演説で、前年九月に上院に提出された対イラン制裁を強化する「カイル＝リーバーマン修正条項」にオバマが反対したことを取り上げ、オバマがイランに対して「弱腰」であると批判した。同修正法案は、ジョン・カイル（Jon Kyl）とジョー・リーバーマン（Joe Lieberman）の二上院議員が、イラクにおける反米武装勢力にイランが荷担しているとの前提で、その元凶となっているイランのイスラーム革命防衛隊（Islamic Revolutionary Guard Corps）を「国際テロ組織」と認定することを要求する、既存の防衛予算に関する法案への修正条項である。この修正条項については、左派やブッシュ政権のイラク戦争に反対する者が、次なる「対イラン戦争への布石」として批判的に捉えていた[24]。

オバマはこの法案の内容が挑発的すぎるとして当初から反対を表明していた。また、この修正法案が上院で可決された際、オバマは遊説中で上院議会を欠席していた。この点を突いて、マケインはオバマがイランに対して弱腰であると批判した。このイランに関する一件も、マケイン陣営にオバマ批判の格好の口実を与えることになった[25]。

③ムスリム・サミット

二〇〇八年一月末、オバマはフランス雑誌記者によるインタビューの中で、大統領となった後にムスリム諸国とのサミット会談を開催したいと述べた。その目的としてオバマは、「ムスリム世界と西側との間の誤解と認識の違いが拡大することを防ぐための方法について議論するため」とした。またオバマは、「『テロとの戦い』に参加することを求めるが、ムスリム諸国の懸念にも耳を傾けたい」とも述べた。右のイランへの対応と同様に、武力行使と軍事的圧力だけでは問題は解決しないこと、また自身の外交交渉能力と懐の深さをアピールするものであったが、右派・保守派・そして親イスラエル勢力は、オバマのこのコメントを一斉に非難した[26]。

④カーター元大統領とハマース

二〇〇八年四月、ジミー・カーター（Jimmy Carter）元大統領が、パレスチナで対イスラエル武力闘争を続けるイスラーム急進主義組織ハマース指導部のカーレド・マシャアル（Khaled Mashal）とダマスカスで会談したことが報道された。カーターはマシャアルが中東和平交渉に一定の理解があるとの楽観的な見方を示したが、米国政権はハマースを「国際テロ組織」と規定しており、元大統領がテロ組織と交渉したことは批判の対象となった。[27]

大統領引退後のカーターは、イスラエルのパレスチナ占領政策をかつての南アフリカのアパルトヘイトに例えるなど、イスラエルの占領政策を批判する著名人の一人である。これより前に、ハマースはオバマが大統領に当選することを期待する声明を出すなど、オバマの対パレスチナ政策あるいは対イスラエル政策が関心を持たれていた。このカーターのハマースとの接触に関しオバマは、ハマースがイスラエルを承認せず、テロを容認するテロ組織であり、そのハマースと交渉することは「悪いアイデア」だとしてカーターの個人外交を批判した。[28]

このオバマによるカーター批判は、ユダヤ系の集会での発言である。米国のユダヤ系組織は、ワシントン政治では新人に近いオバマ候補が、どの程度イスラエルに好意的か見極めかねていた。オバマがこの集会でカーターを批判したことは、ユダヤ系の安心感を得ることを優先させたと考えられる。これまでのオバマに対する誹謗中傷を考慮すると、「オバマ≒ムスリム≒イスラーム≒ハマース≒テロリスト≒反イスラエル……」という負の関連（連想）を断ち切るために、民主党の大先輩であり、党の候補者指名に強い影響力を持つスーパー・デレゲートであるカーターに対してさえも、オバマは適切な距離を保つ必要性があることを学んだといえる。

⑤ジェレマイア・ライト牧師

同じく二〇〇八年四月、ジェレマイア・ライト（Jeremiah Wright）牧師とオバマとの関係に注目が集まった。オバマはシカゴ時代からライト牧師のトリニティ・ユナイテッド教会の教会員であり、家族も含めてオバマにとってライト牧師は文字通り「師」となる人物であった。そのライト牧師の過去の説教での過激な発言―人種差別的発言（白人蔑視）や「九・一一テロ事件」は米国自身が引き起こしたものなどといった陰謀説―がメディアで取り上げられるようになり、オバマとの関係が問題視されるようになった。ライト牧師は、四月下旬に記者会見を行い、あらためて歴代米政権の対外政策を批判し、人種差別的な発言を行った。ライト牧師の一連の発言の中には、マルコムXやルイス・ファラカンら急進的な黒人系イスラーム指導者を礼賛する内容も含まれていた。オバマは三月に「より完全な連邦（A More Perfect Union）」と題した人種問題を扱った演説をフィラデルフィアで行って注目されていたこともあり、ライト牧師の発言を看過することは出来なかった。ライト牧師が人種差別的発言のみならず、かつての黒人系急進的イスラーム運動の擁護にまで言及したことで、オバマはライト牧師と決別し同牧師の教会から脱会することを表明した。[29]

⑥ラシッド・カリディ教授

かつてのオバマのシカゴ大学教員時代の同僚であったラシッド・カリディ（Rashid Khalidi）教授との交友関係も問題視された。現在コロンビア大学教授であるカリディは、エドワード・サイードの思想を引き継ぐ中東・イスラーム問題に関するアラブ・パレスチナ系の代表的知識人である。カリディは、かつてパレスチナ解放機構（ＰＬＯ）のスポークスマン的役割を担っていたこともあり、現在でも親イスラエル派や保守派からは警戒視される立場にある。反オバマ勢力は、オバマと中東の急進的なテロ組織との関わりの新たな証拠として二人の関係を取り上げた。また、大統領選挙でオバマのユダヤ系へのアウトリーチが煮え切らないのは、カリディのようなアラブ・パレスチナ系人物との関係が影響しているとも指摘されていた。[30]

以上のような事例が示すように、二〇〇八年に入り、オバマの人気と支持が高まるにつれて、「オバマはムスリム」

という直接的な誹謗中傷に限らず、オバマとイスラームとの近接性を強調し、その弱点を見いだそうとする対立陣営の選挙戦術は一層熱を帯びていった。マルチ・エスニックな背景を持つオバマは、反オバマの親イスラエル派・右派・保守派にとって、過去の経歴の中に「あら探し」が容易な格好の標的となっていた。米国人でない、すなわち大統領になる資格と資質を欠いているとしてオバマを叩く、あるいは信用を落とすには、「バーサー論」に加えて、「イスラーム」あるいは「ムスリム」をキーワードとしたアイテムが非常に都合のよいものとなる。このような状況に対してオバマは常に「米国人であること」を証明する必要に迫られていた(31)。

このようにイスラームとの近接性が政治利用される状況をみれば、この選挙戦でオバマあるいは民主党が米国ムスリムへのアウトリーチを意図的に回避し、また米国ムスリム側もあからさまなオバマ支持を控えたことが十分理解できよう［後述］。

イスラモフォビアの発現例

①スカーフ女性の排除

二〇〇八年六月、デトロイトでのオバマの支持者集会の会場で、ムスリムの伝統的衣装であるスカーフ（ヒジャブ）を身につけている若い女性二人が、オバマの背後、すなわちオバマとともにテレビカメラに収まる場所への着席を拒まれた。後に女性らが抗議した結果、オバマ陣営の報道担当官が女性らに謝罪した。報道担当官は、女性らの着席を認めなかったのは会場の選挙ボランティアの判断であって、オバマの選挙ポリシーに反することだと反省の弁を述べた。後にオバマ自身も、この件について女性らに謝罪した。この出来事は、オバマ個人の問題というわけではないが、オバマの選挙陣営がイスラームの問題に過敏になっていたこと示す出来事であり、またオバマを支持するムスリムにとっては不愉快な出来事として記憶に残ることとなった(32)。

②マーゼン・アスバヒの任用と辞任

ムスリム諸組織はオバマの選挙陣営に対して、陣営の指導的スタッフにムスリムを加えることをかねてから要請していた。オバマ陣営は米国ムスリム組織と一定の距離を置いてきたが、ようやく二〇〇八年七月下旬、シカゴの弁護士であるマーゼン・アスバヒ（Mazen Asbahi）をムスリムへのアウトリーチ担当として採用した。この採用は、全国党大会を前にしたオバマ陣営とムスリムとの喜ばしい接近として米国ムスリム組織に歓迎された。しかし数日後、アスバヒはこの職を辞任することになった。この辞任は、一部のメディアがアスバヒと急進的なイスラーム組織との関係や、イスラーム系の学生組織の指導者を務めたアスバヒの経歴を指摘したため、この問題がオバマの選挙戦に与える悪影響を回避するためのものであった。アスバヒの経歴に関する報道はまったくの事実誤認であったが、この辞任の一件は、あらためてオバマ選挙陣営がムスリム関係者を忌避せざるを得ない理由を示していた(33)。

③ニューヨーカー誌の風刺画表紙

その風刺画やカートゥーンでしばしば話題を集めるニューヨーカー（New Yorker）誌は、二〇〇八年七月二一日号の表紙に、オバマを危険なムスリムとして描く風刺画を掲載した。オバマはターバンを巻きムスリム風の衣装をまとい、隣の大統領夫人は迷彩服と攻撃銃を身につけている。その二人が大統領執務室でフィスト・バンプしており、背景にオサマ・ビン・ラーデン（Osama bin Laden）を模した肖像画と暖炉の中で燃える星条旗が描写されている。「恐怖の政治」と題されたこの風刺画はバリー・ブリット（Barry Blitt）による作であり、ブリットは「オバマはムスリム」論争に対する風刺として作成したと説明したが、ムスリムにとっては不快なものと映った。ムスリムに対する誹謗中傷問題に敏感なCAIRは、この表紙について「扇動的である」として強く批判した(34)。

オバマ陣営も公式にニューヨーカー誌に抗議した。オバマは、この雑誌が発売された直後にCNNのインタビュー番組ラリー・キング・ライブに出演した。このなかで風刺画について問われたオバマは、表現の自由が存在し、これはあくまで風刺であり、我々が取り立てて気にすべきことではないとした。米国人の一二％がオバマをムスリムだと誤認しているとする世論調査に対しては、あらためて自分がキリスト教徒であり、ムスリム家庭で育ったわけではなく、星条旗に忠誠を誓っていることを強調した。そのうえでオバマは、以下のように米国ムスリムに言及し、ムスリムに対して一定の配慮を示した。

「最後に一つ言いたいことは、これらの［誹謗中傷の］Eメールについて。こういうものがニューヨーカー誌に影響するのだと思う。こういうものは米国のムスリムに対するまさに侮辱であって、我々はこのようなものにあまり触れるものではないし、私もこの点について指摘することもなかった。この国のいたる所で素晴らしいムスリムがいて、素晴らしいことを行っている。にもかかわらず、これらが私に対する中傷や疑惑に使われたりするのは残念なことだと思う。こういったことはアメリカではない[35]」

④ＤＶＤ『オブセッション』

二〇〇八年九月半ば、米国のいくつかの地域で配達された新聞とともに、『オブセッション――過激派イスラーム主義と西側との戦い』というタイトルのＤＶＤが無料配布された。『オブセッション』は、急進的なイスラーム主義とこれによるテロの脅威を描くドキュメンタリーとなっているが、実質的にはイスラームの危険性を過度に強調するプロパガンダであり、米国におけるイスラモフォビアの世界観を表現する典型例の一つである。登場する評論家らも、これまでに反イスラーム主義、あるいは親イスラエルや保守派とみなされてきた者が多く含まれており、中立公平に基づくドキュメンタリーとは言い難い[36]。

このＤＶＤが、今回の選挙で接戦州を中心に、総計で二八〇〇万枚もが無料配布された。一部のジャーナリストなどが独自に調査したところ、Clarion Fundという実体のない組織が、各新聞社に広告としてＤＶＤと資金を提供しており、その組織の背後に、親イスラエル派、福音派、クリスチャン・シオニスト、そして共和党系の人物がいることが明らかになった。オバマとイスラームを結びつける誹謗中傷戦術は、ニューヨーカー誌の表紙問題と同様に、インターネット空間だけにとどまらずに既存のメディアも駆使した総合的な「空中戦」の性格を帯びていたことを示している(37)。

パウエルの苦言

オバマ選挙陣営と民主党が、オバマとイスラームとの近接性に苦慮する一方で、共和党はムスリムをバッシングの対象とすることに政治的な利点を見いだしていた。その手法は右でみたように、しばしば極端な形でイスラームとムスリムを危険視するものであった。

ジャーナリストのウィリアム・フィッシャー（William Fisher）は、米国の政治家らが恐れるのは、安全保障問題に関して「ソフト（＝弱腰）」であるとみなされることだと述べる。このため共和党候補者らが、一様に自身が「よりキリスト教徒的」であり、したがって安全保障上の問題とみなすイスラームに対する厳しい姿勢を強調している点をフィッシャーは指摘していた(38)。

また、ミシガン大学のユアン・コール（Juan Cole）は、このような共和党候補者らの姿勢について、共和党候補者らが、民主党候補者に対してではなく、「イスラミック・ファシズム」という共通の敵と戦っているようだと述べた。共和党候補者らの言動は、一種の「恐怖戦術」であり、あたかも、冷戦時代の共産主義（者）であるかのように、イスラーム（ムスリム）を描写していた(39)。

このような状況の中で、共和党の選挙戦術に一石を投じたのがコリン・パウエル（Colin Powell）元国務長官の発言であった。選挙戦も終盤となった二〇〇八年一〇月一九日、パウエルはＮＢＣのインタビュー番組ミート・ザ・プレスに出演し、オバマ支持を表明した。ブッシュ父子共和党政権期に統合参謀本部議長、国務長官を歴任し、共和党とつながりが強いパウエルが民主党候補の支持を表明したことは注目された(40)。

パウエルは、同じく黒人のオバマ支持を表明したが、これは人種の問題ではないとし、オバマを「変革をもたらす人物（transformational figure）」として評価する一方、マケインら共和党候補に対する懸念を示した。著名な退役軍人（パウエル）による著名な退役軍人（マケイン）の不支持、著名な黒人（パウエル）による黒人候補（オバマ）支持、共和党員による民主党候補者支持など、今回のパウエル発言は注目されたが、ここでより注目すべきは、パウエルが「オバマはムスリム」論に一歩踏み込んで言及したことである。パウエルは、マケインも含めた共和党陣営が、「オバマはムスリム」という誹謗中傷戦術を採っていることを批判したうえで、オバマ陣営の対応の不適切さにも疑問を呈した。このパウエル発言は、これまでの米国ムスリムに対する公職立候補者や批評家たちの発言を考えると、非常に大きな重みを持っている。(41)

「……よろしい、正確な答えは、彼［オバマ］はムスリムではなく、キリスト教徒である。過去も現在もキリスト教徒である。しかし、本当に正しい答えは、仮にムスリムだとして、それがどうだというのか？　この国でムスリムであることに何か問題があるだろうか？　答えはノーであり、［これを問題視することは］アメリカのやり方ではない……」

この「仮にムスリムだとして、それがどうだというのか？（what if he is?）」という一言は、オバマ自身が決して発し得なかった一言であり、同時に多くのムスリムたちがオバマに期待してきた一言でもあった。この一言を、長年共和党政権に仕え、大統領候補にもなり得る人気の高いパウエルが「代弁」したことは、米国ムスリムにとっては予想外の驚きであった。パウエルはこの発言に続けて、イラクで戦死したムスリム米軍人についての感傷的なエピソードも紹介した。

パウエルがこのタイミングで発言した理由は明確ではないが、選挙戦終盤で既にオバマ人気は十分に高まっており、オバマ優勢に変化がないことを確認したうえで自身の考えを示したかったのではないだろうか。なおパウエルはマケインへの敬意も同じく示し、オバマ支持のキャンペーンには特に加わらないことも述べている。オバマはパウエル発言を受けて、自分が当選した後にパウエルには顧問の一人としての役割が検討され得るというコメントを出したにとどまった(42)。

オバマ就任とムスリムの苦悩

二〇〇八年の大統領選挙は、オバマが勝利した。「オバマ・フィーバー」とも言われる近年例を見ないような熱狂の中で、米国ムスリムは自分たちの多くが望む候補者が選出されたことに満足したものの、オバマとの関係には複雑な思いが残った。ある米国ムスリムの活動家は、今回の大統領選挙におけるムスリムの立場と行動について、「ムスリムは共和党陣営にとっては歓迎されておらず、それどころか攻撃されている。民主党陣営にあってはお荷物（liability）になっていることを明確に感じている」と評している(43)。

ただしムスリムの多くは、オバマにはパウエルのような発言ができないことを理解していた。選挙後にムスリムの若者の一人は、「もしオバマがパウエルのようなことを言ったら、彼は落選したでしょうね」と語っている(44)。

このようなムスリムのもどかしい思いのなかで、二〇〇九年一月二〇日、オバマは就任演説を行った。その中でオバマはムスリムについて短く言及した。

「……我々が持つ多様性の伝統は、弱みではなく強みである。我々はキリスト教徒、ムスリム、ユダヤ教徒、ヒンドゥー教徒、そして無信仰者の国である。我々は、地球上のあらゆる場所にある様々な言語と文化によって形作られている。……」(45)

オバマ演説のこの部分については、「無信仰者（non-believers）」という表現が含まれていることが一般的には注目された。しかし同時に、この演説の中でムスリムがキリスト教徒やユダヤ教徒と並列的に扱われたことは重要な点である。またこの直後の部分では、「ムスリム世界に対して、我々は相互利益と相互尊重に基づいて新たな前進を求める」と述べるなど、後のカイロ演説につながる、海外のムスリムとイスラーム諸国に対する親和的な政策も示唆していた。

このようなオバマのムスリムに配慮した言及は、選挙期間中のムスリムに対する冷淡な扱いに対する一つの「埋め合わせ」にはなったかもしれない。しかし、その後のオバマ政権八年間の実際の諸政策の中で、ムスリムやイスラームに対する配慮が、米国内のみならず対外的にも政策面に反映されたとは言い難い。前述の「バーサー論」のように、大統領就任後もオバマとイスラームとの近接性は、オバマと民主党政権に対する批判として常に政治利用されてきたからである[46]。

後の二〇一六年二月三日、オバマは大統領として初めて米国内のモスク（Islamic Society of Baltimore）を訪問した。ここでオバマは、カイロ演説（二〇〇九年六月）以来となる、また定例のラマダン演説より踏み込んだ形で、ムスリムを称賛する演説を行った。その中でオバマは、米国ムスリムの多様性、移民系の歴史、トマス・ジェファソンのコーラン、スポーツ界で活躍するムスリム選手などにも言及し、米国とイスラームとの親和性、米国ムスリムの愛国心と貢献を讃えた。同時に、そこでオバマは、次期大統領選挙に出馬しているトランプをはじめとする共和党候補者らのムスリムに対する差別的な言動を批判した。このオバマの演説では、ムスリムである連邦下院議員キース・エリソンとアンドレ・カーソンも列席し、オバマはムスリム指導者らとの懇談会も持った[47]。

このオバマのモスク訪問と演説は、オバマが政界で注目を集めるようになって以来、まさに米国ムスリムが期待してきたものであった。しかし、このような訪問と演説が、オバマの八年間の大統領任期の最後になってようやく実現したことに留意しなければならない。このことはオバマ政権が、「オバマはムスリム」という言説に強く拘束されてきたという事実を示している[48]。

3　反シャリーア法制定運動

米国におけるシャリーア

米国におけるイスラモフォビアの発現形態の一つとして、「反シャリーア法制定（anti-Sharia law legislation）」と呼ばれる一種の政治運動がある。この政治運動は、前述した個人・集団的次元と構造的・制度的次元との相互作用によって増幅されるイスラモフォビアの具体例である。この政治運動は、米国の州裁判所がシャリーアをはじめとする宗教法および外国法を裁判での判決材料に使用することを禁止する法を各州議会で成立させようとする試みである。この政治運動は、シャリーアを「邪悪な宗教戒律」―刑としての投石、鞭打ち、手足の切断、また制度としての女性差別など―とみなす反イスラーム主義的な個人や組織が主導し、各州の共和党の保守派議員に法制定を働きかけたものである。

シャリーア（sharī'a）というアラビア語は、一般的な意味では「道（path）」や「通り（street）」を示し、イスラーム的な意味では「ムスリムとして通るべき道筋」として、コーランやスンナを法源とし、これらの解釈に基づいた広義のイスラーム法を示す。したがってシャリーアは世俗法と対置される宗教法となるが、その解釈の部分に関してはイスラームに諸学派があるため一義的な成文化がなされているわけではない[49]。

シャリーアはIslamic lawという英語表記で代替可能であるが、反イスラーム主義者は、あえてshariaという馴染みのない外来語を記号として使用することで、この概念の異質性、後進性、さらには残虐性を強調する。米国ムスリムの多くは、前述の北米フィクフ評議会での議論を参照するなど、シャリーアを生活の指針（ガイドライン）と位置づけるが、他方では反イスラーム主義者や一部のメディアは、シャリーアを邪悪な戒律、野蛮な悪法として矮小化して捉えるという大きなギャップが存在する。このため、「九・一一テロ事件」以降の米国社会では、このような矮小化されたシャリーアが米国ムスリムによって米国の裁判所や法体系に持ち込まれようとしているという脅威認識が存在し、「シャリーア禁止（Ban on Sharia）」という標語が、反イスラーム主義者のプロパガンダとして大きな影響力を持つ。

シャリーアに関連するイスラモフォビアは、中東・イスラーム地域諸国で発生する事象に起因するイスラームに対する漠然とした恐怖感や嫌悪感が、シャリーア、モスク、コーランといった外来の記号によって身近で具体的な恐怖感と嫌悪感に変換されるプロセスを示している。イランの宗教的保守政治やアフガニスタンのターリバーン政権、さらにはシリアを中心とする「イスラーム国（Islamic State/ISIS/ISIL）」の台頭は、米国におけるイスラモフォビアのグローバルな形成要因である。「シャリーアあるいはイスラーム法に対する恐怖は、……ムスリムのせいで空が落ちてくると騒ぎ立てる集団による陰謀めいた妄言を一層際立たせた」と評されるように、シャリーアは、モスクやコーランよりも抽象的であるために曲解されやすく、意図的な操作の対象として取り上げやすい(50)。

また、グローバルな側面では、米国でのシャリーア論争が、時期的に「アラブの春」と、アラブ諸国でのイスラーム主義政党の台頭と重なっていたことも、米国社会でシャリーアに対する懸念と恐怖感を高めた要因であるとも考えられる。

反シャリーア法案の提出

反シャリーア法案提出の動きは、二〇一〇年前半にいくつかの州で始まった。最初に、二〇一〇年一月、アリゾナ州議会上下両院で宗教法の使用を禁止する法案が、州裁判所の判決に関する州法への追加条項として提出された。この法案は、州の裁判所が判決に至る過程において、「法廷は、宗教各派の法のどの部分の教義についても、使用、施行、参照、あるいは編入することができない」とする。また「宗教各派の法」については、「シャリーア、カノン、ハラハー、カルマを含む」と明示している。このアリゾナ州の法案は、州議会委員会の段階で廃案となった[51]。

次に同年二月、オクラホマ州での住民投票をめぐる議論で反シャリーア法案が注目されることになった。ここでの反シャリーア法案は、州憲法修正に必要な住民投票の実施に関する州議会上下両院合同決議案という形で提出された。その内容は、州憲法の司法に関する条項に追加条項を新設するものであり、その追加条項では、州の各種裁判所が他国あるいは他文化の法的原則（legal precepts）を使用することを禁止し、具体的に「国際法あるいはシャリーア法を考慮しない」とした[52]。

この修正案は、廃案となったアリゾナ州の先例と同様に、シャリーアについて直接言及しているのみならず、国際法も含めてその拘束力を無効とするものであり、相当踏み込んだ制約を盛り込んでいる。また、修正案のタイトルを「我が州救済のための修正（Save our State：SOS）」とし、具体的な住民投票の質問項目（住民が賛否を記入する欄の直上）に「提案の骨子」として、「これは裁判所が判決に際して国際法あるいはシャリーア法を参照することを禁じるものである」との記載が別途あり、あたかもシャリーアが同州に問題をもたらすとの警告文のようになっている点が問題視された。実際、同修正案提出の主導者である共和党員で州下院議員のレックス・ダンカン（Rex Duncan）は、米国がシャリーアによって「侵害されている」と捉え、この法案を判事らに対する「先制攻撃」と位置づけていた[53]。

二〇一〇年二月に提出された同決議案は、五月中に上院で四一対二、下院で八二対一〇という圧倒的多数で可決された。これにより、オクラホマ州では一一月に住民投票が実施され、同修正案の賛否を含む一一項目が問われた。そして、この住民投票の結果、約七割が修正に賛成し、州憲法修正案が可決された[54]。

このようなシャリーアを標的としたオクラホマ州憲法修正の動きを警戒していたＣＡＩＲのオクラホマ支局長のムニール・アワド（Muneer Awad）は、州選挙委員会に対して住民投票の結果を無効とする訴訟を起こした。アワドは、この修正案がイスラームという特定の宗教を差別的に扱っているとし、またこの修正案自体の必要性に疑義を呈し、この住民投票結果の確定の差し止めを求めた。これを受けて連邦地方裁判所判事は、アワド側の主張を認め、この住民投票結果の確定の一時差し止め命令を下した。さらに、この連邦裁判所の決定を不服とする州当局の上告に対して、連邦控訴裁判所は二〇一二年一月、アワド側の勝訴（連邦地方裁判所の決定の許諾）を言い渡した。この訴訟問題は、結果的に連邦政府の判断が優り、オクラホマ州ではシャリーアを明示的に排する州憲法修正には至らなかった[55]。

一方、このオクラホマ州での論争と前後して、二〇一〇年五月と六月にテネシー州とルイジアナ州のそれぞれで提出された反シャリーア法案は、それぞれの州議会審議を経て法制化され、これらが最初の反シャリーア法案の法制化のケースとなった。ただし、これらの法案では、シャリーアへの直接の言及はなく、「宗教」あるいは「宗教的」という表現も使わず、「外国法、法典、あるいは法体系（foreign law, legal code, or system）という表現が使われているのみである。後述するように、この表現は、特定の宗教法を明示することが政教分離の原則に反し、法制化の障害となることから、「外国法」という代替表現を戦術的に使用したものと考えられる[56]。

反シャリーア法案の法的問題点

①合衆国憲法修正第一条が示す原則論

米国の憲法（合衆国憲法）は、その修正第一条において、「合衆国議会は、国教を制定する法律、もしくは自由な宗教活動を禁止する法律を制定してはならない」として、原則論として政教分離と信教・表現の自由を保障している。国教の制定に関しては、政府が特定宗教に対する選好、あるいは宗教と非宗教との間での選好を持つことを禁じている。このことから、米国の立法過程においては、逆に特定の宗教の不承認（否定）につながる公的決定にも慎重であり、宗教間において中立的（公平）であるべきとされている。また、自由な宗教活動に関しては、政府が、一般に適用できる中立的な法以外によって個人の宗教活動を阻害することを禁じている。このことから、法が特定の宗教活動を標的にし、必要以上にこれを排除することは、この条項に反する可能性が高い。このため、前述のテネシー州とルイジアナ州の事例のように「外国法」が代替語として用いられた[57]。

②シャリーアと外国法との関係

ここでの問題は、シャリーアを外国法に含めることの是非である。一般に、外国法は米国以外の国で施行されている別個の法体系であり、米国民が米国に居住する以上、これを遵守する必要はなく、米国内での外国法の適用除外にはもとより正統性がある。しかし、米国の司法は、米国の公共政策に反しない限り、慎重な形で外国法の適用を慣例として認めることがある。例えば、特定の州内への外国企業の進出や外国企業との事業契約に際して、その外国企業が籍を持つ国の法律（米国にとっての外国法）に従った契約や合意が含まれることは不可避である。[58]

しかし、シャリーアに反対する勢力は、シャリーアを外国法の一種とみなし、外国法の米国国内での適用は無効であると解釈する。一方で、州法が外国法の適用を否定することは、外国企業にとっては米国市場参入へのリスクとなり、州経済にとってビジネス機会の喪失につながる。このため、多くの反シャリーア法案では、ビジネス分野に関して除外規定を設けているのが実態である。すなわち、シャリーアに反対する勢力は、シャリーアを外国法として排除したい一方で、実利の観点では外国法を許容するという二重基準をもって臨んでいる。[59]

③実際の運用上の障害

いうまでもなく米国の州裁判所や連邦裁判所は、政教分離の原則に従った世俗の裁判所であり、州および連邦の法に従って審議し判決を下している。しかし、例えば民事裁判では遺言の実施や宗教的所有物をめぐる争いなどで、宗教法の参照を必要とする場合がある。何らかの契約が宗教的な信条や宗教法に起因するものであったとしても、当事者間の合意のうえで成立した契約自体は米国の世俗法によって保障されるからである。また、何らかの契約に含まれる仲裁規定において、第三者の立場として宗教的権威あるいは宗教法に判断を仰ぐことがあらかじめ合意されている場合、世俗の裁判過程においても、この宗教法に基づく（宗教法を尊重する）判決がなされることもある。特に、結婚、離婚、遺言、不動産契約など個人的あるいはムスリム同士での契約行為に関しては、裁判所が外国法やシャリーアを世俗の仲裁規定と同様に判決材料として使用することは少なくない。実際、米国の法は、争いを仲裁するために当事者間で事前に合意された諸規定――それが宗教的であれ非宗教的であれ――を使用することに大幅な裁量を与えている。このような点から、特定の宗教法の参照を一切禁止する法律は、運用面で非現実的である(60)。

政治運動としての法案提出

反シャリーア法案の提出は、右のような法的な問題やムスリム組織による抗議にもかかわらず、二〇一〇年以降、各州で増大した。この増大の背景には、「反シャリーア運動（Anti-Sharia campaign）」と呼べる一種の政治運動の存在があった(61)。

この政治運動には、Center for Security Policy と American Public Policy Alliance というイスラモフォビアを拡散させている二つの保守系組織が関与していた。この二つの組織の構成員は大部分が重なっており、前者の組織は反イスラーム主義者を自認するフランク・ギャフニー（Frank J. Gaffney Jr.）が所長を務める。ギャフニー自身とその組織による出版物やウェブサイトは、シャリーアに象徴されるイスラームの浸透が米国にとって脅威であるとの主張を全面的に展開していた(62)。

後者の組織は、"American Laws for American Courts（ALAC）"のタイトルで反シャリーア法案の雛形となるモデル法案を作成し、各州の保守系議員らにこのモデル法案の利用を推奨してきた。実際に、各州で多数提出された反シャリーア法案は、そのほとんどがこの組織が作成したモデル法案に準拠している。

この反シャリーア運動の中心的な推進者は、前者の組織にも所属するデビッド・イェルシャルミ（David Yerushalmi）という弁護士であった。ニューヨークに在住した超正統派ユダヤ教徒であるイェルシャルミは、人種、移民、イスラームなどの問題に関し差別的な言動の経歴を持っていた。イェルシャルミを中心とする組織は、各州の共和党の保守派、キリスト教福音派、ティーパーティ系に働きかけて、反シャリーア法制定を後押ししていた。イェルシャルミは、法案提出の理由について、「法案が全ての州で摩擦もなく通過したとすれば、その目的に合わなかったであろう。その目的は発見的（heuristic）なものであり、シャリーアとは何か？　と人々が問う機会を与えることである」と答えている。実際に提出されたシャリーア法案の多くは、州議会で廃案となるか審議未了となっている。しかし、反シャリーア法案提出の目的が法制化自体ではなく、シャリーアとイスラーム、さらに米国ムスリムに対する警戒感を「煽る」ことにあったとすれば、その目的は達成されたともいえる(63)。

このようなイスラモフォビアの発現形態の一つである反シャリーア運動は、米国の国内政治と党派政治に深く関連している。「九・一一テロ事件」以降、共和党の多くの政治家は、移民系ムスリムの存在やモスクの増大を米国の安全保障への脅威とするムスリム・バッシングによって国内の保守層の支持を獲得することを試みてきた。この反シャリーア運動が、二〇一二年の米国大統領選挙および連邦議員選挙に同期して論争化したのも偶然ではない。

この反シャリーア運動は、実質的に共和党にとっての選挙戦術の一環でもあり、反シャリーア法案と共和党支持には相関関係がある。米国全州の中で、反シャリーア法案が多く提出された州と、共和党支持者が多数を占める州とはほぼ一致する。実際、各州での反シャリーア法案提出者は全て共和党議員によるものである。一方、民主党が優勢なニューヨーク州、マサチューセッツ州、イリノイ州、カリフォルニア州などでは、反シャリーア法案は提出されていない(64)。

後述するように二〇一二年大統領選挙の際、選挙期間を通して共和党候補者のほとんどは、シャリーアやイスラームに関して危機感を煽る言動をみせていた。予備選挙で一時優勢となった共和党保守派のニュート・ギングリッチ（Newt Gingrich）元下院議長は、「シャリーアは、米国と世界における自由の存続にとって重大な脅威である」とし、シャリーアを禁止する連邦法の制定を主張していた(65)。

また、共和党は二〇一二年大統領選挙の全国党大会に向けて、米国の裁判所での「外国起源の法」に反対する項目を党綱領に新たに導入した。ここではシャリーア自体については言及していないものの、各州レベルで展開していた

表3－1　米国全州における反シャリーア法案提出件数の推移

年	2010	2011	2012	2013	2014	2015	2016	2017	2018	2019
提出件数	13	52	27	35	16	35	12	17	4	2

注：提出された法案には、明確に「シャリーア」に言及するものから「宗教法」や「外国法」を対象とするものまで差異があるため、調査主体によって提出件数の値には若干の差異がある。

（出所）"Tracking Anti-Muslim Legislation across the U.S.", Southern Poverty Law Center. より筆者作成。

共和党員が主体となる反シャリーア法案提出運動に連動するものであったと考えられる。(66)

反シャリーア法案と米国社会の分断

二〇一〇年から始まった州議会での反シャリーア法案提出は、二〇一一年にその数が急増した。続く大統領選挙の年である二〇一二年には、前年度に審議未了となった法案の再審議に新規提出の法案が加わり、多くの法案が審議対象となった。その後も法案提出は続いたが、そのほとんどは廃案となっており、また最終的に法制化されたものは宗教法やシャリーアについては言及せず、「外国法」の使用を禁じたものに限定された。

表3-1で示すように、法案提出数の推移をみると、大統領選挙の前年（二〇一一年および二〇一五年）に多くなる傾向がみられる。これは選挙を前にして米国が政治的に活性化する中で、法案を通過させることよりも、提出すること自体に共和党側の政治的な意図があったものと考えられる。保守派議員（ほぼ共和党議員）にとって反シャリーア法案は、イスラームやムスリムに対して漠然とした恐怖や嫌悪を感じる有権者からの集票に都合のよいアイテムとなっていた。二〇一一年から数年間は、特に中東地域における政治的混乱、「イスラーム国」の台頭、断続的なテロ事件の発生を受けて、イスラモフォビアを煽ることで最も政治的な効果が期待できる時期であった。また、トランプが大統領選挙に出馬し、イスラームとムスリムを敵視する発言でイスラモフォビアを煽った二〇一五年から二〇一六年にかけて、反シャリーア法案の提出は再度増大した。しかし、トランプが大統領に就任して以降、法案提出は急速に減少した。

このような法案提出の推移をみると、反シャリーア法案提出運動は、短期的には党派政治を背景としたプロパガンダ的な選挙戦術として展開したといえる。このような形態のイスラモフォビアは単なる無知や憎悪に基づく非合理的な行為ではなく、大統領も含め公職への立候補者らにとっては「合理的でさらなる成功をもたらす戦略」でもある。[67]

また長期的には、反シャリーア運動に具現化されたイスラモフォビアは、不可避的に進行しつつある米国の人口構成（移民、宗教宗派、人種などの割合）の変動に対する保守的な反応の一側面であるともいえる。さらに広い視野に立てば、反シャリーア法制定運動への賛否は、米国の政治地図における保守とリベラル、あるいは共和党と民主党との論争の対立軸に一致し、「米国における多文化主義の役割に関する保守とリベラルとの広範な政治的論争の一部」とみることもできる。[68]

シャリーアの危険性を煽り、シャリーアやイスラームに対する社会の猜疑心を高める政治手法は、共和党やティーパーティ系などの保守派にとって有利に働いた。反シャリーア法案提出の議論は、移民、妊娠中絶、ＬＧＢＴ、同性愛・同性婚、銃規制などと同様に、米国世論を保守とリベラルに分断するイシューの一つであり、米国ムスリムにとってはイスラモフォビアをさらに深化させる悩ましいイシューであった。

注

（1） "Islamophobia : A Challenge for Us All", Runnymede Trust, 1997, https : //www.runnymedetrust.org/publications/islamophobia-a-challenge-for-us-all.

（2） 当初はイスラモフォビアという用語の使用に躊躇してきたムスリム社会であったが、むしろこの用語を米国内で anti-Semitism（ユダヤ人に対する差別）や racism（主として黒人に対する差別）と同レベルに引き上げることで、ムスリムが抱える問題を社会に広く認知させる方向に転換していったものと推測される。

（3）Parvez Ahmed, 'The Challenges of Defining Islamophobia and Anti-Americanism,' in Mohamed Nimer (ed.), *Islamophobia and Anti-Americanism : Causes and Remedies* (Beltsville, MD : Amana Publications, 2007), p. 15 ; Peter Gotschalk and Gabriel Greenberg, *Islamophobia : Making Muslims the Enemy*, (Lanham, MD : Rowman & Littlefield, 2008, pp. 1–11 ; Nathan Lean, *The Islamophobia Industry : How the Right Manufactures Fear of Muslim* (London : Pluto Press, 2012), pp. 1–15 ; Deepa Kumar, *Islamophobia and the Politics of Empire* (Chicago, IL : Haymarket Books, 2012), pp. 175–192 ; Marc Helbling (ed.), *Islamophobia in the West : Measuring and Explaining Individual Attitudes* (N. Y. : Routledge, 2012), pp. 4–7 ; Carl W. Ernst (ed.), *Islamophobia in America : The Anatomy of Intolerance* (N. Y. : Palgrave Macmillan, 2013), pp. 1–8 ; Todd H. Green, *The Fear of Islam : An Introduction to Islamophobia in the West* (Minneapolis, MN : Fortress Press, 2015), pp. 9–33.

（4）Imran Awan and Irene Zempi, "Working Definition of Islamophobia, A Brief Paper Prepared for the Special Rapporteur on Freedom of Religion or Belief", Office of the United Nations High Commissioner for Human Rights (November 2020). 国連では二〇二二年以降、毎年三月一五日を「イスラモフォビアに反対する国際デイ（International Day to Combat Islamophobia）」に設定している。

（5）このようなイスラモフォビアの発現形態の類型化は、イスラモフォビアを三つの次元——「個人的イスラモフォビア（private Islamophobia）」「構造的イスラモフォビア（structural Islamophobia）」「弁証法的／共構築的イスラモフォビア（dialectical/co-constructed Islamophobia）」——に分類する以下の分析手法に基づく。Cyra Akila Choudhury and Khaled A. Beydoun (eds.), *Islamophobia and the Law* (N. Y. : Cambridge Univ. Press, 2020), pp. 8–11.

（6）二〇〇二年六月、移民帰化局は、「テロ対策」として既存の出入国管理制度を強化する「国家安全保障出入国登録システム（National Security Entry Exit Registration System : NSEERS）」を導入することを発表した。同システムは、移民以外の入国者（"nonimmigrant aliens"）を対象とし、その入国時、滞在中、出国時の三段階で情報管理を強化するものである。具体的には、イラン、イラク、リビア、スーダン、シリアをはじめ中東とアジアのイスラーム圏の二五カ国（非イスラーム圏の北朝鮮も含まれる）出身の一六歳以上の男性は、入国時の指紋押捺、顔写真撮影、入国三〇日後、一年ごとの定期的登録と面接が義務づけられた。同システムには約一〇万人が登録され、一万人以上が国外退去処分となったが、テロリスト検挙にはつながらなかった。同システムは二〇一一年三月まで運用された後に休止し、二〇一六年一二月に正式に廃止された。

Rights Working Group, “The NSEERS Effect : A Decade of Racial Profiling, Fear, and Secrecy”, Penn State Law (May 2012), https : //pennstatelaw.psu.edu/_file/clinics/NSEERS_report.pdf ; Andorra Bruno, “Immigration : Alien Registration”, Congressional Research Service, CRS-RL31570 (January 6, 2004) ; Edward Ahmed Mitchell, “Ten Post-9/11 Measures that Targeted Muslim Americans—and the U. S. Constitution”, CAIR (2021).

(7) Stephen Sheehi, *Islamophobia : The Ideological Campaign against Muslims* (Atlanta, GA : Clarity Press, 2011), p. 31, 39.

(8) Sohail Daulatzai and Junaid Rana (eds.), *With Stones in Our Hands : Writings on Muslims, Racism, and Empire* (Minneapolis, MN : Univ. of Minnesota Press, 2018) ; Khaled A. Beydoun, *American Islamophobia : Understanding the Roots and Rise of Fear* (Oakland, CA : Univ. of California Press, 2018) ; Nazia Kazi, *Islamophobia, Race, and Global Politics* (Lanham, MD : Rowman & Littlefield, 2021).

(9) 中東・イスラームを対象とする米国のメディア表出のあり方に関して以下を参照。Melani McAlister, *Epic Encounters : Culture, Media, and U. S. Interests in the Middle East, 1945–2000* (Berkeley, CA : Univ. of California Press, 2001) ; Edward W. Said, *Covering Islam* [revised edition] (N. Y. : Vintage Books, 1997).

(10) ‘Rushdie, Salman (b. 1947)’, in Cesari (ed.), *Encyclopedia*, pp. 547–550.

(11) Haddad and Ricks, op. cit., p. 20–21 ; Leonard, *Muslims in the United States*, pp. 46–47 ; GhaneaBassiri, *A History of Islam*, pp. 329–332.

(12) Haddad, *Becoming American?*, p. 70 ; GhaneaBassiri, *ibid.*, pp. 332–337.

(13) イスラモフォビアを拡散させる代表的論客とその手法・主張の全体像については以下を参照。“Smearcasting : How Islamophobes Spread Fear, Bigotry and Misinformation”, Fairness and Accuracy in Reporting (October 2008), https : //fair.org/article/smearcasting/ ; Wajahat Ali et al., “Fear, Inc. : The Roots of the Islamophobia Network in America”, Center for American Progress (August 2011).

(14) Barack Obama, “Interview with Brian Williams on ‘NBC Nightly News’ (August 29, 2010)”, American Presidency Project ; “Religion, Politics and the President : Growing Number of Americans Says Obama is a Muslim”, Pew Research Center (August 19, 2010). 同じく二〇一〇年に行われたニューズウィーク誌による世論調査では、回答者の二四%がオバマはムス

リムだと誤認しており、この数値は二〇〇八年調査時の一三％より上昇している。Jonathan Alter, “Alter: How Obama Can Fight the Lies”, *Newsweek* (August 28, 2010). なお、ハワイ州で登録されているオバマの出生証明には、出生地は記載されているが、宗教については、その記述欄自体がもとより存在しない。

（15）Barack Obama, *Dreams from My Father: A Story of Race and Inheritance* (N. Y.: Three River Press, 1995), chap. 2, 6; Barack Obama, *The Audacity of Hope: Thoughts on Reclaiming the American Dream* (N. Y.: Three Rivers Press, 2006), p. 204; 渡辺将人『評伝バラク・オバマ「越境」する大統領』集英社、二〇〇九年、一七―二三頁。また、オバマの選挙当時の公式ウェブサイト内に掲載された「公開書簡」の中で、キリスト教各派、ユダヤ教、イスラームの複数の代表者らによって、オバマはキリスト教徒でありムスリムではなく、また急進的なイスラーム思想とも関係しないことが確認されている。この書簡の日付が二〇〇七年一月二三日となっていることから、オバマの信条に関する事実誤認と誹謗中傷が予備選挙以前の相当早い時期からみられたことが分かる。なお、この書簡でイスラームを代表して署名しているのはＭＰＡＣ会長のアル＝マラヤティである。“An Open Letter to the Religious Community”, Barackobama.com (January 23, 2007), https://web.archive.org/web/20081109064659/http://www.barackobama.com/pdf/ReligiousLeadersLetter.pdf.

（16）Peter Beinart, “Is Barack Obama American Enough?” *TIME* (October 8, 2008); Perry Bacon Jr. “Foes Use Obama's Muslim Ties to Fuel Rumors About Him”, *Washington Post* (November 29, 2007). オバマは上院議員時代の二〇〇六年にケニアを訪問しているが、その際に現地の民族衣装をまとった写真がインターネット上で広まり、オバマとイスラームとの「怪しい関係」が話題になることもあった。Philip Kennicott, “Obama Photo Swaddled in Mystery of Its Intent”, *Washington Post* (February 26, 2008). 後の二〇一〇年、大統領となったオバマがインドを訪問した際、アムリトサルのシーク教徒の総本山である黄金寺院（ゴールデン・テンプル）の訪問を避けたのは、訪問者が頭にターバンを巻くことがしきたりとなっており、シーク教徒とムスリムを混同しがちな米国世論の反応を警戒したためとみられている。Lydia Polgreen, “A Question of Appearances: Obama Will Bypass Sikh Temple on Visit to India”, *New York Times* (October 19, 2010). また、極端な例としては、オバマは「隠れムスリム」であり、大統領就任後に米国を内部から乗っ取るという陰謀説――共産主義の陰謀を描いたフィクション“The Manchurian Candidate”, Richard Condon (1959) に由来する――がインターネット上で流布することになった。Jess Hening, “Sliming Obama”, FactCheck.org (January 10, 2008).

(17) Nicholas D. Kristof, "Obama and the Bigots", *New York Times* (March 9, 2008).
(18) "Obama Weathers the Wright Storm, Clinton Faces Credibility Problem", Pew Research Center, (March 27, 2008) ; "Muslim Americans : No Signs of", Pew (2011), p. 55.
(19) "McCain Gains On Issues, But Stalls As Candidate Of Change", Pew Research Center, (September 18, 2008).
(20) オバマ候補の公式ウェブサイト "Obama '08, BarackObama.com" (二〇〇七年一一月以降)。 https://web.archive.org/web/20081109064659/http://factcheck.barackobama.com/factcheck2/2007/11/.
(21) Firas Ahmad, "The American Muslim Community's Obama Problem", ISPU, Policy Brief, #24 (September 2008).
(22) "Clinton Campaign Asks Volunteer to Resign", NBC News (December 11, 2007). また、クリントンはCBSのインタビュー番組60ミニッツの中で、オバマがムスリムであるとの噂について、これを否定しつつも、「私が知っている限りでは」と付け加えたことが、オバマ支持者の反感を買っている。Max Follmer, "Clinton : 'As far as I know' Nothing to base Obama Muslim Rumor on", HuffPost (June 25, 2008).
(23) "Obama's Evolving Take on Meeting with Iran", ABC News (May 20, 2008) ; Jim Rutenberg and Jeff Zeleny, "Obama Seeks to Clarify His Disputed Comments on Diplomacy", *New York Times* (May 29, 2008).
(24) "S. Amdt. 3017 to S. Amdt. 2011, 110th Congress (2007–2008)", Congress.gov ; Chris Durang, "Beware Kyl-Lieberman Pro-Iran-War Amendment", HuffPost (September 25, 2007 [updated May 25, 2011]).
(25) "S. 970, Iran Counter-Proliferation Act of 2007, 110th Congress (2007–2008)", Congress.gov (二〇〇七年三月一三日提出) ; Joe Miller, "Soft on Iran : McCain Misrepresents Obama's Stand on Naming Revolutionary Guard as Terrorist", FactCheck.org (June 5, 2008).
(26) "Obama Wants Summit with Muslim Countries", Reuters (January 31, 2008) ; Abe Greenwald, "Obama's Muslim Summit", *Commentary* (January 31, 2008).
(27) マシャアルは、パレスチナ人による住民投票で多数が賛成すれば、ハマースはガザと西岸のみのパレスチナ国家建設に同意するとした。ただしマシャアルは、ハマースのイスラエル非承認とパレスチナ難民の帰還権要求の立場は不変との条件を付けている。Ethan Bronner, "Carter Says Hamas and Syria Are Open to Peace", *New York Times* (April 22, 2008).

(28) Jimmy Carter, *Palestine : Peace Not Apartheid*(N. Y. : Simon & Schuster, 2006) ; Caren Bohan, "Obama Wary of Report of Breakthrough with Hamas", Reuters(April 23, 2008) ; Ellen Wulfhorst, "Obama Criticizes ex-President Carter's Hamas Meeting", Reuters(April 16, 2008).

(29) Barack Obama, "Address at the National Constitution Center in Philadelphia : 'A More Perfect Union(March 18, 2008)'", American Presidency Project ; Jeff Zeleny and Adam Nagourney, "An Angry Obama Renounces Ties to His Ex-Pastor", *New York Times*(April 30, 2008).

(30) Peter Wallsten, "Allies of Palestinian See a Friend in Obama", *Los Angeles Times*(April 10, 2008).

(31) Laila Lalami, *Conditional Citizens : On Belonging in America*(N. Y. : Pantheon Books, 2020), pp. 18–19.

(32) Ben Smith, "Muslims Barred from Picture at Obama Event", *Politico*(June 18, 2008).

(33) James Zogby, "It's a Damn Shame", HuffPost(August 8, 2008) ; Shahed Amanullah, "Zero Tolerance for Muslim Participation in Politics", HuffPost(August 6, 2008) ; Glenn R. Simpson and Amy Chozick, "Obama's Muslim-Outreach Adviser Resigns", *Wall Street Journal*(August 6, 2008) ; Andrea Elliott, "White House Quietly Courts Muslims in U. S.", *New York Times*(April 18, 2010).

(34) *The New Yorker*,(July 21, 2008) ; "Barry Blitt Defends His New Yorker Cover Art of Obama", HuffPost(July 13, 2008) ; "CAIR Calls New Yorker Obama Cartoon 'Inflammatory'", CAIR(July 17, 2008).

(35) Barack Obama, "Interview with Larry King of CNN(July 15, 2008)", American Presidency Project.

(36) Wayne Kopping [Director], *Obsession : Radical Islam's War against the West*, Trinity Home Entertainment, 2007 [DVD, 77 mins.].

(37) Omid Safi, 'Who Put Hate in My Sunday Paper? : Uncovering the Israeli-Republican-Evangelical Networks behind the "Obsession" DVD', in Reza Aslan and Aaron J. Hahn Tapper(eds.), *Muslims and Jews in America : Commonalities, Contentions, and Complexities*(N. Y. : Palgrave Macmillan, 2011) ; Erik Ose, "Pro-McCain Group Dumping 28 Million Terror Scare DVDs in Swing States", HuffPost(September 12, 2008).

(38) William Fisher, "The 2008 Campaign : Candidates Compete to be 'More Christian'", HuffPost(January 16, 2008).

(39) Juan Cole, "Blowback from the GOP's Holy War", Salon.com (February 1, 2008).
(40) "'Meet the Press' transcript for Oct. 19, 2008", NBC (October 19, 2008).
(41) Brian Knowlton and Jeff Zeleny, "Obama Wins Endorsement of Colin Powell", *New York Times* (October 19, 2008) ; Maureen Dowd, "Moved by a Crescent", *New York Times* (October 21, 2008).
(42) "Obama : Powell will have a Role as my Advisor", Today NBC (October 20, 2008).
(43) Shahed Amanullah, "A New Era for Muslims in America", HuffPost (January 23, 2009).
(44) Paul Vitello, "Among Young Muslims, Mixed Emotions on Obama", *New York Times* (November 6, 2008).
(45) Barack Obama, "Inaugural Address (January 20, 2009)", American Presidency Project.
(46) オバマは就任後に、米国内の各宗教・宗派社会とホワイトハウスとの協調を促進する部局（White House Office of Faith-Based and Neighborhood Partnerships）のイスラーム担当顧問にムスリム研究者のダリア・モガーヒド（Dalia Mogahed）を任用するなど、米国ムスリムへの一定の配慮は示してきた。Curiel, *op. cit.*, pp. 91–92, 121.
(47) Kevin Liptak, "Obama Rebuts anti-Muslim Rhetoric in First U. S. Mosque Visit", CNN (February 3, 2016) ; Remarks by the President at Islamic Society of Baltimore (February 3, 2016), https : //obamawhitehouse.archives.gov/the-press-office/2016/02/03/remarks-president-islamic-society-baltimore.
(48) 歴代の米国大統領が在任中に米国内のモスクを訪問したのはオバマを含めて三人だけである。アイゼンハワー（Dwight D. Eisenhower）は、一九五七年六月にワシントンDCのイスラミック・センター開設に合わせて、ブッシュは「九・一一テロ事件」直後に、それぞれ同センターを訪問している。Bridge Initiative Team, "Lessons Learned from President Eisenhower's Mosque Visit 59 Years Ago", BRIDGE, A Georgetown University Initiative (June 30, 2016), https : //bridge.georgetown.edu/research/lessons-learned-from-president-eisenhowers-mosque-visit-59-years-ago/.
(49) 'Shari'a', in Gerhard Bowering (ed.), *The Princeton Encyclopedia of Islamic Political Thought* (Princeton, NJ : Princeton Univ. Press, 2013), pp. 496–505.
(50) Lean, *op. cit.*, p. 8
(51) Arizona State Legislature, SB1026 (January 6, 2010). 全米での反シャリーア法案提出件数の推移、および各州議会の法案

の原文については以下のウェブサイトにあるデータベースから参照可能。Anti-Muslim Legislation, The Othering and Belonging Institute, University of California, Berkeley, https://belonging.berkeley.edu/islamophobia/anti-muslim-legislation-interactive-map.

(52)　Oklahoma State Legislature, HJR 1056 (May 18, 2010).

(53)　Asma Uddin and Dave Pantzer, "A First Amendment Analysis of Anti-Sharia Initiatives", ISPU (May 14, 2012), pp. 13–18; Andy Barr, "Oklahoma Bans Sharia Law", Politico (November 3, 2010); Leah Nelson, "Oklahoma's Sharia Law Ban Creates Controversy", Southern Poverty Law Center (February 23, 2011).

(54)　"Oklahoma International and Sharia Law, State Question 755 (2010)", Ballotpedia, https://ballotpedia.org/Oklahoma_International_and_Sharia_Law,_State_Question_755_(2010).

(55)　"Muneer Awad v. Paul Ziriax, Oklahoma State Board of Elections, et al.", American Civil Liberties Union (August 13, 2013).

(56)　Tennessee State Legislature, HB3768 (2010); Louisiana. State Legislature, HB785 (2010).

(57)　Cynthia Brougher, "Application of Religious Law in U. S. Courts: Selected Legal Issues", Congressional Research Service, R41824 (May 18, 2011), p. 15; Uddin and Pantzer, op. cit., pp. 19–37.

(58)　Faiza Patel, Matthew Duss, and Amos Toh, "*Foreign Law Bans: Legal Uncertainties and Practical Problems*", Center for American Progress/Brennan Center for Justice (May 2013), p. 11.

(59)　例えば、アリゾナ州で提出された法案（HB2064）でも、実体経済に与える影響への懸念から、「本項目は、法人、提携社、その他の事業組織に対しては適用されない」との例外規定がある。Arizona State Legislature, Amendments to HB2064 (March 17, 2011).

(60)　Abed Awad, "The True Story of Sharia in American Courts", *Nation* (June 14, 2012); Asma T. Uddin, *When Islam is Not a Religion: Inside America's Fight for Religious Freedom* (N. Y.: Pegasus Books, 2019), p. 195.

(61)　この反シャリーア法制定運動の具体的な背景については以下を参照。"Legislating Fear: Islamophobia and its Impact in the United States", CAIR (2013), pp. 59–74; Dean Obeidallah, "Meet the Man Turning Anti-Muslim Hate Into Law", Daily

Beast (September 8, 2017) ; Swathi Shanmugasundaram, "Anti-Sharia Law Bills in the United States", Southern Poverty Law Center (February 5, 2018) ; Dustin Gardiner and Mark Olalde, "COPY, PASTE, LEGISLATE : These Copycat Bills on Sharia Law and Terrorism Have no Effect. Why do States Keep Passing Them?" The Arizona Republic, USA TODAY and the Center for Public Integrity (July 18, 2019).

(62) Frank J. Gaffney Jr., *Sharia : The Threat to America : An Exercise in Competitive Analysis : Report of Team B II* (Washington, DC : Center for Security Policy Press, 2010) ; "Frank Gaffney Jr.", Fighting Hate, Extremist Files, Southern Poverty Law Center.

(63) Andrea Elliott, "The Man Behind the Anti-Shariah Movement", *New York Times* (July 30, 2011).

(64) "Islamophobia 2050 : Restrictive Measures Map", ISPU.

(65) Scott Shane, "In Islamic Law, Gingrich Sees a Mortal Threat to U. S.", *New York Times* (December 21, 2011).

(66) Alex Seitz-Walt, "GOP Embraces anti-Shariah", Salon.com (August 21, 2012).

(67) Choudhury and Beydoun, *op. cit.*, p. 5.

(68) Asifa Quraishi-Landes, "Sharia and Diversity : Why Some Americans are Missing the Point", ISPU (January 16, 2013), p. 19.

第4章　米国の中東・イスラーム地域政策と米国ムスリム

1　米国とイスラーム世界

“the West”――イスラーム世界と対峙するもの

“Islam and the West”という表現にみられるように、イスラーム世界―ムスリムが多数派となるイスラーム地域諸国の総体―と対比される世界として“the West”がしばしば使用される。二〇世紀初頭のオスマン帝国の崩壊までの中東地域の歴史においては、“the West”とはアジアなどの「東洋」(the Orient)と対比される「西洋」(the Occident)であった。この「西洋」では中世の十字軍の時代においては「キリスト教国家」群が主体であり、近代以降は英仏を中心とするヨーロッパ列強が主体をなす。この点では、“the West”を「ヨーロッパ」と置き換えても違和感はない[1]。

米ソ冷戦期以降、“the West”は北大西洋条約機構(NATO)やヨーロッパ共同体(EC)/ヨーロッパ連合(EU)に象徴される「西側」、すなわち米国と協調し、ソ連を中心とする「東側」と対峙する国家集団を意味するものとなる。この「西側」は、英仏など伝統的なヨーロッパ列強が米国との同盟関係にあったという点で、依然として「西洋」の意味も含んでいる。また、冷戦期以降の「西側」には、資本主義・自由主義経済に基づいた豊かな「先進国」という意味も含まれるようになる。

米国は、「西洋」の一部から派生した国であり、実質的には建国以降「キリスト教国家」であり、冷戦期は「西側」

同盟の盟主であったことから、歴史を通しての "the West" の正統な後継者であるといえる。

ただし、米国とヨーロッパ列強（特にイスラーム地域に進出した英仏）は、同じ「西側」に分類されるとしても、植民地主義政策の経験という観点で性格が大きく異なる。新興国である米国は、近代以降の支配的なヨーロッパ列強と従属的なイスラーム地域（特に、中東、アジア、アフリカ）という根の深い対立関係に直接関与してこなかった。過去の歴史の拘束を受けないという点で、米国は当初からイスラーム地域諸国と良好な関係を構築する好機が与えられていた。さらに、一九五〇年代半ば以降はソ連がイスラーム地域の民族主義勢力の支援強化に乗り出すと、これに対抗した米国は民族主義勢力を懐柔すべく、ヨーロッパ列強（特にイギリス）に対してイスラーム地域の民族主義勢力の主張を受け入れるよう圧力を強めた経緯もあった(2)。

このように米国にはイスラーム地域諸国と協調できる有利な機会があったにもかかわらず、その後の米国に対するイスラーム地域諸国の姿勢は必ずしも好意的なものとはならなかった。両者の協調にとって、二つの大きな障害があった。第一の障害は、イスラエルの存在であり、その独立を支援した米国は中東のアラブ・イスラーム諸国から敵対心をもたれることになった。第二の障害は、民族主義を掲げる新興の独立諸国と協調するためとはいえ、冷戦の主戦場であるヨーロッパにおいて重要な同盟国である英仏を疎遠にすることには限界があった。米国は英仏と共働して、時に英仏に代わって、中東地域の保守的政権――そのほとんどが権威主義政権――の支持者となることでグローバルな冷戦体制を構築していった(3)。

結果的に、米国は伝統的な支配勢力である「西洋」と結託し（あるいは、その性格を継承し）、イスラーム世界を従属させ、しかもイスラエルという新たな火種を放り込んだ「敵対的勢力」であるとの認識がイスラーム世界で固定化していくこととなった。

相互の被害者意識と脅威認識

「九・一一テロ事件」に象徴される現代の政治的イスラーム（political Islam）の台頭は、イスラーム地域諸国における政治的・経済的・社会的な不安と不満の拡大という状況に対する「異議申し立て」の性格を有する。政治的イスラームは、国内レベルでは抑圧、腐敗、貧困に抵抗するイデオロギーとなり、国際レベルではかつての非同盟、社会主義、反植民地主義に代わる抵抗のイデオロギーとなり、各地域でムスリム民衆の動員手段として機能している。したがって表現型としての政治的イスラームは、特定地域あるいは特定問題に対応した性質を示し、「イスラームの忠実な実践」というような共通目的を有しているように見えても、実際には同じものにはならない[4]。

しかし、ここでの特定地域あるいは特定問題とは、例えばイスラエル（パレスチナ問題）、民族主義（反帝国主義／反植民地主義）、権威主義体制（民主化問題）、石油利権、大量破壊兵器開発の問題など、米国の政策が投影される分野、すなわち米国の国益に深く関わる問題領域でもあり、そこにおいて政治的イスラームの台頭が共通してみられるのも事実である。また、問題領域だけでなく、イスラームは地理的にも中東・アジアをはじめ広域にわたる宗教であり、多様性を含むトランスナショナルな「外見」を持っている。結果的に、総じて米国の政策決定者らは、イスラーム世界と政治的イスラームの現象を、世界規模での急進主義と反動主義（反米主義）の具現と捉える傾向がある[5]。

このような状況下で、米国においては政治的イスラームに「包囲されている」という脅威認識が形成される。これは、米国に対抗して世界各地のイスラーム急進派が連携し、時にはテロという手段を使って、包囲攻撃をかけているという米国にとっての被害者意識である。一方イスラーム地域諸国においては、米国を中心とする西側が連携し、圧倒的な軍事力をもって包囲攻撃をかけているという被害者意識が醸成される。このような環境の中で散発的に起こるイスラーム急進主義者によるテロ事件（特に米国あるいはその同盟国を対象とするもの）は脅威の具現化であり、米国による軍事的報復をもたらし、それらはしばしば過剰な報復であったり、対象を取り違えた報復であったりし、事態を悪化させた。さらに、最大の敵対国であったソ連が崩壊し、米国の軍事力投射能力（power projection capability）が大幅に改善（新たに大規模な海外派兵を可能とする環境が到来）したことにより、湾岸戦争やペルシア湾岸諸国への米軍駐留、さらには「テロとの戦い」など、米国とイスラーム諸国の双方にとっての被害者意識は現実の被害を伴って拡大した。ここでは、「相互に包囲されている（mutual siege）という認識」が悪循環をもたらした。このような認識は、「九・一一テロ事件」以降「アル＝カーイダ」（米国を包囲攻撃するもの）や「ネオコン（neo-conservatives）」（イスラーム諸国を包囲攻撃するもの）という語が世界中のメディアで頻出するに至り一層強まった。[6]

このような米国とイスラーム諸国との相互認識は、イスラーム諸国においては「米国がもたらす不安（America Anxiety）」、米国においては「イスラームがもたらす不安（Islam Anxiety）」という表現でも表すことができる。両者の「不安」は徐々に増大し、「九・一一テロ事件」とブッシュ政権による「テロとの戦い」は、ともにこの「不安」の暴力的な表出であった。[7]

ただし、この対立関係の責任を「九・一一テロ事件」後のブッシュ政権に全て負わせることは公平ではない。両者間の被害者意識と脅威認識は、ブッシュ政権期に至るまでの歴代米国政権によって、徐々に蓄積されていたのである。

2　中東・イスラーム地域政策の展開

イラン・イスラーム革命以前

米国の中東・イスラーム地域への関与は、一九四〇年代半ば、第二次世界大戦終結および冷戦の開始と前後して始まった。以後の冷戦期を通して、米国の中東・イスラーム地域政策は、対ソ安全保障政策の下位政策として実施された。そこでは、対ソ安全保障同盟網の形成、ペルシア湾岸地域からの石油の安定供給の確保、アラブ・イスラエル紛争（パレスチナ問題）の管理、急進的アラブ民族主義勢力への対処が中心課題であった。いずれの課題にしても、イスラームという宗教的要素は希薄であり、世俗の軍事安全保障、経済的利益、民族主義、領土問題が中心であった。

この時期の中東において米国が安全保障上の脅威として最も警戒したものは、ソ連の間接的支援を受けるエジプトのガマル・アブデル・ナセル（Gamal Abdul Nasser）政権の急進的アラブ民族主義勢力であった。この場合、イスラーム的要素は米国にとっての脅威ではなく、むしろ急進的アラブ民族主義や無神論的なソ連の影響力拡大に対する防波堤の役割として期待することも可能であった[8]。

ただし、この時期の米国が積極的にイスラーム勢力との同盟を期待したとは言い難い。一例として、一九六〇年代半ば、サウジアラビアはソ連の中東進出への対抗策として「イスラーム同盟」の形成を米国に提唱した。しかし、ジョンソン政権はサウジアラビアの動機がエジプトに対抗する地域的覇権にあると判断し、「イスラーム同盟」支持への要請には否定的な対応をみせた[9]。

また、一九六九年にリビアでイスラーム色の強いムアンマル・カダフィ（Muammar al-Qaddafi）政権が成立した際、当時のヘンリー・キッシンジャー（Henry Kissinger）国家安全保障問題担当大統領補佐官は、「リビアにおけるソ連あるいは他の共産主義勢力による受容しがたいプレゼンスと影響力拡大を阻止すること」を重視し、リビアとの「通常の外交および商業的関係（米国の石油利権を含む）」を維持する方針を指示した。冷戦期前半の米国は、中東諸国の「イスラーム化」ではなく、「共産化」の可能性を懸念していた[10]。

一九七〇年代は、米国内において中東・イスラーム地域の諸問題についての認識―その大部分は否定的な脅威イメージ―が形成されていく時期である。一九七二年九月、ミュンヘン・オリンピック選手村でイスラエル選手団一一人がパレスチナ・テロリストに殺害された事件や、一九七〇年代に頻発したパレスチナ問題に関連する旅客機ハイジャック事件は、中東・イスラーム地域の脅威イメージを作り出す端緒となった。また、一九七三年の第四次中東戦争（一〇月戦争）がもたらした「オイル・ショック」も、イスラーム的要素とは直接関係しないものの、米国民の中東・イスラーム地域に対する否定的なイメージと漠然とした脅威認識を助長し、これらは後の米国におけるイスラモフォビアの素地となっていった[11]。

冷戦期の米国の中東政策は、固定的な二陣営体制という硬直化した国際システムの下で、その優先順位は対ソ戦略における価値に従っていた。すなわち、米国は世論の動向に左右される先行き不透明な民主的政権よりも、戦略的パートナーとして頼りにできる親米的な権威主義政権を優遇した。またアラブ諸国とイスラエルとの対立関係に関しては、米国は常にイスラエルを支持してきた。「特別な関係（special relationship）」と呼ばれる米国とイスラエルとの親密な関係は、政治・軍事・経済・社会の諸側面におけるつながりであり、さらに民主主義という価値の共有も含めた多岐にわたる要素から構成される。この「特別な関係」は、米国の中東政策の根幹をなし、したがってアラブ＝イスラエル対立軸の存在から米国は常にアラブとムスリムによる批判の対象となり、米国のイスラーム地域諸国への親和的アプローチの阻害要因となってきた(12)。

結果として、パレスチナ問題をはじめとする地域の諸問題の解決は先送りされたまま、当該地域の民衆の様々な不満は蓄積し、その問題解決のオプションとして政治的イスラームへの期待が民衆の中で高まった。イスラーム地域諸国の多くで「権威主義的支配者に対抗するイスラーム主義者と民衆」という対立構造が顕在化した。米国は一貫して親米的な権威主義的支配者を支持したが、一九七九年のイラン・イスラーム革命はイスラーム主義者と民衆の勝利を意味した。

レーガン政権期

イラン・イスラーム革命が、イラン国内政治、中東地域政治、さらにグローバルな国際関係全体に大きな影響を与えたことに異論の余地はない。既に一九六七年、第三次中東戦争でのエジプトの大敗は、それまでナセルが主導してきたアラブ民族主義が挫折し、これに代わるイデオロギーとしての政治的イスラームが登場する契機となったが、イスラームの覚醒が最初に顕在化したのはイランにおいてであった(13)。

イラン革命は、その後に発生した米大使館員人質事件も加わって、米国の政策決定者と一般市民の両者の思考と行動に作用する強烈な「トラウマ」となった。ロナルド・レーガン（Ronald Reagan）政権は、イラン革命によってイス

ラーム的要素が飛躍的に増大した中東・イスラーム地域に対処することを求められた最初の米国政権となった。(14)

レーガン政権はパレスチナ地域に関して、対ソ安全保障政策が排他的に優先されるべきとの「戦略的合意」(Strategic Consensus)を前面に掲げ、アラブ＝イスラエル対立を解消することを試みた。しかし「ヨルダン・オプション」(一九八二年後半〜一九八六年)によるパレスチナ＝ヨルダン連邦化案は頓挫した。PLOをテロ組織として交渉相手から外し、民族主義勢力であるPLOの影響力を弱めたことは、一九八七年以降のイスラーム急進主義組織ハマースの台頭を招くという皮肉な結果をもたらした。イラン革命の強い刺激を受けたハマースの台頭により、パレスチナ問題にきわめて強硬な政治的イスラームが投入されることとなった。

ペルシア湾岸地域では、米国はイラン喪失後の新たなパワー・バランスの構築に取り組んだ。サウジアラビアの軍事的強化(空中警戒管制機AWACSの供与など)に加え、イランに対するカウンターとしてのイラクのサダム・フセイン政権の軍事的強化に乗り出した。米国自身は、既存の「緊急展開軍(Rapid Deployment Forces)」を組織的に強化した「中央軍司令部(Central Command)」を結成し、いわゆる「オーバー・ザ・ホライズン」戦略によってイランの封じ込めを試みた。

また米国は、一九七九年末にソ連が侵攻したアフガニスタンにおいて、ソ連軍に抵抗する武装勢力のムジャーヒディーン(イスラーム戦士)への側面支援を開始した。このイスラーム武装勢力との連携が、後のオサマ・ビン・ラーデンとアル＝カーイダの暗躍につながることをレーガン政権は予想し得ない。

レーガン政権は、「テロとの戦い」の原点となる政権であった。それは一九八〇年代のテロが「反米的」となり「イスラーム系」による犯行という傾向が増大したからである。象徴的な事件は、ベイルート米海兵隊宿舎爆破事件(一九八三年一〇月)である。この事件には、イランとの関係が強いレバノンのシーア派イスラーム組織ヒズブッラーが関与したとされるが、レーガン政権は内部での意見対立がみられ、ヒズブッラーに対する強硬策(空爆)は実施されなかった。その後、旅客船アキレ・ラウロ号乗っ取り事件(一九八五年一〇月)や米国人誘拐事件が続き、レーガン政権はテロに対する政策を硬化させた。リビア空爆（一九八六年四月）は、反米テロに対するレーガン政権の強い意思表示であった[15]。

このようなテロ事件に関し、レーガン政権が脅威の対象として捉えていたのは、あくまでイランやリビアなどのテロ支援「国家」であり、イスラーム系組織やイスラーム武装勢力そのものではなかった。当時のヒズブッラーやハマースについては、ローカルな不穏分子としての認識はあったものの、直ちに制圧すべき勢力・集団という認識には至らず、包括的な対テロ政策に転化していくこともなかった[16]。

またレーガン政権はイスラーム急進主義に関して相反する姿勢を見せていた。レーガン政権は、イランのイスラーム急進主義体制をテロリストとして非難する一方で、アフガニスタンでのイスラーム武装勢力のムジャーヒディーンを「自由戦士（freedom fighters）」として軍事的に支援した。また、イラン・コントラ事件で明るみに出たように、レーガン政権内部にはイランのイスラーム勢力の一部とは協力関係が可能とみる者もいた[17]。

このように、イラン・イスラーム革命によって、米国は政治的イスラームを脅威として認識したものの、革命以降の約一〇年間、米国は政治的イスラームに対する包括的で一貫した政策・態度を示すことはなかった。中東・イスラーム地域では危機と緊張が続き、レーガンは軍事力行使も含めた強硬姿勢を示したものの、この時点での政策は、依然として、対ソ封じ込めという冷戦戦略を中東・イスラーム地域に対して適用することに限られていた。

ブッシュ政権期

ブッシュ（George H. W. Bush：第四一代）政権は一期四年と短かったが、米国と中東・イスラーム地域との関係においていくつかの重要な展開がみられた。

第一に、一九八九年一二月のマルタ島での米ソ首脳会談において「冷戦終結宣言」が出されたことで、米国のグローバルな安全保障政策は大転換に向かった。米国は、対ソ連用の軍事力を他の脅威に振り分けることが可能となり、かつその軍事力行使に際してソ連からの（核）攻撃のリスクからも解放されたことで、グローバルな軍事力投射能力が大幅に拡大した。

第二に、ブッシュ政権の大半を費やした湾岸危機と湾岸戦争は、米国が率いる西側諸国による、イラクというムスリム国家に対する直接的かつ大規模な軍事行動となり、「西側対イスラーム世界」という歴史的に因縁のある構図を再登場させることになった。このことはイラクのフセイン大統領の行動に一定の共感を持つ中東・イスラーム地域のムスリムの間に、米国を中心とする西側に再び「包囲されている」との認識をもたらした。西側にとってクウェート解放はしかるべき国際秩序の回復行為であったが、イスラーム地域諸国からみれば米国による占領政策の始まりとみなされた。特に、イスラームの聖地を擁するサウジアラビアに西側の異教徒が進出（軍隊が駐留）したことは、イスラーム主義者に大きな心理的圧力を与えた[18]。

第三に、冷戦終結と湾岸戦争の波及効果として、一部のイスラーム諸国において民主化への動きがみられた。しかし、冷戦後の東欧諸国の民主化は米国が期待するものであった一方、中東諸国の民主化は、その過程において急進的なイスラーム主義の勢力拡大をもたらすとして、米国の懸念の対象となった。

この民主化への懸念の背景は、アルジェリアにあった。一九九一年一二月、アルジェリアでは複数政党制を認めた新憲法の下で第一回国民議会選挙が実施された。しかし、イスラーム主義政党であるＦＩＳ（Front Islamique du Salut「イスラーム救国戦線」）の圧勝が明らかとなると、この結果を無効化すべく軍部が介入した。軍部は大統領を辞任させ、翌年一月に予定されていた第二回国民議会選挙を中止し、国民議会を解散させた。米国ブッシュ政権は、イスラーム主義拡大を懸念し、アルジェリア軍部の介入を事実上黙認した。これを契機にアルジェリアでは軍部と複数のイスラーム主義武装勢力が入り交じる、一〇年に及ぶ内戦に突入することになった。

このアルジェリアでの出来事は、イスラーム地域諸国において民主化を推進すると、自由な選挙を通じてイスラーム主義が台頭し、結果的に自由を否定しかねないという一種のジレンマの存在を示していた。このジレンマは、イスラームと民主主義との不可避的な対立という認識を生み出し、一九九〇年代から後の「アラブの春」に至るまで、アラブ諸国を含めたイスラーム地域諸国において、米国が民主化を主唱しつつも権威主義体制存続を擁護するという二重基準の悪しき先例となった(19)。

冷戦終結と湾岸戦争以降のイスラーム地域を取り巻くこのような大きな変化は、イスラーム地域全体と世界のムスリムに対する米国のアプローチの再検討を要求した。ブッシュ政権期の国務省中近東担当国務次官補で中東事情に精通したエドワード・ジェレジャン（Edward P. Djerejian）は自ら率先してこの課題に取り組み、ジェイムズ・ベーカー（James A. Baker III）国務長官の了解を得て、一九九二年六月、その政策方針をワシントンDCの貴賓館メリディアン・ハウスで演説した。このメリディアン演説は、米国のイスラーム地域に対する新たな政策基調を示す重要な演説となる(20)。

この演説は、その前半で、冷戦終結やボスニア内戦など、新たな国際情勢を迎えようとしているこの時期に、米国の中東政策に新たな指針が必要であるとした。その中東政策として、パレスチナ問題解決とペルシア湾岸安全保障を二本柱とし、前者においてはマドリード和平プロセスの推進が、後者においてはイランとイラクに対する「二重封じ込め」と湾岸協力会議（GCC）諸国の強化が確認され、特にイラクのフセイン政権に対しては引き続き厳しい対応が必要だとした。一方、イランに関しては、テロ支援、国内での人権侵害、大量破壊兵器の開発、パレスチナ和平への反対などで問題が多いとしながらも、対話への準備もあることを示唆していた。

演説の後半では、二点の、やや踏み込んだ見解が述べられた。一点は、"Islam and the West"と、国際政治における「宗教の役割」についてである。ムスリムが敏感に反応する「政治的イスラーム」「イスラーム復興」「イスラーム原理主義」という表現をあえて引用しつつ、これらの表現によって誤った脅威認識や誤解の犠牲とならないよう自らに対して注意喚起した。そしてジェレジャンは、米ソの東西対立がイスラームと西側との対立によって置き換えられたわけではないことを強調し、歴史的意義、文化的遺産、寛容さなど、イスラームを称賛したうえで、「米国政府は、イスラームを、西側との対立と国際平和を脅かす、新たな主義（ism）とはみなさない」と明言した。

もう一点は、政治参加と民主化の問題についてである。ジェレジャンは、各国独自の事情と多様性を認め、「アメリカン・モデル」を押しつけるつもりはないとしながらも、自由な選挙、独立した司法、法の支配、報道の自由、マイノリティと人権の擁護といった原則が守られねばならないとした。明らかに前年のアルジェリアの件を念頭に置きつつ、権力を掌握した者が民主的プロセス自体を潰そうとすることに警告を発し、「我々は、一人が一票、［ただし］一回のみ（one person, one vote, one time）［という選挙］を支持しない」と強調した。ジェレジャンは総括として、「宗教は、我々と他国との関係のあり方において、よい意味でも悪い意味でも、決定要因ではない。我々が対立するのは、急進主義であり、これに伴う暴力、拒絶、不寛容、脅迫、強制、恐怖なのである」とした。

ジェレジャンのメリディアン演説が提示したのは、米国が警戒すべきはイスラームそのものではなく、イスラームの名の下での急進主義であるとの政策理念であった。ジェレジャンは、「米国の政策は、イスラームの主流派と、テロ・暴力・抑圧・権威主義支配によって米国の利益に反する行動をとるムスリムの個人・集団・政権とを、言葉と行動によって明確に区別しなければならない」とし、イスラームを主流派（＝穏健派）と反主流派（＝急進派）とに二分し、前者を支持し、後者を孤立させ取り締まるというアプローチを提言した。このようなイスラームあるいはムスリムの「二分法」は、以後の米国政権の対中東・イスラーム地域政策の基本政策となっていった。(21)

クリントン政権期

クリントン政権成立直後の一九九三年二月二六日、ニューヨークの世界貿易センタービルでイスラーム急進主義者による爆弾テロ事件が発生した。同年の夏には、『文明の衝突』が公刊され、イスラーム世界と西側との衝突予測が現実味を持って語られるようになった。湾岸戦争以降の米国に対するイスラーム世界の批判的な態度に敏感であったクリントン政権は、メリディアン演説の提言に沿った形で、イスラーム世界とムスリムの主流派もしくは穏健派に対して親和的な姿勢を示した[22]。

「……米国と中東の間には、調和への克服し難い宗教的障害があり、我々の信条や文化が不可避的に衝突すると主張する者たちがいる。しかし、私はこの者たちは間違っていると確信する。米国は、文明が衝突するという考えを受け入れない。我々はイスラームを尊重する[23]」（一九九四年一〇月、イスラエル＝ヨルダン和平条約締結の際、ヨルダン議会での演説より）

「我々は中東に発生するテロの問題を抱えているが、それは本来的にはイスラームに関係するものではなく、また宗教にも文化にも関係しない。インドネシアのイスラームの伝統は、このことを明確に示している。米国人、そして西側の人々がこのことをよく認識すべきだ[24]」（一九九四年一一月、インドネシアで第六回ＡＰＥＣ首脳会議が開催された際、クリントン大統領はジャカルタにある東南アジアで最大を誇るイスティクラール・モスクを訪問した。その後の記者会見での質疑応答より）

「米国や世界のムスリム指導者たちと語ることで、私は我々が同じ希望と抱負を共有していることを理解する。それは、平和で安全に生活し、子供を養い、自身で選んだ信仰に従い、親たちよりも良い暮らしを築き、子供たちに明るい未来を託すことである[25]」（一九九八年九月、国連総会での演説より）

クリントン政権は、米国内部のムスリムに対しても積極的に親和的姿勢を示した最初の政権である。米国大統領が、国内外のムスリムに対してラマダンの際の祝福メッセージを送る慣習に加えて、ムスリムを招いてのイフタール（一日の断食明けの食事）やイード・アル＝フィトルを主催したのはクリントン政権が最初である。これは、一九九六年にヒラリー・クリントン大統領夫人が約百人のムスリムをホワイトハウスに招いたことから発展した。その後、国務省、国防総省、連邦議会などでも同様のラマダンを祝う催しが次々と開始された。またクリントン政権は、一九九〇年代に設立が増えた米国ムスリムによる市民社会組織とも良好な関係を築いた。なお、クリントン政権期に私的行事として始まったホワイトハウスでのラマダンの催しは、次のブッシュ政権によって大統領主催の公式晩餐会に格上げされ、現在に至るまで続いている。

しかし、このようなクリントン政権のイスラームに対する親和的な姿勢の一方、実際の中東・イスラーム地域に対する政策は必ずしも親和的でなく、むしろ圧迫的な性格を伴っていた。ペルシア湾岸地域に対する政策では、イラクとイランに対する「二重封じ込め」政策が強化された。イラクのフセイン政権に対しては、国連安全保障理事会決議に基づいた軍事・経済制裁（イラク領南部・北部でのイラク軍飛行禁止区域の徹底、断続的な空爆など）を継続した。特に、クリントン政権は大量破壊兵器の開発・備蓄疑惑に関して執拗にフセイン政権を追求し、圧力をかけていた。これは一九九八年一二月の大規模なイラク空爆（Operation Desert Fox）に至った。湾岸戦争後、米国クリントン政権が国連安全保障理事会や、大量破壊兵器の査察を担当する国連特別委員会（UNSCOM / UNMOVIC）を利用してフセイン政権に圧力をかけ続けたことは、フセイン政権の責任問題とは別に、イスラーム国家が西側諸国に虐げられているという構図を国際社会、特にイスラーム世界に対して示すことになった。

クリントン政権の対イラン政策も、基本的に圧迫的なものであった。米国にとってイランによる直接的な軍事的脅威は存在しないものの、イランのパレスチナ和平交渉への反対、およびレバノンのヒズブッラーに対する軍事・経済支援など、イランは米国の中東政策を邪魔する「スポイラー」の役割を十分に果たしていた。一九九五年四月、クリントンはこのようなイランに対して新たな制裁方針を発表し、これは翌年一九九六年八月、「イラン・リビア制裁法」として成立した。

クリントン政権第二期に入ると、このような「二重封じ込め」の効果についての疑問も指摘された。イラクに関してはフセイン政権との交渉は不可能とし、外部からの介入による「体制変革」の可能性も検討され始める一方、イランに関しては一九九七年八月の改革派のモハマド・ハタミ（Mohammad Khatami）政権の登場により、対話の開始の可能性が検討されていった。ただし、クリントン政権は、両国に対する政策に大きな変化をもたらすことなく終了することとなった[26]。

一九九三年のオスロ合意以降、順調にみえたパレスチナ和平交渉は、一九九五年一一月イスラエルのイツハク・ラビン（Yitzhak Rabin）首相暗殺、一九九六年中のハマースによる断続的なテロ攻撃、一九九六年強硬派のベンジャミン・ネタニヤフ（Benjamin Netanyahu）政権の誕生によって停滞した。和平交渉の停滞とパレスチナ自治政府（ＰＡ）の統治能力の低下はイスラーム急進主義勢力であるハマースの台頭を助長した。その結果、パレスチナ問題が「イスラーム化」し、イスラーム的なレトリックによる対イスラエル批判と、その延長としての対米批判が拡大することになった。パレスチナの領土問題に宗教的価値観が介入したことで、現実的な解決や妥協が遠のき、和平交渉の停滞と問題の「イスラーム化」は悪循環の一途をたどった。

イスラーム世界との関係に関して、クリントン政権期には、もう一つの課題があった。それはボスニア問題であった。ユーゴスラビア解体と民族間あるいは共和国間の内戦の過程で、ムスリムが多数派となるサラエボは、セルビア人勢力に文字通り「包囲」された。この事態は悲惨な映像を伴って報道されたにもかかわらず、クリントン政権の対応は鈍かった。クリントン政権の当初の対ボスニア不介入路線は、旧ユーゴスラビア地域や中東のイスラーム地域でも、ムスリムに冷淡な米国という印象を強めた[27]。

このように、クリントン政権は「イスラームとムスリムは米国の敵でない」という主旨の「広報外交（Public Diplomacy）」を展開すると同時に、急進主義に対しては厳しく対応するという二軌道政策を実践していた。クリントン政権の国家安全保障問題担当大統領補佐官であるアンソニー・レイク（Anthony Lake）は、対イスラーム地域政策を以下のようにまとめた。「我々は、平和と寛容をともにするイスラームの信徒たちには全面的に友好的な態度で接する。

しかし、イスラームの原則を歪曲し、力によって影響力を拡大しようとする強硬派（militants）には全面的な抵抗で対処する」[28]。

クリントン政権期で実践された、このような急進派を封じ込め孤立させ、主流派・穏健派と協力していこうとする政策――メリディアン演説が提示したもの――は、それ自体では反米イスラーム急進主義を解消するための解決策となり得ない。このような政策は、当該地域の根本的な問題に十分に対処するものではなく、主流派と急進派の双方からの対米不信を招くことになる。イスラームに対する親和的な声明と圧迫的な行動という言行不一致に陥ったのがクリントン政権であり、それがもたらした不信感の蓄積は「九・一一テロ事件」の遠因となっていった。

ブッシュ政権期――「テロとの戦い」

「九・一一テロ事件」に対するブッシュ政権のきわめて強硬な反応、すなわち「テロとの戦い」と位置づけたアフガニスタンとイラクへの軍事介入は、イスラーム世界と米国との関係を決定的に悪化させることになった。米国内では、ブッシュ政権内で「ネオコン」と称された右派・強硬派によるイスラームに関する挑発的な言動、米国内での「愛国者法」の施行によるムスリムの人権侵害、またイラクのアブ・グレイブ刑務所での捕虜虐待事件など、イスラーム世界を憤慨させる事態が重なった[29]。

一方でブッシュ政権は、「テロとの戦い」を遂行するうえでイスラーム諸国の軍事的・政治的支援を必要としていた。このためにもブッシュ政権は、クリントン政権以上にイスラーム世界とムスリムに対する親和的な姿勢をみせる「広報外交」に努めた。「九・一一テロ事件」後の九月一七日、ホワイトハウスはワシントンDCのイスラミック・センターで米国ムスリムの指導者らを招いたブッシュの演説を設定した。その短い演説の中でブッシュは、「イスラームは平和である。これらのテロリストは平和を代表しない。テロリストたちは悪と戦争を代表している」と述べ、イスラームを擁護した[30]。

続いて同月二〇日、ブッシュは臨時の上下両院合同会議の場で、この後の「テロとの戦い」につながる米国の強い意志を示す演説を行った。

「……テロリストは自身の信条の裏切り者であり、イスラームそのものをハイジャックした。米国の敵は多くのムスリムの友人たちではない。また多くのアラブの友人たちでもない。我々の敵は急進的なテロリストのネットワークと、テロリストを支援する全ての政府である。(拍手)……[31]」

この演説の中で、ブッシュはテロリストを強く非難すると同時に、イスラームやムスリム全般に対する米国の親和的な姿勢を強調した。これはメリディアン演説以降の米国の対イスラーム政策の延長である。しかし、「九・一一テロ事件」がもたらした米国内の動揺と怒り、そしてイスラームとムスリム全般に対する猜疑心の急拡大の中で、ブッシュ政権がテロと急進的イスラームだけを分離して糾弾することには限界があった。少数とはいえ急進主義を糾弾すればするほど多数の穏健で無害なムスリムも「潜在的な」脅威として認識される。これは米国国内に限らず、イスラーム世界全体に波及する構図であった。

ブッシュ政権は「テロとの戦い」を「ムスリムの解放」と位置づけたものの、ムスリム社会では米国の行動は「イスラームへの攻撃」と映った。「イスラームのファシズム(Islamic Fascism)」との戦いを掲げたブッシュ大統領、および「ネオコン」とされたディック・チェイニー(Dick Cheney)副大統領、ドナルド・ラムズフェルド(Donald Rumsfeld)国防長官らによるイスラーム急進主義者の糾弾は、急進主義とは無縁のムスリムにとっても容易に同調できるものではなかった。[32]

このような、ムスリムを「いい(良い)ムスリム」と「悪いムスリム」に二分する米国の政策を批判的にみるマフムード・マムダーニ(Mahmood Mamdani)は、前述のようなブッシュの演説を聴くムスリムの立場と心情を以下のように分析する。

「……しかし、こういう言い方が露呈する意図を隠すことはできなかった。つまり『いい』と証明されなければ、ムスリムは全員『悪い』ことにされてしまうわけだった。すべてのムスリムは、自分らの信用証明を図るには、こぞって『悪いムスリム』との戦いに参加しなければならなくなってしまったのだ(33)」

またガニーバシリは、以下のように分析する。

「ブッシュは、イスラーム的アイデンティティを、米国への政治的忠誠の観点で規定した。これによってイラク、アフガニスタン、パキスタン、パレスチナなどにいるムスリムの営みに破壊的な影響をもたらすような米国の諸政策に対し、ムスリムが正当に批判する機会を効果的に奪った(34)」

ブッシュの意図は、イスラーム急進主義者であるテロリストを、他の圧倒的多数の穏健で平和的なムスリムと協力して封じ込めることにあった。しかし、ムスリムを分断する手法は、平和的ではあるが保守的で敬虔なムスリムたちさえも遠ざけてしまうことにつながる。ブッシュ政権は、イスラームとムスリムの「二分法」政策を引き継ぎ、これを強化したといえるが、同時にこの政策に内在する不可避的なジレンマに直面したことになる。

イスラームとムスリムの「二分法」

イスラーム世界は、これを構成する国家の数が多いだけでなく、これら諸国の政治体制や政策方針もきわめて多様である。したがって、イスラーム世界、あるいは当該地域内の諸イシューに対する米国の統一された政策、あるいは包括的な政策を見出すことは困難である。しかし、あえて統一された政策を見出そうとするならば、それはメリディアン演説で提示された、イスラームとムスリムを、支持すべき穏健派と批判すべき急進派とに分ける「二分法」がそれにあたるであろう。そこでは、穏健、主流、多数と形容されるムスリムは、米国の利益と価値観を共有する親米的なムスリム（「いいムスリム」）とされ、急進、周辺、少数と形容されるムスリムは反米的なムスリム（「悪いムスリム」）とされる。

米国が問題視し敵対視するのは後者の急進的イスラーム主義やテロ組織であり、軍事力行使も含めてこれらを攻撃の対象と位置づける。一方、主流で穏健な多数のムスリムに対しては、米国が親和的で友好的であることをアピールする積極的な「広報外交」が展開される。「広報外交」には、いわゆる『文明の衝突』論の否定、イスラームとテロとの関連の否定、良き社会に貢献する建設的な役割としてのイスラームとムスリムへの称賛などが含まれる。

しかし、このような「二分法」は米国の政策決定者らにとっては妥当で合理的と考えられるであろうが、イスラーム世界あるいはムスリム全体の観点では、ムスリムに対する制裁と擁護を混合した「二分法」は二重基準として否定的に受け止められる。また米国ムスリムの観点からは、「いいムスリム」とされた者は政権が好む「公式のイスラーム」を実践する政権に懐柔された者と映り、ムスリム社会内部に分断が生まれ、ムスリムによる正当な政権批判の声をかき消してしまうことにつながる[35]。

過去の米国の中東・イスラーム地域に対する諸政策については、総じて米国ムスリム社会からの支持は乏しく、むしろ批判的である。湾岸戦争以来、イラクを中心に米国が直接軍事力を行使し、パレスチナ地域では米国の各種支援を受けるイスラエルが軍事力を行使して占領政策を続けている。また米国がアラブの親米的権威主義政権を支持しているという現状によって、この地域では米国に対する批判が慢性的に存在する。政治的イスラームのメッセージは、このような米国の諸政策に対する現地からの不満であり「異議申し立て」であるが、米国自身にその不満を解消しようとする積極的な試みは希薄である。そのような状況にあっては、穏健なイスラームとムスリムを対象とする「広報外交」は表面的なレトリックと映り、米国内外のムスリムの全般的な支持を得ることは難しくなる。

ジェレジャンはメリディアン演説のなかで「米国政府は、イスラームを、西側との対立と国際平和を脅かす、新たな主義とはみなさない」として、冷戦時代に敵対視した共産主義と同一視しないと述べた。そのうえで米国は、イスラームの「二分法」により、急進的なイスラームに対しては、ソ連時代の共産主義と同様に厳しく対処してきた。しかし、冷戦時代はソ連という厳しく対処すべき具体的な国と政治体制が存在したが、急進的な政治的イスラームに関しては、そのような特定の国や政治体制は存在しない。ソ連崩壊によって東欧諸国は共産主義から解放されたが、イスラーム世界においてソ連に相当する「中央」の存在はなく、特定の国の政治体制の変革はイスラーム世界における急進的な政治的イスラームの解消を約束しない。それは、政治的イスラームの問題が、本質的にはそれぞれのローカルな原因に根ざしているのであって、一元的な指導者・指導機関の下での普遍的な運動ではないからである。冷戦期の米国には、「中央」のソ連に対する政策を主軸にしつつ、ソ連が関与する諸地域の諸イシューに対する政策を実施するという包括的な政策体系があったが、「中央」不在の政治的イスラームに関しては、米国は政策の主軸を設定できない。そのため米国は、各所で発生してくる政治的イスラームに対症療法を施すしかないのである。

3　オバマ政権とイスラーム世界

「新たな始まり」としてのカイロ演説

「九・一一テロ事件」という暴力的な「異議申し立て」に対する米国の回答は、アフガニスタンとイラクの体制変革を求める「テロとの戦い」（軍事攻撃）の開始であり、この行為はイスラーム諸国とムスリムの対米感情を著しく悪化させた。二〇〇九年に発足したオバマ政権は、このような米国とイスラーム諸国との対立を解消することをその対外政策の一大目標とした。既にイスラーム諸国においては大統領選挙戦の最中からオバマへの期待が高く、オバマ大統領の登場自体が米国のイメージ改善につながっていた(36)。

オバマは政権発足直後の一月に、アブ・グレイブ事件を想起させるグアンタナモ海軍基地内の捕虜収容施設の閉鎖を命じる大統領令を出し、衛星テレビ局アル＝アラビーヤのインタビュー番組に出演し、米国がイスラームを敵視しない旨を語った。これと前後して、パレスチナ和平交渉に外交特使を派遣し、パレスチナ和平に積極的に取り組む姿勢を見せた。三月には、イランのノールーズ（イラン暦の元日で祭日）を祝うビデオ・メッセージを送り、イランに対話の呼びかけを行った。四月にはトルコのアンカラとイスタンブルのそれぞれで議会演説と住民集会を行い、米国の新政権が中東・イスラーム地域と協調し、地域の諸問題解決に前向きであることを示した。

そして六月四日、オバマはエジプトのカイロ大学で演説を行った。この演説は、米国とイスラーム世界との相互尊重、寛容、対話重視を前例のないような形で直接表明した点で特筆に値する。オバマはこのカイロ演説の中で、「イスラームに関わる否定的なステレオタイプと戦うことが米国大統領としての責務」であるとし、米国に対するムスリムの認識が改善することを期待した。オバマは、米国と世界各地のムスリムとの「相互利益と相互尊重」に基づく関係改善と、両者関係の「新たな始まり」を強調した(37)。

演説の中でオバマは、パレスチナ問題に関してイスラエルによる入植地建設拡大に反対し、パレスチナ国家独立を前提とする「二国家解決（two-state solution）」を支持した。イランに関しては、過去の米国の介入政策を自省し、核兵器開発を回避するための対話を提案した。中東・イスラーム諸国の民主化に関して、民主主義の原則を強く支持する一方、外部から民主化を押しつけないことを約束した。また宗教的自由の原則を強調し、イスラーム諸派間や他宗教との平和共存を訴え、イスラーム圏での女性の権利擁護についても言及した。

イスラームとの関係についてオバマは、自身が幼少期にイスラームとの接点を持ったこと、自身のミドルネームが「フセイン」であること、また米国初のムスリム議員（キース・エリソン連邦下院議員）が就任宣誓の際にトマス・ジェファソンが所有していたコーランを用いたことにふれた。オバマはこの演説の中でコーランの直接引用と間接引用を二回ずつ行っている。さらにオバマは米国に「一二〇〇以上のモスク」が存在し、「……今日我々の国には七〇〇万人に近い米国ムスリムがおり、全米平均よりも高い収入と教育レベルを享受している」とし、「イスラームは米国の一部」と述べた。このような自身のイスラームとの近接性や米国ムスリムに配慮した発言は、大統領選挙中にはみられなかったものであり、新しい米国政権として最大限イスラームとムスリムに配慮した演説であったことが理解できる(38)。

オバマは、「米国はイスラームと戦争しているのではない、今後もそうならない」とし、米国が戦うのはテロを実行するようなアル＝カーイダなどの「暴力的な急進主義」だとした。これは、米国の対イスラーム政策の基本であるイスラームとムスリムの「二分法」を踏襲したものであり、このような政策はオバマ政権最初の「国家安全保障戦略」にも盛り込まれることになる(39)。

このように、カイロ演説はオバマの「新」中東・イスラーム地域政策の基本姿勢を示したものであった。ただし、この演説には具体的な新規の政策は含まれず、実質的にはクリントン政権とブッシュ政権のイスラームに関する「広報外交」の「強化版」ともいえるものであった(40)。

しかも、この「広報外交」の演説はカイロで行ったことに意義があるのと同時に、カイロであるからこそ行うことができたものであった。米国ではオバマ登場と前後して、イスラモフォビアがさらに強まっていたからである。シカゴを拠点に活動するムスリム市民社会組織 Sound Vision の代表アブドゥル・マリク・ムジャーヒド（Abdul Malik Mujahid）は、「オバマ大統領は世界中のムスリムに対する演説を、米国の地にあるモスクから始めることもできよう。シカゴにあるオバマの地元ハイドパークに近いマスジド・アル＝ファティール［モスク名］でもよいのではないか？」として、オバマのカイロ演説の限界を指摘していた(41)。

イスラモフォビアの制約

オバマ政権の初年度にカイロから発せられたメッセージは世界各地のムスリムから賞賛され、ブッシュ政権期に大きく信用を失った米国の中東・イスラーム地域政策が変化するものと期待された。しかし、オバマが政策課題として挙げたパレスチナ問題解決、イラン核開発の阻止、中東民主化の支援など、いずれの問題も米国にとってハードルは高い。これらの問題に対する個々の政策の詳細とその評価については別稿に譲るとして、ここではこれらの政策における共通項として、これらの諸問題を抱えるイスラーム社会において、米国は何らかの形でイスラーム勢力との協力や取引が不可避である点を指摘する(42)。

前述のように一九九〇年代以降、米国の政策決定者らはイスラーム世界に対する対応として、穏健派と急進派を峻別し、穏健派と協力して急進派を周縁化するイスラームとムスリムの「二分法」を公言してきた。この方針は、「テロとの戦い」以降にイスラーム急進主義者によるテロの脅威が高まったことで、米国にとってより一層重要なものとなった。

しかしここで問題となるのは、米国内におけるイスラモフォビアの拡大が、オバマ政権のイスラーム穏健派との協力や取引の可能性と機会を阻害することになる点である。米国大統領が、穏健派であるとしてもイスラーム政権との協力や取引をすることは、イスラーム全体を危険視する米国内の保守派から「テロに弱腰」との批判を受けることになる。これは国内政治の文脈、特に選挙を控えている場合には扱いづらい問題となる。このため大統領は、対外的にはイスラーム関連のイシュー自体から距離を置く安全策をとることになる。この点に関して象徴的なこととして、オバマにはカイロ演説が出来ても、大統領選挙戦以降、米国内のモスクを訪問することは出来なかった。

米国がイスラーム勢力と何らかの形での協力や取引を行う必要性は、中東・イスラーム地域での民主化の課題と大きく関連する。前述の一九九一年のアルジェリアがその先駆となったように、中東・イスラーム地域で自由で公正な選挙を実施した場合、権威主義体制下ゆえに政治経験が乏しい環境の中で、短期的にはイスラームを掲げた候補者や政党がその動員力を利用して優位に立つことがしばしばみられる。このような展開がみられた場合、穏健派か急進派かを問わず、民主的な手続きを経て選ばれた新政権に対して、それがイスラーム的であるがゆえに支持しない（正統性を認めない）という米国の姿勢は、米国に対するイスラーム諸国とムスリムの不信を助長することになる。また、権威主義政権や急進的なイスラーム政権（ターリバーンや「イスラーム国」の統治など）に代わる、将来の民主的なイスラーム政権（イスラーム国家でありながら民主的規範を実践できる政治体制）の誕生・形成の可能性をも潰してしまうことにつながる。

オバマ政権のようにリベラルな諸政策を掲げて登場した政権は、保守派による「テロに弱腰」との批判を警戒し、国内的にはイスラモフォビア解消への取り組みに消極的となり、対外的には穏健派イスラーム政権との協力や取引にも消極的になりやすい。また、選挙によるイスラーム政権登場を警戒するため、米国のリベラルな政権でさえも安易な民主化・自由化の推進には慎重にならざるを得ない。米国の国内政治において保守とリベラルへの分断が進む中で、この傾向はさらに強まるものと考えられる。米国のこのような姿勢は、米国の中東・イスラーム諸国に対する諸政策の説得力と正統性を削ぎ、米国に対する批判と不信感の拡大につながる悪循環を生む。またこの状況は、「広報外交」によって各国ムスリムとの友好的関係をアピールしたとしても、そこには信憑性が伴わず、「偽善」として批判されることになる。

このような米国内でのイスラモフォビア拡大と米国政治の分断が米国の対外政策に与える影響は、オバマ政権になってからむしろ拡大しているものと考えられる。それはオバマの出自と経歴に起因するオバマとイスラームとの近接性が、オバマの政治的な脆弱性につながっているからである。結果的にオバマは、国内政策と対外政策を問わず、イスラームに関わる事象から距離を置くことを余儀なくされた。皮肉なことに、カイロ演説でイスラーム諸国との対話と相互尊重を掲げて登場したオバマは、歴代政権の中でも最も対イスラーム諸国政策に国内的な制約を受ける大統領となった。

モルシ政権の不運

オバマ政権の中東・イスラーム地域政策実施において、米国内のイスラモフォビアが制約となった一つの事例として、「アラブの春」で成立したエジプトのモハメド・モルシ（Mohamed Morsi）政権へのオバマ政権の対応がある。二〇一〇年末にチュニジアから始まった「アラブの春」――アラブ諸国における一連の民主化要求運動――は、翌年二月にはエジプトのホスニ・ムバラク（Hosni Mubarak）大統領の権威主義政権の崩壊につながった。そして、二〇一二年五月に行われた大統領選挙によって、ムスリム同胞団（Muslim Brotherhood）を支持母体とするモルシが大統領に就任した。

ムスリム同胞団は、イスラーム主義者の政治結社として一九三〇年代からエジプトを中心に活動してきたが、一九五〇年代以降のエジプト軍事政権の下では抑圧の対象であった。しかし一九七〇年代以降は穏健なイスラーム勢力として活動し、エジプト社会において国民の一定の支持を得ていた。ブッシュ政権による民主化要請を受けてムバラク政権下で実施された制限付きの議会選挙（二〇〇五年一一月〜一二月）では、ムスリム同胞団が多数の議席を獲得した経緯もある。このムスリム同胞団を基盤とするモルシは、エジプト国民が民主的な選挙によって選出した初めての大統領であり、その新政権はターリバーンやアル＝カーイダのような急進的勢力による体制ではない。一方で、ムスリム同胞団が選挙を経て権力を得た後に急進主義を復活させ、エジプトを急進的な反米イスラーム国家に変貌させるという潜在的な危険性も指摘された。かつてジェレジャンが指摘した「一人が一票、一回のみ」という事態への危惧である。

この場合、米国が懸念したのは、第一に中東における重要な軍事的パートナーとしてのエジプトを失うという安全保障・戦略面での問題と、第二にエジプト国民の根強い反イスラエル感情を反映してエジプト＝イスラエル和平条約が危うくなるというイスラエルの安全保障面での問題であった。両問題についてモルシ政権は既存の親米的政策の継続を強調したが、オバマ政権はモルシ政権への支持にジレンマを抱えていた。

オバマ政権がモルシ政権を積極的に支持できない理由は、米国の国内政治要因、すなわち、オバマ政権がイスラーム勢力であるムスリム同胞団を支持することへの米国世論の不信感にあった。特に、「アラブの春」と二〇一二年の米国大統領選挙が同時進行中であることは大きな拘束要因となった。これは、選挙という民主的手続きを経たとはいえ、また穏健派とされているとはいえ、ムスリム同胞団やイスラーム勢力を基盤とする政権をオバマが支持するという構図は、米国政治の文脈でオバマを批判する保守派に格好の攻撃材料を与えるからである。

米国の保守派にとってエジプトでの展開は、中東における急進的なイスラーム主義の台頭という「イスラームの悪夢」とみなされ、共和党の保守派を中心にオバマに対しエジプトへの対外援助を停止すべきとの要請がなされた。また保守派は、オバマとイスラームの近接性を強調し、イスラモフォビアを利用してオバマ外交の危険性と脆弱性を強調した。さらに、エジプトの急進化を許すことはイスラエルの安全保障の危機につながるとし、保守派は親イスラエル派と連携し、米国内のユダヤ票の流れをオバマ民主党から引きはがす戦術をとることができた[43]。

オバマのモルシ政権に対する消極的な姿勢は、二〇一二年九月のモルシの国連総会出席時にもみられた。毎年行われる一連の国家首脳演説を中心とする国連総会は、国連の場を利用した首脳同士の会談を提供する機会ともなる。モルシはクリントン国務長官とはエジプト国内で会談しているものの、新政権への支持獲得のためオバマとの会談を期待していた。しかしオバマ政権は、例年多く行われる国連外交を今回に関してはまったく予定せず、結果的にオバマとモルシの首脳会談も実現しなかった。このオバマのモルシ政権に対する消極的な姿勢の背景には、米国の国内政治の動向、特に二カ月後の大統領選挙での一般投票があり、注目されたであろうオバマ＝モルシ会談――オバマとイスラームとの近接性の具現化――は避けるべきとの判断があったものと推測される[44]。

オバマ政権がモルシ政権との接近を敬遠する一方、ムスリム同胞団出身のモルシの存在が米国にとって有用であったこともある。二〇一二年一一月、ガザでのイスラエル軍とハマースとの軍事衝突に際して、モルシの仲介が奏功し停戦がもたらされた。オバマはモルシの仲介の役割を多大に賞賛したが、これはイスラエルの安全保障を優先した結果であり、必ずしもモルシ政権の全面的支持にはつながらなかった。

モルシ政権は、二〇一三年七月の政変により崩壊した。この政変は、軍によるクーデタという性格が顕著であったにもかかわらず、オバマ政権は強い異議を唱えなかった。むしろクーデタと位置づけることを否定し、エジプトに対する軍事援助の継続を可能とするなど、オバマ政権はエジプトがイスラーム主義政党ではなく、軍部による権威主義政権に回帰することを事実上歓迎した。

ムスリム同胞団への警戒心

オバマ政権のモルシ政権支持への逡巡の背景として、米国内で「ムスリム同胞団」という名が、イスラモフォビアに関連してきわめて否定的な文脈で語られていたことが指摘できる。米国内の保守派――その多くは反イスラーム的な言動を示す――は、ムスリム同胞団は急進的であり、シャリーアの強要姿勢など、ムスリム同胞団が米国社会や米国政権内部でも密かに影響力を拡大しているという一種の「陰謀説」を喧伝していた[45]。

これを象徴する出来事が、クリントン国務長官の補佐官を長年務めていたムスリム女性、フマ・アベディン（Huma Abedin）をめぐる議論である。インド系の父とパキスタン系の母を持ち、サウジアラビアで育ったアベディンは、ホワイトハウスのインターンを経て、二〇〇〇年にクリントンの上院議会選挙のスタッフとなった。その後、二〇〇九年のクリントンの国務長官就任に合わせてクリントンの主要な補佐官の一人となり、公私ともにクリントンおよび民主党と密接な関係を持つ人物である。

二〇一二年六月、ミシェル・バックマン（Michele Bachmann）連邦下院議員をはじめとする共和党の保守派政治家らは、ムスリム同胞団が米国政府機関に浸透しており、アベディンらがムスリム同胞団と内通しているなどの主張を掲げ、アベディン、クリントン、そして民主党を糾弾するキャンペーンを展開した。大統領選挙の最中であり、エジプトでのモルシ政権の登場と前後したため、このキャンペーンは大きな話題となった[46]。

バックマンらの主張の根拠は、米国ムスリムが嫌う反イスラーム主義者の一人であるフランク・ギャフニーらの主張に基づいていることも大きな問題点である。ギャフニーら米国の反イスラーム主義者の議論に共通するのは、オバマおよび政権関係者と中東の急進的なイスラーム主義組織との過去および現在の接点を指摘することで、オバマ政権と内外のムスリムとの協調的関係構築の試みを、急進的イスラーム主義者あるいはジハード主義者（Jihadist）による米国政権への「浸透」と読み替えて糾弾する手法である。このような見方に従えば、オバマは米国の国益に反する裏切り行為を行っており、大統領として不適格者であるとする「ネガティヴ・キャンペーン」が機能する。

しかし、一部の強硬な保守派を除き、バックマンらの主張に同調する者はおらず、バックマンは民主党のムスリム議員であるエリソンのみならず、共和党の有力議員のマケイン上院議員やジョン・ベイナー（John Boehner）下院議長などにも批判されることとなった。

この件については、米国内のイスラーム問題からは距離を置いているオバマとしては珍しく、アベディン擁護の発言をしている。オバマはバックマンらの主張そのものについては言及しなかったが、アベディンの愛国心と公僕としての忠誠心を讃えた。ただし、このオバマの発言は、多くのムスリム関係者らが招待されるホワイトハウスでのラマダン明けの夕食会の場という慎重さであった[47]。

今回の米国内でのアベディンの一件は、エジプトでムスリム同胞団出身のモルシ政権が登場したことに同期して展開した。エジプトでのムスリム同胞団の表舞台への登場は、米国内のイスラモフォビアを助長することにつながったのと同時に、イスラーム主義政党出身とはいえ民主的に選出されたモルシをオバマが支持することを躊躇させる要因となった。モルシ政権登場が二〇一二年という米国大統領選挙の年と重なったことはモルシにとっては不運であった。さらに、モルシ登場も含めて「アラブの春」が米国大統領選挙の年に展開したのは、オバマとアラブ諸国の民主派の双方にとって不運であったといえる。

4　米国ムスリムの位置づけ

対外政策と国内政治とのリンケージ

米国ムスリムという存在は、米国の中東・イスラーム地域政策を考えるうえで特殊な位置づけにある。それは、戦争、紛争、テロなどの重大事案が発生しがちな中東・イスラーム地域に対する米国の諸政策（対外政策）と、米国ムスリムの問題（国内政治）との間に、イスラームという共通項を持つリンケージが存在するからである。

前節までにみたように、過去の米国の中東・イスラーム地域に対する政策は、冷戦による戦略的要請、権威主義政権支持による地域の安定といった米国にとっての短期的利益や現実政治の判断が優先された。このような政策は、現地で多数派となるムスリム民衆からの支持を必ずしも得てきたとはいえず、むしろムスリム民衆の不満と反感を助長してきた側面が強い。「九・一一テロ事件」は、一部の急進派がこのような不満や反感を極端な暴力で表明したものであった。しかし、米国国内政治の文脈にもイスラモフォビアという、米国の中東・イスラーム地域政策に影響あるいは制約を与える要因が存在する。米国内でイスラモフォビアの拡大を許すことは、米国政権が国内のムスリムの信用を失うことにとどまらず、中東・イスラーム地域において対米不信あるいは反米主義を助長し、建設的な対外政策実施の制約へと発展する。モルシ政権に対するオバマ政権の消極的対応は、このような制約条件の下で行われたものであった。

米国でのイスラモフォビアの深化と拡大は、将来の中東・イスラーム世界で重要な政治的プレイヤーとなるべき民主的で穏健なイスラーム政権、あるいはムスリム市民に支えられる世俗の政権との交渉さえ危険視することにつながる。イスラモフォビアの拡大は、米国の中東・イスラーム地域政策に制約を加え、その中東・イスラーム地域政策の正統性と説得力を削ぎ、米国に対する信頼を著しく損なう可能性がある。また、イスラモフォビアの拡大は、内外のムスリムに対する差別を助長するだけでなく、ムスリムを反欧米のテロ行為に扇動する潜在的可能性があり、イスラーム急進主義者やテロリストを利する危険性をも持つ。いずれにせよ、米国国内のムスリムに対する差別的な環境が存在する中で、米国は海外のムスリムに対して協調的な態度がとれるのかという根本的な疑念を起こさせる。

したがって、米国の安全保障・戦略面での中東・イスラーム地域政策が、現地のイスラーム諸国とムスリムによって建設的なものとして受け入れられるためには、米国内でのイスラームとムスリムの置かれた状況を改善し、米国政権が真に「イスラームを敵視していない」ことを自らの場で証明していく必要がある。米国内でのイスラモフォビアの解消に尽力し、民主的諸制度に則った国内政治を行い、米国政治とイスラームとの親和性をアピールできれば、海外でのイスラーム急進派の囲い込み（その反米・反西側的主張の正統性の否定）が可能となり、穏健なイスラーム主義政権による統治や反米テロの抑制にも有利に働くであろう。

このような米国自身の姿勢を正す必要性について、ジョージ・ワシントン大学のマーク・リンチ（Marc Lynch）は以下のように述べる。

「米国内での反イスラーム主義に抵抗することは、これまで以上に安全保障上の緊急課題となっている。ある地域で民主主義によってイスラーム主義者を平和的に取り込もうとする際に、米国自身がイスラーム主義者を全てにおいて悪者扱いし批判するようなイデオローグに支配されているならば、そのような政策は上手くいかないであろう。また、米国民自身が本来存在しない『文明の衝突』論を助長するようであれば、アル＝カーイダを弱体化し撃退する作戦を続けることもできないであろう(48)」

前述のように、米国がイスラームを敵視するものではないとする「広報外交」は、既に一九九〇年代から行われている。しかし、この「広報外交」は中東・イスラーム諸国に対する「外向けの政策」であって、米国内に向けられたものではない。オバマにカイロ演説ができても、八年間の任期末まで米国内のモスク訪問ができなかったという事実は、このような「広報外交」を国内向けに実施することがイスラモフォビアの存在によって政治的に困難であることを示している。

イスラモフォビア解消の重要性

米政権が国内のイスラモフォビア解消に積極的に取り組むことは、米国の中東・イスラーム地域政策自体と、これを補完する「広報外交」の両者の正統性を高めるための、一つの重要な手段となり得るはずである。

ここで仮に、米国にとってイスラーム急進主義の脅威は、冷戦時代の共産主義の脅威に相当するものだという議論を受け入れたとしよう。冷戦時代の米国はソ連に対抗するために、米国民は自由主義と資本主義の下で豊かな生活を享受し、これを「よいモデル」として喧伝してきた。実際、冷戦期のソ連や東欧諸国の人々は米国の自由と豊かさを羨望し、米国が冷戦に「勝利」できたのだとすれば、この「よいモデル」の効果は、いわゆる「ソフト・パワー」として重要な役割を果たしたと考えられる。同様のことを米国がイスラームやムスリムに対して実践できれば、すなわち米国は政治的にも宗教的にも自由で多元主義の国であり、イスラモフォビアのような特定の宗教・エスニック的マイノリティの人権侵害を許容するような国ではないことを喧伝できれば、米国のイスラーム地域政策の正統性が高まるのではなかろうか。

米国外交問題評議会（Council on Foreign Relations）のリチャード・ハース（Richard N. Haass）は、米国が外交政策の分野で国際社会から肯定的に評価されるためには、米国の政治、経済、社会、教育、インフラなど様々な分野で「先ず国内を整える」必要があるとオバマ政権期に議論した。ハースの議論にイスラモフォビアの問題は含まれていないが、米国国内のイスラモフォビアの改善と米国の中東・イスラーム地域政策との関係の重要性は、『外交は国内から始まる』というハースの主張と同期するものである(49)。

その際、重要な役割を果たすことが期待されるのが米国ムスリムの存在である。MAPSの研究主任を務めたジョージタウン大学のブハリは、イスラーム世界に対する米国の「広報外交」に関して、米国大統領選挙に例えれば、米国ムスリム社会は「ニューハンプシャー」に相当するという。この「ニューハンプシャー」という序盤で重要な「予備選挙」で支持が得られなければ、後の「本選挙」での勝利、すなわちイスラーム地域諸国全体のムスリムからの信頼を得ることはできないとする。(50)

このように米国内で米国ムスリムを対象に「よいモデル」を示すという手法は、移民系が多数となる米国ムスリムの特性を前向きに活用しようとするものといえる。この点について、シカゴ・グローバル問題評議会（Chicago Council on Global Affairs）の報告書（二〇一〇年）も、「米国のムスリム指導者と組織は出身国との強いコネクションを持ち、米国の価値観を伝える信頼できる存在であり、米国とムスリム世界との架け橋としての役割を果たす」として、その重要性と有用性をオバマ政権に提言していた。(51)

また、現代の宗教問題を研究するレザー・アスラン（Reza Aslan）も、以下のように多数のムスリムを内包する米国が、中東・イスラーム諸国との関係改善において重要な位置にある理由を説明している。

「なぜなら、アメリカは、軍事的にも、経済的にも、政治的にも、文化的にも、一方にヨーロッパや北アメリカ、他方にムスリムが多数派を占める国々とのあいだの紛争の最前線にいるだけでなく、この国［米国］そのものが、世界のすべての人びとがそのために努力している信仰と道義心の自由の権化として、地球規模のジハード唱道運動の拡大に立ち向かう最強の武器だからである。(52)」

このような取り組みには、指導者としての大統領の言動が重要となろう。前述の、オバマはカイロ演説に相当するものを米国内のモスクで行うべきだという議論は、米国ムスリムを介した巧みな対外政策手法への期待でもあった。

米国政権がイスラーム世界との協力を図りたいならば、米国とイスラーム世界の両方に通じている米国ムスリムに対するアピールが不可欠であり、海外のムスリムによい顔をする「広報外交」だけではなく、国内のムスリムの政治的・社会的環境の改善にとり組むことが有益であると考えられる。

米国内のムスリムの人権や市民的自由への配慮を欠いた状況で、中東やアジアなどの海外のムスリム、特に主流派となるべき穏健なムスリムに配慮した政策を実行することは困難である。米国ムスリムの存在を、保守派がみなすようなマイナスの負債ではなく、米国にとって有益なプラスの資産に転換させていくことが重要である。長期的な観点で、米国内でのイスラモフォビア解消への取り組みは、今後の米国政権にとって、その中東・イスラーム地域政策の円滑な実施のために避けることのできない重要な課題である。

注

（1）Bernard Lewis, *Islam and the West*(N. Y.: Oxford Univ. Press, 1993), pp. 3–42［chap. 1, Europe and Islam].

（2）Fawaz A. Gerges, *America and Political Islam: Clash of Cultures or Clash of Interests?*(N. Y.: Cambridge Univ. Press, 1999), pp. 37–39.

（3）Mohammed Ayoob, *The Many Faces of Political Islam: Religion and Politics in the Muslim World*(Ann Arbor, MI: Univ. of Michigan Press, 2008), pp. 161–167.

（4）*ibid.*, pp. 14–17.

（5）John L. Esposito, *The Islamic Threat: Myth or Reality?*(N. Y.: Oxford Univ. Press, 1992), pp. 3–6.

（6）Graham E. Fuller and Ian O. Lesser, *A Sense of Siege: The Geopolitics of Islam and the West*(Boulder, CO: Westview Press, 1995), p. 167.

（7）Juan Cole, *Engaging the Muslim World*(N. Y.: Palgrave Macmillan, 2009)pp. 4–6.

（8）Gerges, *op. cit.*, pp. 39–41 ; Chintamani Mahapatra, *The US Approach to the Islamic World in Post 9/11 Era* (New Delhi : Academic Foundation, 2009), p. 33–34.

（9）以下は、一九六六年五月、ディーン・ラスク（Dean Rusk）国務長官のコメント。「米国はイスラーム同盟の形成を支持もしないし反対もしない。また支持することに何ら利点が見出せない。……イスラーム的伝統による共通する重要な文化的要素は確認できるものの、アラブ諸国と他のイスラーム諸国との間に真に共有される政治的利益が存在しない以上、これが効果的なイスラーム同盟になる可能性はほとんどない」。“Circular Telegram from the Department of State to Certain Posts (May 20, 1966)”, *Foreign Relations of the United States*, 1964–1968, Volume XXI, Near East Region : Arabian Peninsula, Document 13.

（10）“Memorandum from the President's Assistant for National Security Affairs (Kissinger) to President Nixon (March 20, 1970)”, *Foreign Relations of the United States*, 1969–1976, Volume E-5, Part 2, Documents on North Africa, 1969–1972 Document 54 ; George Lenczowski, *American Presidents and the Middle East* (Durham, NC : Duke Univ. Press, 1990), pp. 136–138.

（11）McAlister, *op. cit.*, pp. 178–181.

（12）「特別な関係」を含む、米国＝イスラエル関係の包括的な議論については以下を参照。Robert O. Freedman (ed.), *Israel and the United States : Six Decades of US-Israeli Relations* (Boulder, CO : Westview Press, 2012).

（13）Esposito, *The Islamic Threat*, pp. 12–17 ; Ayoob, *op. cit.*, pp. 114–115.

（14）レーガン政権期の中東政策については以下にまとめた。泉 淳「レーガン政権の中東政策」、東京国際大学論叢・経済学部編、東京国際大学、三五号（二〇〇六年）。

（15）David D. Wills, *The First War on Terrorism : Counter-Terrorism Policy during the Reagan Administration* (Lanham, MD : Rowman & Littlefield, 2003).

（16）「イラン、リビア、北朝鮮、キューバ、ニカラグアのような無法者国家（outlaw states）の目的は、米国を世界から駆逐することであり、このためにこれらテロリスト国家（terrorist states）は対米攻撃に武器供与し、訓練し、支援しているのである。……我々米国民は、我々に向けられた脅迫、テロ、あからさまな戦争行為を断じて容赦しない」（傍点筆者）

Ronald Reagan, "Remarks at the Annual Convention of the American Bar Association (July 8, 1985)", American Presidency Project ; Gerges, *op. cit.*, p. 70.

(17) ハワード・タイシャー、ゲイル・タイシャー『アメリカの堕落——中東政策をめぐる野心と嫉妬』毎日新聞社、一九九三年、三三〇—三三三頁［Howard Teicher and Gayle R. Teicher, *Twin Pillars to Desert Storm : America's Flawed Vision in the Middle East from Nixon to Bush* (N. Y. : William Morrow, 1993)］。

(18) Yvonne Yazbeck Haddad, 'Islamist Perceptions of U. S. Policy in the Middle East', in David W. Lesch (ed.), *The Middle East and the United States : A Historical and Political Reassessment* (Boulder, CO : Westview Press, 1996), p. 426.

(19) Tamara Cofman Wittes, *Freedom's Unsteady March : America's Role in Building Arab Democracy* (Washington, DC : Brookings Institution, 2008), pp. 23–24, 78 ; 泉 淳「米国と中東の政治変動——親米的権威主義政権の民主化に関する一視座」『国際政治』、日本国際政治学会、一七八号、二〇一四年。

(20) Edward P. Djerejian, "The US and the Middle East in a Changing World" Address at Meridian House International, Washington DC (June 2, 1992), US Department of State Dispatch, no. 444 (June 8, 1992) ; Edward P. Djerejian, *Danger and Opportunity : An American Ambassador's Journey through the Middle East* (N. Y. : Simon & Schuster, 2008) pp. 20–23, 28–29, 47–48, 51–52 ; Gerges, *op. cit.*, pp. 78–85 ; Mahapatra, *op. cit.*, pp. 45–46.

(21) Edward P. Djerejian, "United States Policy toward Islam and the Arc of Crisis", Baker Institute Study, no. 1 (June 1995).

(22) Haddad, 'The Shaping of a Moderate North American Islam', pp. 97–114 ; Gerges, *op. cit.*, p. 89.

(23) William J. Clinton, "Remarks by the President to the Jordanian Parliament (October 26, 1994)", American Presidency Project.

(24) William J. Clinton, "Press Conference of the President, Jakarta, Indonesia (November 15, 1994)", American Presidency Project.

(25) William J. Clinton, "Remarks by the President to the Opening Session of the 53rd United Nations General Assembly (September 21, 1998)", American Presidency Project.

(26) Richard W. Murphy, "Differentiated Containment : U. S. Policy Toward Iran and Iraq", Council on Foreign Relations (July

1, 1997); Martin S. Indyk, *Innocent Abroad: An Intimate Account of American Peace Diplomacy in the Middle East*, (N. Y.: Simon & Schuster, 2009), pp. 217–224.

（27）Wayne Bert, *The Reluctant Superpower: United States' Policy in Bosnia, 1991–95* (N. Y.: St. Martin's Press, 1997), pp. 189–219.

（28）Anthony Lake, "From Containment to Enlargement", Speech at the School of Advanced International Studies, Johns Hopkins University (September 21, 1993) in Alvin Z. Rubinstein, et al (eds.), *The Clinton Foreign Policy Reader: Presidential Speeches with Commentary* (N. Y.: Routledge, 2015), pp. 20–27.

（29）第一期ブッシュ政権の主要メンバーであった「ネオコン」による外交政策は、米国の覇権が国際秩序の安定をもたらすとの認識の下で、世界各地で自由と民主主義の価値の実現を目指した。この外交政策においては軍事力の行使も有効な手段とされたことから、「ネオコン」の主張は「テロとの戦い」を掲げたブッシュ政権の対中東軍事介入を正当化することになった。ジェームズ・マン（渡辺昭夫監訳）『ウルカヌスの群像——ブッシュ政権とイラク戦争』共同通信社、二〇〇四年。

（30）George W. Bush, "Remarks at the Islamic Center of Washington (September 17, 2001)", American Presidency Project.

（31）George W. Bush, "Address Before a Joint Session of the Congress on the United States Response to the Terrorist Attacks of September 11 (September 20, 2001)", American Presidency Project.

（32）Juan Cole, 'Islamophobia and American Foreign Policy Rhetoric: The Bush Years and After', in John L. Esposito and Ibrahim Kalin (eds.), *Islamophobia: The Challenge of Pluralism in the 21st Century* (N. Y.: Oxford Univ. Press: 2011), pp. 127–142.

（33）マフムード・マムダーニ『アメリカン・ジハード——連鎖するテロのルーツ』岩波書店、二〇〇五年、一六頁［Mahmood Mamdani, *Good Muslim, Bad Muslim: America, the Cold War, and the Roots of Terror* (N. Y.: Doubleday, 2004)］。

（34）GhaneaBassiri, *A History of Islam*, p. 374.

（35）Abdullah al-Arian and Hafsa Kanjwal, 'The Perils of American Muslim Politics', in Daulatzai and Rana (eds.), *op. cit.*, pp. 48–49.

（36）Thomas L. Freedman, "Obama on the Nile", *New York Times* (June 11, 2008).

(37) Barack Obama, "Remarks in Cairo (June 4, 2009)", American Presidency Project ; Darrell Ezell, *Beyond Cairo : US Engagement with the Muslim World* (N. Y. : Palgrave Macmillan, 2012).

(38) 米国ムスリムの人口を七〇〇万人とするのはＣＡＩＲなどのムスリム組織の一部が主張するもので、やや誇大な数と考えられるが、オバマは米国とイスラーム世界との親和性を強調するために、演説の中であえてこの数を用いたと考えられる。

(39) White House, *National Security Strategy* (May 2010), www.whitehouse.gov/sites/default/files/rss_viewer/national_security_strategy.pdf, pp. 19–22.

(40) シーヒは、オバマのカイロ演説が「しかし（but/however）」を多用し（演説中に三九回）、イスラーム諸国に対する米国の誠実さをアピールしながらも、実際には従来の米国の中東政策を正当化しており、ブッシュ政権同様の傲慢さを示していると批判している。Sheehi, *op. cit.*, pp. 179–183.

(41) Abdul Malik Mujahid, "Engaging American Muslims Will Give a Far Better Message to the Muslim World than Speeches", HuffPost (June 30, 2009).

(42) オバマ政権の中東政策については以下にまとめた。泉 淳「オバマ政権の中東政策――政権第一期の総括」『国際安全保障』国際安全保障学会、第四一巻、第三号（二〇一三年一二月）。

(43) Tim Mak, "West : Egypt is an 'Islamic Nightmare'", Politico (June 25, 2012) ; Ted Cruz, "Our Friend in Cairo : Why Does President Barack Obama Persist in Supporting Mohamed Morsy--and Not the Protesters?", *Foreign Policy* (July 3, 2013).

(44) Stephanie Condon, "Obama has no Meetings Scheduled with Foreign Leaders at U. N. General Assembly", CBS News (September 25, 2012).

(45) ムスリム同胞団を危険視する議論として以下を参照。Frank Gaffney, *The Muslim Brotherhood in the Obama Administration* (Sherman Oaks, CA : The David Horowitz Freedom Center, 2012) ; Robert Spencer and David Horowitz, *Obama and Islam* (Sherman Oaks, CA : The David Horowitz Freedom Center, 2010).

(46) "Rep. Michele Bachmann's Huma Abedin Accusations Continue to Draw Criticism", *Washington Post* (July 24, 2012).

(47) Peter Baker, "Obama Defends Clinton Aide at Dinner for Muslim Americans", *New York Times* (August 10, 2012). アベディンは自身の回想録の中で、この件が起こるまで自分のムスリムとしてのアイデンティティが職務に影響したことはほと

んどないと述べており、この件は当時のエジプトの政変と米国の大統領選挙の影響が大きいとしている。またアベディンは、マケインやオバマがイスラモフォビアに抗って自分を擁護してくれたことに強い謝意を示している。Huma Abedin, *Both / And: A Life in Many Worlds*(N. Y.: Simon & Schuster, 2021), pp. 338–348.

（48）Marc Lynch, *The Arab Uprising: The Unfinished Revolutions of the New Middle East*(N. Y.: PublicAffairs, 2013), p. 234.

（49）Richard N. Haass, *Foreign Policy Begins at Home: The Case for Putting America's House in Order*(N. Y.: Basic Books, 2013).

（50）Zahid Bukhari, "Blind Men and the Elephant: Media Outlets, Political Pundits and the Pew Study on Muslim Americans", Prince Alwaleed bin Talal Center for Muslim-Christian Understanding, Georgetown University (June 4, 2007), http://www.cippusa.com/blind-men-and-the-elephant-media-outlets-political-pundits-and-the-pew-study-on-muslim-americans/.

（51）The Chicago Council on Global Affairs, *Engaging Religious Communities Abroad: A New Imperative for U. S. Foreign policy*(2010), p. 66, https://www.thechicagocouncil.org/publication/engaging-religious-communities-abroad-new-imperative-us-foreign-policy.

（52）レザー・アスラン『仮想戦争――イスラーム・イスラエル・アメリカの原理主義』藤原書店、二〇一〇年、二四六頁［Reza Aslan, *Beyond Fundamentalism: Confronting Religious Extremism in the Age of Globalization*(N. Y.: Random House, 2010) / [Original Edition] *How to Win a Cosmic War: Confronting Radical Religion*(N. Y.: Random House, 2009)］。

第5章　大統領選挙と米国ムスリムの政治的関与

1　二〇〇〇年大統領選挙――ブッシュ対ゴア

二〇〇〇年大統領選挙の概要

二〇〇〇年大統領選挙は、クリントン政権の副大統領を務めたアル・ゴア（Al Gore）民主党候補と、クリントン政権前の大統領であったブッシュの息子であるジョージ・W・ブッシュ共和党候補との間で本選挙が戦われた。本選挙ではフロリダ州での得票集計作業が長引き、集計結果への疑義から法廷闘争に発展するなど混乱したが、ブッシュが五三七票の僅差でフロリダ州を制したとの判断により、ブッシュの当選が確定した。

この大統領選挙と米国ムスリムとの関係で重要な点は、第一に、米国ムスリムがこれまで以上に積極的に選挙過程に関与したことである。「クリントンをアメリカ初の黒人大統領と称した作家トニ・モリスン（Toni Morrison）のウィットに倣えば、ブッシュは一時的にせよ、アメリカ初のムスリム大統領だった」との評が示すように、ブッシュは米国ムスリムの多数の支持を得た最初の大統領であった(1)。

第二に、この大統領選挙は「九・一一テロ事件」が発生する以前に行われた選挙であり、これより後の米国ムスリムの政治的関与のあり方との比較の観点で重要である。二〇〇〇年大統領選挙の時点では米国内でイスラモフォビアは顕著なものではなく、またイスラームやムスリムに関連する中東地域の政治情勢も米国人一般の関心を強く引くものではなかった。

予備選挙の展開

民主党・共和党ともに選挙前年から有力候補者が出馬表明していたが、二〇〇〇年一月のアイオワ州党員集会の時点で、共和党ではブッシュが首位となり、次に大手出版社経営者スティーヴ・フォーブス（Steve Forbes）が続いた（ブッシュ四一％、フォーブス三〇％）。民主党ではゴアが、元プロ・バスケットボール選手のビル・ブラッドリー（Bill Bradley）上院議員を大きく引き離した（ゴア六三％、ブラッドリー三七％）。翌週のニューハンプシャー州予備選挙で、共和党ではマケインが本命のブッシュを上回り首位となった（マケイン四九％、ブッシュ三〇％）。また民主党でもブラッドリーが健闘し、ゴアに肉薄していた（ゴア五二％、ブラッドリー四八％）[2]。

三月七日火曜日、多数の州で予備選挙が同時開催されるスーパーチューズデイで、共和党ではブッシュが九州を獲得し、四州獲得にとどまったマケインを撤退に追い込み、ブッシュの党指名獲得がほぼ確定した。民主党でもゴアが全州で勝利したことで、ゴアの党指名獲得がほぼ確定した。その後、共和党ブッシュは副大統領候補に父ブッシュ政権期の国防長官であったチェイニーを指名した。一方、民主党ゴアは連邦議会重鎮のリーバーマンを指名したが、リーバーマンがユダヤ系であることは米国ムスリムやアラブ系による候補者選好に一定の影響を与えることとなった。

今回の選挙では、第三党として「緑の党」から消費者運動家であるラルフ・ネーダー（Ralph Nader）が出馬した。ネーダーの両親はレバノンからのキリスト教徒の移民であり、ネーダーは米国で最も著名なアラブ系米国人の一人である。ネーダーの政治志向は左派・リベラルであり、マイノリティである移民の立場を支持し、中東問題においては親アラブ・反イスラエルの姿勢をとる。この点で、ネーダー自身はムスリムではないものの、米国ムスリムが選好する政治志向に最も近い候補者であった。

全国党大会・党綱領・候補者討論会

共和党全国党大会は七月末から八月初旬にフィラデルフィアで開催され、民主党全国党大会は八月中旬にロサンゼルスで開催された。米国ムスリムとの関係で興味深いのは、両党ともに大会日程の開始時に行う祝祷を今回初めてムスリムが行ったことである。共和党ではパレスチナ系の米国人ビジネスマンであるタラート・オスマン（Talat Othman）が、民主党では党大会が開催されているロサンゼルスを拠点にムスリムの啓発活動を行うマヘル・ハトフート［前出］が祝祷を行った。両者ともに「アーメン」で締めくくるイスラーム色のない祝祷であったが、米国ムスリムが政治の場で徐々に認知されつつあることを示す次第であった。(3)

党大会で採択される党綱領について、両党ともにその綱領の中にイスラームやムスリムについての特別の言及はない（民主党綱領には「イスラーム世界との緊密な関係を強化する」という部分はある）。一方で、両党ともにイスラエルとの協調関係を確認する部分は従来通り複数存在する。特に共和党綱領では、米国大使館を「イスラエルの首都であるエルサレム」に移転することが言及されているが、この点は米国ムスリムのみならず世界中のムスリムの従来からの懸念事項である。(4)

三回行われた大統領候補者討論会の中でも、特にイスラームやムスリムに言及されることはなかった。ただし、米国ムスリムの後の投票行動に大きく影響したのが、第二回の討論会（一〇月一一日）でのレイシャル・プロファイリング（racial profiling：警察や捜査当局が、人種、外見、国籍、民族的な出自などを基に職務質問や取り調べの対象者を選別する手法）に関するブッシュの以下の発言であった。

「……米国内で別の形のレイシャル・プロファイリングが見受けられる。アラブ系米国人は非開示証拠と呼ばれるものでレイシャル・プロファイリングの対象となっている。彼らは職務質問されている。これについて何かしなければならない。私の友人でミシガン州のスペンサー・エイブラハム（Spencer Abraham）上院議員は、アラブ系米国人が敬意を持って扱われるような法整備に尽力している。レイシャル・プロファイリングは地元警察だけの問題ではない。我々社会全体の問題なのだ。多様な社会になりつつある中で、こういった問題に我々はもっと取り組んでいくべきだ。……」(5)

この発言は、人種問題やヘイトクライムに関する議論の中での短い一部分であり、「ムスリム」ではなく「アラブ系」に限定されていたものの、ブッシュが「非開示証拠(secret evidence)」の問題に言及したことは米国ムスリムの中でブッシュの評価を高めた。

ムスリムにとっての選挙の争点

今回の大統領選挙において、米国ムスリムにとって国内政策分野での選挙の争点は、マイノリティの人権あるいは市民的自由の擁護にあった。具体的には、ブッシュも言及したテロ対策としての「非開示証拠」に基づく移民の(不当)逮捕の問題であった。

クリントン政権期の一九九六年四月に成立した「対テロ法(Anti-Terrorism and Effective Death Penalty Act)」は、その前年四月一九日のオクラホマシティ連邦ビル爆破テロ事件を受けて法案提出された経緯がある。この法は、テロ対策という安全保障上の要請が個人の自由権を侵害し、米国憲法違反に当たるのではないかという議論の最初のケースとなった。この法は、法執行機関が容疑者の逮捕・拘束に際し、その容疑の証拠開示が国家安全保障に対する脅威となる可能性がある場合、これを非開示にすることができるという条項を含んでいる。この「非開示証拠」条項について、米国ムスリムおよび多くの人権擁護組織は、アラブ系やムスリムをはじめとする移民を標的にした不当逮捕につながるものだとして強い懸念を示していた。(6)

このような「対テロ法」に対する懸念を受けて、一九九九年六月、民主党議員を中心とする多数の下院議員らが同法の条項の修正を求める法案を提出した。修正法案についての審議は翌年にかけて進められたが、最終的には二〇〇〇年一〇月、「対テロ法」に基づいた移民帰化局の調査権限を部分的に制限するいくつかの修正条項が、下院司法委員会でまとめられたところで止まっていた。(7)

このため「対テロ法」自体は存続し、「非開示証拠」による容疑者の逮捕拘束の可能性は残されたままであった。そして、この修正条項審議が大統領選挙の最終局面に重なっていたことで、米国ムスリムは両党の大統領候補者が、この問題にどのように対処するかを候補者選択の重要な試金石とみなしていた。

対外政策の分野では、パレスチナ情勢、特に当時緊迫していたエルサレムをめぐる問題に米国ムスリムの関心が寄せられていた。二〇〇〇年九月二八日、イスラエルで野党となっていたリクードの党首アリエル・シャロン（Ariel Sharon）は、多数の護衛とともにエルサレムのアル・アクサ・モスクなどがあるハラム・アッシャリーフ（「神殿の丘」）を視察訪問した。ここはムスリムとユダヤ教徒の双方にとっての聖域であり、シャロンの行動は明らかにパレスチナ人とムスリムを挑発する行為であった。このため、後にアル・アクサ・インティファーダと呼ばれることになるパレスチナ人とイスラエル治安部隊との衝突が発生し、多数の死傷者を出すに至った。

翌一〇月、シャロンとイスラエルに対する抗議として、ホワイトハウス向かいのラファイエット広場で連日反イスラエル抗議集会が行われていた。前述のように、この場でAMCのアラムーディはイスラエルを強く非難し、ハマースとヒズブッラーを支持する旨の発言をしたため、親イスラエル派からムスリムの「テロリスト」と非難を受けることとなった。

従来からイスラエルに批判的な論客リチャード・カーティス（Richard H. Curtiss）は、今回の選挙では米国の中東政策こそが米国ムスリムおよびアラブ系をまとめる争点だと主張した。カーティスは、米国の選挙で大きな影響力をもつ親イスラエル・ロビーに対抗し、常にイスラエル寄りの米国の中東政策を正すためにも、ムスリムとアラブ系によるブロック投票（bloc vote）が重要であるとした。(8)

ただし現実的には、民主党も共和党も全面的に親イスラエル的であることから、パレスチナ問題や対イスラエル政策という対外政策の分野を争点としたムスリムの政治動員には大きな限界があった。このため今回の選挙では、国内政策分野での「非開示証拠」条項の扱いがムスリムにとってのほぼ唯一の争点となっていた。

ブロック投票の試み

二〇〇〇年大統領選挙では、米国ムスリムは組織としての影響力行使を意図してブロック投票を初めて試みた。ここでのブロック投票とは、共通の価値・利益・政治志向を前提に、これらに積極的に貢献できると考えられる特定の候補者に「まとまって（en bloc）」投票し、その候補者の当選を期待する政治行動を意味する。米国ムスリムは、既に州以下の自治体レベルの選挙では一九九〇年代から徐々に政治参加に積極化していたが、全国レベルで組織的な政治動員をかけ、最終的に投票する候補者の指名にまで至ったのは二〇〇〇年大統領選挙が初めてであった。

米国ムスリムのブロック投票は、前回一九九六年大統領選挙、すなわち再選をかけた民主党クリントン大統領か共和党候補ボブ・ドール（Bob Dole）かの選択の際にも一部では検討されていたようである。ただし、一九九〇年代半ばの時点では米国ムスリムの組織形成や政治的関与は未だ発展途上にあった。また、ムスリムの中でもアラブ系のやや多数派と黒人系の大多数は民主党を支持し、移民系でも社会的な保守派は共和党を支持する傾向が指摘できるものの、全般的に米国ムスリムの支持政党や党派性は明確でなかった（ムスリムを対象とする世論調査なども十分行われておらず、不明なところが大きい）。結果的にはムスリムの支持は民主党クリントンが優勢であったようだが、一九九六年大統領選挙の段階ではムスリムによるブロック投票が試みられたとは言い難い[9]。

一方で、より小さな範囲でのブロック投票は一定の成果をもたらした。一九九六年大統領選挙と同時に実施されたニュージャージー州の一議席をめぐる連邦上院議会選挙で、民主党候補ロバート・トリチェッリ（Robert Torricelli）は、対立する共和党候補リチャード・ジマー（Richard Zimmer）を接戦で下し当選した。この選挙戦において、現地のパキスタン系を中心とするムスリム組織は当初ジマーの公認（endorsement）を方針としたが、ジマーがユダヤ票の離反を懸念してムスリム諸組織による公認を辞退したため、ムスリム組織はトリチェッリ公認に転じたという経緯がある。また、サウスダコタ州では四期目を目指した共和党候補ラリー・プレスラー（Larry Pressler）が民主党候補ティム・ジョンソン（Tim Johnson）に惜敗した。核開発への懸念からパキスタンへの援助に否定的であったプレスラーを嫌ってのムスリム有権者によるジョンソン支持が背景にあったという。これらのケースにおいてムスリムのブロック投票がどの程度候補者の当選に貢献したか定かではない。しかし、このような一種の「成功体験」は、ムスリムによるブロック投票の意義と可能性をムスリム指導者の一部に認識させたといえる。(10)

二〇〇〇年大統領選挙を視野に入れて、一九九八年初頭、当時の代表的なムスリム組織であるAMC、CAIR、MPAC、AMA（American Muslim Alliance）を中核として、全米のムスリム組織の連携組織としてAMPCC（American Muslim Political Coordination Council）が結成された。政治組織ではないISNAは間接的な支持を表明し、またウォーリス・ディーン・モハメドが一九九七年に設立した黒人系ムスリム組織 Coalition for Good Government（CFGG）も賛意を表明していた。(11)

AMPCCのコーディネータを務めたのは、パキスタン出身の移民系ムスリムの政治学者であるアガ・サイード（Agha Saeed）であった。自身でも政治活動組織AMAの代表を務めるサイードは、かつてパキスタンの民主化運動に取り組み、米国移民後は米国ムスリムの政治参加促進に取り組むようになった政治活動家でもある。サイードは前回一九九六年選挙時のムスリム組織の不十分な関与を反省し、二〇〇〇年選挙に向けてムスリム諸組織間の調整を精力的に進めていた。AMPCCは特に有権者登録に力点を置き、九月と一〇月を"Hesham Reda Voter Registration Campaign"と銘打った特別月間とし有権者登録を促進した。(12)

二〇〇〇年九月三日、ISNAの年次全国大会（於シカゴ）の場で、サイードはムスリム諸組織が団結して政治的影響力を行使することを宣言し、本選挙での一般投票前にブロック投票による支持候補を公表することを予告した。(13)

一〇月二三日、予告通り一般投票の二週間前、ワシントンDCのナショナル・プレス・クラブにてAMPCC代表者らによる記者会見が開かれ、この中でサイードは共和党候補ブッシュを支持することを声明した。この決定の理由についてサイードは、共和党ブッシュ陣営はAMPCC指導者らの接触の要請に応じ、ブッシュ自身も「非開示証拠」やムスリムの人権問題に向き合う姿勢を示したことを評価した。一方、民主党ゴア陣営はAMPCC側の接触にも応えなかった点を指摘した。またAMPCC代表者の一人は、ブッシュ支持の「主要な理由は、ムスリム指導者らにとってのブッシュ知事の身近さ（accessibility）にあった」と記者会見の席で述べた[14]。

AMPCC傘下のムスリム諸組織は、それぞれのネットワークを駆使してブッシュ支持をムスリム有権者に伝達した。既に普及していたインターネットやEメールによる伝達も重要であったが、ムスリムの場合はモスクやイスラミック・センターでの定期的な集団礼拝も有効な情報伝達の場となった。

ヒラリー・クリントンと米国ムスリム

AMPCCの方針に従ってムスリム諸組織がブッシュ支持のキャンペーンを開始した頃、ヒラリー・クリントンの去就とムスリムとの関係が取り沙汰されていた。クリントン政権期を通してヒラリーも含めたホワイトハウスと、AMCなど当時の代表的なムスリム組織とは親密な関係にあった。パレスチナ和平交渉（オスロ・プロセス）を継続したいクリントン政権にあって、かつてヒラリーは、「パレスチナ人が独立国家を持つことは正当」との発言をしたこともあった（一九九八年五月）[15]。

二〇〇〇年になると、ヒラリーは大統領選挙と同時に実施される連邦上院議会選挙にニューヨーク州から出馬することとなり、選挙活動の一環として、六月中旬にボストンで開催されたムスリム組織関係者百人以上が集まる選挙資金集めのイベント（fund -raiser）に出席していた。このイベントを通じムスリム諸組織はヒラリーに計五万ドルの政治資金を寄付した[16]。

選挙が近づいた一〇月下旬、ニューヨークの地方紙（*New York Daily News*）が、それまで注目されなかったヒラリーへのムスリム組織からの寄付金について報道すると、ヒラリーの対立候補のリック・ラツィオ（Rick Lazio：共和党、連邦下院議員）陣営がこれをヒラリー攻撃の材料に取り上げた。おりしも、一〇月にはホワイトハウス前で反イスラエル抗議集会がひらかれており、そこでＡＭＣのアラムーディがイスラエルに抵抗するハマースとヒズブッラーを支持する演説を行っていたことが報道されていた。

ＡＭＣはクリントン政権やホワイトハウスに近く、六月のボストンでのイベントでもヒラリーに政治資金を寄付したムスリム組織の一つであった。また一〇月一二日には、イエメンのアデン港に停泊していた米海軍ミサイル駆逐艦コールがアル＝カーイダによる自爆テロ攻撃を受け、死者一七人死傷者多数の犠牲者を出していたことも有権者を中東情勢やテロ問題に敏感にさせていた。ラツィオ陣営はムスリム組織によるヒラリーへの寄付を〝blood money〟と称し、ヒラリーの反イスラエル・親パレスチナ、そして「親テロリスト」姿勢を糾弾した。このため、ヒラリーはこの寄付金全額をムスリム組織に返還すると声明することになった(17)。

ニューヨーク州での上院選挙は、当初はヒラリーとルディ・ジュリアーニ（Rudy Giuliani）ニューヨーク市長が接戦となっていた。スキャンダルと病気治療でジュリアーニが撤退した後も、代わって候補となったラツィオに楽勝できる余裕はヒラリーにはなかった。最終的に選挙結果はヒラリーがラツィオを下すことになったが（得票率はヒラリー五五％、ラツィオ四三％）、もとよりユダヤ系と親イスラエル派の影響力の強いニューヨーク州において、親パレスチナ的なムスリム組織との関係には慎重とならざるを得ない背景がある。また「九・一一テロ事件」以前とはいえ、この出来事はイスラモフォビアが選挙戦において利用されることの前例となった。そして、今回のヒラリーによるムスリム組織への寄付金返還という事例は、米国ムスリムとヒラリーとの関係において後に禍根を残すこととなった。

ムスリムの投票行動

ＡＭＣの調査によれば、一九九九年末の段階で調査対象の八四四人のムスリムのうち、三分の二は無党派層であり、他は民主党支持と共和党支持でほぼ半分に分かれていた。また、アラブ系の世論調査機関ゾグビー社によるミシガン州での世論調査では、二〇〇〇年春の時点で、民主党支持（四六％）、共和党支持（一八％）、無党派（二六％）となっていた。六月の全国調査では、民主党支持（三一％）、共和党支持（一七％）、両党ともにムスリムの関心事に対応していない（四三％）となっていた。ムスリムを対象とする世論調査の規模や精度に限界があるものの、予備選挙の段階では民主党がやや優勢であることと、明確な支持政党を持たないムスリムの割合も大きいことを示していた[18]。

しかし、両党の全国党大会が終了し本選挙期間に入ると、ムスリムの中で共和党支持が拡大し、九月中旬には、ブッシュ支持が四〇％、ゴア支持が二四％と変化が出ていた[19]。

そして一一月七日の一般投票後にＣＡＩＲが実施した出口調査（調査対象一七七四人）では、ブッシュ（七二％）、ゴア（八％）、ネーダー（一九％）との結果が出た。調査対象の九四％がＡＭＰＣＣの支持決定を知っており、八五％がこの決定が候補者選定に影響していると答えていた。また三六％が初めての投票であったと答えた[20]。

後に行われたＭＡＰＳの調査（二〇〇一年）によると、候補者のムスリム票の得票率はブッシュ（四二％）、ゴア（三一％）、ネーダー（一二％）となり、ブッシュとゴアとの得票率に極端な違いはないものの、ブッシュ共和党が勝っていたことは確認できる。また同調査では、アラブ系の五四％がブッシュに投票、パキスタン系も五六％がブッシュに投票している一方で、黒人系はブッシュに投票が二〇％、ゴアに投票が五五％とあり、米国ムスリムの中でも移民系と黒人系では候補者選択に明確な相違があることを報告している[21]。

ムスリムの投票行動に関して興味深い点は、二〇〇〇年大統領選挙の混乱の中心となったフロリダ州でのブロック投票の評価である。フロリダ州では手作業による再集計を連邦最高裁が中止させたことで、その集計結果が疑問視されたが、ムスリムのブロック投票があったことでブッシュによる僅差（五三七票差）の勝利が実現したのではないかとの言説が生まれた[22]。

この言説の妥当性は立証できないが、フロリダ州での結果は、アガ・サイードをはじめブロック投票を推進した者にとっては重要な成果として受け入れられ、ムスリムによるブロック投票の意義を示すものになった。同時に、このような言説によって、米国ムスリムの当事者らが、その政治的影響力に過度に自信を深めることにもつながった[23]。

共和党ブッシュ支持の諸要因

米国ムスリム全体の投票行動やAMPCCの決定がもたらした影響力を正確に測定するのは難しいものの、今回の選挙ではムスリムによる共和党ブッシュへの選好がみられたことは確かである。ここでは、ムスリム有権者がブッシュあるいは共和党を支持する背景を三つの観点で検討する。

第一の観点は、クリントン政権の諸政策に対する評価である。国内政策としては、ムスリムはテロ対策としての「非開示証拠」条項を問題視していた。ブッシュがこの問題に対処する姿勢を見せるなど巧みな選挙戦術を展開したことは、ムスリムの支持獲得に大きく貢献した。対外政策に関しては、二〇〇〇年九月のアル・アクサ・インティファーダの発生に際して、イスラエル政府と軍の強硬な対応に対する批判があった。このイスラエルの強硬姿勢を黙認し、かねてからの中東和平交渉を進展させる能力のないクリントン政権に対する不満は強かった。また、かつて親イスラエル・ロビー組織AIPACに属していたマーティン・インディク（Martin Indyk）をイスラエル大使に任命するなど、ムスリムは中東政策におけるクリントン政権の親イスラエル的偏向に疑念を抱いていた[24]。

第二の観点は、大統領選挙に関連した政治家個人に対する評価である。ゴアが副大統領候補にユダヤ系のリーバーマンを選んだことは、民主党の親イスラエル姿勢を示すものであり、中東和平への期待を削ぐこととなった。一方でブッシュによるチェイニーの選択はムスリムに一定の好印象を与えた。もとより共和党は伝統的に親ユダヤ・イスラエル勢力から影響を受けにくいことに加え、中東和平交渉でもマドリード中東和平会議（一九九一年一〇月）へのイスラエル代表の出席圧力など、チェイニー国防長官を擁したブッシュ（父）政権はイスラエルに対して比較的厳しい態度をとったことが肯定的に評価された。また一方で、ニューヨーク州から連邦上院議会選挙に出馬したヒラリー・クリントンをめぐっては、前述のようなムスリム組織との関係悪化があり、ヒラリー個人の行動が民主党やクリントン政権に対するムスリムの評価を下げた一因とも考えられる。

第三の観点は、ブッシュと共和党の保守主義に対する評価である。米国ムスリムのおよそ三分の二を構成する移民系ムスリムは、特に一九六〇年代以降の移民第一世代を中心にして、社会的な保守性を示す傾向がある。同性愛や妊娠中絶という社会的イシューに関して、ムスリムは保守的なキリスト教徒に近い志向を持つ。また、これらのムスリム移民の多くは経済的な動機に加えて、出身国の権威主義的な政治体制を嫌って移民に至った背景もある。このような移民にとっては、国家（政府）による介入は、弱者の保護ではなく自由の制限と映る。このような考えのムスリムは、一九八〇年代のレーガン政権の政治経済両面での自由主義的政策を高く評価しており、「自立心や起業家精神、小事業主の称賛、勤勉さを促す減税の強調というような共和党が発するメッセージは非常に魅力的であった」と評している(25)。

今回の選挙でブッシュが掲げた「思いやりのある保守主義（compassionate conservatism）」というスローガンは、移民系という弱い立場にありながらも米国で成功を目指す積極的なムスリムにとって、またイスラームにある社会的な保守性を維持しつつ、政治経済的にも保守性（「小さな政府」など）を選択するムスリムにとって、受け入れやすい方向性を示したと考えられる。

ムスリムの政治参加と課題

米国ムスリム組織の指導者らは、今回の大統領選挙に際してのムスリムの政治的関与と投票行動をどのように評価していたのであろうか。

ＡＭＰＣＣコーディネータを務めたアガ・サイードは、「三つの要因、すなわち、候補者としての身近さ、ムスリムにとっての重要問題へのブッシュの対応履歴（特に「非開示証拠」条項の撤廃への支持）、ムスリム社会からのフィードバック」がブッシュ支持の理由であると後に語っている(26)。

また前出のハトフートは、二〇〇〇年選挙を再検討するＩＳＮＡ地区大会（二〇〇三年一二月）のパネル・セッション（United States Elections 2004 : Lessons learned from 2000 for 2004）で、共和党を選んだ理由として三つの基準を挙げた。その基準とは、①「非開示証拠」条項の撤廃、②選挙陣営へのムスリムの参加、③当選後にムスリムに会う機会を持つ、というものであった。この要請に前向きだったのがブッシュ陣営であり、ゴア陣営にはほとんど無視されたという(27)。

これと同じＩＳＮＡのセッションで、ＣＡＩＲ南カリフォルニア支部長のハッサム・アイルーシュ（Hussam Ayloush）は、二〇〇〇年選挙の最大のイシューは、「非公開証拠」条項の撤廃問題であったと指摘したものの、当時の米国経済は好景気にあり、ムスリムは国内的な観点では危機感が乏しかったことも認めている。そのうえで、やや弁解的に、ムスリムは米国政治への「新規参入者（new comer）」ゆえに、先のブッシュの選択は失敗とはいえず、少なくとも、ムスリムによる次のブロック投票に向けての「プロセス」ができたことを肯定的に評価した(28)。

これらの判断理由に共通するのは、ブッシュ陣営がムスリムにとって「身近であった」という点であるが、これこそは二〇〇〇年大統領選挙での共和党のアウトリーチ戦略の成果であった。共和党保守派の選挙コンサルタントとして一九九〇年代から活動していたグローバー・ノーキスト（Grover Norquist）は、二〇〇〇年選挙を控えてマイノリティの新たな集票先としてアラブ系と移民系ムスリムに注目していた。ユダヤ系と黒人系は既に民主党支持で固定化されていたが、アラブ系とムスリムは固定化した投票先を持たない有権者層（"swing constituency"）として共和党にとって魅力ある票田であった。ノーキストはアラブ系とムスリムの諸組織との接触を急拡大し、積極的なアウトリーチを行い、前述の大統領候補者討論会でのブッシュの「非開示証拠」条項への言及もノーキストの助言に基づくものとされている。米国ムスリムのブッシュ支持は、政治参加に積極化していた米国ムスリムの意向と、新たな票田を開

拓したい共和党の思惑が一致した結果だといえる。(29)

ノーキストによる共和党へのムスリム票の取り込みが奏功したとしても、これは移民系ムスリムにほぼ限定されると考えられる。黒人系のムスリム組織はAMPCCにも直接参加しておらず、伝統的に民主党を支持してきた黒人系ムスリムは、ブッシュに投票が二〇％、ゴアに投票が五五％と米国ムスリムの大勢とは反対の投票行動をとった。黒人系からみると、AMPCCの方針は移民系ムスリムの主張、特にクリントン政権の中東政策とリーバーマンの選択への批判に沿ったものであり、アラブ系その他の移民系ムスリムに対するレイシャル・プロファイリングと「非開示証拠」条項の問題も、積年の黒人差別の問題に比して相対的には軽いものと映る。(30)

また社会経済的地位が相対的に低い黒人系ムスリムは、伝統的に「大きな政府」による弱者保護に取り組む民主党を選好する傾向が強い。これらの点で黒人系ムスリムの一部は、黒人系ムスリムの社会福祉を軽視するようなAMPCCの決定に不満を持っていたという。(31)

黒人系ムスリムの立場からは、シカゴの市民社会組織Sound Vision代表のアブドュル・マリク・ムジャーヒドが、今回の選挙でブッシュ共和党を支持すべきとしたものの、「今後の政策決定のプロセスは、地域の要請によりオープンであり、全てのムスリム集団による包摂的なものであるべきだ」と苦言を呈していた。(32)

今回試みられた米国ムスリムによるブロック投票について、ムクデター・カーンは、「おそらく米国ムスリムは、権力と影響力への安易なショートカット求めているのだ。しかし、そういったものはない。我々は古いやり方で課題をこなしていかなければならない。マスメディア、シンクタンク、政府機関、民間業界など、米国民主主義における権力の源泉への着実なアクセスあるいは十分な管理を得なければ、我々は米国の政策に明確なインパクトをもたらすことはできない。ブッシュ支持は、これらに向けての小さな一歩にすぎない。おそらく、ブッシュを支持したことが間違いだったのではなく、ブッシュ支持にあまりに多くを期待しすぎたことが間違いだったのであろう」と結論している。(33)

結果的に、大統領に選出されたブッシュは、ムスリム指導者に対する非公式の公約ともいえる「非開示証拠」条項の修正や、ムスリムの政権へのアクセス提供を実行することはなかった。ムスリム指導者らは、これらの実現のためにブッシュ大統領との会談を要請してきたが、ようやく設定されたこの会談の日程は、皮肉なことに二〇〇一年九月一一日の午後三時半であったという(34)。

2　二〇〇四年大統領選挙——ブッシュ対ケリー

二〇〇四年大統領選挙の概要

米国ムスリムにとって二〇〇四年大統領選挙の重要性は、この選挙が「九・一一テロ事件」後の最初の大統領選挙となることにある。米国ムスリムは、その多数が前回大統領選挙ではブッシュを支持したが、「テロとの戦い」を開始したブッシュ政権に対して不満を強めた。また、「愛国者法」の制定やイスラモフォビアの急速な拡大など、ムスリムの人権侵害に対する危機感も高まっていた。

今回の大統領選挙では、経済問題など国内政策に力点が置かれる従来の大統領選挙とは様相が異なり、外交・安全保障政策が争点の筆頭となった。具体的には、「テロとの戦い」として実行されたアフガニスタン戦争（二〇〇一年一〇月から）とイラク戦争（二〇〇三年三月から）についての候補者の立場が注目された。

ブッシュ政権のイラク政策は、二〇〇三年四月の連合国暫定当局の発足、七月のイラク統治評議会発足、一二月のフセイン元大統領の拘束と比較的順調に進んだ。しかし、二〇〇四年に入り四月にファルージャ市街で大規模戦闘がおこり、同月にアブ・グレイブ刑務所での米兵によるイラク人捕虜の虐待が発覚した。そしてイラク国内の治安が徐々に悪化し始め、九月に米兵死者総数が一〇〇〇人を越えると、ブッシュ政権のイラク政策に対する世論の評価は冷却し始めた。それでもブッシュは、八月末の共和党全国大会での大統領候補の指名獲得以降、支持率で民主党候補に一〇ポイントほどの差をつけていた。しかし、一般投票を控えた一〇月半ばには両者間の支持率はほぼ拮抗していた。

予備選挙の展開

民主党ではジョン・ケリー（John Kerry：連邦上院議員、マサチューセッツ州）以外に、ハワード・ディーン（Howard B. Dean Ⅲ：バーモント州知事）、ジョン・エドワーズ（John Edwards：連邦上院議員、ノースカロライナ州）、リチャード・ゲッパート（Richard Gephardt：連邦下院議員、ミズーリ州）、デニス・クシニッチ（Dennis Kucinich：連邦下院議員、オハイオ州）、リーバーマン（連邦上院議員、コネチカット州）らが出馬表明した。しかし、二〇〇四年三月二日のスーパーチューズデイに至るまでにケリーは一八州の予備選挙・党員集会で勝利しており、スーパーチューズデイでも一〇州のうち九州で勝利し、ケリーが事実上の民主党大統領候補者となった[35]。

しかし予備選挙の段階で、米国ムスリムが最も注目したのはクシニッチであった。一九七七年にクリーブランド市長に若くして当選したクシニッチは、一九九六年に国政に転じて連邦下院議員を長く務めていた。外交・安全保障政策に関してクシニッチは、イラク戦争（対イラク派兵）に反対し、パレスチナ問題ではイスラエルに批判的でパレスチナ人の権利擁護を主張してきた。また二〇〇三年度「ガンジー平和賞」を受賞し、国土安全保障省の設置に対抗して平和省（Department of Peace）の設立を提唱するなど、一貫した反戦・平和主義者であった。国内政策に関しては、銃規制、社会保障制度および医療保険制度の拡充など、民主党の中でもリベラルを超えたプログレッシブと評された。特に「愛国者法」に関しては、今回の予備選挙候補者の中で下院議会において採決時に反対票を投じた唯一の人物であった。このような政治姿勢から、クシニッチは米国ムスリムおよびアラブ系の中では人気が高く、二〇〇三年八月のＩＳＮＡ年次全国大会で演説し、市民権擁護組織ＣＡＩＲの会合にも参加するなど、米国ムスリム諸組織との協調関係は他の候補よりも強かった。

ただしクシニッチは、「当選可能性（electability）」の観点から、米国ムスリムにとって現実的な選択肢とはならなかった。それでもクシニッチは、予備選挙から最後まで公式には撤退せず、自身の政治的主張を押し通したことで、米国ムスリムを含めた米国有権者のリベラル層、さらにプログレッシブ層のかなりの支持を得て注目される候補者となった。この点で、二〇〇四年のクシニッチは、後の二〇一六年のバーニー・サンダース（Bernie Sanders）と重なるところが多い(36)。

ハワード・ディーンは、二〇〇三年中は民主党候補者の中で最も支持されており、その人気は「ディーン旋風」とも評された。ディーンは、リベラルあるいはプログレッシブという点でクシニッチに劣らない存在であり、全国的な知名度もあったことから米国ムスリムの支持の対象となり得た。しかし、ディーンの親イスラエル的な政治姿勢によって、米国ムスリムはディーンの支持に躊躇した。ディーンは、パレスチナ国家独立につながる「二国家解決」について、この方式が共和党ブッシュ政権の公式政策であるため明確には支持を表明しなかった。一方でディーンは、テロに対するイスラエルの自衛権を強調し、イスラエルによるパレスチナ占領政策を支持していた。また、ディーンの妻がユダヤ系であったことも、ムスリムとの距離感をもたらした。さらに米国ムスリムが問題視したのは、ディーンが選挙参謀に親イスラエル・ロビー組織ＡＩＰＡＣの元会長スティーヴ・グロスマン（Steve Grossman）を起用したことである。特にイスラエルに批判的な左派系メディアなどはこの点を警戒していた(37)。

正統派ユダヤ教徒であるリーバーマンは、米国内の宗教的・エスニック的マイノリティに対する政治的な配慮があり、米国ムスリムの中にはリーバーマンのこのような政治姿勢を評価する者もいた。しかし、ディーンと同様に、米国ムスリムはリーバーマンの親イスラエル姿勢を敬遠していた。前述のように、二〇〇〇年選挙の際にリーバーマンが民主党副大統領候補となったことは、米国ムスリムが共和党候補ブッシュに投票したことの一因とも考えられている。また「九・一一テロ事件」以降、リーバーマンは対イラク政策で強硬姿勢を見せてブッシュ政権に同調し、また核開発問題で焦点となっているイランに対しても強硬な姿勢を見せていた(38)。

米国ムスリムの観点でディーンとリーバーマンに共通するのは、その国内的な政治的ポジションに関係なく、イスラエルとの関係性が問われるという点である。パレスチナ問題はアラブ系に限定されず米国ムスリムが共有する懸案事項であり、パレスチナ問題は米国ムスリムの政治・投票行動に影響を与える。これは米国ムスリムの持つグローバルな特質であると同時に、自身の政治的な選択が制約されるという点で米国ムスリムが抱える脆弱性でもある。

消費者運動家として著名なラルフ・ネーダーは、今回の大統領選挙では独立系候補として立候補することとなった。前回二〇〇〇年大統領選挙の際には、ブッシュおよびゴアへの違和感からネーダーに投票したムスリムは少なくなかった。ただし、ムスリムによるネーダー支持は限定的であり、二〇〇四年九月時点の重点四州でのゾグビー社の世論調査では、ネーダー支持は一五％程度に止まっていた。この値は、ムスリムのブッシュ支持（二一％）よりも高いが、ケリー支持（六五％）よりは低い。一般投票直前の一〇月下旬になると、ブッシュ支時（一一％）がやや回復する一方、ケリー支持（七二％）、ネーダー支持（六％）とムスリムのネーダー支持は減退した[39]。

ＭＰＡＣの二〇〇三年の年次大会（一二月二〇日）では、ケリー、ディーン、クシニッチの三人が電話演説を行った。この大会出席者約八〇〇人による大統領選挙の模擬投票を行ったところ、ディーン（六七％）、クシニッチ（一七％）、ケリー（四％）、ブッシュ（二％）であった。この時期にディーンの人気が高かったことと、ケリーとブッシュがともに不人気であることが顕著である[40]。

そのＭＰＡＣ会長のアル＝マラヤティは、今回の大統領選挙について以下のように語っていた。

「おそらく我々の選択は理想的ではないかもしれないし、我々の声は混沌とした現代政治の中で弱いものである。しかし、投票することは重要であり、今日投票することで将来の子供や孫たちのためによりよき道を示すことになる。……そしてアメリカのムスリムこそがこのような立派な試みにおいてきわめて重要な役割を果たせるのである。さあ投票に行こう[41]」

ブッシュ政権への不満

米国ムスリムにとって、前回大統領選挙の際、政治・社会面において保守的で、「非開示証拠」条項に懸念を示したブッシュを支持することに抵抗はなかった。しかし、「九・一一テロ事件」を境にして、米国ムスリムの共和党ブッシュ政権に対する支持は大きく減退した。この背景には、国内政策の分野では「愛国者法」の施行、対外政策の分野では、「テロとの戦い」の開始と拡大、そしてパレスチナ問題におけるイスラエル擁護などがあった。

国内政策として、その冗長な法律名の頭文字による通称である「愛国者法」は、「九・一一テロ事件」の直後に米国内のテロ対策の基本法として議会に法案が提出された。この法案は、二〇〇一年一〇月一一日、上院で修正なしで採決され（賛成九六、反対一、棄権三）、下院で若干の審議を経た後の一〇月二四日に採決され（賛成三五七、反対六六、棄権一〇）、二六日にはブッシュ大統領の署名を得て成立した。「愛国者法」は、当事者への通達なしで各種の盗聴手段（インターネット・Eメールを含む）や、銀行口座などの個人情報領域への介入を認めており、かつてブッシュ自身が懸念を示した「非開示証拠」条項を含む「対テロ法」（一九九六年制定）をむしろ強化するものであった。イスラーム地域諸国からの移民が多数であり、海外のイスラーム組織とのつながりを指摘される米国ムスリムにとって、「愛国者法」はテロ対策の名の下で自分たちを主要な標的にしたものだと認識した。[42]

対外政策としての「テロとの戦い」は、アフガニスタン戦争とイラク戦争を中心とするものである。特にイラク戦争は必ずしも国際的なコンセンサスのないままに米国が主導して開始した戦争であり、フセイン政権の諸政策の是非は別として、ムスリムを攻撃対象とする軍事介入に対する米国ムスリムの批判は当初から強かった。また、パレスチナ問題については、ブッシュ政権は二〇〇二年六月にパレスチナ問題解決のための「ロードマップ」としてパレスチナ国家の独立を前提とする「二国家解決」を歴代大統領として初めて提唱し、この点ではアラブ系やムスリムの支持が期待できた。しかし実際は「ロードマップ」案がパレスチナ自治政府に対して様々な条件を課していたこと、その履行に際して米国がイスラエルに十分な圧力をかけ得なかったこと、さらに「二国家解決」が対イラク軍事攻撃のためのアラブ諸国からの支持を期待したリップサービスに近いものとの認識が強まり、むしろブッシュ政権はパレスチナ問題解決に対して不誠実との印象を強めた(43)。

前述のように、ブッシュは「九・一一テロ事件」直後の九月一七日、ワシントンDCのモスクを訪れ、イスラームは平和の宗教であること、この戦争はイスラーム（ムスリム）を敵視するものではないことを声明した。その後もブッシュは「広報外交」に注力し、米国政権とイスラームとの親和性をアピールした。国務省の国際情報計画局（Bureau of International Information Programs）では“Muslim Life in America”というタイトルの広報用ウェブサイトを立ち上げ、米国社会におけるムスリムの存在を好意的に取り扱っていた(44)。

このようなブッシュ政権の「広報外交」の一方で、ブッシュ自身によるムスリムを冒涜する発言や、以下のような米国ムスリムの反感を買う出来事が続き、ブッシュ政権は米国ムスリムの信用と支持を失っていった(45)。

一九八〇年代に陸軍で功績のあった退役中将ウィリアム・ボイキン（William G. Boykin）は、二〇〇三年六月に国防総省国防副次官に任命された。同年一〇月、かつてのボイキンのソマリア駐留時の発言、「私の神は彼［ソマリア武装勢力の首領を指す］のものよりも偉大だ、私は自分の神が本物であり、彼のそれは邪神（idol）である」が取り沙汰された。米国内のムスリム諸組織は強く反発し、ボイキンの解任を求める運動に発展した。米連邦下院議会では、ボイキン解任を求める法案が提出され、法案提出者にはクシニッチも含まれていた。ブッシュ自身はボイキンの発言が「自分自身または政権の見解を反映したものではない」とし、この問題からは距離を置こうとしていた(46)。

中東地域を専門とする評論家ダニエル・パイプス［前出］は、その保守的な政治志向から中東研究界における「ネオコン」とされ、CAIRなどのムスリム諸組織からはイスラモフォビアを拡散させる要注意人物とみなされていた。二〇〇三年四月、そのパイプスをブッシュ政権は政府系シンクタンクである米国平和研究所（U. S. Institute of Peace）の評議員に推挙し、上院議会に承認を求めた。しかし、民主党議員らの反発を受けたため、ブッシュはパイプスを議会休会中の任命（recess appointment）とした。この決定にムスリム諸組織は強く反発し、パイプス解任の論陣を張った。結果的にパイプスは評議員を務めることになるが、ムスリムのブッシュ政権に対する不信感は一層強まった[47]。

一方で、米国ムスリムの中でも、少数ではあるがブッシュあるいは共和党を支持する者もいた。二〇〇四年九月シカゴで開催されたＩＳＮＡの年次全国大会では、イベント用の大ホール内の最も目に付く場所に、"Muslims for Bush"のタイトルを掲げた派手なブースが登場した。このブースのスポンサーは、コロラド州のパキスタン系移民のムスリムで、保険業で財を成したハサン家であった。マリク・ハサン（Malik Hasan）と妻と息子はブッシュ支持のウェブサイトを立ち上げ、今回の大統領選挙でブッシュ共和党の支持を強くアピールしていた[48]。

第2章で示したように、民主党のリベラルな政策を支持するムスリムが多い一方で、社会生活一般において保守的で、「小さな政府」を望む米国内のアラブ系やムスリムが共和党を支持しているのも事実である。一般論として、社会経済的地位が高い有権者が共和党支持に傾くとすれば、右のハサン家は、移民系のムスリムであっても共和党を支持することを示す典型的な一例である[49]。

ケリー支持への逡巡

米国ムスリムのブッシュへの不満は、対立候補であるケリーの支持に直結するものではなかった。イラク戦争開始前の二〇〇二年一〇月、ケリーは上院において対イラク武力行使権限付与決議に賛成票を投じていた。このためケリーは「テロとの戦い」について、総論では賛成するも各論では反対ないしは批判をするという、有権者にとって分かりにくい政策表明をせざるを得なかった[50]。

米国ムスリムのケリー支持への逡巡は、ケリーとイスラエルとの関係にも起因していた。第一に、民主党は米国内のユダヤ系の支持を得てきた政党であり、民主党政権は基本的に親イスラエルであるとの認識がムスリムにはある。第二に、ケリーの出自がアイルランド系のカトリックではなく中欧のユダヤ教徒であったとする報道がなされ、ケリー自身もこれを認めたことに米国ムスリムは注目した。米国とイスラエルとの関係を米国政策決定者層のユダヤ性によってのみ評価することは必ずしも妥当ではない。しかし、選挙時においてはユダヤ性あるいは親イスラエル的態度を強調することで、ユダヤ系とその周辺からの資金と票が見込まれることも事実である。また、ユダヤ系とムスリムとの対立側面を過度に強調することも妥当ではないが、米国ムスリムにとってユダヤ系候補を支持するという事は、二〇〇〇年選挙時のリーバーマンに対するものと同様に、やはり心情面で葛藤があることは否定できない。

それでも相対的には、民主党ケリー陣営は共和党ブッシュ陣営よりもムスリムに対するアウトリーチに前向きであった。ケリー陣営の当時の公式ウェブサイトでは、"Building Bridge to the Muslim American Community" と題するコーナーがあり、そこではブッシュ政権閣僚の一人であるジョン・アシュクロフト（John Ashcroft）司法長官の存在が象徴するような人種・移民差別的政策の変更、「愛国者法」の撤廃あるいは修正、レイシャル・プロファイリングの撤廃、ヘイトクライムに対する重罰化、宗教的自由の確保などが公約として掲げられていた。一方、ブッシュ陣営の公式ウェブサイトでは、米国ムスリムに対するアウトリーチは特に試みられていなかった(51)。

全国党大会・党綱領・候補者討論会

民主党の全国党大会は、ケリーの地元でもあるボストンで七月下旬に開催され、ケリーとエドワーズが民主党正副大統領候補となった。ムスリム諸組織の連合体であるＡＭＴ［後述］は談話室を設置し、民主党関係者との意見交換に積極的であった。しかし、民主党のムスリムに対する反応は低調であり、ＣＡＩＲの関係者は、「民主党がムスリム票を主要なブロック票とみなしているか否か分からない。むしろ、ムスリムに働きかけることがハンディキャップになるとさえ考えているようである」と述べていた(52)。

一方、共和党の全国党大会は、ニューヨークで八月末に開催され、再選を目指すブッシュとチェイニーが共和党正副大統領候補として指名された。初日夜の大会開始前に、ニューヨークのモスクのイマームで、ニューヨーク市警察所属のイマーム（Muslim Chaplain）がコーランの節を引用しつつ、開会時の祝祷を行ったことは注目された。また、米国に移住したシーア派のイラク人女性が演壇に立ち、米国を中心とする連合軍が今回のイラク戦争でフセイン政権を打倒したことを称賛し、ブッシュの中東政策を評価する演説を行った。イマームやイラク人の登場は、限定的ではあるがブッシュ政権のムスリムやアラブ系に対するアウトリーチの表現であった[53]。

全国党大会にて発表される両党の党綱領の中で、イスラエル、イラク、イラン、パレスチナに言及する回数は共和党の方が多く、総じて共和党の方が中東政策に関して多くの関心を示していた。ただし、例えばパレスチナ問題に関して、共和党綱領の中で国家としてのパレスチナに言及するのは一か所のみであり、「ロードマップ」を提唱するブッシュ政権にしてはパレスチナ国家独立に対する積極的な支持姿勢はみられない。米国におけるムスリム全般に関して、共和党綱領は、米国内の「数百万のムスリム信徒たち」を平和の促進のために必要な存在として肯定的に表現している。また、「テロとの戦い」がイスラームを敵視するものではないことも強調している。一方の民主党綱領は、米国ムスリムに関する言及はなく、海外のイスラーム諸国との連携強化という観点でのみイスラームあるいはムスリムに言及している。党綱領の比較では、共和党綱領が米国ムスリムに相対的により多くの配慮をしていることが指摘できる[54]。

候補者討論会については、ブッシュとケリーとの間で計三回が行われた。三回目になる討論会（一〇月一三日）の終盤で両者の信仰についてのやり取りがあった。ブッシュは自分の中で信仰は重要な位置を占めることを述べたうえで、「あなたがキリスト教徒であれユダヤ教徒であれイスラーム教徒であれ、あなたは同様にアメリカ人である。このことはアメリカにとって偉大なことであり、自分が選んだ信仰を行う権利がある」と述べた。ケリーもまた同様に、「全ては神（the Almighty）の賜物である。わたしがバイブルを拠り所とするように、様々な人々が、コーランであれトーラーであれ、様々な拠り所を持っている」と述べた。両者ともに信仰深いことと、信仰の多様性への寛容を示すという模範的な発言であったが、現状で米国ムスリムがイスラモフォビアによるハラスメントの対象になっていることへの憂慮などを示すことはなかった[55]。

このように、全国党大会、党綱領、候補者討論会のいずれをみても、民主・共和両党ともに積極的にムスリムにアウトリーチする意図はみられなかった。また両候補ともに、イスラモフォビア下のムスリムの人権擁護について言及することもなかった。これは、米国ムスリムに接近することが「テロとの戦い」に弱腰であると捉えられ、中道から保守にかけての幅広い層の支持を失いかねないという警戒心があったからであると考えられる。

ムスリムの選好とAMTの判断

米国ムスリムの支持候補について、予備選挙が本格化する前のCAIRの調査（二〇〇三年八月）によると、民主党のディーン（二六％）、クシニッチ（一一％）、ケリー（七％）、共和党のブッシュ（二％）となっていた。次に、民主党候補が事実上ケリーに決まった後の調査（二〇〇四年六月）では、ムスリムの支持候補はケリー（五四％）、ネーダー（二六％）、ブッシュ（二％）、未決定（一四％）となった。さらに、第三回候補者討論会が終わった時点の調査（二〇〇四年一〇月）では、ケリー（八〇％）、ネーダー（一一％）、ブッシュ（二％）となっており、ムスリムによるケリー支持とブッシュ支持の差が大きく開いたことが分かる。[56]

MAPSの調査（二〇〇四年）によると、ムスリムの有権者登録の状況について登録済み（八二％）、投票日の行動について「投票する」（八八％）となっており、投票意識の高さを示している。支持政党については、民主党支持（五〇％）、共和党支持（一二％）、独立派政党（三一％）となっていた。投票先については、ケリー（六八％）、ブッシュ（七％）、ネーダー（一一％）となっていたが、ケリーに投票する理由について、「ブッシュ（の政策・思想など）に反対して」という回答数（二九六人）が「ケリー（の政策・思想など）に賛同して」という回答数（二四六人）を上回っており、ムスリムのブッシュに対する不支持が顕著であった。また、重要視する争点について、国内政策（四四％）、対外政策（三四％）、その他（一四％）となっており、これはムスリムにとって「愛国者法」やイスラモフォビアの問題が、対イラクや対パレスチナ政策よりも重視されていることを示している。[57]

表5－1　アラブ系による支持率の推移

単位：％

	ブッシュ支持			ケリー支持			ネーダー支持			その他／未定		
	ムスリム	カトリック	オーソドクス	ムスリム	カトリック	オーソドクス	ムスリム	カトリック	オーソドクス	ムスリム	カトリック	オーソドクス
2月下旬	8	31	37	57	44	29	32	13	20	3	3	15
4月下旬	10	33	33	50	46	29	19	10	13	21	21	13
7月中旬	6	36	32	66	45	41	19	10	16	10	10	12
9月中旬	2	40	49	65	44	33	15	6	9	19	19	9
10月中旬	11	40	37	72	42	42	6	2	3	11	11	18
一般投票後出口調査	6	34	48	83	55	47	4	5	0	—	—	—

注：アジア系ムスリムと黒人系ムスリムは調査対象に含まれていない。

（出所）"Report on Arab American Battleground States Poll", Tracking Poll #1(February 24–26, 2004), #2(April 22–24, 2004), #3(July 9–11, 2004), #4(September 9–12, 2004) and #5 (October, 19–21, 2004), "The Arab American Vote in 2004; Poll of Arab American Voters in Michigan, Ohio, Pennsylvania, and Florida(November 2, 2004)," Zogby International for Arab American Institute. より筆者作成。

ゾグビー社は、アラブ系住人が多く、接戦州とされる重点四州（フロリダ・ミシガン・オハイオ・ペンシルベニア）に限定した世論調査を二〇〇四年中に行っている（表5－1）。

ムスリムによるブッシュの支持率が常に低い一方で、ケリー支持率は時間とともに上昇し、一般投票直前で七割以上を示している。ケリーの支持率上昇はネーダー支持者とその他・未定者からの票が加わった結果であることが読みとれる。また、同じアラブ系の中でも、ムスリムによるブッシュの支持率が著しく低い一方で、カトリックやオーソドクスのブッシュの支持率は必ずしも低くなく、逆にケリー支持率も顕著に高くないことが分かる。

二〇〇三年一二月、予備選挙の開始を前にして、AMT（American Muslim Taskforce［on Civil Rights and Elections 2004］）が発足した。AMTはムスリムによるブロック投票を目的とし、米国の主要なムスリム組織であるISNA、CAIR、MPAC、AMA、ICNA、MSAなどからなる連合体である。

二〇〇〇年大統領選挙時のAMPCCと同様に、アガ・サイードが再度コーディネータを務めた。AMTの「二〇〇四年選挙計画」では、"Civil Rights Plus" をスローガンとして掲げ、①市民権・人権、②国内問題としての公共善と福祉全般、③世界平和としての正義・戦争防止・米国＝ムスリム世界関係」が争点として提示された。全体として国内問題、特に人権や市民的自由に力点が置かれており、イラク問題やパレスチナ問題への意識は必ずしも高くない。"Civil Rights Plus" のスローガンが示すように、「九・一一テロ事件」以降は米国内のムスリム自身がイスラモフォビア下の困難な状況にあり、その人権状況の改善が第一の課題として位置づけられたといえる。二〇〇四年九月上旬に開催されたＩＳＮＡの年次全国大会では、ＡＭＴのサイードがパネルを担当する "Making A Difference : Unified American Muslim Action Plan for Election 2004" と題したセッションが設置され、多くの参加者を集めていた(58)。

一〇月下旬、ワシントン・ポスト紙は、「ブッシュを捨てたムスリム――ブッシュへの政策不信がケリー支持を拡大」、ロサンゼルス・タイムズ紙は、「アラブ系はネーダーからケリーに乗り換え」とそれぞれ報じていた(59)。

このような状況の中で、AMTは一〇月二一日にワシントンDCのナショナル・プレス・クラブで記者会見を開き、現職のブッシュ政権の諸政策に対する「抗議投票（protest vote）」として、民主党ケリー候補に投票する方針を声明した。この声明では最初に、ブッシュ政権による市民的自由と人権の侵害に対する批判がなされた。次にラルフ・ネーダー候補の主張に対する肯定的評価が示され、勝敗を無視して依然としてネーダーを支持する多数のムスリムに対する配慮がみられた。最後に、ケリーに対する支持方針が示され、声明の最後で、「我々の市民的自由を守るために、多くの者が共通の目的のためにともに投票することが死活的に重要である」とまとめた(60)。

注目すべきは、AMTの声明がケリーを全面的に支持しているものではなく、ケリーに対する「条件付き（限定的）公認（qualified endorsement）」という表現を用いていた点である。声明では、「国内問題、およびイラク戦争を含む国際問題に関するケリー上院議員との意見相違があることを認識しつつも、我々は米国憲法に則った正しい手続きと平等なる公正の回復に向けて、ケリー氏とともに努力する所存である」と述べられた。また声明では、ブッシュ政権が市民的自由への配慮を欠いており、米国ムスリムが「二級市民」扱いを受けていると批判した。そのうえで、国内政策（「愛国者法」問題や「非開示証拠」条項にみられる市民権の侵害や人種・民族・宗教的差別政策）と対外政策（特に、対イラク政策）に関して、ケリーが改善意欲を示している点を評価していた。

このようなケリーへの「条件付き公認」の表明は、二者択一という大統領選挙制度の中での「消極的選択」の性格を有する。このような方針となった背景には、AMTがケリー支持の統一方針を示さなければ、より問題のあるブッシュを利することになるとの懸念があったからである。またあえて条件付きの公認を表明することで、ケリー陣営に対する米国ムスリムからの注意喚起を含める意図もあったと考えられる(61)。

ムスリムの投票行動

二〇〇四年一一月二日、本選挙での一般投票が実施され、前回二〇〇〇年時のような混乱もなく集計結果は速やかに公表された。一般投票での得票率はブッシュが五一%、ケリーが四八%であり、前回二〇〇〇年選挙の時ほどの僅差ではないものの、接戦に競り勝った形でブッシュの再選が確定した(62)。

米国ムスリムの投票行動について、CAIRが行った出口調査によると、ケリーに投票が九三%、ブッシュに投票が一%、ネーダーに投票が五%であった。この中でフロリダ州（母数三三五人）では、ケリーに投票が九五%、ブッシュに投票が三%、ネーダーに投票が二%以下との結果であった。また、オハイオ州では（母数二二二人）ケリーに投票が八六%、ブッシュに投票が四%、その他に投票が一〇%との結果であった(63)。

ゾグビー社による出口調査（前掲の表5-1）は、一〇月中旬の数値と比較して、実際の投票ではさらに多くの票がケリーに流れたことを示している。一〇月中旬期の「その他・未定」の一一%がケリーに流れたとすれば、AMTによるケリーの「条件付き公認」声明が投票者の判断に作用した可能性はある。

また、MAPSが収集したデータから、二〇〇〇年と二〇〇四年の米国ムスリムの投票行動を比較したものが表5

表5－2　一般投票出口調査

単位：％

	立候補者	ムスリム全体	アラブ系	南アジア系	黒人系
2000年	ゴア	36.0	18.1	31.0	61.4
	ブッシュ	47.6	60.0	57.7	22.4
	ネーダー	13.9	19.3	9.3	13.3
2004年	ケリー	82.3	75.5	86.7	85.4
	ブッシュ	6.7	5.5	7.7	4.6
	ネーダー	10.0	17.5	5.3	8.2

（出所）Djupe and Green, op. cit, p. 233. Table 9.7. より筆者作成。

－2である。二〇〇四年選挙では、「ブッシュ離れ」の傾向が特に移民系ムスリムにおいて顕著である。

他に注目すべきは、今回のムスリム投票者の二一％が初めて大統領選挙で投票したという点である。これはムスリム諸組織による積極的な有権者登録活動の成果であろう。また、ピューによると属性別の投票行動として、ケリーに投票したのはムスリムの九三％、黒人の八八％、ユダヤ系の七四％、ブッシュに投票したのが福音派の七八％となっている。ここで示されたムスリムのやや極端なケリー支持率は、ＡＭＴによるブロック投票への呼びかけ以上に、根底にあるムスリムのブッシュ共和党政権に対する強い不信感が反映された結果であると考えられる(64)。

ＡＭＴの判断の妥当性と評価

今回のＡＭＴによるケリーに対する「条件付き公認」という判断については賛否両論がある。米国ムスリムを研究するムクテダー・カーンは、以下の諸点を挙げ、ＡＭＴの判断がケリー陣営もブッシュ陣営も敵にまわしてしまう悪手であるとして批判的である。①支持候補が落選した際、次期政権との関係悪化が不可避である。②選挙ごとにブロック投票をバーゲニング材料とすることは、政党との信頼関係の構築を困難にする。③支持候補をめぐる議論がムスリム社会内部の分断をもたらす危険性がある。④民主・共和両党の政策方針に大きな差がないという現状で、ムスリムの支持政党が四年間で変化することは不自然である。⑤ムスリムの政治力を過大宣伝することは、米国社会一般におけるイスラームに対する差別と偏見を助長する危険性がある。⑥ムスリム諸組織の指導者層（エリート層）に対するムスリム一般の無関心あるいは不信感が存在する。⑦「九・一一テロ事件」のような大事件が発生した場合、政権が選挙の際の支持者（投票者）に常に好意的であることが保障できない。⑧党派性に基づいたムスリムだけの利益ではなく、米国全体の利益の表明が必要である。(65)

カーンは、このようなブロック投票への懸念を以下のようにまとめた。「ブロック投票は民主主義の精神に反するものである。それは、エリートが決定したアジェンダをムスリム社会全体に押し付けるという非民主的な要素を含むからである。もし米国ムスリムが市民としての真の表明を行うのならば、自身の良心に従い、自身の関心と判断に基づいて、よりよい米国のために投票すべきである(66)」。

一方で、AMTの試みの意義は、米国ムスリムという多様性のある共同体のなかで政策を議論したことにあり、政策決定における民主的なプロセスを評価すべきとの考えもある。AMTでの議論の過程は、米国の民主的制度とイスラームにおける「シューラー（Shura）」（「合議」あるいは「評議会」の意）との融和であり、民主主義とイスラームとの不和を強調するオリエンタリスト的な見解に対する強力な反証例になるとの見方もある。(67)

ここで仮にブロック投票を是とした場合でも、米国ムスリムの内部的な多様性を鑑みれば、ムスリム票が実際にどれだけ「ブロック」となるかは不確実である。例えば、移民系ムスリムの中でもイラク出自のシーア派ムスリムであれば、スンナ派のフセイン政権を倒したブッシュ政権を支持するものも多い。また、前回大統領選挙の際には、従来から民主党を支持してきた黒人系ムスリムは、ブッシュ支持を呼びかけたAMPCCの決定に批判的で多くはゴアに投票した。今回の選挙では、AMT公認の候補が民主党ケリーとなったことで、結果的に移民系ムスリムと黒人系ムスリムとが合同したにすぎないともいえる。

また、一部のプログレッシブ系のムスリムは、米国ムスリム諸組織の指導層に批判的である。一例として、ウェブサイトMuslim WakeUp! の編集者らは、ＩＳＮＡが代表する多くの既存のムスリム諸組織を「エスタブリッシュメント」「エリート的」あるいは「保守的」として批判し、ＬＧＢＴのムスリムの擁護、女性のイスラーム聖職者への進出促進など、既存のムスリム組織が敬遠するような話題に関して積極的な発言を行っていた。ＡＭＴの活動についても、これはムスリムの一部エリート層の連合にすぎないとし、予備選挙ではディーンやクシニッチ、本選挙ではネーダーを支持する者も多かった(68)。

このように、米国ムスリムの政治志向はもとより一枚岩ではない。ただし二〇〇四年大統領選挙の場合は、ブッシュ政権に対する批判とイスラモフォビアへの危機感から、結果的に米国ムスリム社会はほぼ一致した形で民主党ケリーの支持にまわった。その意味で、ＡＭＴのブロック投票の推奨は、米国ムスリムの大多数の意向に合致していたといえる。

ムスリムへのアウトリーチ

予備選挙の段階でみたように、民主党のディーンやクシニッチ、第三党のネーダーらは比較的積極的にムスリムへのアウトリーチを行っていたといえる。一方、党公認候補となったケリーとブッシュはともに、ムスリムへのアウトリーチには消極的であった。

ケリーのアウトリーチの消極性の理由は、ムスリムとの接近によって有権者の中道から右派あるいは保守派にかけての支持を失いかねないという危惧にあった。ムスリムへのアウトリーチの手段として、ケリー自身がモスクを訪問し、ムスリムとのタウンミーティングを行うというような比較的単純な手法があり得たが、実際にはこのような手法はまったく採用されなかった。ＭＰＡＣがＡＭＴのケリー支持方針から撤退した際の声明文には、「ケリーは米国ムスリムの指導層と会うべきであった。しかし、ケリーは我々を避けることを選択した。おそらく、ムスリムに近いという理由で右派の論客らがケリーを批判するとの政治的読みがあってのことであろう」との指摘が含まれていた。また別の機会にAMTのアガ・サイードは、「米国内のムスリムに対する偏見や差別およびイスラモフォビアが広まっている環境」を考慮して、AMTがケリー本人に対し目立つ形でのムスリム指導者との会合をあえて求めなかったことを認めている(69)。

ケリーにとっては、「条件付き」とはいえムスリムからの支持表明は、むしろ「ありがた迷惑」に近いものだったともいえる。「九・一一テロ事件」以降のブッシュ政権に対する批判から、米国ムスリムの大部分が反ブッシュであることは既に明らかであり、ムスリムのケリー支持は折り込み済みであったはずである。ここでケリーがムスリムへのアウトリーチを行うことは、むしろ票獲得には不利に働く。また、仮にリベラルあるいはプログレッシブのディーンやクシニッチが民主党候補となっていれば、ムスリム票をかなり高率で獲得できたであろうが、彼らの本選挙での「当選可能性」は著しく低い。結果的に、弱小候補ほどムスリムにアウトリーチし、「当選可能性」の高い有力候補ほどムスリムへのアウトリーチを回避するという状況が発生した。

一方の共和党ブッシュ陣営にとっては、既に二〇〇〇年選挙時のような組織的なムスリム票の獲得が不可能であることが明らかであった以上、あえてムスリムへのアウトリーチを試みるよりも、むしろムスリムとは距離を置いて中道から保守層の取り込みに専念する方が票獲得には効果的であった。

このように、今回の大統領選挙に際してAMTあるいは米国ムスリムがいかに判断に逡巡したとしても、民主党・共和党の両候補にとってその判断の重要性は低く、もとより米国ムスリムは積極的にアウトリーチを試みる対象とはみなされなかった。そしてこのような立候補者によるムスリムへのアウトリーチの回避という姿勢は、後の大統領選挙でもみられる一つのパターンとなっていった。

3　二〇〇八年大統領選挙――オバマ対マケイン

二〇〇八年大統領選挙の概要

二〇〇六年の中間選挙で民主党が躍進し、民主党は上下両院で多数派となった。ナンシー・ペロシ（Nancy Pelosi）が女性で初めての下院議長となったことは民主党の躍進を印象づけた。民主党の躍進は、長期化するイラク戦争への厭戦気分、ハリケーン・カトリーナ災害（二〇〇五年八月末）への不十分な対応など、共和党ブッシュ政権に対する不満が反映された結果とみられる。中間選挙終了から翌二〇〇七年にかけて、民主党ではエドワーズ、ヒラリー・クリントン、オバマの順で次回大統領選挙への正式立候補が表明された。また、前回に引き続き立候補したクシニッチに加え、バイデン（連邦上院議員、デラウェア州）の立候補もあった。

二〇〇七年中はクリントンが有力視されていたが、翌二〇〇八年一月のアイオワ州党員集会では、オバマが首位となり、以後オバマ人気が急騰することになった。一月下旬のサウスカロライナ州予備選挙終了後にはエドワーズが撤退し、以後はクリントンが正式に立候補を断念する六月上旬まで、クリントンとオバマとの一騎打ちの接戦となった。(70)

共和党では、マイク・ハカビー（Mike Huckabee：アーカンソー州知事）、ジュリアーニ（元ニューヨーク市長）、ミット・ロムニー（Mitt Romney：マサチューセッツ州知事）、マケイン（連邦上院議員、アリゾナ州）、ロン・ポール（Ron Paul：連邦下院議員、テキサス州）らがそれぞれ出馬を表明した。当初は混戦であったが、二〇〇八年一月のアイオワ州とニューハンプシャー州党員集会、二月五日のスーパーチューズデイを経て、マケインが首位となった。三月四日のスーパーチューズデイⅡを終えた時点で、事実上マケインの共和党指名獲得は確実となった。

米国の有権者一般にとって二〇〇八年の大統領選挙の主要争点は、経済問題とイラク問題の二つであった。予備選挙開始直前（二〇〇七年一二月）には、「経済・雇用」（二四％）と「イラク」（二三％）という内政と外交に関する二つの争点が、他の諸争点、「医療」（一〇％）、「テロ対策」（九％）、「移民」（五％）、「政治倫理」（四％）、「倫理・家族の価値観」（三％）などよりも重要視されていた。ただし、本選挙終盤（二〇〇八年一〇月）になると、「経済・雇用」（五三％）が突出し、その他の争点はそれぞれ数％の値にまで落ち込んだ。いわゆる「リーマン・ショック」（二〇〇八年九月）による経済状況の急速な悪化が大きく影響したと考えられる。結果的には、経済問題という国内問題がこの選挙での最重要争点となり、イラク問題やテロ対策問題は後景化した。(71)

両党候補者とムスリム

オバマとムスリムとの関係は第3章で詳述しているので、ここでは民主党ヒラリー・クリントンおよび共和党候補者らとムスリムとの関係について確認しておく。

前述のように、一九九〇年代、民主党クリントン政権は米国内のムスリム社会と友好的な関係を持っていた。しかし、クリントン政権が終盤を迎え、ヒラリーがニューヨーク州から連邦上院議員選挙に立候補する段階となって、ムスリム社会との関係は冷却した。ユダヤ系の政治的影響力の強い同州での選挙において、立候補者がムスリム社会と距離を置くことは必然でもあった。

このためヒラリー・クリントンは、二〇〇七年に大統領選挙への立候補を表明した後も、ムスリム社会に接近する姿勢を見せなかった。一方のムスリムにとっても、クリントンの上院議員転出時の態度の変節、上院議員時代の親イスラエル姿勢、イラク戦争開始時の武力行使承認などから、クリントンに対する見方は冷めたものであった。ただし、米国ムスリムの中ではブッシュ共和党政権に対する反発から民主党候補が選好されていたこと、その民主党候補の中で当初はクリントンが優勢だったことから、米国ムスリムの中でもクリントンに対する一定の期待はあった。CAIRの世論調査（二〇〇七年末）では、ムスリムの支持はクリントン（二四％）、オバマ（二〇％）、その他候補は数％以下となっていた。また二〇〇八年一月下旬にニューヨーク・タイムズ紙が民主党候補者の中でクリントン支持の立場を表明するなど、二〇〇八年初頭の段階では米国ムスリムの中ではクリントンと、ほぼ無名のオバマの間で選好が拮抗していたと考えられる(72)。

一方の共和党に関しては、ほとんどの候補者らは、米国ムスリムにとって看過し難いイスラモフォビア的言動を随所で見せており、米国ムスリムの支持の対象とはなり得なかった。

ジュリアーニは、「九・一一テロ事件」の被害を受けたニューヨークの市長としての対応を評価されていたが、米国ムスリムにとっては違う観点で評価を下げていた。二〇〇七年七月、ジュリアーニは自身の外交政策の顧問団を公表したが、これは「ＡＩＰＡＣのドリームチーム」と揶揄された。その顧問団には「ネオコン」の代表的論客ノーマン・ポドレッツ（Norman Podhoretz）、親イスラエルでリクード政権寄りの研究者マーティン・クレイマー（Martin Kramer）らが含まれており、両者ともに米国ムスリムにとっては評判の悪い存在であった。また二〇〇八年初頭から放映されたジュリアーニ陣営の選挙公報用テレビＣＭでは、イスラーム世界が危険で邪悪なものとして描写され、これに立ち向かう強い指導者ジュリアーニという、あからさまなイスラモフォビア的内容が問題視されていた(73)。

ハカビーは、「イスラーム的ファシズム（Islamofascism）を打倒すべき」など、ジュリアーニと同様に、イスラームの危険性を強調し、イスラームを敵視する右派・保守派の思考に準じたコメントを繰り返していた。また、泡沫候補ではあったが、共和党のトム・タンクレード（Tom Tancredo）連邦下院議員は、イスラーム原理主義者による米国攻撃を「抑止」するために、イスラームの聖地メッカとメディナを空爆してもよいなどと発言したこともあった(74)。

ロムニーは、モルモン教徒という宗教的マイノリティ出身であり、リーバーマン（正統派ユダヤ教徒）が出馬した二〇〇四年大統領選挙時と同様に、政治と宗教との関係が注目された。しかし、ロムニーに、同じマイノリティであるムスリムに対する共感的な姿勢は特にみられなかった。二〇〇七年九月の支持者集会で、あるムスリム参加者が、ロムニー政権が成立した場合にムスリムを閣僚とすることを考慮するかと質問した。ロムニーは、米国ムスリムの人口比からみて閣僚ポストは与えられない、ただし、「ムスリムがより低いレベルで私の政権に参画することはあり得る」

と答えた。ロムニーのこの回答は、ムスリムに対する排他的な姿勢を示すものと受け止められた[75]。

ムスリムとの関係においては、本命となったマケインもまた他の共和党候補と大差はなかった。二〇〇七年九月には、ムスリムが大統領になる可能性についての質問に対して、米国はキリスト教の原則で建国されており、自分と同じ信条（キリスト教）の者が大統領になることを好む、という返答をしている。このような発言は、キリスト教右派とは一定の距離を保ってきたとされるマケインが、予備選挙前半に支持率が伸び悩む中で、キリスト教右派への接近を意識したものとみられている。またマケインは、「テロリズム」「テロリスト」の語に「イスラームの」という形容詞を常套的に前置して用いており、ＩＳＮＡが、そのようなイスラモフォビアを拡大するような語の使用法を改めるように抗議することもあった[76]。

ただし、マケインが市民討論会（二〇〇八年一〇月、ミネソタ州レイクビル）で、「オバマが大統領になると恐ろしい」や「オバマはアラブ人」などとする参加者の発言を制し、「重要な問題について意見は違うが、礼儀正しい家族思いの市民である」としてオバマを擁護したことは、マケインの政治家としての懐の深さをうかがわせるものであった[77]。

なおロン・ポールは、そのリバタリアニズム的志向から政府の介入や強制を嫌い、人権侵害にも至る「愛国者法」の導入に反対し、イラク戦争にも反対していたことから、米国ムスリムからは一定の評価を得ていた。ただしポールは、民主党におけるクシニッチと同様に、ムスリムと共通する見解はあるとしても、その他の有権者の多くから支持は期待できなかった。ポールは、リバタリアニズムの観点から国民を拘束するようなブッシュ政権の政策を批判しているのであって、必ずしも米国ムスリムやマイノリティ、海外のイスラーム諸国を擁護しているわけではなかった[78]。

このように、マケインも含めて共和党の候補者に概ね共通するのは、イスラームとテロリズムさらにはファシズムを同一視するというイスラモフォビア的視点を、右派・保守派を取り込むため、一種の恐怖戦術として意図的に表明している点である。またイラク問題に関しては、民主党候補の全員が何らかの形で米軍の撤退を主張している一方で、共和党候補者らは全員が駐留継続を主張していた。選挙の重要争点であるイラク戦争に関しては、ほとんど全てのムスリムが反対していることから、これらの共和党候補が米国ムスリムの支持の対象になることは難しかった。

全国党大会・党綱領・候補者討論会

オバマの登場で注目された民主党の全国党大会は、八月下旬コロラド州デンバーで開催された[79]。今回の党大会では、米国ムスリムは前例のない存在感を見せた。その一例として、オープニング・イベントの一つとして"Faith in Action"と冠された宗教間対話集会が開催された。キリスト教保守派に傾倒する共和党に対抗して民主党の宗教的寛容と宗教・宗派を越えた団結をアピールする意図があり、ペロシ下院議長、ディーン民主党全国委員会委員長、コロラド州知事ら民主党幹部の出席もみられた。内容は、ユダヤ教ラビ、プロテスタント司教、カトリック修道士、イマームらによる祈祷および演説であり、ムスリム代表としてディアボーンのモハンマド・マルディニ（Mohammad R. Mardini）師が祈祷した。またＩＳＮＡ会長のイングリット・マットソンが行った演説"Our Sacred Responsibility to our World"の内容は、米国のムスリムは政治的・社会的に厳しい環境に置かれているが、それでもなお、ムスリムにとっての米国は最良の場所であることを強調するものであった[80]。

ムスリムの存在感を示すもう一つの例は、党大会期間中に、「米国ムスリム民主党党員集会（American Muslim Democratic Caucus）」が開催され、一五〇〇人程度の参加があったことである。この集会は米国ムスリムに関係する民主党員による交流企画であり、党大会期間中に様々な民主党支持の関係組織が自発的に開催するものの一つである。民主党の連邦下院議員のエリソンとカーソンは、この党員集会では重要人物であり、それぞれ演説を行った[81]。

採択された民主党の党綱領については、「憲法と自由を再確認する」の項目で、「……我々は、アラブ系米国人、米国ムスリムを含む、法を遵守するいかなる出自の米国人も、国家安全保障の脅威としてスケープゴートとならないことを確かなものとする。……」と述べる。二〇〇四年の民主党綱領に米国ムスリムに関する言及がなかったことを考えれば、今回は国内のムスリムの人権問題に触れている点で、一歩踏み込んだ内容となっている。

一方の共和党全国大会は、九月上旬にミネソタ州セントポールで開催された。共和党大会では、民主党大会のようなムスリムが関わる企画は実施されなかった。むしろ、既に述べたような共和党のムスリム・バッシングといった選挙戦術を再確認するように、大会で登壇した有力共和党員らはムスリムに対する敵対心を煽った。中でもジュリアーニの演説は、民主党が「イスラミック・テロリズム」という表現を使わないように配慮している点を偽善的と捉え、ムスリムとテロリストを同一視するなど、ムスリムを挑発する内容であった。同演説のなかで、「テロとの戦い」の節になると観衆は熱狂的な盛り上がりを見せ、同時に「イスラーム／イスラミック」という表現が、民主党での配慮とは対称的に、テロ問題との関連で意図的に使われていた印象さえある。[82]

共和党綱領については、「テロとの戦い」の文脈の中で「……米国のアラブ系およびムスリムの貢献に深く感謝し……」の部分のみがムスリムに言及している。二〇〇四年の共和党綱領が、米国内の「数百万のムスリム信徒たち」を平和の促進のために必要な存在とし、「テロとの戦い」がイスラームを敵視するものではないと述べていたことと比較すると、ムスリムの観点から内容的には後退したといえる。このように党綱領に関しては二〇〇四年大統領選挙時から逆転して、共和党よりも民主党の方が米国ムスリムおよびイスラームに対して、より広範な配慮を示していた。[83]

大統領候補者討論会において、「イスラーム」や「ムスリム」という単語は一語も使われず、米国ムスリムに関しても特に議論はなかった。ただ第二回大統領候補者討論会（一〇月七日）で、オバマは権威主義的なパキスタンのパルヴェズ・ムシャラフ（Pervez Musharraf）政権に批判的で、同政権がオサマ・ビン・ラーデンおよびアル＝カーイダ撲滅に消極的であれば米国自身が行動すべきとの持論を再提示した。一方、マケインは現地政府との協力を優先すべきとしており、オバマの方が強硬な姿勢であったことがパキスタン系ムスリムの間で若干の関心をひいた。[84]

ユダヤ系へのアプローチ

第3章で、「九・一一テロ事件」以降の米国においてはイスラームとの近接性が政治的に不利に働き、これがオバマにとって大統領選挙時の課題となっていたことを述べた。米国政治の文脈においては、イスラームとの近接性は「テロとの戦い」で「弱腰」とみなされるだけでなく、「イスラーム＝アラブ＝パレスチナ」という関連性から「反イスラエル」とみなされることにもつながる。ユダヤ系は全米の有権者の約二％を構成するにすぎないが、米国の大統領選挙において、ユダヤ系の個人および組織の支持を獲得することは党内での指名獲得だけでなく、本選挙での勝利には不可欠な要素である。

ユダヤ系へのアプローチに際しては、候補者のイスラエルとの関係、および米国の中東政策に対する姿勢が問われる。予備選挙でオバマの党内ライバルとなったクリントンは、米国ユダヤ系の牙城ともいえるニューヨーク州選出の現職上院議員であり、既にその親イスラエル姿勢は証明されていた。一方でオバマに関しては、外交政策面での経験が希薄であったこともあり、その中東政策への姿勢が注目されていた。

二〇〇八年二月五日のスーパーチューズデイの際の出口調査では、ユダヤ系の五四％がクリントン支持、四四％がオバマ支持という調査結果がある。クリントンに対する劣勢を脱すべく、オバマは積極的にその親イスラエル姿勢をアピールし、その妨げとなる「オバマはムスリムであり、したがって反イスラエル的である」という主旨の噂の払拭に必死であった。五月、オバマはフロリダ州ボカラトンのシナゴーグ（B'nai Torah Congregation）で市民集会も行った。(85)

以前オバマは市民集会（二〇〇七年初頭）で、中東問題に関して「パレスチナ人ほど苦労している者はいない」というイスラエル批判とも取れる発言をしたことがある。ユダヤ系や親イスラエル派は、この発言の真意についてオバマを質すことになった。これに対してオバマは、イスラエル政府ではなく、和平交渉の停滞とテロ非難に消極的なパレスチナ自治政府に問題があると釈明した経緯がある。(86)

共和党もオバマの弱点を突くことに余念はなかった。一例として、二〇〇八年四月、ラジオのインタビュー番組で、ハマース指導部の顧問アフメド・ユーセフ（Ahmed Yousef）が「我々はオバマが好きであり、彼が大統領になることを望む」など、オバマを賞賛するコメントをした。このコメントは、ブッシュ大統領、マケインら共和党候補、そしてクリントン候補の全員が親イスラエル的であるが、新顔のオバマは親イスラエル的でないことを期待してのものとみられる。しかし、マケインはこのコメントを捉えて、オバマが中東のテロ問題に弱腰であり、外交政策にも通じていないとしてオバマを攻撃した(87)。

今回の選挙でマケインは、民主党出身でありながらマケイン支持を表明するリーバーマンの協力を得てユダヤ系への接近を図っており、民主党にはユダヤ票喪失の危機感があった。さらに、伝統的にユダヤ系が支持してきた民主党は、今回の予備選挙でクリントン支持とオバマ支持で分裂気味であった(88)。

米国において、大統領選挙への出馬をはじめとする政治活動を行う際、ユダヤ系の支持と選挙資金を獲得するために、親イスラエル・ロビー組織のAIPACにて演説を行うことが定式化されている。政党を問わず大統領選挙立候補者の「親イスラエル度を競わせる」手法はAIPACのロビーイングの巧みさでもある。今回の大統領選挙でも、クリントンは出馬表明の一〇日後（二〇〇七年一月二〇日）、オバマも出馬表明からほどなくして（三月二日）AIPACで演説している。さらにオバマはクリントンが撤退した後、あらためてAIPACの年次総会（二〇〇八年六月四日）で演説した。オバマはこの演説で、イスラエルと米国との協調関係を強調し、テロを支持するイラン、シリア、ハマースを批判し、エルサレムの分割に反対するなど、ムスリムやアラブ系にとっては不満の多いものとなった。オバマにとっては、これまでクリントンと二分してきた民主党内部でのユダヤ系の支持を、今後は自分一人で漏らさず獲得するために、親イスラエル姿勢を一段ステップアップする必要があった(89)。

この後、オバマは二〇〇八年七月下旬、中東・ヨーロッパ諸国歴訪の一部としてイスラエルとパレスチナ自治区を訪問した。イスラエルではガザに近い小都市スデロトで、ハマースによって打ち込まれたロケット弾の残骸の山を背景にして、米国によるイスラエルの安全保障へのコミットメントをあらためて強調した。また、以前に示唆したイランに対する柔軟姿勢を払拭し、イランに対しても強い姿勢で臨むことを約束した(90)。

イスラモフォビアの存在と親イスラエル的な米国政界の現実を踏まえると、ある公職立候補者がイスラエルへの支持を表明することと、その候補者がムスリムないしはイスラームとの関わりを否定することは、選挙戦術としては同じコインの裏表である。オバマにしてもクリントンにしても、ムスリムやイスラームに好意を示し、ムスリム社会にアウトリーチを試みることは不必要であるだけでなく、回避すべきリスクであった。このような状況は、パレスチナ問題というグローバルな側面に起因する、米国政治における米国ムスリムの構造的な脆弱性を示している。

補記――ISNA年次全国大会に参加して

ＩＳＮＡの年次全国大会は、例年レイバー・デー（九月第一月曜日）の連休に合わせてコンベンション・センターで大規模に開催される。その参加者の主体は米国在住のムスリムであるが、海外のムスリム、非ムスリムの研究者、ジャーナリストなども多い。大規模な研究学会の年次大会に似た側面がある一方、年に一度米国ムスリム同士が連帯感を強め、交流を活性化させる社交イベントとしての性格もある。

筆者は過去数回、ＩＳＮＡの年次全国大会および地区大会に参加し、全体セッションや部会・分科会セッションを見聞してきた。二〇〇八年の年次全国大会は二カ月後に大統領選挙一般投票が控えており、米国ムスリムの政治的な動向がどのように表れるか関心を持って会場（オハイオ州コロンバスのコンベンション・センター）に入った。二〇〇八年の年次大会は、八月下旬のデンバーでの民主党全国大会でオバマが党指名候補となった直後であり、オバマ・フィーバーの余熱も残る中での開催であった。また、第四五回となる二〇〇八年のＩＳＮＡ大会のテーマは、"A Time for Change" となっており、オバマの選挙スローガンと重なっているのが意味深長であった。[91]

大統領選挙に関連するものとして "Election 2008 : Understanding the Issues and Getting Involved in the Process" というセッションが持たれた。前述のアガ・サイードやムスリム活動家のスヘイル・カーン（Suhail A. Khan［後述］）らが登壇していたが、「オバマかマケインか？」といった時事評論や支持演説ではなく、ムスリムの政治参加への取り組みを一般的に議論するものであり、むしろ時事的な議論は避けているような印象であった。ISNAは「米国内国歳入法五〇一（C）（三）」により税の減免や寄付金の税控除が適用される組織であり、組織として特定の党派性や候補者支持を控えており、ムスリム指導者層やムスリム諸組織が、オバマへの支持表明を「自主規制」している雰囲気もあった。

しかし、大多数のムスリムのオバマ民主党支持は明らかであり、このような傾向は随所にみられた。あるセッション（"Mobilizing the Muslim Political Machine : Effective Strategies for Community-Based Political Advocacy"）では、現職の民主党下院議員エリソンとカーソンをスピーカーとして招いていた。全体としてはムスリムの政治参加の重要性を説く内容であったが、例えばカーソンがオバマ民主党候補を評価する内容に触れると会場は一斉に拍手で沸いていた。また自身の選挙を控えているカーソンは、夕刻に臨時のトーク・セッション（実質的には支持者集会）を設けるなど、自身の選挙活動にも熱心であった。

より明確にオバマ支持がみられたのは、土曜日夕刻にある大会のメインとなる全体セッションであった。米国ムスリムの中でも人気のある著名なスピーカーが登壇するセッションである。一九九六年設立の米国初のイスラーム教育施設 Zaytuna Institute（於カリフォルニア州バークレイ、二〇〇九年以降は Zaytuna College）の創設に関わったザイド・シャキール（Zaid Shakir）師は "A Time for Reflection : A Time for Change" と題して、写真スライドを用いて米国ムスリムの歴史と黒人公民権運動の歴史を関連させたプレゼンテーションを行った。内容は、マーチン・ルーサー・キング牧師を称賛し、その系譜を受け継いだオバマを賞賛する内容であった。いつものように熱く語るシャキール師に観衆も盛り上がっていた。拍手喝采の中でシャキール師が演壇を去った後に、司会者が「ISNAは五〇一（C）（三）に基づく組織であり、特定の政治宣伝はいたしません！」とアナウンスしていたが、その形式主義が会場の笑いを誘っていた。続いて登壇したハムザ・ユースフ（Hamza Yusuf）師――同じく Zaytuna College の創設者であり、米国で最も人気のある若手イスラーム指導者の一人――も、変革をもたらす民主党オバマを明らかに支持するスピーチを熱く行い、これも会場を盛り上げた。

このように、ムスリム組織は建前としては政治的な中立性を掲げ、また同時にオバマ支持が反ムスリム的な反動をもたらすことを警戒して、表向きは選挙での公認を避けていたにもかかわらず、ムスリム組織もムスリム個人も、暗黙の了解として「オバマ民主党支持」を共有し、その意味では支持候補について（移民系も黒人系も含めて）米国ムスリムが分裂するような厳しい政治論争がおこる余地はなかったといえる。

ムスリムにとっての選挙の争点

米国ムスリムにとっての選挙の争点について、「リーマン・ショック」以前のCAIRの調査（二〇〇六年一〇月）では、「教育」（二五％）、「市民的自由」（二四％）、「パレスチナ・レバノン紛争」（二〇％）となっており、国内の経済問題は重視されていなかった。しかし、「リーマン・ショック」を経た一般投票後の出口調査によると、最終的な投票の段階で選択に影響を与えた重要なイシューとしては、「経済」（六三％）が圧倒的に高く、次に「アフガニスタン・イラク戦争」（一六％）、「教育」（五％）、「市民的自由」（四％）となった。他の有権者一般と同様に、ムスリムにも選挙戦終盤での急速な景気後退が大きく影響し、他の諸イシューは埋没した。ただし、「ムスリムとしての」争点を問うと、「市民権」「人権」「市民的自由」の問題がかなり高い頻度で回答に表れており、イスラモフォビアの影響を無視することはできない[92]。

なお、このようなムスリムに特殊な事情は、一般的な選挙の争点提示の中で十分に取り上げられないことがある。それは、大手メディアや世論調査機関による調査において、「市民的自由」や「人権」という調査項目そのものが欠如している場合が多く、米国ムスリムの置かれている政治的社会的事情を適切に評価することが困難になっているからである。このような調査では、争点として「テロ対策」や「国家／国土安全保障」という項目がしばしば含められるが、これらはむしろ「市民的自由」の争点とは相反する意味合いを持つ。一例として、「愛国者法」は、米国民一般にとっては「テロ対策」の一環として重視されるが、ムスリムにとっては、むしろ自身の「市民的自由」を脅かす悪法として否定的に捉えられている。結果的に、ムスリムは、争点として「テロ対策」を重視することに大きな留保を示す(93)。

今回の大統領選挙で米国ムスリムは、イスラモフォビア解消を問題意識として持ちながらも、経済とイラクという目前の問題も無視できなかった。経済問題に関して、マケインは共和党の伝統的な保守主義、すなわち「小さな政府」、規制緩和、市場開放、自由貿易などの自由主義経済を強調した。一方、オバマとクリントンは民主党の伝統的なリベラル志向を前面に出し、財政出動や公共投資など「大きな政府」を強調した。特にクリントンは、一九九〇年代の大統領夫人時代に頓挫した「ヘルスケア」を再び持ち出すなど、オバマよりも一歩踏み込んだ形で医療保険制度の改革を唱えた。米国で過度にリベラルな経済政策は、「社会主義的」として拒否反応をもたらすが、選挙戦後半の「リーマン・ショック」により、一般世論の多くは政府による救済を強く期待した。そして、もとよりリベラル志向の強いムスリムも、民主党の経済政策を肯定的に評価していた。

イラク問題に関して、マケインは米軍のイラク駐留継続を強く支持し、さらなる増派を主張した。一方、オバマとクリントンはともに早期の米軍撤退を主張した。ただし、クリントンは上院議員としてブッシュ政権の「テロとの戦い」を支持し、上下両院による対イラク武力行使承認合同決議（二〇〇二年一〇月）に賛成票を投じている。当時上院議員ではなかったオバマはこの決議に関与していないため、イラク戦争反対の主張に関しては、オバマの方により説得力があった。このことからオバマは大統領就任後一六カ月以内の米軍撤収を公約に掲げることができ、イラク戦争に非常に強い関心を示す米国ムスリムは、オバマの「反イラク戦争」の立場を躊躇なく支持することができた(94)。

オバマに対する支持とジレンマ

あるオバマ支持のムスリム女性は、自身のオバマ支持を公に表明できないジレンマを訴える。

「ええ、私はオバマ支持を屋根の上からでも叫びたいわ。でもオバマが次の大統領になるチャンスを台無しにしたくないの。まったく、この状況っておかしくない？」[95]

この選挙期間中、オバマ陣営は「オバマはムスリム」問題を回避すべく、オバマを支持するムスリム組織や個人から一定の距離を維持し続けた。一例として、ムスリムであるキース・エリソン連邦下院議員がアイオワ州シーダーラピッズ（Cedar Rapids）のモスクで、オバマに代わってムスリムにアピールするための支持者集会を企画したところ、オバマ陣営がエリソンに企画の中止を要請したという。また、オバマは選挙運動としてキリスト教会やシナゴーグはしばしば訪問したが、モスクを訪問したことはなかった。ムスリムたちの間では、「当選してほしくない候補者を［我々ムスリムが］公認した方がよいかも」という自虐的なジョークも聞かれるほどであった。[96]

オバマ陣営は、米国ムスリムの気分を害したり、オバマ自身がアピールする包摂性の高さを損ねたりしないよう配慮しつつも、「オバマはムスリム」のような誤った噂を封じ込めることに苦心していた。オバマの支持者集会でのスカーフ女性排除の件など（二〇〇八年六月［前出］）、オバマを支持するムスリムを失望させる出来事もあった。民主党は過去の大統領選挙でも宗教アウトリーチ（faith outreach）において共和党の積極策に遅れをとり、今回の選挙に向けて宗教アウトリーチの積極策を模索していたが、その対象となる宗教はキリスト教の各派であり、ムスリムへの対応が検討された形跡はほとんどなかったとされる。このようなアウトリーチの偏りについて、オバマ陣営は、選挙運動は必ずしも個々の宗教・宗派を対象とするものではなく、「全体を見ながら（holistic）」行っていると弁解していた。[97]

このようなムスリムと距離を置くオバマ陣営の選挙戦術に関し、米国ムスリムは次のように理解し、現実的な対応をしていた。「オバマがムスリムに対して公にアウトリーチしない理由は、オバマが明確な政治的計算をしているからである。すなわち、ムスリムから得られる票は、ムスリムに接近することで失う票よりもずっと少ないのである」。そして、「ウィンクとうなずきでムスリムたちが支持しても、ウィンクを投げ返すことができない候補者［オバマ］

を支持し続ける」という不本意な状況を受け入れていた[98]。
　このような状況に関し、民主党は表向きにはムスリムの疎外を否定する。民主党全国委員会委員長であるハワード・ディーンは、米国ムスリムと民主党との関係について以下のように語っていた。

「第一に、民主党がムスリムとの接触を望んでいないというのは真実ではない。ご存じの通り、我々［民主党］には、ムスリム議員が二人いるが、共和党には一人もいない。……民主党が包摂の政党であるのは明らかで、マイノリティ集団は、共和党員としてではなく民主党員として公職を目指すほうがずっとうまくいっている。民主党は多様な集団を受け入れるが、共和党はそうではない[99]」

　ディーンは、二〇〇七年九月のＩＳＮＡ年次全国大会（於シカゴ）の特別企画に参加し、ムスリムが積極的に政治参加することを期待する内容の演説をしている。ただし、この際のディーンの演説は、民主党が宗教的マイノリティに寛容であることを強調したにすぎず、ムスリムに対して積極的にアウトリーチしているとはいえない内容であった[100]。
　ムスリムに接近して、その立場を擁護することは、現状の米国政治においては「死の接吻」にあたるものだとする見方もある。このようにムスリムへのアウトリーチに関しては、民主党も共和党もほぼ同様に警戒と拒否の態度を示してきた。「共和党候補者らはムスリムを敵として扱い、オバマ陣営は民主党支持のムスリムを抱えながらも、触れてはいけないもの（untouchables）として扱っていた」という評は、的を射ているといえよう[101]。

ブロック投票――効果と是非

　前回の大統領選挙の際に結成されたＡＭＴは、今回の大統領選挙に際しても存続はしていた。しかし、公式ウェブサイトの更新も不十分で、新規に取り組む積極姿勢はみられなかった。ただしＡＭＴは、実質的にはオバマ支持の方針であり、周囲もそのように理解していたようである。例えば、AMTの行った模擬投票では、オバマが九八四ポイント、マケインが二九一ポイントで、オバマの圧勝であった。AMTは、「誰に」投票するかではなく、「イシューに」投票しようと呼びかけていたが、そのイシューの提示の仕方としては、「市民的自由と人権を擁護する」「米国経済を回復する」「世界平和に取り組む」「環境保全」「ヘルスケアの実現」「移民政策」など、民主党が掲げるイシューに力点が置かれ、共和党に多くみられるイシュー提示である「テロとの戦い」「安全保障の確保」などは希薄であり、民主党支持に有利な設定であった[102]。

AMTのアガ・サイード自身も、あるインタビューで、米国ムスリムはオバマの主張に同調しているとして以下のように述べている。「オバマは、交渉による解決や外交的承認を求めるなど、ムスリム社会の思考を取り入れている。これが、クリントンやマケインとの違いである。オバマは世界全体にとっての利益となる新しい感性や変革をもって選挙活動をしてきた[103]」。

最終的に、AMTは前回のような公認候補の公表を行わず、投票日の前日に関係者に対して「オバマ支持」をメール配信したにとどまった。その際、この決定は前述の模擬投票に基づいた、オバマに対する「間接的な公認」とされた。この控えめな対応の背景には、オバマ選挙陣営の方から、ムスリムによるオバマ支持は大きく公言しないでほしいという要請があったとみられている。また、オバマ人気が高い中で、オバマを公認しないことでムスリムが米国の主流から取り残されないようにするための妥協の産物でもあった。今回のAMTの行動の経緯は、自分たちが支持する候補を公言できないという、米国ムスリムの置かれた厳しい現実を示していた[104]。

AMTのアガ・サイードら政治参加に積極的なムスリムは、ムスリム票動員によるブロック投票の有効性を従来から主張してきた。今回の選挙で、オバマがフロリダ州、バージニア州、ノースカロライナ州では僅差で勝利したことを考慮すると、「米国ムスリムは勝敗のカギを握る投票集団の一つとなった」との評価も可能であり、ブロック投票による米国ムスリムの政治参加に肯定的な見方もできる[105]。

しかし、一般投票前の二〇〇八年一〇月公表のCAIRの調査では、ブロック投票に賛成か否かとの問に対して、ムスリムの約四六％が賛成（強く賛成二一・七％、賛成二四・六％）、約三一％が反対（強く反対九・一％、反対二一・七％）、約二三％が分からないと答えている。この調査は、ブロック投票に必ずしもコンセンサスがあるわけではないことを示している。(106)

リベラル派およびプログレッシブ派のムスリムからは、ブロック投票を推進するAMTのあり方への批判もあった。一例として、AMTが個別の判断を考慮せず「一一時になって」決定を伝えるような上意下達で投票を求めることは「未熟な民主国家における選挙政治の機能不全」であり「ムスリム有権者における政治的無関心と萎縮という、米国ムスリム社会が望むものと反対の方向に行き着く」という批判もあった。(107)

過去二回の大統領選挙でブロック投票の問題点を指摘してきたムクテダー・カーンは、今回の選挙についても以下のような慎重な考えを示した。カーンによれば、米国ムスリムは、主としてムスリム組織によって、その人口規模、経済力、教育水準などと同様に、その政治的影響力が過大評価されてきた。米国ムスリム人口を約二三五万人とする二〇〇七年のピューによる調査結果など、二〇〇八年に至っては、米国ムスリムの実態がより冷静に示されている。したがって、候補者側からしても、ムスリム有権者をまとまった票田としてアウトリーチの対象とする意義は低下しているはずである。しかしながらカーンは、ブッシュ政権第三期のようなマケイン政権の登場は回避すべきであり、オバマ陣営がムスリムと距離を置きたがっていることは十分に承知のうえで、したがってオバマからの好意的なアプローチが明示的でなくとも、オバマを支持すべきだとも主張する。ただしその際でも、オバマのイスラームとの個人的な近接性を強調するのではなく、すなわちアイデンティティ・ポリティクスに拘泥するのではなく、あくまでオバマが提案する政策に注目すべきだとした。(108)

このようなブロック投票に関する異論と、オバマ支持を公言しにくい環境によって、二〇〇八年選挙ではムスリム諸組織は、AMTの方針とは別に、判断を個人に任せたうえで、有権者登録の促進と情報提供に集中した。CAIR

やＭＰＡＣのような有力ムスリム組織は、それぞれ民主・共和両党の主要な立候補者のプロフィールやアジェンダに対する立場などをまとめてウェブサイトに掲載した。いずれのウェブサイトに関しても、特定の党や立候補者を支持または批判することのない不偏性を前提とし、あくまでムスリム有権者が判断するための情報を提供し、ムスリムの政治参加を拡大させることを目的とした(109)。

今回の大統領選挙で特徴的であったのは、オバマ対マケインという構図となれば、たとえムスリム内でブロック投票をめぐって意見の相違があるとしても、イスラモフォビアに対する強い不満がムスリムの凝集性を高める結果をもたらしたことである。共和党マケイン政権の誕生が現状維持であり、一方で民主党オバマ政権の誕生が現状に「変革」をもたらすことが予想されれば、ＡＭＴによるブロック投票の呼びかけの有無にかかわらず、米国ムスリムはオバマに投票することが予想された。したがって、結果としてムスリムの大多数がオバマに投票したことと、ＡＭＴによるブロック投票の試みが存在したこととの直接の因果関係は弱かったものと考えられる。

ムスリムの投票行動

ギャラップの調査（本選挙期間中）によると、今の時点で大統領選挙が実施されたとすれば、米国ムスリムの七九％がオバマに、一一％がマケインに投票すると回答していた。また同調査では、ユダヤ系は六〇％がオバマに、二八％がマケインに投票すると回答し、米国の有権者一般としては、四四％がオバマに、四〇％がマケインに投票すると回答している。このことからも、ムスリムのオバマ民主党支持は明らかであり、極端であるとさえいえる(110)。

実際の一般投票での米国ムスリムによる投票行動に関して、MuslimVotersUSA が投票後にＥメールで行った調査（回答者数五一二）によれば、ムスリムの九四％がオバマに、三％がマケインに投票したとされる。同調査で二〇〇四年選挙で誰に投票したかについて訊くと、六五％がケリーに、六％がブッシュに投票したと回答しており、今回のオバマ民主党候補がムスリムの圧倒的な支持を獲得したことが分かる(111)。

また、ＡＭＴによる電話インタビュー調査（回答者数六三七）によれば、八九％がオバマに、二％がマケインに投票した。右のMuslimVotersUSAの調査結果とＣＡＩＲの調査（二〇〇八年一月三〇日公表）結果をつき合わせてみると、ムスリムの中の浮動票（無党派層）のほとんどすべてが民主党オバマに向かったことが推測される。ＣＡＩＲの出口調査では、政党帰属意識について、民主党（六三％）、共和党（四％）、無党派（二九％）であった。無党派の割合が無視できないものの、民主党支持の傾向は不動である。候補者選択において最も重視したイシューに関しては、経済（六三・三％）が突出し、対アフガニスタン・イラク戦争（一六・一％）、教育（五・〇％）、市民権（四・一％）、国家安全保障（三・八％）となった。いずれも「リーマン・ショック」以降の経済問題に対する高い関心がみられるが、これ以外では中東・イスラーム地域での米国の軍事介入、または市民権や人権に関わる項目も重視されている(112)。

前述のように、多くのムスリムがオバマに投票することが予想されていたが、かなり明確な結果となった。これについてニューズウィーク誌は、ムスリムの市民的自由を侵害したブッシュ共和党政権からの「変革」と、オバマの約束する「団結と希望」に対する期待が大きいとみる。イスラモフォビアにさらされながらもオバマに投票したムスリムの多くは楽観的で、前述のスカーフ女性排除の一件に関しても、事後にオバマが当該女性に謝罪したことがむしろ好感を与えたとしている(113)。

ＡＭＴのアガ・サイードはシカゴ・トリビューン紙のインタビューで、ムスリムにとって今回の選挙はブッシュ政権八年間に対する信任投票（レファレンダム）であり、「愛国者法」などで市民的自由を疎外するのではなく、ムスリムを守ってくれる候補者に投票した結果だと述べていた(114)。

今回の選挙をムスリムの投票行動の観点から分析したカルファーノらは、米国ムスリムというマイノリティがオバマというマイノリティ出身の候補者の選出に関与したことは、自分たちの声を政治に届けるという点で大きな転換点であったとする。そして、米国ムスリムは最終的な選挙結果を左右するような勢力とはならないものの、米国政治における一つの政治勢力に至ったことは明らかであると結論している。その際にカルファーノらは、「ムスリムが社会的に保守的な立場をとることを考慮すると、妊娠中絶や同性婚に関してムスリムと同様の考えを持つ福音派やローマ・カトリックとの便宜的な連携が、将来どのように展開していくかは興味深い」とし、オバマ後の米国で共和党候補がムスリム票を取り込んでいく可能性を指摘している点は示唆的である。[115]

また調査結果に明確に表れてこないものの、オバマが登場したこの選挙はムスリムの若年層を大いに刺激したと考えられる。ある若年層ムスリムの聞き取り調査では、「特に一五歳から三〇歳までの若いムスリムたちが米国政治へのつながりを感じた」と指摘されており、これらの政治的な刺激を受けた若年層ムスリムが、一部は選挙権を手に入れたことで、より積極的に政治参加していくことになったと考えられる。[116]

結果的に二〇〇八年大統領選挙では、オバマに前回のケリーのようなムスリムに対して投票を逡巡させる要素はなく、ムスリムは予備選挙の段階から一貫してオバマを支持した。ブッシュ政権の諸政策――特に対アフガニスタン・対イラク戦争、「愛国者法」――に対するムスリムの否定的評価、およびその政策の継承者と目されたマケインへの猜疑心と、逆に何か新しいものを予感させるオバマに対するいくぶん楽観的な肯定的評価が組み合わされれば、米国ムスリムの投票が圧倒的にオバマに向かったことは当然であったともいえる。オバマの登場は、もとより内部に大きな多様性がある米国ムスリムを団結させ、ムスリムの持つ政治志向の差異を覆い隠すこととなった。[117]

4　二〇一二年大統領選挙――オバマ対ロムニー

二〇一二年大統領選挙の概要

二〇一二年大統領選挙では、前回選挙時のオバマの人気と注目度はかなり低減していた。オバマの任期初年度のゼネラルモーターズ（GM）社などの政府救済、翌年の医療保険制度「患者保護及び購入可能な医療の提供に関する法律」（通称「オバマケア」）の導入など、「大きな政府」の政策には批判も多かった。このため、二〇一〇年の中間選挙では民主党が議席を減らし、連邦下院議会の多数派を共和党に奪われた。二〇一一年以降は政府機関の閉鎖危機などもあり、オバマの指導力と支持率が大幅に低下したなかで迎えた大統領選挙となった。対抗する共和党は景気低迷、高失業率、財政赤字など経済問題でオバマ政権を追求し、ビジネス界出身の経歴から経済政策の手腕が期待されるミット・ロムニー、マサチューセッツ州前知事が再度出馬し、支持率でオバマに肉薄した。結果的にはオバマが再選を果たすものの、一般投票での両者の獲得票の差が現職大統領の再選としては最低水準となる辛勝となった(118)。

この選挙において、米国の有権者一般にとっての関心事は圧倒的に経済問題であった。ギャラップの調査（二〇一二年二月）では、選挙の争点として重要とされた項目は、「経済」（九二%）、「失業」（八二%）、「連邦財政赤字」（七九%）となっていた。前回選挙では「テロとの戦い」が重要争点の一つとなっていたが、二〇一一年五月のオサマ・ビン・ラーデン殺害、同年一二月のイラクからの米軍撤退を受けて、「テロおよび国家安全保障」への関心は七二%と相対的に重要度を低下させていた(119)。

米国ムスリムも経済問題は重要視していたが、他のイシューについても軽視はしていなかった。MPACの調査（二〇一二年五月から六月）によれば、今回の選挙で米国ムスリムが投票の際に考慮するイシューとして、以下の一〇項目を挙げている（重要性の順番）。「移民」「環境」「税・連邦予算」「国家安全保障」（テロ対策を含む）、「対外援助」「社会的セーフティネット整備」「社会問題」（市民権、妊娠中絶、女性を含む）、「メディケア／メディケイド」「南アジア政策」「宗教的自由(120)」。

同時期のピューの調査では、米国ムスリムは移民受け入れ政策に関して、「勤勉さと能力によって米国を強化する」として肯定的な者が七一%（有権者一般で四五%）、「雇用、住宅、健康保険の面で負担となる」として否定的な者が二二%（同四四%）となり、移民系が多数を占める米国ムスリムは移民問題には寛大な政策を求めていた。また税・連邦予算に関して、これを政府の大きさのあり方と解釈した場合、「サービスを多く提供する『大きな政府』」を支持する者が六八％（同四二％）、「サービスを少なく提供する『小さな政府』」を支持する者が二一％（同五〇％）となり、米国ムスリムは「大きな政府」を期待する傾向が強く、リベラルな政治志向を示していた。[121]

拡大するイスラモフォビア

大統領選挙と重なる二〇一〇年から二〇一二年の間に、米国ムスリムとイスラモフォビアに関わるいくつかの問題が発生していた。

「グラウンド・ゼロ・モスク」

フェイサル・アブドゥル・ラウフ［前出］が主導する宗教間対話活動である「コルドバ構想（Cordoba Initiative）」は、ニューヨーク市街地ロウアー・マンハッタンにある古いビルを改築し、その活動拠点となる高層ビル施設の建設を計画した。しかし、この施設建設予定地が「九・一一テロ事件」で倒壊した世界貿易センタービルの跡地から二ブロックの距離にあったため、二〇一〇年になってから反イスラーム主義者らを中心とする建設反対運動が起った。アブドゥル・ラウフは、この施設は多宗教間のコミュニティー・センターであるとし、当時のニューヨーク市長マイケル・ブルームバーグ（Michael Bloomberg）も建設を認可していたが、反イスラーム主義者や共和党の保守派は「九・一一テロ事件」の犠牲者を冒涜する「グラウンド・ゼロ・モスク（爆心地モスク）」と称し建設に反対した。この件についてオバマは、二〇一〇年八月、ホワイトハウスでのラマダン行事の際に「ムスリムにも宗教を実践する他と同様の権利がある」として建設を擁護したが、このことはむしろ論争に拍車をかけた。結果的に、この建設計画は強い反対の中で頓挫することになったが、モスク建設に関わる問題が容易に政治化することを示した一件であった。[122]

コーラン焼却牧師

フロリダ州ゲインズビルにあるキリスト教会のテリー・ジョーンズ（Terry Jones）牧師は、『イスラームは悪魔のもの（"Islam is of the Devil"）』というあからさまなイスラモフォビア的書物を著す活動家でもあった。ジョーンズは「九・一一テロ事件」から九年目の二〇一〇年九月一一日を「コーラン焼却国際デイ（International Burn a Koran Day）」と称し、公開でコーランを焼却するイベント開催をフェイスブックで告知した。これが米国内のみならず国際的な問題になることも予想されたため、オバマ自身もテレビのインタビュー番組でこのイベントの中止を呼びかけた。結果的にジョーンズはコーラン焼却イベントを実施しなかったが、米国ムスリムだけでなく米国外のムスリム社会からも多大な批判が寄せられた。この出来事はイスラームを蔑視する特異な一個人が引き起こした騒動であったが、コーラン焼却という過激な言動は、米国を超えてムスリム社会を挑発する一大事件でもあった。(123)

ピーター・キング公聴会

ニューヨーク州選出の連邦下院議員ピーター・キング（Peter King：共和党）は、二〇一一年に下院国土安全保障委員会委員長に就任したことを機に、米国ムスリムの急進化に関する特別公聴会を開催することを告げ注目を集めた。「米国ムスリム社会の急進化の程度と同社会からの反論（"The Extent of Radicalization in the American Muslim Community and that Community's Response"）」と題された公聴会は、米国ムスリム社会が急進化し、法遵守にも非協力的であり、テロ対策上の脅威であるというキング自身の考えを喧伝するための機会とみられた。二〇一一年三月から二〇一二年六月まで計五回開催された公聴会では、保守派のムスリムも含めキングの考えに沿った内容の証言をする者が大半であったが、民主党下院議員であるエリソンは米国ムスリムを強く擁護する証言で反論した。しかしこの公聴会は、共和党保守派によるムスリムを対象とした「魔女狩り」的性格が強く、かつての「日系人強制収容」や「マッカーシズム」を想起させるものとして、ＣＡＩＲやＭＰＡＣをはじめとするムスリム組織だけでなく、民主党を中心とする連邦議員や人権擁護組織による非難の対象となった。このキング公聴会は、米国社会に存在するイスラモフォビアが、公職者と公権力によって正統化されていく典型的な事例であった(124)。

これらの出来事が米国内で展開している時期、「アラブの春」が中東の政治変動をもたらしていた。そこでは、民主主義後進地域である中東・アラブ諸国で民主化が進展する可能性への期待の一方で、権威主義政権が倒れた後に民主主義政権ではなく、イスラーム急進主義政権が登場することへの懸念が存在した。米国内では右の三つの出来事に加え、反シャリーア法制定の政治運動も進行しており、イスラームと政治についての否定的な連鎖反応が強まっていた(125)。

予備選挙の展開

ＡＡＩ（Arab American Institute）が行った米国人一般の各宗教（徒）に対する態度（好感度）についての調査（二〇一二年八月）によると、米国ムスリムは米国内の宗教・宗派社会の中で最も否定的に捉えられている集団である。その中でも政党支持別にみると、民主党支持者はムスリムに対して「好ましい」が四九％、「好ましくない」が二九％であるのに対して、共和党支持者は前者が二六％、後者が五七％と逆転しており、ムスリムに対する態度に党派性の違いが明確に出ていた(126)。

このような世論を反映して、今回の選挙でも共和党候補者らにイスラモフォビア的言動が目立ち、もはやイスラモフォビアが共和党の個性として確立されていたともいえる。ピザチェーン店経営などで成功した実業家のハーマン・ケイン（Herman Cain）は共和党候補者の中で唯一の黒人であったが、ムスリムに対しては最も差別的な発言が目立った。出身州テネシーのマーフリーズボロ市でのモスク建設への反対、病院での担当医の名が「アブダッラー」であったことへの不信感、自身が政権担当者になれば国家に忠誠を誓わないムスリムを任用しないなどの発言が取り上げられた。またシャリーアを危険なものとし、同時期に進行していた反シャリーア法制定運動を強く支持していた(127)。

下院議員のバックマンはティーパーティ系からの支持を得て注目を集めたが、保守的なティーパーティ支持者はイスラームに関して明確に否定的であった。下院情報委員会の委員でもあるバックマンは、米国政府の諸組織内部にムスリム同胞団のスパイが潜入しており、米国の安全保障および政治外交に脅威を与えているという主張をしていた。そしてバックマンは、キース・エリソンがムスリム同胞団に関わってきたと主張し（両者ともにミネソタ州からの連邦下院議員）、バックマンとエリソンの間で激しい非難の応酬となった。この対立の中で、ラッシュ・リンボー（Rush Limbaugh）のような保守派の論客が「彼女は合衆国憲法の責務を果たしているのだ」としてバックマンを擁護する一方、同じく共和党の有力議員であるマケイン上院議員がバックマンの姿勢を批判するなど、イスラームをめぐる議論は場外乱闘の展開に至った。(128)

また、保守派の本命とされたニュート・ギングリッチも、イスラモフォビアを煽る候補者であった。ギングリッチは、オクラホマ州などでの反シャリーア法制定の動きに加勢するように「私は米国でシャリーアを押しつけるいかなる試みにも反対し、……いかなる状況でもシャリーアが使われることがないよう連邦法を持つべきである」と発言していた。さらにギングリッチは、二〇一一年六月、最初の共和党候補者討論会で、米国政府に浸透しようとする悪者として、ムスリムをナチスや共産主義者と同列に扱った発言でムスリムの反感を招いた。ギングリッチは、このような自身の反ムスリム姿勢を冷戦期の「赤狩り」に例え、当時論争をもたらしたものの「赤狩り」が結果的に正しかったと主張して、自身の言動を正当化していた。このようなギングリッチのイスラームに対する強い嫌悪は、彼の保守的な宗教的信条とキリスト教右派組織との強い協力関係に起因するものと考えられる。(129)

予備選挙が二月に入ると、リック・サントラム（Rick Santorum）が注目され始めた。ギングリッチと同様、共和党候補者の中でも最もキリスト教右派・保守派に近い位置にあるサントラムは、ムスリムに対する配慮を持ち合わせていなかった。前年一一月の共和党候補者討論会で、サントラムは空港などでのセキュリティ確保のためのレイシャル・プロファイリングの手法をムスリムに適用すべきと発言していた。またサントラムは、オバマ政権のイランに対する政策が弱腰だとして、自分が大統領であればイランを軍事攻撃すると発言し、イスラーム世界への軍事介入に敏感な米国ムスリムの反感を買った[130]。

共和党候補者の中でも例外的に、ロン・ポールはムスリムの間では肯定的な評価を得ていた。ポールは、政府の介入や強制を批判し、ムスリムが人権侵害として問題視する「愛国者法」に反対し、多大なコストとリスクを伴うイラク戦争にも反対していた。二〇一二年二月、ポールはアラブ系やムスリムが多いディアボーンをアラブ系学生組織の後援を得て訪問している。ただしポールは、前回の大統領選挙への出馬時と同様に、自身のリバタリアニズムの観点から発言しているのであって、必ずしも米国内のムスリムの意見を代弁しているわけではない。ＡＡＩのジェイムズ・ゾグビー（James Zogby）は、以下のようにポールの限界を指摘していた。「人々は、ロン・ポールを二〇〇四年選挙時のラルフ・ネーダーと同じように捉えている。それは、いくつかのイシューに関して、自分が聞きたいことをポールが話してくれるからだ。……ポールに対する思いは理解できるが、長続きしないだろう[131]」。

またリック・ペリー（Rick Perry）テキサス州知事は、米国ムスリムとの関係ではやや特異であった。ペリーは地元テキサス州でイスマーイール派イスラームの直系とされるイマームで富豪でもあるアガ・カーン四世（Aga Khan IV）と懇意にしており、同州内でのアガ・カーン財団の教育施設の受け入れなどにも好意的であった。このことはペリーの出馬表明に際して表面化し、共和党保守派や反イスラーム的なブロガーたちの批判の対象となった。ペリーは予備選挙の早い段階で撤退することになり、その後アガ・カーンらムスリムとの関係については取り上げられることはなかったが、米国の政治家が、イスラームやムスリムとの接点を持つことが政治的に大きな障害となることを示す一件となった[132]。

ロムニーとムスリム

共和党の予備選挙は序盤を経てロムニー、ギングリッチ、サントラム、ポールの四候補が残っていたが、四月以降はロムニーが優勢となり、五月下旬には事実上ロムニーの勝利が決まっていた。

米国ムスリムは、ロムニーが前回二〇〇八年大統領選挙時に、自分の政権にムスリム閣僚は不要とした発言を忘れていたわけではない。また、ロムニーが中東問題対策顧問に、かつてのレバノン内戦でキリスト教徒派の民兵組織に関与したことがあり、近年では反シャリーア法制定運動にも関与しているワリド・ファレス（Walid Phares）を登用したことにムスリムは懸念を示した。またロムニーが、反イスラーム主義者であるボイキン退役中将らとの会合に出席したことも懸念の対象となった(133)。

ただし、予備選挙を通してイスラモフォビア的言動が目立つ他の共和党候補と比較すれば、ロムニーのイスラームやムスリムに対する態度には節度があった。これは、従来からキリスト教右派・保守派が、ムスリムとモルモン教徒を同じく差別の対象としていたことから、ロムニーがマイノリティとしてのムスリムに一定の配慮を示していたからと考えられる。むしろロムニーは、イスラームという宗教と信条の問題に関心が集まることで、モルモン教徒という自身の出自があらためて詮索されることを警戒し、イスラモフォビア的言動から距離を置いていたとも考えられる(134)。

米国ムスリムと共和党との関係に関して、イスラモフォビアに加担しない共和党候補者であれば、倫理観や社会的価値観に関して基本的に保守的なムスリムの支持を得ることも可能である。この点は二〇〇〇年大統領選挙でムスリムがブッシュを支持したことにみられる。実際今回の選挙においても、ムスリムの中にはオバマの四年間の諸政策を批判し、ロムニーこそが「賢い選択」だと主張するものもみられた(135)。

またペンシルベニア州のあるムスリム男性は、"Muslims for Romney" の名の組織を立ち上げて選挙活動に取り組み、以下のように非常に強い社会的保守主義の立場を主張した。

「この組織の目的は、共和党員とムスリムに対して『両者の価値観がいかに近いか』を示し、ムスリム有権者に『目を覚まし、妊娠中絶や同性愛者の権利と戦う』よう促すことにある。ムスリム有権者と民主党との『罪深く不自然な同盟（unholy, unnatural alliance）』を嘆き、ムスリムに米国内の社会問題にもっと注意を払うことを勧める(136)」

今回の選挙で、ロムニーにムスリム票を引きつけるような特別な要素があったわけではない。しかし、共和党からイスラモフォビアが消去された場合、そして民主党の候補者にムスリムが望むような政策が期待できない場合、これまで圧倒的に民主党を支持していたムスリムでも、その中の「保守票」が共和党に向かうという潜在的な可能性に留意すべきであろう。

オバマとムスリム

オバマに関しては、その出自やイスラームとの近接性について既に前回選挙の過程で十分に「詮索」されていることから、今回の選挙ではオバマ政権第一期の諸政策に対する評価が、ムスリムによるオバマ評価の鍵となる。国内政策に関しては、初期の緊急経済対策や医療保険制度改革について、「大きな政府」支持の傾向が強いムスリムは特に問題視しなかった。また、ムスリムの関心の高い移民問題については、オバマ政権第一期には包括的な移民制度改革には至っておらず、是非も含めて十分な評価の対象にはならなかった。

しかし、市民的自由については、ブッシュ政権期に制定された「愛国者法」の扱いが問題となった。「愛国者法」は成立当初から米国市民の人権とプライバシーの侵害につながるとして、米国ムスリムも含めて多方面から批判があり、その一部については期限付き条項（sunset clause）とされていた。しかし二〇一一年二月二六日、民主党議員を中心に反対意見の強い中、同法の期限付き条項の延長が上下両院で可決された（上院賛成七二反対二三、下院賛成二五〇反対一五三）。当時、G8首脳会談でヨーロッパ滞在中であったオバマが「遠隔署名（autopen）」によって同法延長を承認したことは、自身に対する批判を回避するための手法とみられた[137]。

「愛国者法」は、アフガニスタンとイラクでの「テロとの戦い」と同様に、ブッシュ政権の諸政策の中で米国ムスリムが最も問題視した政策の一つであった。前回大統領選挙時に「愛国者法」を批判してきたオバマが、今回この法の延長を承認したことは米国ムスリムを大いに失望させることになった[138]。

対外政策に関しては、「テロとの戦い」と「アラブの春」が、米国ムスリムの関心事であった。「テロとの戦い」に関して、オバマが公約に沿う形で、二〇一一年一二月にイラクからの米軍撤退を完了したことは肯定的な評価の対象となった。一方でオバマはアフガニスタンにおいては米軍兵力を倍増し、一〇万人規模の米軍を展開させた。オバマの「テロとの戦い」で特に問題視されたのがドローンを活用した「標的殺人（target killing）」と呼ばれる手法である。標的技術が進歩し、米兵の死傷リスクを大幅に低減できるドローンは、オバマ政権期に使用頻度が一気に増大した。標的をテロリストに限定しているとはいえ、一般人の巻き添えや誤爆も報告され、目に見えない形の「オバマの戦争」に対しては米国ムスリムを含め懸念を示す者が多かった。また二〇一一年一〇月には、米国籍でアル＝カーイダ系のイスラーム指導者であるアンワル・アル＝アウラキ（Anwar al-Awlaki）師がイエメンで米軍ドローンによって殺害された事件は、その合法性をめぐって議論になった[139]。

「アラブの春」に対するオバマの対応に関しても、米国ムスリムの評価は高くはない。二〇一〇年末のチュニジアでの民主化要求運動は、米国が対応する間もなく政権崩壊へと至ったが、翌年初頭のエジプトではオバマ政権の対応が注目された。しかしオバマは「歴史の正しい側に立つ」としながらもエジプトの民主化勢力を積極的に支持する姿勢は見せず、慎重な対応でムバラク大統領の辞任を促すにとどまった。リビアでは米国は「後方からの指導」と揶揄された間接的な軍事介入にとどまり、シリアでも反政府勢力に限定的な「非殺傷支援」を行うにとどまるなど、いずれも民主化勢力の積極的支援は行わなかった。同様の慎重な対応はバーレーンなど湾岸諸国での民主化運動に関してもみられた[140]。

このようなオバマの民主化運動支援への消極的な姿勢は、それがオバマの現実主義的な慎重さによるものだったとしても、米国ムスリムにとってはオバマへの期待を削ぐものとなった。ＣＡＩＲの調査（二〇一二年一〇月）では、「アラブの春」に対する米国の支持は十分か、との問いに対して「十分（四八・五％）」「不十分（五一・五％）」とあり、オバマの対応は米国ムスリムから必ずしも良い評価を得ていなかった[141]。

ただし、このようにオバマ政権の個々の政策には何らかの留保がついたものの、米国ムスリムのオバマ支持の基本姿勢は極端には後退しなかった。ピューの調査（二〇一一年四月から七月にかけて実施）によれば、オバマ政権の業績全般を肯定的に評価する者は米国人一般が四六％であるのに対し、ムスリムは七六％と高い。また米国の向かう方向性について、米国人一般で満足が二三％、不満足が七三％であるのに対し、ムスリムでは満足が五六％、不満足が三八％と逆転している。(142)

多くの米国ムスリムは、大統領就任後のオバマが積極的にイスラモフォビアの拡散防止に取り組まず、米国ムスリムの人権を守る行動をとってこなかったことに落胆している。ただし、同時に米国ムスリムは、オバマが公的政策としてムスリム擁護をすることが、政治的に、特に選挙戦の最中には困難であることも了解していた。このため、共和党候補者のイスラモフォビア拡散傾向と、大統領選挙という二者択一の制度の中にあっては、オバマ民主党を選択する以外の選択肢はなかった。「反イスラーム的な恐怖を拡大している候補者は、経済、雇用、市民権、教育、健康保険など真の問題から関心をそらしているとみなされるべきだ。……オバマにあと四年を委ねて当初の課題にとり組むことを期待する者がほとんどであろう」という見方が大勢であった。(143)

また、ムスリム下院議員のエリソンはアル＝ジャジーラとのインタビューで、オバマのドローン使用依存への批判についても、ドローンはテクノロジーであり、テクノロジーは重力と同じで止められるものではないとしてオバマを擁護していた。エリソンはムスリムの大多数がオバマに投票するであろうとの考えを示し、当選後も投票した候補を支持し続けることの重要性を強調していた。(144)

ムスリムの投票行動

ＣＡＩＲが一般投票の約一カ月前に行った世論調査では、オバマに投票するとした者が六八％、ロムニーが七％、未決定が二五％となっていた。この調査では、ムスリムの民主党支持が前回二〇〇八年調査時の四九％から六六％に増加し、共和党支持はほぼ変わらず九％であった。政治志向については、リベラルが二六％、保守が一六％であるが、中道（moderate）が五五％と最も大きく、リベラル傾向はあるものの極端なものではない。選挙の争点で重視するイシューとして（複数回答）、「雇用と経済」（九八％）、「教育」（九七％）、「ヘルスケア政策」（九七％）、「メディケアと社会保障」（九六％）、「市民権（九六％）」が上位となり、「テロと安全保障」（九一％）、「移民制度改革」（八五％）、「イスラエル・パレスチナ紛争」（八三％）、「対イラン戦争の可能性」（八一％）、「シリアでの内乱」（七八％）は相対的に下位となっていることから、「全体として、ムスリム有権者は国際的イシューよりも国内的イシューに優先順位をおいている」との評価が付されている。[145]

また、AAIによる調査で、アラブ系のムスリムに限定すると、オバマに投票するとした者が七五％で、ロムニーは八％に過ぎなかった。なお、キリスト教徒を含めたアラブ系全体でみると、オバマに投票が五二％、ロムニーが二八％となり、アラブ系の中でもムスリムのオバマ支持が顕著であることが分かる。[146]

一一月六日、一般投票が行われた。その結果は、獲得選挙人数では差が付いたものの、得票率ではオバマが五一・一％、ロムニーが四七・二％と接戦であった。二〇〇八年選挙では、オバマ五二・九％、マケイン四五・七％であり、オバマにとっては厳しい再選であった。

今回の米国ムスリムの投票行動のデータとして参照可能なものは、CAIRの限定的な調査（Eメールによる回答）が唯一である。この調査によると、回答者数六五〇人で九五・五％が投票に行き、八五・七％がオバマに投票し、四・四％がロムニーに投票したとされる。また回答者のうち四一・五％が民主党支持、七・四％が共和党支持、四〇・六％が無党派と答えた。この調査結果についてCAIRの代表者らは、高投票率からムスリムの政治参加が進んでいるとし、フロリダ州、バージニア州、オハイオ州などの接戦州でムスリム票がオバマ再選に重要な役割を果たしたと評価した。[147]

この投票行動の結果を前出のCAIRの一〇月の世論調査の結果と比較すると、一〇月時点で未決定であった者の多くが、結果的にオバマに投票したと考えられる。また約四割が無党派と回答していることから、米国ムスリムの民主党支持は必ずしも固定しているものではなく、共和党候補との比較の結果として民主党候補のオバマに投票していることが考えられる。このような米国ムスリムの投票行動は、他のエスニック集団あるいは宗教集団と比較した場合、約七割がオバマに投票したユダヤ系以上の偏向がみられ、九割以上がオバマに投票した黒人の投票行動に近いものであった(148)。

ブロック投票の限界

今回の選挙でアガ・サイードからAMTのコーディネータを引き継いだナイーム・ベイグ（Naeem Baig：二〇一三年からはICNA会長）は、ブロック投票について「いくつかの接戦州において決定的なものとなりえる」とし、その重要性を指摘している。CAIRの推計によると、全てオバマが制した接戦州であるオハイオ州で約五万人、バージニア州で約六万人、フロリダ州では約七万から八万人のムスリムが二〇一二年に有権者登録していたとされ、このような接戦州の存在とムスリム人口の偏在を考えれば、ブロック投票の有効性は否定できない。同様にムスリム研究者のファリード・センザイ（Farid Senzai）によれば、接戦州の一つであるフロリダ州では一般投票の得票差は約七・三万票であったが、有権者登録したムスリムは一二・四万人おり、「立候補者らがこれらを無視することはできない」としていた(149)。

ただし、過去の大統領選挙時とは違い、今回の選挙でのAMTの活動はかなり限定的であった。AMTの組織についても、以前参画していたISNAやMPACは今回参画しておらず、事実上、ICNAとCAIRが主体となって運営しており、AMT代表者らもこの二組織から出ていた。そしてAMTの組織としての活動は、特定候補の支援や公認ではなく、選挙など政治参加への啓発活動に力点を置いていた。一例としては、一一月二日（金曜）を"National Voters Reminder Day"として、投票を呼びかけるキャンペーンを展開した。その目的は、ムスリム投票率の拡大

（九割以上を目標とする）、ムスリムにとっての重要イシュー（「市民的自由」「世界平和」「国民皆保険制度」「教育」「公平な移民制度と社会正義」）についての候補者の見解を検討することなどであった[150]。

ＣＡＩＲとＭＰＡＣは、特設ウェブサイトをそれぞれ開設し（"Presidential Voter Guide" CAIR, "Election Kit-My Faith, MY Vote, My Future" MPAC）、ムスリム有権者に選挙情報を提供した。特定候補の応援には偏らず、ムスリム全体の政治的リテラシーの向上と政治参加への意識拡大に力点を置く方針は、他のムスリム組織にも共通してみられた[151]。

このように今回二〇一二年選挙では、米国ムスリムによるブロック投票の試みは、組織的にはほとんど推進されなかったとみてよいであろう。ロムニーがあからさまな反イスラーム主義者ではなく、オバマに親イスラーム的政策や言動が欠如していたとしても、事前の世論調査が示しているように、二者択一の選挙制度からすれば米国ムスリムの多数はオバマに投票することが織り込み済みであり、ＡＭＴなどのムスリム組織があえて特定候補（オバマ）を推奨する意義は乏しかったといえる。

今回の選挙では、ムスリムの有権者登録が進み、初めて投票する者も増えてムスリムの投票率が上昇し、全体として米国ムスリムの政治参加が順調に拡大していることは確認できる。しかし同時にムスリム有権者が増加すれば、もとより多様な米国ムスリムの政治的意見も多様化し、特定候補を支持するブロック投票への動機が低下するという、必然的なジレンマが存在する。このジレンマは、米国ムスリムにとっては人気の高いオバマの存在によって表面化しなかったが、オバマ以降の選挙において、またイスラモフォビアが低減した環境において、顕在化する可能性を秘めていた。

オバマ選出とイスラモフォビア

米国の黒人とイスラームとの関係を研究するシャーマン・ジャクソンは、オバマが大統領選挙に立候補したことが、むしろイスラモフォビアの拡大につながった点を指摘する。それは反ムスリムの偏見が、（黒人）人種差別の異形として表出しているからだとする。すなわち、現在の米国政治で「黒人は大統領になるべきではない」という見解は人種差別として強い非難を招くため選挙戦においては避けられるが、イスラモフォビアが拡大する中で対象をムスリムとすれば、非難を受けることは回避できる。したがって、オバマを人種（黒人）ではなく、宗教（イスラーム）の観点で異質なものとして排除する選挙戦術は、保守層に対しては効果的に機能する[152]。

またムクテダー・カーンは、共和党候補者らにみられるムスリム・バッシングについて、それが選挙戦術として有効であることは理解できるものの、選挙戦での言動は真の大統領となるべき者としての資質や合衆国憲法とそれが支持する理念への理解を示すよい機会でもあるはずだとする。この点でムスリム・バッシングを慎んでいたロムニー、ポール、クリス・クリスティ（Chris Christie）［後述］らの共和党候補の姿勢を評価している[153]。

ただし、このようなイスラモフォビアのレトリックが全体としての大統領選挙の最終結果に直接影響したとは考えにくい。反ムスリムのレトリックを多用した候補者たち（特にバックマン、ケイン、ギングリッチなど）は、予備選挙の比較的序盤で脱落し、反ムスリムのレトリックには慎重なロムニーが共和党候補となった。前述のように、そのロムニー自身は、選挙戦で宗教信条の問題を前面に出す事はなかった。また、接戦州におけるムスリム有権者の存在を考慮すれば、ムスリム・バッシングは逆効果ともなり得る。ムスリム・バッシングは、右派や保守派の票固めにはよいが、中間層を遠ざけてしまうことにもつながるからである。

また米国のユダヤ系はイスラモフォビアの問題、あるいはマイノリティの人権問題に敏感であり、反ムスリム的な共和党の選挙戦術に批判的であることが指摘されている。共和党にとってもユダヤ系の支持は重要であり、特に近年はユダヤ系の民主党支持構造の変更に積極的であることからも、共和党員による反ムスリム的なレトリックへの偏重には問題が残る[154]。

前回二〇〇八年大統領選挙の際、ブッシュ政権の諸政策に対する批判と、「変革」を掲げたマイノリティ出身のオバマに対する期待から、米国ムスリムの支持候補選択は容易であった。しかし、その政権第一期の実績からオバマに対する期待と熱狂が消失し、一方で共和党候補のムスリム・バッシングに辟易する中で、投票への無関心も見え隠れする状況となった。この状況は、かつての二〇〇四年選挙時に、「ブッシュよりはケリーの方がまし」というムスリムの選好と共通する要素を持つ。米国ムスリムは、二〇〇八年選挙時のオバマに対する「積極的選択」から一転して、二〇一二年はオバマに対する「消極的選択」へと変化した。

5　二〇一六年大統領選挙――トランプ対クリントン

二〇一六年大統領選挙の概要

二〇一六年米国大統領選挙は、トランプの当選が当初の大方の予想を覆したのみならず、様々な側面で前例のない展開と影響をもたらした。しかし米国ムスリムの観点からは、これまでと同様に、イスラモフォビアに抗う政治的関与が基調として継続された。今回の大統領選挙は、中東地域において「イスラーム国」が最盛期となり、米国およびEU諸国においてイスラーム急進主義思想と関連するテロ事件が続いた時期に行われた。また「アラブの春」やアフリカ諸国の不安定に起因する多数のムスリム難民の発生は、EU諸国の国内政治問題に波及し、米国の移民政策の議論にも火を付けた。今回の大統領選挙は、米国社会全体がムスリムやイスラームに関する諸問題に、これまでになく神経過敏になっていた時期と重なった。

イスラーム急進主義の危険性を煽るレトリックは、「九・一一テロ事件」以降の大統領選挙で共和党候補者の中に多くみられ、目新しいものではない。しかし今回の選挙では、トランプという注目候補が公然と反ムスリム的な言動を繰り返し、共和党内予備選挙に勝利し、最終的には本選挙でも勝利して大統領に就任するという異例の展開を見せた。

米国内外のテロ事件と予備選挙の展開

二〇一五年三月に共和党ではテッド・クルーズ（Ted Cruz：連邦上院議員、テキサス州）が、四月に民主党ではヒラリー・クリントンがそれぞれ正式に立候補表明を行った。そして両党から複数の立候補表明があった後、六月一六日にトランプがニューヨークのトランプ・タワーで共和党からの立候補を正式表明した。その際トランプは、メキシコ人移民に対する差別的な発言―メキシコ人移民は「麻薬」や「犯罪」を持ち込み「強姦犯」である―を行い、物議を醸すことになった。同じ演説の中でトランプは、「イスラームのテロが中東に蔓延している」と中東情勢とイスラームについて言及しながらも、「イスラーム国」は石油収入で豊かになりシリアでホテルを建設しているなど、いくぶん周辺的な事柄を述べていた(155)。

トランプ自身が当時の中東情勢をどの程度把握していたかは定かでないが、「イスラーム国」が台頭していたことは事実である。二〇一四年六月、「イスラーム国」の最高指導者アブ・バクル・アル＝バグダディ（Abu Bakr al-Baghdadi）はカリフ就任を宣言した。そして、同年後半から二〇一五年にかけて最大の支配領域を獲得し、人質の斬首刑をインターネット上で公開するなど、イスラーム急進主義に対する恐怖と嫌悪感を国際社会に拡散させていた。

同時期、「アラブの春」がもたらしたアラブ権威主義体制の動揺とシリアでの内戦激化に伴い、多数のシリア難民が周辺諸国およびEU諸国に流入した。既にシリアを含めた中東・アフリカ地域からのEU諸国への難民流入は始まっていたが、二〇一四年以降に難民流入が急増したことで、EU諸国において難民・移民受け入れ政策の見直しが政治問題として顕在化した。このような中で、二〇一五年一月七日、パリの出版社シャルリー・エブド（Charlie Hebdo）が、預言者ムハンマドの風刺画を掲載した問題をめぐりイスラーム急進主義者によって襲撃された。この事件で一二人が死亡し、中東での「イスラーム国」の残虐行為と重なって、イスラーム急進主義とテロに対する恐怖心は米国にも波及した。

さらに二〇一五年一一月一三日、パリ郊外サン＝ドニのサッカー競技場、パリ市街のバタクラン劇場および複数の飲食店を標的とする同時多発テロ事件が発生し、犯人らを含め一三〇人以上が死亡し、数百人が負傷した。犯人らは北アフリカ出身のアラブ系で「イスラーム国」のメンバーとされた。この事件を受けて、一一月一六日、トランプはインタビュー番組で、「イスラーム国」との戦いの一環として、米国にある特定のモスクの閉鎖に前向きであると述べた。また、大統領に選出されればすべての米国ムスリムを登録する全国規模のデータベースを作成することを公約した。これ以降、モスク閉鎖とムスリムのデータベース化がトランプの米国ムスリムに対する差別的な姿勢として、繰り返し言及されることになる。[156]

また米国内では、一二月二日、カリフォルニア州サンバーナディーノで銃撃事件が発生し、一四人が死亡した。犯人のムスリム二人は、「イスラーム国」の急進主義思想に感化されたものとみられている。そして、翌週の一二月七日、再びトランプの反ムスリム的な声明が注目されることになる。

「ドナルド・J・トランプは、国の上層部が事態を把握するまでの間、米国へのムスリムの入国を全面的かつ完全に阻止する[157]」

これ以降、トランプによるこの「ムスリム入国禁止」（通称"Muslim Ban"）提言は、トランプおよびトランプ支持の保守層によるムスリムに対する攻撃として頻繁に引用されることになる。[158]

一二月一五日に行われた九人の共和党候補者らによる公開討論会では、前月のパリでの同時多発テロ事件、二週間前のサンバーナディーノでの銃撃事件を受けて、トランプが大胆に主張する「ムスリム入国禁止」に関する議論が中心となった。候補者の一人であるクルーズが「イスラーム国」支配地域からの難民の入国許可まで三年間のモラトリアムを課すことを提案するなど、相対的には穏健な他の候補者らもトランプの考え方に明確に反対する姿勢を見せなかった。ＣＡＩＲの広報官は、「票獲得に有利に働くことが分かっているので、反ムスリムの恐怖とヒステリーという最大公約数に候補者たちが全員迎合しているのだ」と批判した[159]。

二〇一六年三月一日のスーパーチューズデイでは、トランプが一一州のうち七州で勝利し、予備選挙の首位に躍り出た。その後の予備選挙でもトランプは連勝し、四月一九日、地元ニューヨーク州での予備選挙で圧勝したことにより、当初の大方の予想を覆してトランプの共和党候補の指名獲得が確定した。

トランプの指名獲得が話題となっていた二〇一六年の半ば、米国内外でテロ事件が断続的に発生した。米国内では、六月一二日、フロリダ州オーランドにある同性愛者らが集うナイトクラブで銃撃事件が発生し、五〇人が死亡するという惨事となった。犯人はイスラーム急進主義との関連を示唆したが、反同性愛の精神障害者でもあり、イスラームの保守性が同性愛を否定していることから、「テロとイスラーム」との関連が注目される結果となった。米国外では、六月二八日、トルコのイスタンブルで襲撃事件があり、四一人が死亡した。七月二日、バングラデシュで襲撃事件が発生した。翌七月三日、治安回復の傾向がみられたバグダードで爆弾テロが発生し、死者一六五人という犠牲者の多いテロとなった。そして、七月一四日、フランスのニースで花火見物客を狙ったトラック暴走テロが発生し、八四人が死亡し多数が負傷した。

このような米国内外でのテロ事件の展開は、イスラモフォビアを煽る保守派に有利な環境を提供した。「トランプは意図的かつ系統的に、自身が提示した『ムスリム入国禁止』案、および米国ムスリムに対する不信を、海外から仕事を取り戻すという約束や不法移民の取り締まりとともに、有権者に対する排外主義的な喧伝（nativist pitch）の中心にすえた」という評が示すように、トランプは予備選挙と同時進行で発生したテロ事件を巧みに利用して、ポピュリスト的な支持獲得を拡大していった[160]。

共和党候補者

トランプは、既に二〇一一年頃から、オバマ大統領が米国外の生まれであり大統領となる資格がないとする、いわゆる「バーサー論」に共鳴していた。トランプのオバマに対する誹謗中傷は、トランプのイスラモフォビア的言動の初期の一形態であった。大統領選挙になると、トランプは二〇一五年一一月二一日の支持者集会で、「九・一一テロ事件」の際に世界貿易センタービルが倒壊する様子を見て、アラブ系やムスリム住民が多いジャージーシティ（ロウアー・マンハッタンの対岸）の「何千人もの人々が歓喜していた」と発言して、テロとムスリムとの因果関係を強く示唆した。またトランプは別の支持者集会で、米比戦争（一八九九〜一九〇二年）の時、米軍の将軍が「豚の血液に浸した銃弾でムスリムを撃った」という逸話を紹介したこともある。[161]

トランプの繰り返されるイスラモフォビア的言動の中でも実質的な政策イシューとして米国ムスリムが懸念したのは、モスクの閉鎖（二〇一五年一一月一六日言及）、米国ムスリムのデータベース化（一一月一九日言及）、米国への「ムスリム入国禁止」（一二月七日言及）である。これらは、いずれも一一月一三日に発生したパリでの同時多発テロを受けてのトランプの言及である。中でも「ムスリム入国禁止」は、詳細な内容を欠いたまま、トランプの反ムスリム姿勢のシンボル的な政策提言となった。この提言がなされたのは一二月七日の選挙演説であったが、意図的に一九四一年の日本軍の真珠湾攻撃の日に合わせたともいわれている。[162]

トランプ以外の共和党候補者の中では、ベン・カーソン（Ben Carson）、クルーズ、ハカビーらがイスラモフォビア的な考えを示していた。後にトランプ政権で閣僚の一人となる医師のカーソンは、イスラーム急進主義思想を持つ者を指す「ジハード主義者」が米国を乗っ取ろうとしているという陰謀説にも加担した。またカーソンは、イスラームが米国憲法に合致するものではなく、「私はムスリムがこの国の指揮をとることに賛成しない。絶対に同意できない」と発言するなど、ムスリムに対して共和党候補の中でも最も強い不信感を露わにしていた。[163]

親イスラエル姿勢が顕著な元アーカンソー州知事ハカビーは、以前二〇〇八年大統領選挙の際に「イスラーム的ファシズムを打倒すべき」などと発言していた。今回の選挙戦でも、シリアからのムスリム難民受け入れは、「テロを輸入するもの」としてムスリムに対する強い拒否反応を示していた。[164]

カーソンやハカビーよりも有力候補とみられていたクルーズは、イスラモフォビアを拡散させてきた論客フランク・ギャフニーや元陸軍中将ウィリアム・ボイキンなどを政策顧問として指名したことで、ムスリムに強い警戒感を与えた。クルーズはEU諸国でのムスリムによるテロ事件を受けて、米国ムスリムの監視の強化を主張し、シリアからの難民受け入れなどは「狂気の沙汰」とコメントしていた[165]。

これらの対ムスリム強硬派に対して、ジェブ・ブッシュ（Jeb Bush：元フロリダ州知事）、スコット・ウォーカー（Scott Walker：ウィスコンシン州知事）、マルコ・ルビオ（Marco Rubio：連邦上院議員、フロリダ州）らは共和党内では相対的に穏健派となり、イスラームやムスリムに関する問題について、総じて「政治的に正しい」態度を示していた。中でも、自身も移民系であるルビオは、FOXニュースの公開討論で「肝心な点は、［米国には］数百万の愛国的なムスリムが存在するということだ。……我々の問題は、愛国的なムスリムについてではなく、イスラームについてでもない。それは急進主義的なイスラームである」と発言するなど、イスラモフォビアからは距離を置いていた[166]。

また、二〇一〇年からニュージャージー州知事を務めるクリス・クリスティは、共和党の中にあって反ムスリム戦術をとらない例外的な存在であった。クリスティは、二〇一五年一二月の共和党候補者討論会で、同州に多数在住するムスリムと協力的な関係にあることを強調し、トランプのようにムスリムをテロリストと同一視するような見方を批判した。クリスティは、論争となった「グラウンド・ゼロ・モスク」建設についても、この件が「政治的なフットボール」となっているとし、共和党と民主党の双方を批判していた。クリスティはまた、米国にシャリーアの導入を禁止する反シャリーア法制定の政治運動についても「馬鹿げたこと」として一蹴していた[167]。

このように共和党候補者の中でムスリムへの対応には温度差が存在したが、ブッシュ、ウォーカー、ルビオ、クリスティのようなムスリムに対して穏健な候補者らは党内予備選挙の中で次第に勢いを失っていった。結果的にトランプというムスリム・バッシングを躊躇しない候補者が予備選挙を勝ち抜いたことで、「共和党は反ムスリム的」との認識が米国ムスリムの中でさらに強まっていった。

民主党候補者

民主党からの複数の立候補者は、そのほとんどが予備選挙序盤に撤退したため、二月一日のアイオワ州党員集会以降は、クリントンとバーモント州選出上院議員バーニー・サンダースとの一騎打ちとなった。共和党候補者らと違い、クリントンとサンダースは両者ともに米国内外のムスリムに対して親和的な姿勢を示していたが、ムスリムの観点からすると両者間には大きな隔たりがあった。

前述のように、二〇〇八年大統領選挙でオバマと党候補指名獲得を争った際、クリントンにムスリム社会にアウトリーチする姿勢は特にみられなかった。一方のムスリムにとっても、クリントンの上院議員時代の親イスラエル姿勢、イラク戦争開始時の武力行使承認など過去の経緯から、クリントンの支持には躊躇があった。そして予備選挙でリベラル色の強いオバマが躍進して注目を集め始めると、米国ムスリムは雪崩を打ってオバマ支持に流れ、クリントンは視野から消えた。今回の予備選挙においては、よりリベラルな政治姿勢を示すサンダースが、若年層やマイノリティを中心に急速に支持を拡大し、当初民主党内では単騎独走とみられていたクリントンに肉薄していた。このためクリントンは、米国ムスリムの有権者層にも配慮する姿勢を見せた。

「この選挙戦の最も不快な側面の一つは、異なる人々を誹謗中傷する共和党候補者ら、特にそのトップにいる人の言葉遣いです。……［トランプは］メキシコ人から始まって、今はムスリムを対象にしています。しかし、トランプがムスリム、米国ムスリムと世界中のムスリムについて話すやり方は、特に有害だと思います。……それはとても危険です。なぜなら米国ムスリムはよりよく扱われるべきだからです。今、ムスリムとその子供たちはイスラモフォビア、脅威の標的となっています。……」（デモインでの市民集会、二〇一六年一月二五日）[168]

「……私たちはムスリムが防衛の最前線にいることを理解しなければいけません。彼らは自分たちの家族や社会の中で何が起こっているのかよりよく知っています。だから彼らは単に招かれるのではなくて、米国社会の中で歓迎されなければなりません。トランプのような人物が米国ムスリムに対する偏見を煽るのは、非常に心が痛む。これは腹立たしいだけでなく危険なことです。同じことが海外でもいえます。私たちはムスリム諸国と連携しなければならない。私は、そのやり方を知っています。……」(クリントンとサンダースとの討論会、二〇一六年二月一一日)[169]

「……ドナルド［トランプ］は常に海外のムスリム、国内のムスリムを侮辱している。私たちはムスリム諸国と米国のムスリム社会と協力していく必要がある。ムスリムは最前線にいるのです。……」(トランプとの最初の候補者討論会、二〇一六年九月二六日)[170]

ただし、右のようなクリントンの発言の中に、トランプ批判を越えて積極的にムスリムの立場を擁護する姿勢は希薄である。クリントンは、「最前線(front lines)」にいるムスリムという表現を使うが、これはムスリムの存在を外交政策上の「手段」として位置づけている印象を与え、クリントンの過去を知る米国ムスリムにとっては、いくぶん表面的な協調姿勢と映ったと思われる。

一方のサンダースは、両党の候補者の中で最も明確にムスリムへの共感を示した候補者であった。サンダースは二〇一五年一二月一六日(トランプの「ムスリム入国禁止」提案がなされたのが一二月七日)、ワシントンDCのマスジド・ムハンマド・モスクを訪問し、トランプの政策をナチスのレイシズムにたとえ、「反ムスリムのレトリックと憎悪を強く非難する」と述べた。このモスク訪問には、サンダースを支持しているキース・エリソンも同行しており、サンダースのムスリムに対する親和的なアピールを増強した[171]。

またサンダースは、二〇一五年九月にベン・カーソンがムスリムは大統領になれない旨の発言をしたことに対し、即座に「たいへん失望した」「宗教や肌の色ではなく、思想に基づいて選ばれるべきだ」とツイートした。サンダースは二〇一六年二月のクリントンとの討論会では、「大統領としてイスラモフォビアに向き合うか？」との質問に対して、「ためらうことなく直ちに（"Bluntly and directly."）」と応じ、ムスリムやヒスパニック系をスケープゴートにするトランプのやり方を「絶対に受け入れられない」と強く否定した。[172]

サンダースのこのような親ムスリム的な姿勢によって、サンダースがユダヤ系であることはアラブ系やムスリムにとって支持への障害にはならなかった。ただし、米国ムスリムにとっては、本選挙での「当選可能性」は高いが、歓迎されない過去の経緯を持つクリントンと、「当選可能性」は低いが、その政治姿勢に強く共感できるサンダースとの間で選択に葛藤が生まれることになった。[173]

全国党大会

二〇一六年七月、米国内外でのテロ事件によって緊張感が高まっていた中、両党の全国党大会が開催された。共和党全国党大会（於クリーブランド）では、トランプが指名受諾演説の中で、イスラームとテロとの関連に繰り返し言及し、自分が米国の安全の守護者となることを強調していた。

「我々国民全員の命を守るために、拡大する外国からの脅威に対処しなければならない。我々は野蛮な『イスラーム国』を速やかに打ち負かす。フランスは再びイスラームのテロの犠牲となった。男、女、子供たちが無残になぎ倒された。……イスラームの急進主義者がもたらした被害と破壊は、世界貿易センタービルで、サンバーナディーノのオフィスで、ボストン・マラソンで、テネシーのチャタヌーガで、その他多くの場所で幾度となく証明されている。つい数週間前、フロリダのオーランドでは四九人の素晴らしいアメリカ人がイスラームのテロリストによって無残に殺害された。今回のテロリストはＬＧＢＴの人々を標的にした。これはいけない。これは止めなければいけない。……[174]」

また、同演説の中でトランプは、イスラーム批判にクリントン批判とイスラエル支持を織り込んだ持論を展開した。

「我々は、ヒラリー・クリントンがイラク、リビア、エジプト、シリアで進めた国家建設と体制転換という破綻した政策を放棄しなければならない。代わって我々は、『イスラーム国』を撃破しイスラームのテロを根絶する目標を共有するすべての同盟国と協力し、これを速やかに行わねばならない。我々は勝利する。速やかに勝利する。これは中東の最も偉大な同盟国であるイスラエルとともに行う。……」(175)

トランプがこのような反イスラーム（反ムスリム）的な発言をする背景には、保守派を含めた共和党支持者らの強い反イスラーム感情の存在がある。一例として、「ムスリム入国禁止」に関して、共和党支持者でこれを支持する者は五九％（成人全体では三六％、民主党支持者では一五％）、反対する者は三八％（成人全体では六〇％、民主党支持者で八二％）となっており、共和党支持層の反イスラーム的傾向は顕著である。(176)

当初は泡沫候補とみられていたトランプが予備選挙以降に注目されることになったのは、ムスリムを誹謗中傷することにおいて、他のどの候補者よりも勝っていたからである。トランプはイスラームに関連するテロ事件の発生に呼応して、あからさまな反イスラーム的レトリックを多用した。トランプ登場以前から存在するイスラモフォビアの環境がトランプを利したといえる。予備選挙を含めた選挙戦全般において、トランプのムスリムに関する発言は、政策提言というよりも、ムスリム・バッシングによる集票という選挙戦術の性格が強い(177)。

共和党大会とムスリムとの関連で興味深い点は、慣例となっている大会当日プログラム終了時の祝祷（benediction）をMuslim Voices for Trumpという名の組織の代表者が行ったことである。反ムスリム感情の強い共和党の行事で、ムスリムの祝祷が行われるのは異例であった。この代表者は後のインタビューで、米国にベルギーやフランスのような急進主義的なイスラームに関わるような問題を持ち込ませたくなく、トランプはこのような問題を解決する人物だとして、トランプ支持を表明している。党大会では周辺的な事象ではあるが、後述するように、米国ムスリムの中にもトランプを支持する一定の層があり、米国ムスリム社会の多様性を示す例であった(178)。

一方の民主党の全国党大会（於フィラデルフィア）では、サンダースとの接戦を制したクリントンが正式の党候補指名を受けた。クリントンの指名受諾演説では、ムスリムに限定されない移民や宗教の問題が一般論として言及されている。「……我々は、既に我々の経済に貢献している数百万の移民に市民としての道を築きます。我々は宗教を禁止することはない。我々はすべてのアメリカ人、すべての同盟国とともにテロを打ち負かします……(179)」。

既にオバマ政権期から、民主党内では「イスラーム」と「テロ」の語をセットで使わない方針があり、クリントンの演説はこれを踏襲するものであった。ただし、クリントンは演説の中でイスラームやムスリムについて特に言及することはなかった。これは、かつてのオバマの選挙戦と同様に、急進主義やテロ、または中東政策に関して「弱腰」「ナイーブ」などの否定的な印象を与えることを避けるため、またリビアの「ベンガジ事件」などで国務長官時代のイスラーム諸国に対する政策がトランプ陣営に批判されることを避けるためであったと考えられる(180)。

今回の民主党全国党大会は、米国ムスリムへの対応においてトランプとの差異を示す機会ともなり得たが、そのようにはならなかった。元大統領ビル・クリントンは、妻ヒラリーの応援演説の中で「もしあなたがムスリムで米国と自由を愛し、テロを憎むのであれば、ここにいて我々が勝利することを助け、ともに未来を作ろう。あなた方が必要だ」と述べた。この発言は、米国ムスリムに対して、あたかも「忠誠心を証明せよ」と呼びかけているように受けとられた。ビル・クリントンに悪意があったとは考えられないものの、ムスリムが米国にいることに条件付けを課しているような思考様式は、トランプ同様のイスラモフォビアであるとして、米国ムスリムの心証を損ねた(181)。

むしろ民主党全国党大会とムスリムとの関連で注目を浴びたのは、イラク戦争で米陸軍大尉の息子を亡くした米国ムスリムのキズル・カーン（Khizr Khan）によるトランプ批判演説であった。大会四日目、クリントンの党候補指名受諾演説の数人前に夫人とともに登壇したカーンは「ドナルド・トランプよ、あなたは将来を自分に託せと我々にいう。ここで問う、あなたは合衆国憲法を読んだことがあるのか？　喜んで私の冊子をお貸ししよう。その中に『自由』と、『法の下での平等』という言葉を探すがよい」と述べ、会場の喝采を浴びた。[182]

選挙の争点

ピューの調査（二〇一六年七月）によると、米国の有権者一般が選挙の争点として「非常に重要」としたものは、「経済」（八四％）、「テロリズム」（八〇％）、「外交政策」（七五％）、「ヘルスケア」（七四％）、「銃政策」（七二％）、「移民」（七〇％）の順となっている。この調査で、イスラモフォビアに関わるイシューに相当する「人種およびエスニック・マイノリティの扱い」の項目は六三％となっており、有権者一般にとってこのイシューの重要度は相対的に低い。一方、ムスリム有権者にとっての争点について、予備選挙序盤に行われたCAIRの調査（二〇一六年二月）によると、その重要度は、「イスラモフォビア」（三〇％）、「経済」（二四％）、「ヘルスケア」（一四％）、「市民的自由」（七％）、「外交政策」（六％）、「教育」（六％）、「その他」（五％）の順となっている。同じくCAIRによる二〇一四年の同様の調査では、イスラモフォビアの重要度は第三位にあったことから、トランプの登場によって、イスラモフォビアに対するムスリムの関心と懸念が再び高まったとみることができる。そして、このような懸念が、ムスリムの政治参加と投票率を押し上げる傾向にあることが複数で報告されていた。[183]

このように、イスラモフォビアに関わる問題を別にすれば、総じて経済問題を最大の関心事項とする点で、有権者一般とムスリムにとっての選挙の争点は大きく変わらない。そして、この経済問題への関心の高さが、ムスリムであってもトランプを支持する者が一定数存在する要因と考えられる［後述］。

以上のような争点を前提にして、一般投票一カ月前のCAIRの調査では、クリントンに投票すると答えた者が七二％で、トランプに投票すると答えた者が四％であった。四年前の同時期の同様の調査でオバマに投票すると答えた者が六八％、共和党候補ロムニーに投票すると答えた者が七％であったことと同様に、今回の選挙においても米国ムスリムの民主党支持傾向は明らかであった。また同時期のＡＡＩの調査によると、アラブ系ムスリムの六三％が民主党を支持し、一二％が共和党を支持しており、今日が投票日だとすれば、投票する候補はクリントンが六七％、トランプが一二％となっていた。右のＣＡＩＲの調査よりも民主党およびクリントン支持率が低いのは、民主党支持が圧倒的な黒人系ムスリムがＡＡＩの調査対象から外れていることに起因するものと考えられる[184]。

ムスリムの投票行動

今回の大統領選挙では、過去の大統領選挙の際にみられたブロック投票を意図したＡＭＰＣＣやＡＭＴのような組織形成はみられなかった。この背景の一つとして、ツイッターやフェイスブックをはじめとするソーシャルメディアが発達したことがある。ソーシャルメディアの発展によって、一元的指示の下で組織の人員が共働して特定候補者を支援する必然性が低下した。組織を形成せずとも、個人レベルでの情報発信と交換を通じて、それぞれの支持候補への投票を働きかける方法が効率的で優勢となった。このような変化は二〇〇八年のオバマの選挙活動が契機になったとみられている[185]。

またムスリム諸組織は、一九九〇年代の創生期から二〇年を経て、組織として成熟して公共性を高め、米国ムスリムの政治志向の多様性を考慮することで、組織として特定候補や政党を明確に支持することを控えるようになっていた。かわってＩＳＮＡやＩＣＮＡのような全米規模のムスリム組織や、ＣＡＩＲやＭＰＡＣをはじめとする人権問題や政治活動に特化した組織は、ムスリムの有権者登録の促進と選挙および候補者に関する情報提供を強化し、ムスリム全般の政治参加を拡大する活動に力点を置くようになっていた。ただし今回の選挙に関しては、これらのムスリム諸組織は、トランプや共和党候補者によるイスラモフォビア的言動に対しては厳しく批判する論陣を張っており、実質的には「反トランプ・反共和党」の立ち位置を示していた。また、モスクに有権者登録ブースを設置するなどしてムスリム有権者（投票者）を増やすことは、米国ムスリム全般の民主党支持傾向を考慮すると、特に接戦州において、民主党（候補者）に有利な環境を提供することになる[186]。

一一月八日、注目された一般投票では、総得票数でクリントン（四八・二％）がトランプ（四六・一％）を上回ったものの、選挙人獲得数でトランプがクリントンを上回り、選挙前の大方の予想に反しトランプが勝利することとなった。

米国ムスリムの投票行動に関しては、概ね事前の世論調査のデータに沿うものであった。ピューの調査によると、今回の大統領選挙で、七八％がクリントンに投票し、八％がトランプに投票し、一四％が他の候補に投票もしくは無回答であった。ピューの過去の調査によると、二〇〇八年大統領選挙では九二％がオバマに投票し、四％がマケインに投票した。また二〇〇四年大統領選挙では七一％がケリーに投票し、一四％がブッシュに投票している。ムスリムは圧倒的に民主党候補に投票してきているが、結果として今回のクリントンは前回のオバマほどの支持が得られなかったことが分かる[187]。

またCAIRの出口調査によると、ムスリムの七四％が民主党クリントン、一三％が共和党トランプに投票した。同じくCAIRによると、二〇一二年大統領選挙では、八五・七％が民主党オバマに、四・四％が共和党ロムニーに投票していることから、今回の選挙でトランプ共和党候補は前回の共和党候補の三倍ほどのムスリムの支持を得たことが確認できる[188]。

ムスリムによるトランプ支持

調査主体によって数値に差はあるものの、米国ムスリムの大多数が一般投票においてクリントンに投票し、米国ムスリムが民主党を支持する傾向は明らかである。しかし、ここで注目すべきは、イスラモフォビアを懸念する米国ムスリムが多数であるにもかかわらず、米国ムスリムの一定の割合（ピューによると八％、CAIRによると一三％）が、イスラモフォビア的な言動を繰り返したトランプに投票したという、やや意外な結果である。

トランプ大統領就任後の二〇一七年前半に行われたピューの調査では、トランプの大統領としての職務実績を肯定評価する米国ムスリムは一九％（否定は六五％）であった。これは、「テロとの戦い」などで米国ムスリムの強い批判を浴びていた二〇〇七年当時のブッシュの職務実績の肯定評価一五％（否定は六九％）よりも相対的に高評価となる。また同調査では、米国ムスリムによる共和党支持率が、二〇一一年時点の一一％から二〇一七年の一三％へと微増していることも示されている(189)。

このような米国ムスリムによるトランプ支持には、トランプに対する経済・景気対策での期待、クリントンの不人気、過去の民主党政権の諸政策に対する不満が背景にあるものと考えられる。また米国ムスリムは、その社会的な保守性から、キリスト教保守派（福音派）が共和党を支持する傾向にあるのと同様に、かつては共和党を支持する者が少なくなかった。二〇〇〇年大統領選挙では、米国ムスリムの七割以上が共和党候補ブッシュを支持したとみられている。「九・一一テロ事件」以降、米国ムスリムが、選挙の争点としてイスラモフォビアや市民的自由の問題を重視することは当然であろう。しかし同時に、イスラモフォビアの問題を差し引けば、次の例のように、トランプ共和党も選択可能であると判断したムスリムも少なくなかったのではなかろうか。

「私はこれらの［トランプが提示する反ムスリム的な］政策が法律になるとは思いません。憲法や宗教に反する試みは議会や裁判所が却下するでしょう。そのようなものが施行させることはあり得ないので、私にとっての大きな懸念ではありません。より重要なのは経済であり、雇用や米国にとって重要な問題をうまく処理していくことです。そしてトランプのビジネス経験とスキルがここワシントンで物事を好転させるでしょう。……(190)」

またCAIRの担当者自身も、「ムスリム社会の一定の割合が、トランプの提案する［減］税制策と小規模ビジネスへの優遇から利益を受けたいと考えるのは理解できる」と述べている。このように、感情論ではなく現実主義的な観点で、トランプには政策の実行力があり、特に経済・景気問題での善処が期待できるとの肯定的な評価が少なからずみられた。(191)

米国ムスリムのトランプ支持について、ＩＳＰＵの報告書がいくつかの興味深い点を示している。先ず、米国ムスリムはユダヤ教徒に次いで、「大統領選挙で勝ってほしい候補者」としてトランプよりもクリントンを選好することが示されている。ここでトランプに勝って欲しいとするムスリムが一五％となっていることは、前出の他の調査でのトランプへの実際の投票率とほぼ一致する。しかし米国ムスリムは、他の宗教・宗派社会と比較して、有権者登録率と実際の投票率が低かったことが指摘されている（ムスリムの有権者登録率は六八％、投票率は六一％）。そして投票しなかった理由として、「立候補者のどちらも好きではない」と答えた者が三二％で、「有権者登録がない／忙しい／不在」と答えた者三三％とほぼ同数である。また若年層の投票率がかなり低い（一八歳から二九歳までが投票率四八％、五〇歳以上が七六％）ことも指摘されている。(192)

このＩＳＰＵの報告書が示唆するのは、ムスリムはトランプとクリントンのどちらに対しても十分な好感を持っておらず、結果的に他の集団と比べてムスリムの一般投票での投票率が低くなった可能性である。民主党内の予備選挙でサンダースが党内リベラルの支持を得て善戦したにもかかわらずクリントンが指名獲得した時点で、リベラル志向の強い米国ムスリムの多くは積極的な支持対象を失った。特に若年層のムスリムの多くが予備選挙でサンダースを支持していたため、クリントンが党候補となった本選挙への熱意を喪失して投票率も低下し、米国ムスリムの中で「相対的に」トランプ支持の割合が増大したとみることも可能である。(193)

なお複数の出口調査によると、黒人とヒスパニック系からの得票率に関して、トランプは前回大統領選挙の共和党候補ロムニーにわずかながら勝っていることが報告されている。一例としてＮＢＣの出口調査では、黒人票はロムニー（六％）に対してトランプ（八％）、ヒスパニック票はロムニー（二七％）に対してトランプ（二九％）となっている。ともにマイノリティであるムスリムとヒスパニック系に対する差別的な発言が顕著であったにもかかわらず、トランプが両者からの得票率で善戦したのは、クリントンがムスリムも含めたマイノリティ票を十分に獲得できなかったことで「相対的に」トランプ得票率が上がったものと推察できる[194]。

このようなムスリムによるクリントン支持への消極性は、クリントン国務長官を擁したオバマ政権の過去の中東・イスラーム諸国に対する政策への不満にも起因している。米国ムスリムの一部には、オバマ政権が「アラブの春」と一連のアラブ諸国の政治変動に際して、サウジアラビアやバーレーンのような権威主義体制を擁護し、シリア内戦を放置したなど、ムスリム社会における民主主義、人権、難民といったリベラルが敏感に反応する諸問題に対してオバマが十分に対応しなかったとの不満が強かった[195]。

今回の選挙で米国ムスリムの一部がトランプを支持したということが、トランプの勝利にどの程度貢献したのかを計ることは困難である。しかし、今回の選挙における米国ムスリムの投票行動の微妙な変化の背景には、米国ムスリムの経済・景気問題への関心の高さに加え、クリントンへの不信任、そしてオバマ政権期の民主党の政策——特に人権問題としての米国による中東の親米的権威主義政権の支持と、国内のイスラモフォビア解消の取り組みへの消極性——に対する失望の存在を指摘することは可能であろう。そして、この米国ムスリムの投票行動の微妙な変化は、次回二〇二〇年大統領選挙でより増幅されて表れることになる。

「トランプ効果」

当初の大方の予想を覆して当選し、前例にないタイプの大統領となったトランプは、「トランプ効果」とも呼ばれるような様々な影響をもたらすことになった。

第一に当然のことながら、予備選挙以降のトランプの言動は、米国内に既存のイスラモフォビアを増長させ、ムスリムに対する暴力行為やハラスメントを増大させた。またトランプの言動は、対象をムスリムに限定しない人種差別やヘイトクライムを増大させ、未成年の学生の言動にも悪影響を与えた[196]。

第二に、ムスリムに対するトランプの攻撃は、自己防衛のための米国ムスリム社会の団結を促し、ムスリムのさらなる政治意識の向上と政治参加への積極化という効果をもたらした。特に、ムスリムの若者の多くが選挙活動に参加し、有権者登録の促進などに取り組んだ。このような若年層ムスリムの積極姿勢は、トランプ政権の諸政策に反対するという形で、二〇一六年選挙の後の連邦議会および州議会選挙などで公職を目指すムスリムの増加につながっていった。さらに興味深いのは、このようなムスリムの団結と行動は、同様の危機意識を持つ他の宗教的マイノリティとの連携も促進した。これまでは明確にみられなかった米国内のムスリムとユダヤ系との協力関係にも発展した(197)。

第三に、トランプに反対する米国人一般の世論の中で、トランプへの反感がムスリムへの共感もしくは同情へと転化し、米国人一般のムスリムに対する好感度が増すという、一種の「反作用」のような効果が表れた。AAIのジェイムズ・ゾグビーは、「[トランプ]大統領の政策、不謹慎なレトリック、常軌を逸した行動などによって、彼自身の支持率が低下しているだけでなく、党派的に分断された両陣営の多くの米国人がトランプの見解を否定するようになってきている。これは私が『トランプ効果』と呼ぶものだ」と述べている。ここでゾグビーが例として挙げたのが、二〇一七年一二月にアラバマ州で行われた連邦上院議会の補欠選挙である。トランプも推薦した共和党候補のロイ・ムーア（Roy Moore）は、セクハラ疑惑や反ムスリム的な言動など問題の多い候補としてメディアで取り上げられた。この結果、共和党が有利と考えられていた補欠選挙で、民主党候補のダグ・ジョーンズ（Doug Jones）が勝利することになった(198)。

またアラブ・中東問題に関する政治的態度を分析するシブリー・テルハミ（Shibley Telhami）は、「人々の団結の強まりと、ムスリムとイスラームに対する改まった見方は、ムスリム社会にとって中長期的によい知らせを告げている」とし、「トランプ効果として、悪ではなく善が広まる」と楽観的な見方を示していた。テルハミの調査では、二〇一五年一一月から二〇一六年一〇月までの一年間で、米国人一般のムスリムに対する好感度は五三％から七〇％に上昇している。同様にイスラームに対する好感度も三七％から四九％に上昇し、これは「九・一一テロ事件」以来最も高い値であるとしている。[199]

同様の傾向は、ピューの調査にもみられる。米国人一般のムスリムに対する「感情温度（feeling thermometer）」に関する調査によると、二〇一四年に四〇度だったものが、二〇一七年には四八度となり、好感度が増している。一方で、トランプの支持母体の一つとされるキリスト教福音派に対する好感度は横ばいになっている。このようなムスリムを含めたマイノリティへの好感度の向上は、トランプに対する米国人一般の不信感がもたらす「反作用」の存在を示唆している。[200]

今回の大統領選挙において、米国ムスリムは、「九・一一テロ事件」以降の複数回の大統領選挙と同様に、イスラモフォビアに抗いつつ、イスラモフォビア解消に期待ができる候補者を求めた。しかし、米国ムスリムにとって共和党候補トランプはもとより、民主党候補クリントンも、この期待に添う人物とは映らなかった。それでも「消極的選択」として民主党候補に投票せざるを得ないというのが、米国ムスリムにとっての大統領選挙における投票行動の限界であり現実である。二大政党制の下で一人の大統領を選出するという現行制度の下では、選挙結果はもとより、支持候補の擁立にもマイノリティ集団の選好を直接反映させることは困難である。

一方で、「トランプ効果」がもたらしたものとして、有権者登録の拡大や若年層の政治への関心の高まりなど、米国ムスリムの政治参加意識が以前にも増して刺激されたことには注目すべきである。このことは、後の米国内の様々な選挙において、ムスリムの政治参加がより積極化することにつながっていった。

同時に、今回の選挙での投票行動から、米国ムスリム社会の中にも、特に経済政策の観点からトランプを支持する層が存在することがあらためて確認された。この点については、米国ムスリム社会に内在する多様性と、個人の判断で自由に投票できるという米国の民主政治の健全さを証明するものであろう。また米国社会全般においては、イスラームやムスリムに対する理解と共感の拡大という、イスラモフォビアに抗う力学が存在することも確認された。いずれの側面においても、米国政治社会の多元的な性質を示すものである。米国ムスリムの多数にとって、トランプ選出は不本意な結果であっただろう。しかし、一方においては、世界各地でみられる権威主義政権下での政治的抑圧やイスラモフォビアの高まりにあって、米国においてはムスリムというマイノリティであっても、選挙過程において自由な意見表出や政治参加が実践可能であったということは、米国の民主主義を肯定的に評価するうえできわめて重要な要素として指摘しておいてよいであろう。

注

(1) Suhail A. Khan, "America's First Muslim President", *Foreign Policy* (August 23, 2010).

(2) "2000 Presidential Republican Primary Election Results - Iowa", US Election Atlas ; "2000 Presidential Democratic Primary Election Results - Iowa", US Election Atlas.

(3) "Talat Othman Gives Prayer at 2000 Republican National Convention", C-Span (July 31, 2000) ; Sam Roberts, "Maher Hathout, a Powerful Voice for American Muslims, Dies at 79", *New York Times* (January 10, 2015).

(4) "2000 Republican Party Platform (July 31, 2000)", American Presidency Project ; "2000 Democratic Party Platform (August 14, 2000)", American Presidency Project.

(5) "Presidential Debate in Winston-Salem, North Carolina (October 11, 2000)", American Presidency Project.

(6) "S. 735 - Antiterrorism and Effective Death Penalty Act of 1996, 104th Congress (1995–1996)", Congress.gov ; Findley, *op. cit.*, p. 267.

(7) "H. R. 2121 - Secret Evidence Repeal Act of 2000, 106th Congress (1999–2000)", Congress. gov.

(8) Richard H. Curtiss, "The Case for a Muslim- and Arab-American Bloc Vote in 2000", *Washington Report on Middle East Affairs*〔以下、*WRMEA*〕(June 15, 2000).

(9) Khalid Durán, "Muslims and the U. S. Election '96", *Middle East Quarterly* (June 1997), vol. 4, no. 2, pp. 3–13 ; Curtiss, *ibid.*

(10) Findley, *op. cit.*, p. 258 ; Abdul Malik Mujahid, "How a Bloc Vote Will Empower Muslims in America", *Sound Vision* (n.

d.), https://www.soundvision.com/article/how-a-bloc-vote-will-empower-muslims-in-america.

(11) "Seven Muslim Organizations Establish National Coordination Council", *WRMEA* (March 28, 1998).

(12) Richard H. Curtiss, "Dr. Agha Saeed : Dynamic Leader of Expanding American Muslim Alliance", *WRMEA* (December 1997).

(13) Tahir Ali, *The Muslim Vote : Counts and Recounts* (Lima, OH : Wyndham Hall Press, 2004), pp. 240–243 ; "The Muslim American Vote", *Religion and Ethics Newsweekly* (October 20, 2000) ; Findley, *op. cit.*, pp. 256–261.

(14) Findley, *op. cit.*, p. 262. ブッシュは同月五日、アラブ系やムスリムが多く住むミシガン州ディアボーンでＡＭＰＣＣ代表者らと会見している。Delinda C. Hanley, "Historic Muslim- and Arab-American Bloc Vote a Coveted Political Prize", *WRMEA* (December 2000).

(15) William Safire, "Essay ; Hillary's Palestine", *New York Times* (May 11, 1998).

(16) Tahir Ali, *op. cit.*, pp. 111–160 ; Findley, *op. cit.*, pp. 262–264 ; Steven Emerson, "Hillary and Hamas", *Wall Street Journal* (November 3, 2000).

(17) Dean E. Murphy, "Mrs. Clinton Says She Will Return Money Raised by a Muslim Group", *New York Times* (October 26, 2000).

(18) Findley, *op. cit.*, p. 256

(19) Alexander Rose, "How Did Muslims Vote in 2000?" *Middle East Quarterly*, vol. 8. no. 3 (Summer 2001).

(20) "Exit Poll : Muslims Voted as a Block for George W. Bush", CAIR (November 17, 2000), https://www.beliefnet.com/faiths/islam/2000/11/exit-poll-muslims-voted-as-a-block-for-george-w-bush.aspx. なお、この選挙でムスリムを対象とした出口調査は、このＣＡＩＲによるものだけであり、後に多く引用されることとなる。ただし、ＣＡＩＲがＡＭＰＣＣの当事者でもあることから、その調査手法に偏向がある可能性にも留意すべきである。

(21) Project MAPS (2001), pp. 10–11. 調査対象一七八一人、実施時期二〇〇一年一一月。

(22) Findley, *op. cit.*, p. 266 ; Paul Findley, "American Muslims Demonstrate Unity, Influence with Historic Bloc Vote", *WRMEA* (January/February 2001).

(23) Riad Z. Abdelkarim and Basil Z. Abdelkarim, "American Muslim Voters Come of Age with Bloc Vote", *WRMEA* (January/February 2001).

(24) M. A. Muqtedar Khan, *op. cit.*, pp. 39–42 ; Curtiss, "The Case for a Muslim- and Arab-American Bloc Vote in 2000".

(25) Rany Jazayerli, "Essay : How the Republican Party Alienated the Once Reliable Muslim Voting Bloc", *Washington Post* (November 16, 2012).

(26) Agha Saeed, 'The American Muslim Paradox', in Yvonne Yazbeck Haddad and Jane I. Smith (eds.), *Muslim Minorities in the West : Visible and Invisible* (Walnut Creek, CA : AltaMira Press, 2002), p. 50.

(27) Maher Hathout, "Political Challenges to Muslims in America [Speech]", ISNA West Zone Regional Conference, Long Beach, California (December 26, 2003).

(28) Hussam Ayloush [Speech], ISNA West Zone Regional Conference, Long Beach, California. (December 26, 2003). ここでアイルーシュがブッシュ選択に関して弁解的であったのは、イラク戦争の開始によりムスリムのブッシュ批判が既に強まっていたからである。

(29) 松岡泰、前掲書、一九二―一九九頁。なお、ノーキストがムスリムを共和党に取り込もうとしたことは、共和党内の保守派からは必ずしも歓迎されていなかった。さらに「九・一一テロ事件」以降には、反イスラーム主義者がノーキストとムスリムとの関係を誹謗中傷する展開にも至った。Franklin Foer, "Grover Norquist's Strange Alliance with Radical Islam", *New Republic* (November 12, 2001) ; Caitlin Dickson, 'The Fringe Factor : Grover Norquist is a Muslim?" *Daily Beast* (June 02, 2013).

(30) Project MAPS (2001), pp. 10–11 ; Lalami, *op. cit.*, pp. 8–9. AMPCCを構成する主要四組織（AMA, AMC, CAIR, MPAC）の指導者層は、ほぼ全員が中東・アジアのイスラーム圏出身の移民系ムスリムである。

(31) "Dueling Endorsements : A Muslim Bloc or Split?," beliefnet (November 2000).

(32) Abdul Malik Mujahid, "Muslims in American Politics", Sound Vision (n. d.), https : //www.soundvision.com/article/muslims-in-american-politics-2000.

(33) Khan, *op. cit.*, p. 42.

(34) Lalami, *op. cit.*, p. 9.

(35) 予備選挙での各候補者の動静と得票率などについては以下を参照。America Votes 2004, The Primaries, CNN, https://edition.cnn.com/ELECTION/2004/special/primary/. 民主党を中心とする二〇〇四年大統領選挙の包括的な分析として以下を参照。久保文明（編）『米国民主党――二〇〇八年政権奪回への課題』日本国際問題研究所、二〇〇五年。

(36) David Montgomery, "The Vindication of Dennis Kucinich", *Washington Post* (April 9, 2018). 当時のリベラル系およびプログレッシブ系ムスリムが集ったウェブサイトMuslim WakeUp! では、クシニッチの人気は圧倒的であった。Muslim WakeUp! は、アラブ系ムスリムであるアフマド・ナッセフ（Ahmad Nassef）が二〇〇三年に開設した。同ウェブサイトは二〇〇六年に閉鎖されたが、当時のリベラル系およびプログレッシブ系ムスリムの見解を参照するため、以下複数回引用することとする。同ウェブサイトのコンテンツの一部は、米国議会図書館のアーカイブ（Library of Congress Web Archives）からアクセスできる。Al-Muhajabah, "The Case for Dennis Kucinich", Muslim WakeUp! (January 6, 2004), https://webarchive.loc.gov/all/20060321031153/http://www.muslimwakeup.com/main/archives/2004/01/the_case_for_de.php.

(37) Richard H. Curtiss, "Hail, Hail the Gang's All Here", *WRMEA* (November 2003).

(38) Shirl McArthur, "American Lawmakers Swarm to Israel during August Recess", *WRMEA* (November 2003); Delinda C. Hanley, "Muslim- and Arab-American Seek a Presidential Peacemaker to Support in 2004", *WRMEA* (January/February 2004).

(39) "Report on Arab American Battleground States Poll", Tracking Poll # 4 (September 9–12, 2004), Tracking Poll #5 (October, 19–21, 2004), Zogby International for Arab American Institute.

(40) MPAC 3rd Annual Convention (December 20, 2003), https://archive.mpac.org/blog/updates/mpacs-holds-3rd-annual-convention.php.

(41) Salam Al-Marayati, "A Vote for Democracy", IslamiCity (March 2, 2004).

(42) "107th Congress, HR3162, Uniting and Strengthen America by Providing Appropriate Tools Required to Intercept and Obstruct Terrorism (USA PATRIOT), Public Law No. 107–56", Congress.gov; Arshad Ahmed and Farid Senzai, "The USA PATRIOT Act: Impact on the Arab and Muslim American Community: Analysis and Recommendations", ISPU (January 1,

2004).

（43）西村陽一「アメリカの世論と中東・イスラーム」、福田安志（編）『アメリカ・ブッシュ政権と揺れる中東』、アジア経済研究所、二〇〇六年。

（44）George W. Bush, "Remarks at the Islamic Center of Washington (September 17, 2001)", American Presidency Project; "Muslim Life in America", Office of International Information Programs, U. S. Department of State, https://usinfo.org/enus/education/overview/muslimlife/homepage.htm.

（45）一例として、ブッシュはイスラーム急進派が「ある種のいんちき宗教の名の下で（in the name of some kind of false religion）」人を殺していると述べ、批判を浴びた。"President Bush, King Abdullah Discuss Middle East Peace", The White House (August 1, 2002). ムスリムのブッシュに対する批判は、「大統領の職務実績を肯定するか否定するか」の質問に対し、デトロイト地域のムスリムの八五％が否定し、わずか四％のみが肯定していることにも表れている（二〇〇三年夏実施、調査対象一〇七三人）。Ihsan Bagby, "A Portrait of Detroit Mosques: Muslim Views on Policy, Politics and Religion", ISPU (2004) p. 50.

（46）William M. Arkin, "The Pentagon Unleashes a Holy Warrior", *Los Angeles Times* (October 16, 2003); "H. Res. 419 - Condemning Religiously Intolerant Remarks and Calling on the President to Clearly Censure and Reassign Lieutenant General Boykin for his Religiously Intolerant Remarks, 108th Congress (2003–2004)", Congress. gov; Douglas Jehl, "Bush Says He Disagree with General's Remarks on Religion", *New York Times* (October 23, 2003).

（47）"Daniel Pipes 'Encouraged' by Growing Anti-Muslim Bias", CAIR (December 28, 2004). パイプスの当時の代表的著作として以下を参照。Daniel Pipes, *Militant Islam Reaches America* (N. Y.: W. W. Norton, 2002).

（48）"Muslims for Bush' Booth Causes Stir at Convention", AP News (September 5, 2004). 筆者は二〇〇四年のＩＳＮＡ年次全国大会に参加し、"Muslims for Bush"のブースを確認している。ＩＳＮＡが政治色や党派性を控える方針で運営されている中で、等身大のブッシュ大統領の写真を掲げたこのブースには違和感があった。二〇〇四年大統領選挙で、マリク・ハサンはブッシュ陣営に一〇万ドルの選挙資金を献金し「パイオニア」（ブッシュ陣営が高額献金者に与えるタイトル）となっている。Leslie Wayne, "THE 2004 CAMPAIGN: ARAB-AMERICANS; Arabs in U. S. Raising Money 'To Back Bush'" *New*

York Times(February 17, 2004). なおハサン家の娘アスマによる自叙伝はリベラルなフェミニスト・ムスリム女性の観点から米国ムスリム社会を紹介し話題となった。Asma Gull Hasan, *American Muslims : The New Generation*(N. Y. : Continuum, 2000)；［邦訳］アスマ・グル・ハサン『私はアメリカのイスラム教徒』明石書店、二〇〇二年。Asma Gull Hasan, *Why I Am a Muslim : An American Odyssey*(London : Element, Harper Collins, 2004).

（49） Ahmed Nassef, "Muslims for Bush! Muslim Organizations Officially Undecided, But Muslim Americans Pour Thousands into 2004 Bush Campaign," Muslim WakeUp!(February 18, 2004), https : //webarchive.loc.gov/all/20060321025552/http : //www.muslimwakeup.com/main/archives/2004/02/muslims_for_bus.php.

（50） 対イラク武力行使権限付与決議（H. J. Res. 114, "A Joint Resolution to Authorize the Use of Force against Iraq"）について、上院議員七七人が賛成票、二三人が反対票を投じた。上院ではクリントン、エドワーズ、リーバーマンらも賛成票を投じている。

（51） MPAC, "Presidential Election 2004 : A Guide for American Muslims"(2004).

（52） Robert McMahon, "U. S. : Arabs, Muslims Seek A Voice at U. S. Democratic Convention", Radio Free Europe / Radio Liberty(July 28, 2004), https : //www.rferl.org/a/1054069.html.

（53） Robert McMahon, "U. S. : Muslims Present at Republican Convention, But Influence Unclear", Radio Free Europe / Radio Liberty(September 2, 2004), https : //www.rferl.org/a/1054644.html.

（54） 二〇〇〇年共和党綱領に「イスラーム」あるいは「ムスリム」についての言及がまったくなかったことと比較すれば、二〇〇四年党綱領でこれらについて一パラグラフを割いているのは、ブッシュ政権の中東・イスラーム地域政策における「広報外交」強化の意図がうかがえる。

（55） Presidential Debate in Coral Gables, Florida(September 30, 2004) ; Presidential Debate in St. Louis, Missouri(October 08, 2004) ; Presidential Debate in Tempe, Arizona(October 13, 2004), American Presidency Project.

（56） News Release, CAIR(September 10, 2003) ; News Release, CAIR(June, 29, 2004) ; News Release, CAIR(October 22, 2004).

（57） "American Muslim Poll 2004, Muslims in the American Public Square : Shifting Political Winds & Fallout from 9/11, Afghanistan, and Iraq" Project MAPS (October 2004), p. 5. p. 20.

(58) ＡＭＴのウェブサイト（http://www.americanmuslimvoter.net/）は既に閉鎖されている。代替として以下を参照。https://en.citizendium.org/wiki/American_Muslim_Task_Force_on_Civil_Rights_and_Elections.

(59) Caryle Murphy, "Muslims Seen Abandoning Bush : Chagrin Over President's Policies Spurs Pro-Kerry Activism", *Washington Post* (October 25, 2004) ; Susannah Rosenblatt, "Arab Americans Shift Away from Nader, Toward Kerry", *Los Angeles Times* (October 27, 2004).

(60) "AMT Presidential Endorsement, AMT-PAC", IslamiCity (Oct. 21, 2004) ; Laurie Goodstein, "Campaign Briefing : The Constituencies : American Muslims Back Kerry", *New York Times* (October 22, 2004).

(61) Lisette B. Poole and Tahir Ali, "2004 Election Sees Second American-Muslim Bloc Vote", *WRMEA* (January / February 2005) ; 松岡泰「二〇〇四年選挙とマイノリティ集団」、久保文明（編）前掲書、一九八―二〇一頁。ＡＭＴ内部での足並みの乱れもみられた。ＭＰＡＣは、ケリーは支持の対象として資格が不十分だとしてＡＭＴから撤退し、ムスリム各自の判断で投票することを声明した。"MPAC Decides No Endorsement for Presidential Election", MPAC (October 20, 2004).

(62) CNN Election Result, America Vote 2004, https://edition.cnn.com/ELECTION/2004/pages/results/index.html.

(63) "EXIT POLL : 93 Percent of Muslims Voting for Kerry", CAIR (November 2, 2004).

(64) "Religion and the Presidential Vote : Bush's Gains Broad-Based", Pew Research Center (December 6, 2004).

(65) M. A. Muqtedar Khan, "American Muslim Taskforce Insults Kerry and Alienates George Bush", Ijtihad (October 21, 2004) ; M. A. Muqtedar Khan, "American Muslims and the Politics of Bloc Voting", Muslim WakeUp! (March 29, 2004), https://webarchive.loc.gov/all/20060321024512/http://www.muslimwakeup.com/main/archives/2004/03/american_muslim.php.

(66) M. A. Muqtedar Khan, "The 2004 Presidential Election : What Should American Muslims Do?", ISPU, Policy Brief #5 (August 1, 2004).

(67) Hadia Mubarak, "In Defense of AMT", Muslim WakeUp! (November. 28, 2004), https://webarchive.loc.gov/all/20060321031247/http://www.muslimwakeup.com/main/archives/2004/11/in_defense_of_a.php.

（68）Souheila Al-Jadda, "A Principled Vote for Nader will Prove Muslim's Real Voting Power", Muslim WakeUp!(November 1, 2004), https://webarchive.loc.gov/all/20060321031213/http://www.muslimwakeup.com/main/archives/2004/11/a_principled_vo.php.

（69）"AMT Does about Turn on Endorsement, Excludes MPAC from Deliberations", Muslim WakeUp!(October 21, 2004), https://webarchive.loc.gov/all/20060321031105/http://www.muslimwakeup.com/main/archives/2004/10/amt_does_about.php.

（70）予備選挙での各候補者の演説・声明、および世論調査による支持率、投票での得票率などのデータについては以下を参照。"2008 Presidential Election Documents", American Presidency Project; Election 2008, PollingReport.com, https://www.pollingreport.com/2008.htm.

（71）前嶋和弘「本選挙と選挙運動――争点とその変化」、吉野孝・前嶋和弘（編著）『二〇〇八年アメリカ大統領選挙――オバマの当選は何を意味するのか』東信堂、二〇〇九年、五一―六九頁。

（72）"American Muslim Voters and the 2008 Election: A Demographic Profile and Survey of Attitudes", CAIR(January 30, 2008); "Primary Choices: Hillary Clinton", Editorial, *New York Times*(January 25, 2008).

（73）Ken Silverstein, "Meet Giuliani's Advisors: AIPAC's Dream Team", *Harper's Magazine*(August 27, 2007); Rudy Giuliani TV Ad "Ready", You Tube. 同CM内のナレーションは以下。"An enemy without borders / Hate without boundaries / A people perverted / A religion betrayed / A nuclear power in chaos / Madmen bent on creating it / Leaders assassinated / Democracy attacked / And Osama bin laden still making threats / In a world where the next crisis is a moment away / America needs a leader who's ready / I'm Rudy Giuliani and I approve this message."

（74）Mike Huckabee, "We Must Defeat Islamofascism", *Jerusalem Post*(February 4, 2008); "'Take out' Islamic Holy Sites?" CBS News(July 20, 2005).

（75）Mike Allen, "Romney: Muslims not Needed in Cabinet", Politico(November 27, 2007). なお、以前ロムニーは、モスクを盗聴し、礼拝者を監視すべきとコメントし、ムスリム組織から批判を受けたこともある。David A. Fahrenthold, "Groups Criticize Romney's Comments: Massachusetts Governor Urged Wiretapping of Mosques and Monitoring of Attendees",

Washington Post(September 16, 2005).

(76) Stephen Labaton, "Constitution Based in Christian Principles, McCain Says", *New York Times*(September 29, 2007) ; "McCain Pressed on 'Islamic' Terror Label", *Washington Times*(April 21, 2008).

(77) この場面は、マケインが二〇一八年八月に死去した後、トランプとマケインとの共和党政治家としての資質の違いとして再び取り上げられることになった。Emily Stewart, "Watch John McCain Defend Barack Obama against a Racist Voter in 2008", VOX(September 1, 2018).

(78) Hussein Ali, "An Open Letter to American Muslims on Behalf of Ron Paul",(December 5, 2007) ; "The D. C. Beltway and the Republican Primary", MPAC(February 1, 2008).

(79) 二〇〇八年民主党全国大会全般については以下を参照。渡辺将人『オバマのアメリカ――大統領選挙と超大国のゆくえ』幻冬舎新書、二〇〇八年、二五―五八頁。

(80) Mike Soraghan, "Dems Grapple with Faith Issues in Denver", *Hill*(August 25, 2008) ; "ISNA President Speaks at DNC Interfaith Kickoff Event [on Ingrid Mattson]", ISNA(August 26, 2008).

(81) "American Muslim Democratic Caucus", Muslim Observer(August 14, 2008) ; Paul Harris, "US Election : Muslim Democrats Make Political Impact despite Negative Attacks", *Guardian*(August 26, 2008).

(82) "Giuliani's Speech at the Republican National Convention", *New York Times*(September 3, 2008) ; Shahed Amanullah, "Looking at the RNC through Muslim Eyes", HuffPost(October 8, 2008).

(83) "2008 Republican Party Platform", American Presidency Project.

(84) オバマは以前の演説(二〇〇七年八月一日)で、もしパキスタンにテロリスト捕獲に向けた十分な行動がなければ、「我々が行動する」と述べていた。この一週間前に、無条件でイラン大統領に会う、と発言したことがクリントン陣営や共和党候補者らから外交・安全保障に弱腰との批判を受けたこともあり、テロに対する強い姿勢を強調したものと考えられる。Barack Obama, "Remarks in Washington, DC : 'The War We Need to Win'(August 01, 2007)", American Presidency Project ; Teeth Maestro, "Pakistani Bloggers on the McCain-Obama Debate", GlobalVoices(September 27, 2008).

(85) Neela Banerjee, "Obama Walks a Difficult Path as He Courts Jewish Voters", *New York Times*(March 1, 2008) ; Jodi

Kantor, "As Obama Heads to Florida, Many of Its Jews Have Doubts", *New York Times* (May 22, 2008) ; Nicholas Riccardi, "Obama Woos Jewish Voters in Florida", *Los Angeles Times* (May 23, 2008).

(86) Patrick Healy, "Clinton and Obama Court Jewish Vote", *New York Times* (March 14, 2007).

(87) Larry Rohter, "Confronting Questions, Obama Assures Jews of His Support", *New York Times* (May 13, 2008).

(88) ギャラップの調査（二〇〇八年四月時点）によると、民主党支持者全体の中ではオバマが優勢であるが（オバマ四七%、クリントン四四%）、ユダヤ系の民主党支持者に限定するとクリントンが優勢である（クリントン五〇%、オバマ四二%）。また、マケインとの比較では、ユダヤ系に限定すると、候補者がオバマでもクリントンでも民主党候補への支持がマケイン共和党候補への支持を圧倒し、ユダヤ系の民主党支持の傾向は揺らいでいない。仮に、クリントン対マケインあるいはオバマ対マケインという本選挙での対決構図を想定すると、やはりクリントンの方がオバマよりも若干優勢となる（クリントン六六%、マケイン二七%に対して、オバマ六一%、マケイン三二%）。Lydia Saad, "Obama Beats McCain among Jewish Voters", Gallup (May 7, 2008).

(89) "Obama's Remarks at Aipac", Transcript, *New York Times* (June 4, 2008). このようなユダヤ系への接近は米国の選挙では一般的なものであり、サラ・ペイリン（Sarah Palin）共和党副大統領候補もアラスカ州内のムスリム社会（二〇〇〇〜三〇〇〇人程度）を無視しつつも、州内のユダヤ系社会（ムスリムと同規模）のシナゴーグを訪問し、ＡＩＰＡＣ代表とは会談を持っている。Michael Isikoff, "Palin and Alaska's Muslim Population", *Newsweek* (September 11, 2008).

(90) Jeff Zeleny, "Obama Meets with Israeli and Palestinian Leaders", *New York Times* (July 24, 2008) ; "Obama's Speech in Sderot, Israel", Transcript, *New York Times* (July 23, 2008).

(91) Program, 45th Annual ISNA Convention, A Time for Change, August 29-September 1, 2008, The Greater Columbus Convention Center, Columbus, Ohio.

(92) "American Muslim Voters : A Demographic Profile and Survey of Attitudes", CAIR (October 24, 2006) ; "American Muslims and the 2008 Election : A Post Election Survey Report", AMT (November 7, 2008).

(93) 例えば、ＭＰＡＣは、重要な争点として、①国家安全保障、②ヘルスケア、③市民権・市民的自由、④イラク戦争、⑤米国＝ムスリム世界関係を挙げている。またＣＡＩＲは、「市民的自由」「イラク政策」「外交」「ヘルスケア」「教育」「移民」

を同列の争点として扱っている一方で、ワシントン・ポスト＝ＡＢＣニュースの世論調査では、「経済」「国際問題」「イラク戦争」「女性問題（ジェンダー）」「ガソリン価格」「地球温暖化・環境」「テロとの戦い」「税金」「ヘルスケア」「エネルギー政策」「最高裁判事任命」が挙げられているが、「市民権・市民的自由」に相当する項目は存在しない。“Activate 2008 : MPAC's Policy Guide to the 2008 Election”, MPAC ; “Presidential Voter Guide 2008”, CAIR Florida ; Washington Post-ABC News Poll, https : //www.washingtonpost.com/wp-srv/politics/polls/postpoll_092308.html.

(94) “H. J. Res. 114, Authorization for Use of Military Force Against Iraq Resolution of 2002”, Congress. gov ; “U. S. Senate Roll Call Votes 107th Congress - 2nd Session”, https : //www.senate.gov/legislative/LIS/roll_call_votes/vote1072/vote_107_2_00237.htm.

(95) “American Muslims Overwhelmingly Backed Obama”, *Newsweek*(November 6, 2008).

(96) Andrea Elliot, “Muslim Voters Detect a Snub From Obama”, *New York Times*(June 24, 2008). シーダーラピッズには、一九三四年に建設された米国にある現存の最古の木造モスクがある。移民系ムスリムの歴史と伝統を示すシンボル的存在で、「マザー・モスク」とも呼ばれる。

(97) Amy Chozick, “Obama Walks a Fine Line with Muslims”, *Wall Street Journal*(June 23, 2008). 民主党を中心とする米国政治における宗教アウトリーチの実態に関しては以下を参照。渡辺将人『現代アメリカ選挙の集票過程――アウトリーチ戦略と政治意識の変容』日本評論社、二〇〇八年［第四章「信仰と『価値』をめぐる相剋」］。

(98) Firas Ahmed, “The American Muslim Community's Obama Problem”, ISPU, Policy Brief(September, 2008) ; Paul Vitello, “Among Young Muslims, Mixed Emotions on Obama”, *New York Times*(November 6, 2008).

(99) Wajahat Ali, “DNC Chairman Howard Dean : ‘It's Not True That [We Don't] Want to Be Associated With Muslims’”, altmuslim(September 21, 2008) ; Wajahat Ali, *Go Back to Where You Came From : And Other Helpful Recommendations on How to Become American*(N. Y. : W. W. Norton, 2022), pp. 202–203.

(100) Ali Eteraz, “Howard Dean Parties with American Muslims”, HuffPost(September 17, 2007). なお、筆者もこの特別企画に参加したが、多くの聴衆が参加しており、関心の高さを示していた。ブッシュ政権期を通して、ＩＳＮＡの企画に共和党関係者が登壇することはほとんどなかったことから、相対的には民主党とムスリムとの距離は近いといえる。

(101) William Fisher, "American Muslim Voters Left Out in the Cold", IPS News (January 17, 2008) ; Suhail A. Khan, "America's First Muslim President", *Foreign Policy* (August 23, 2010).

(102) "2008 Election Plan : A Civil Rights Plus Agenda", American Muslim Taskforce ; Hazem Kira, "Pumping Up Muslim Voter Turnout", Arab American News (November 1, 2008).

(103) Kevin Mooney, "Almost 90 Percent of Muslims Voted for Obama Despite Differences on Abortion, Marriage", CNSNews. com (November 7, 2008).

(104) Lee Hammel, "Muslims Provide Late Endorsement for Obama", Telegram. com (November 6, 2008).

(105) Parvez Ahmad, "Shed the Cynicism and Get Engaged", altmuslim (September 3, 2008) ; Parvez Ahmad, "The Obama Presidency : What Can American Muslim Expect?", altmuslim (November 17, 2008).

(106) "American Muslim Voters : A Demographic Profile and Survey of Attitudes", CAIR (October 24, 2008), pp. 13–14.

(107) Shahed Amanullah, "Blocking the Vote", altmuslim (March 18, 2008).

(108) M. A. Khan, "American Muslims and the 2008 Presidential Election : Policy Recommendations", ISPU 2008 ; Muqtedar Khan, "Our Troubled Political Journey", altmuslim (November 3, 2008).

(109) "CAIR 2008 Elections", CAIR ; "Activate 08 : MPAC's Policy Guide to the 2008", MPAC.

(110) "Muslim Americans : A National Portrait", Gallup (2009), Figure 40, p. 50.

(111) "Survey Result : American Muslim Voters and the 2008 Presidential Election", MuslimVotersUSA. com (November 7, 2008).

(112) "American Muslims and the 2008 Election : A Post Election Survey Report", CAIR (November 7, 2008).

(113) "American Muslims Overwhelmingly Backed Obama", *Newsweek* (November 6, 2008).

(114) Manya A. Brachear, "Muslims Drawn to Obama : Embracing Message, Rejecting Smears", *Chicago Tribune* (November 7, 2008).

(115) Brian Calfano, Paul A. Djupe, and John C. Green, 'Muslims and the 2008 Election', in Gastón Espinosa (ed.), *Religion, Race, and Barack Obama's New Democratic Pluralism* (N. Y. : Routledge, 2013), p. 146. この点に関して，パレスチナ系移民

のジャーナリストであるジャマル・ダジャニ（Jamal Dajani）は、「［米国ムスリムが］共和党と社会的価値観を共有しているとの考えにこだわり、それゆえにマケインに投票すべきだと考えるムスリムがいるとしたら、彼らは頭を検査してもらった方がいい」と語っており、ムスリムの共和党候補支持には懐疑的であった。Jamal Dajani, "I am a Muslim and I Can Vote", HuffPost (November 3, 2008).

(116) Nahid Afrose Kabir, *Young American Muslims : Dynamics of Identity* (Edinburgh, UK : Edinburgh Univ. Press, 2013), pp. 270–271, 302–303.

(117) ただし、カルファーノらがミズーリ州で行った調査では、オバマに投票したムスリムはアラブ系（七三％）、アジア系（六六％）、黒人系（九八％）、マケインに投票したムスリムはアラブ系（二一％）、アジア系（二七％）、黒人系（一％）となっており、移民系と黒人系ではオバマ支持に若干の差があることが示されている。Calfano, Djupe, and Green, op. cit., p. 136, Table 6.4.

(118) James W Ceaser, Andrew E. Busch and John J. Pitney Jr., *After Hope and Change : The 2012 Elections and American Politics* (Lanham, Md. : Rowman & Littlefield, 2013), pp. 5–9；吉野孝・前嶋和弘（編著）『オバマ後のアメリカ政治――二〇一二年大統領選挙と分断された政治の行方』東信堂、二〇一四年。

(119) Jeffrey M. Jones, "Economy Is Paramount Issue to U. S. Voters : Social Issues, Immigration are Less Important", Gallup (February 29, 2012).

(120) "My Faith. My Vote. My Future. 2012 Election : Community Toolkit", MPAC, 2012.

(121) "Muslim Americans : No Signs of", Pew (2011), p. 9, p. 63.

(122) Carl Hulse, "G. O. P. Seizes on Mosque Issue Ahead of Elections", *New York Times* (August 16, 2010)；Ralph Blumenthal and Sharaf Mowjood, "Muslim Prayers and Renewal Near Ground Zero", *New York Times* (December 8, 2009)；John L. Esposito, "Islamophobia and Muslim Center at Ground Zero", CNN (July 19, 2010)；Abby Phillip, "Obama Defends Ground Zero Mosque", Politico (August 13, 2010).

(123) Damien Cave and Anne Barnard, "Minister Wavers on Plans to Burn Koran", *New York Times* (September 9, 2010). 翌年二〇一一年三月、ジョーンズはイスラームを「有罪」とする「模擬裁判」を行ったうえでコーランを焼却した。アフガニ

スタンではこれに抗議した民衆が暴徒化し、国連事務所などが襲撃され多数の死傷者が出た。Enayat Najafizada and Rod Nordland, "Afghans Avenge Florida Koran Burning, Killing 12", *New York Times* (April 1, 2011).

（124）Lean, *op. cit.*, pp. 139–142, 144–151 ; Sheryl Gay Stolberg and Laurie Goodstein, "Domestic Terrorism Hearing Opens with Contrasting Views on Dangers", *New York Times* (March 10, 2011) ; Suhail A. Khan, "Peter King's Witch Hunt", *Foreign Policy* (March 9, 2011) ; Michael Honda, "Muslim Hearings Recall my Life in Internment Camp", CNN (June 15, 2011).

（125）また、イスラームとの直接関連はないものの、二〇一一年七月二二日、ノルウェイで極右思想を持った青年がオスロの政府官庁施設を爆破し（八人が死亡）、ウトヤ島の青年団キャンプ参加者を襲撃（六九人が死亡）するというテロ事件が発生したことも、イスラームとテロに関わる否定的な雰囲気を助長した。Elisa Mala and J. David Goodman, "At Least 80 Dead in Norway Shooting", *New York Times* (July 22, 2011).

（126）"The American Divide : How We View Arabs and Muslims", Arab American Institute (August 23, 2012) ; Nick Wing, "Republicans Have Strongly Negative Views of Muslims, Arabs : Poll", HuffPost (August 23, 2012) ; Maggie Haberman and Reid J. Epstein, "The Return of the 'Muslim' Problem", Politico (March 28, 2012).

（127）"Q & A : Herman Cain on Faith, Calling, and Presidential Aspirations", Christianity Today (March 21, 2011) ; Dean Obeidallah, "Before Trump, Herman Cain Was the Godfather of Anti-Muslim Ravings", Daily Beast (April 10, 2019).

（128）Alex Seitz-Wald, "Michele Bachmann under Fire from Keith Ellison, John McCain", Salon. com (July 18, 2012) ; Brett LoGiurato, "John McCain Tore into Michele Bachmann's 'Ugly and Unfortunate' Muslim Conspiracy Theory", Insider (July 19, 2012) ; Grace Wyler, "Rush Limbaugh Defends Michele Bachmann's Muslim Brotherhood Conspiracy", Insider (July 24, 2012).

（129）Laurie Ure, "Oklahoma Voters Face Question on Islamic Law", CNN (November 1, 2010) ; Huma Khan and Amy Bingham, "GOP Debate : Newt Gingrich's Comparison of Muslims and Nazis Sparks Outrage", ABC News (June 15, 2011) ; Lean, *op. cit.*, pp. 107–109.

（130）Stephanie Condon, "Rick Santorum Endorses Muslim Profiling", CBS News (November 23, 2011) ; Scott Baldauf, "Bomb Iran? Where Mitt Romney and Rick Santorum Stand", Christian Science Monitor (January 4, 2012).

(131) Jessica Carreras, "Arab Americans Grapple with Which Presidential Candidate to Support in 2012", Dearborn Patch (February 27, 2012); Wilfredo Amr Ruiz, "Republican Presidential Candidates on Islam", HuffPost (December 2, 2011).

(132) Justin Elliot, "Rick Perry: The Pro-Shariah Candidate?", Salon.com (August 10, 2011); Lean, *op. cit.*, pp. 116–118.

(133) "Legislating Fear", CAIR (2013), p. 84. ファレスは、後にトランプ選挙陣営の外交政策顧問となる。

(134) Daniel Tut, "Beyond the Stereotype: The Shared Story of Muslims and Mormons in America, Policy Brief", ISPU (October 2012); Jesse Washington and Rachel Zoll, "Race, Religion Collide in Presidential Campaign of Obama vs. Romney", AP News (May 12, 2012). なお、ピューによると米国内のモルモン教徒の人口は米国ムスリムの約二倍とされている（米国全人口に占めるモルモン教徒の割合は一・六%、ムスリムは〇・九%）。Religious Landscape Study, Pew Research Center.

(135) Mohammed Alo, "Mitt Romney: The Smart Choice For Muslims", The Islamic Monthly (October 9, 2012).

(136) Sam Bollier, "US Muslim Vote: 'Mild' Enthusiasm for Obama", Al Jazeera (October 20, 2012).

(137) "Obama 'Autopens' Patriot Act Extension into Law", CBS News (May 27, 2011).

(138) "Losing Liberty: The State of Freedom, 10 Years after the PATRIOT Act", Muslim Advocates (October 2011); Edward Ahmed Mitchell, "Ten Post - 9/11 Measures that Targeted Muslim Americans—and the U. S. Constitution", CAIR (September 10, 2021).

(139) Bob Woodward, *Obama's Wars* (N. Y.: Simon & Schuster, 2010); Azeem Ibrahim, "The Assassination of Al-Awlaki, American Citizen and al Qaeda Martyr", HuffPost (October 6, 2011). オバマは八年の任期中に五四二件のドローン攻撃を認可し、三七九七人（三二四人の民間人を含む）を殺害したとされている。Micah Zenko, "Obama's Final Drone Strike Data", Council of Foreign Relations (January 20, 2017).

(140) オバマと「アラブの春」との関係、および中東政策全般の評価について以下を参照。Farid Senzai, "Obama and the Arab Spring", ISPU (August 21, 2011); 泉 淳「オバマ政権の中東政策——政権第一期の総括」、前掲論文。

(141) "American Muslim Voters and the 2012 Election: A Demographic Profile and Survey of Attitudes", CAIR (October 24, 2012), p. 14.

(142) "Muslim Americans: No Signs of", Pew (2011), p. 3, p, 38.

(143) Zia H. Shah, "Disillusioned by Obama, Muslim Voters Face Tough Choice", Muslim Times (September 10, 2012) ; Azeem Ibrahim, "Muslims in America 2012 - Who Will They Vote For?" HuffPost (February 1, 2012).

(144) "Q&A : America's First Muslim Congressman", Al Jazeera (October 19, 2012).

(145) "American Muslim Voters and the 2012 Election : A Demographic Profile and Survey of Attitudes", CAIR, op. cit., p. 5, p. 10.

(146) "The Arab American Vote 2012", Arab American Institute (September 30, 2012), https : //www.arabamerica.com/zogby-the-arab-american-vote-2012/.

(147) "Poll : 85 Percent of Muslim Voters Picked President Obama", CAIR (November 9, 2012), https : //www.cair.com/press_releases/poll-85-percent-of-muslim-voters-picked-president-obama/.

(148) "How the Faithful Voted : 2012 Preliminary Analysis", Pew Research Center (November 7, 2012).

(149) Jim Lobe, "U. S. Muslim Could be Critical Voting Bloc", IPS News (October 24, 2012) ; Farid Senzai, "The Muslim Swing Votes", *New York Times* (April 2, 2012).

(150) Hena Zuberi, "American Muslims and the 2012 Election", The Muslim Link (October 31, 2012).

(151) Abdus-Sattar Ghazali, "Tracking the American Muslim Vote in 2012 Election", OpEd News (October 16, 2012), https : //www.opednews.com/articles/Tracking-the-American-Musl-by-Abdus-Sattar-Ghaza-121015-442.html.

(152) Sherman A. Jackson, 'Muslims, Islam (s), Race, and American Islamophobia', in Esposito and Kalin (eds.), *op. cit.*, pp. 93–106.

(153) Muqtedar Khan, "Overcoming Islamophobia in American Elections", HuffPost (February 13, 2013).

(154) Marc Schneier and Shamsi Ali, *Sons of Abraham : A Candid Conversation about the Issues That Divide and Unite Jews and Muslims* (Boston, MA : Beacon Press, 2013), pp. 190–196 [chap. 15, Why Jews Should Care about Islamophobia].

(155) Donald Trump, "Remarks Announcing Candidacy for President in New York City (June 16, 2015)", American Presidency Project.

(156) Gregory Krieg, "Donald Trump : 'Strongly Consider' Shutting Mosques", CNN (November 16, 2015) ; Jeremy Diamond,

“Trump would ‘Certainly Implement’ National Database for U. S. Muslims”, CNN (November 20, 2015).

(157) Jenna Johnson, “Trump Calls for ‘Total and Complete Shutdown of Muslims Entering the United States’”, *Washington Post* (December 7, 2015).

(158) Michael Tesler, “How Hostile Are Trump Supporters toward Muslims? This New Poll Will Tell You”, *Washington Post* (December 8, 2015).

(159) Teresa Welsh, “Anti-Muslim Rhetoric during GOP Debate Harms U. S. National Security : Civil Rights Organizations Say Banning Muslims from Entering the U. S. is Counterproductive”, *U. S. News & World Report* (December 16, 2015).

(160) Jenna Johnson, “Inside Donald Trump’s Strategic Decision to Target Muslims”, *Washington Post* (June 21, 2016).

(161) Gregory Krieg, “14 of Trump’s Most Outrageous ‘Birther’ Claims-- Half from after 2011”, CNN (September 16, 2016) ; “2016 : Islamophobia and the Trump Team”, CAIR, https : //islamophobia.org/special-reports/islamophobia-and-the-trump-team/ ; Jenna Johnson and Abigail Hauslohner, “‘I Think Islam Hates Us’ : A Timeline of Trump’s Comments about Islam and Muslims”, *Washington Post* (May 20, 2017).

(162) トランプの米国ムスリムに対する差別的言動は、太平洋戦争中の米国の日系人強制収容を想起させるものとして批判を浴びていた。Jenna Johnson, “Inside Donald Trump’s Strategic Decision”, op. cit.

(163) Glenn Kessler, “Ben Carson’s Claim that ‘Taqiyya’ Encourages Muslims ‘to Lie to Achieve your Goals’”, *Washington Post* (September 22, 2015) ; Nick Gass, “Carson Will Not Apologize for Muslim Remark”, Politico (September 21, 2015).

(164) Mike Huckabee, “We Must Defeat Islamofascism”, *Jerusalem Post* (February 4, 2008) ; Ruby Mellen, “Mike Huckabee on Letting in Refugees : ‘It’s Time to Wake up and Smell the Falafel’”, HuffPost (November 16, 2015).

(165) Jonathan Oosting, “Ted Cruz in Michigan : ‘Nothing Short of Crazy’ to Take in Syrian Muslim Refugees”, *Michigan News* (October 5, 2015).

(166) 各候補者のイスラームあるいはムスリムに関する言動の1覧は以下を参照。“Islamophobia in the 2016 Presidential Election”, CAIR, https : //islamophobia.org/special-reports/islamophobia-in-the-2016-presidential-election/.

(167) “2016 GOP Debate : Chris Christie on Americans’ Relationship with Muslims, Zika Virus ”, WMUR (February 6, 2016) ;

Maggie Haberman, “Christie Warns GOP on Mosque”, Politico (August 16, 2010). ただし、クリスティがシリアからのムスリム難民の受け入れに消極的であったこと、選挙戦終盤でトランプ支持に回ったことで、クリスティに対するムスリムの期待は霧散することとなった。Alexander Burns, “Once Embraced by Chris Christie, New Jersey's Muslims Feel Betrayed”, *New York Times* (December 2, 2015).

(168) “Democratic Candidates Forum at Drake University in Des Moines, Iowa (January 25, 2016)”, American Presidency Project.

(169) “Democratic Candidates Debate in Milwaukee, Wisconsin (February 11, 2016)”, American Presidency Project.

(170) “Presidential Debate at Hofstra University in Hempstead, New York (September 26, 2016)”, American Presidency Project.

(171) John Wagner, “At Washington Mosque, Sanders Blasts Trump's ‘Bigoted’ Proposal for Muslims”, *Washington Post* (December 16, 2015).

(172) Marina Fang, “Bernie Sanders Slams Ben Carson for Anti-Muslim Comments: ‘This Is the Year 2015’”, HuffPost (September 20, 2015); “Transcript: MSNBC and Telemundo's Clinton-Sanders Town Hall”, NBC (February 18, 2016).

(173) サンダースのユダヤ性が障害となっていない一例として、アラブ系やムスリムが集中するミシガン州ディアボーンでの予備選挙では、サンダースが五九%、クリントンが三九%の得票率であった。Jareen Imam, “Why Bernie Sanders Being Jewish Isn't an Issue for Muslim Americans”, CNN (March 11, 2016).

(174) 二〇一三年四月一五日、ボストン・マラソン大会中の沿道で爆弾テロ事件が発生し、犯人を含む五人が死亡した。二〇一五年七月一六日、テネシー州チャタヌーガの米軍施設で襲撃事件が発生し、犯人を含む六人が死亡した。Donald Trump, “Address Accepting the Presidential Nomination at the Republican National Convention in Cleveland, Ohio (July 21, 2016)”, American Presidency Project. なお、ムスリムおよびＬＧＢＴの人権組織は、トランプのこの演説が米国社会においてムスリムとＬＧＢＴというマイノリティ同士を対立させるような悪意に満ちたものだとして抗議している。Rick Zbur and Salam al-Marayati, “Trump's Despicable Plan to Turn LGBTs against Muslims”, Advocate (February 27, 2017).

(175) 同演説終盤には、「急進的なイスラームのテロと戦う」という表現も使い、トランプは、「テロ」「急進主義」「イスラーム」を連結させた表現を演説中で多用している。また、採択された党綱領に関しても、「イスラームのテロ／テロリズム／テロリスト」あるいは「急進的なイスラーム」という表現が複数回使用され、その危険性が強調されている。民主党の党綱領では、このような反イスラーム的表現は使用されていない。

(176) Gary Lander, "Trump Plan Is Supported in His Party but Widely Opposed Outside the GOP(POLL)", ABC News(December 14, 2015).

(177) Mohamad Bazzi, "Commentary : Trump's Vote-Winning Strategy- Attack Muslims", Reuters(June 23, 2016).

(178) Abigail Hauslohner, "Meet the Muslim Guy who Took the Convention Stage and Prayed for Trump", *Washington Post* (July 19, 2016) ; Katherine Gypson, "Muslims for Trump Have Their Say at Republican Convention", VOA(July 20, 2016).

(179) Hillary Clinton, "Address Accepting the Presidential Nomination at the Democratic National Convention in Philadelphia, Pennsylvania(July 28, 2016)," American Presidency Project.

(180) 二〇一二年九月一一日、リビア北東部の都市ベンガジにある米領事館が反米武装勢力によって襲撃され、駐リビア大使を含む米外交官四人が殺害された。二〇一六年大統領選挙を控え、トランプをはじめとする共和党員らは同領事館の警備が不十分であったなどとして、当時の国務長官であるクリントンの責任を追求していた。連邦下院議会ではクリントンに対する公聴会も開かれたが（二〇一五年一〇月二二日）、最終的な報告書（二〇一六年六月二八日）ではクリントンの過失は見つからないと結論された。David M. Herszenhorn, "House Benghazi Report Finds No New Evidence of Wrongdoing by Hillary Clinton", *New York Times*(June 28, 2016).

(181) Tuqa Nusairat, "Bill Clinton's Loyalty Test for Muslim Americans", *Foreign Policy*(July 28, 2016).

(182) "Full Text : Khizr Khan's Speech to the 2016 Democratic National Convention", ABC News(August 1, 2016). トランプはカーンの批判演説に対して、ともに登壇していたカーン夫人が発言しなかったことを指して、イスラームの女性蔑視を示唆したことが、ムスリムからのさらなる批判を招いた。"Donald Trump Criticizes Muslim Family of Slain U. S. Soldier, Drawing Ire", *New York Times*(July 30, 2016).

(183) "2016 Campaign : Strong Interest, Widespread Dissatisfaction", Pew Research Center(July 7, 2016) ; "CAIR Releases Results of Muslim Voter Survey Ahead of Primary Elections", CAIR(February 1, 2016);"Islamophobia Increases Muslim Ameri-

can Participation in US Politics", VOA (July 29, 2016) ; Maya Rhodan, "Islamophobia Driving American Muslims to Vote in 2016", *TIME* (February 1, 2016).

(184) "American Muslim Voters and the 2016 Election : A Demographic Profile and Survey of Attitudes", CAIR (October 13, 2016) ; "The Arab American Vote 2016 : Identity & Political Concerns", Arab American Institute (October 25, 2016), https://www.aaiusa.org/library/the-arab-american-vote-2016.

(185) 前嶋和弘「ソーシャルメディアが変える選挙戦――アメリカの事例」清原聖子・前嶋和弘（編著）『インターネットが変える選挙――米韓比較と日本の展望』慶應義塾大学出版会、二〇一一年、二七―四九頁。

(186) Alan Rappeport, "Feeling G. O. P. Peril, Muslims Try to Get Out Vote", *New York Times* (March 24, 2016) ; Eugene Scott, "Muslim Voter Registration Up, Group Says", CNN (June 21, 2016) ; Masood Farivar, "More Than 1 Million US Muslims Now Registered to Vote", VOA (November 2, 2016).

(187) "US Muslims Concerned about", Pew (2017), p. 28.

(188) Jason Le Miere, "Muslims for Trump : President-Elect Got Nearly Three Times Amount of Support as Mitt Romney", International Business Times (November 23, 2016) ; "For the Record : CAIR Releases Results of Presidential Election Exit Poll", CAIR (November 22, 2016).

(189) なお、二〇一一年当時のオバマの職務実績の肯定評価値は七六％（否定は一四％）であり、トランプおよびブッシュの同評価との差は歴然としている。"US Muslims Concerned about", Pew (2017), p. 85, 88.

(190) "Election 2016 : The Muslim Democrat and The Muslim Republican", Islamic Monthly (March 30, 2016).

(191) Sarah A. Harvard, "13% of Muslim Americans in this CAIR Exit Poll Voted for Donald Trump. Here's Why", Mic (November 24, 2016) ; Yana Paskova, "Meet Three Muslims Voting for Donald Trump", *TIME* (March 17, 2016) ; David A. Graham, "How Many Muslims Will Vote for Donald Trump?", *Atlantic* (February 1, 2016).

(192) "American Muslim Poll 2017", ISPU (2017), p. 3, p. 6–7.

(193) ドキュメンタリー映画監督のマイケル・ムーア（Michael Moore）は、一般投票前にトランプの勝利を予想して話題となった。ムーアはトランプ勝利の理由の一つとして、意気消沈したサンダース支持者（depressed Sanders voter）の存在を挙げていた。Michael Moore, "5 Reasons Why Trump Will Win", HuffPost (July 23, 2016). またＣＡＩＲの報道官も、トランプのムスリム票獲得に驚きを示し、「クリントンへの不信任投票」という見方を示していた。Alan Rappeport, Michael D. Shear and Carl Hulse, "Trump Inches Toward Naming Domestic Cabinet Members", *New York Times* (November 22, 2016).

(194) Amanda Sakuma, "Trump Did Better With Blacks, Hispanics Than Romney in '12 : Exit Polls", NBC News (November 10, 2016).

(195) Asra Q. Nomani, "I'm a Muslim, a Woman and an Immigrant. I Voted for Trump.", *Washington Post* (November 10, 2016).

(196) Brian Levin and Kevin Grisham, "Special Status Report : Hate Crime in the United States : 20 State Compilation of Official Data", Center for the Study of Hate & Extremism (2016), pp. 26–36 ; Faiza Patel and Rachel Levinson-Waldman, "The Islamophobic Administration", Brennan Center for Justice (April 19, 2017) ; "The Trump Effect : The Impact of the 2016 Presidential Election on Our Nation's Schools", Southern Poverty Law Center (2016), p. 4..

(197) Lisa Wangsness, "Donald Trump's Rhetoric Energizes Muslim Voters", *Boston Globe* (September 23, 2016) ; Khaled A. Beydoun, "A Muslim American Political Renaissance?" Al Jazeera (August 15, 2018) ; Judy Maltz, "Trump Effect : Jewish and Muslim Organizations Form New Alliance", *Haaretz* (November 14, 2016) ; Sheryl Olitzky, "Salaam Shalom : Muslim and Jewish Women Start a Movement to Thwart Religious Bigotry", Religious News Service (January 5, 2018).

(198) James Zogby, "The 'Trump Effect' : Positive Attitudes Toward Arabs and Muslims Are Up ; So Is Hate", HuffPost (December 16, 2017) ; "American Attitudes towards Arabs and Muslims", Arab American Institute (December 5, 2017).

(199) Joyce Karam, "Analysis : Could the Trump Effect End up Being Good for US Muslims?" *Arab News* (February 25, 2017).

(200) "US Muslims Concerned about", Pew (2017), pp. 122–123.

第6章　米国ムスリム社会の変容

1　トランプ政権とイスラモフォビア

「ムスリム入国禁止」

二〇一六年大統領選挙でトランプが勝利に至る過程は、米国内外でのイスラーム急進主義者らによるテロや暴力事件が連続する時期と重なった。パリでの同時多発テロを受けて、二〇一五年一二月七日、トランプは選挙演説の中で「米国へのムスリムの入国を全面的かつ完全に阻止する」と声明した。この声明は、「ムスリム入国禁止」提言として選挙公約となり、その後のトランプとムスリムとの関係において最も論争を呼ぶイシューとなった。

二〇一七年一月、大統領に就任したトランプは、「ムスリム入国禁止」の選挙公約を即座に実行に移した。一月二七日、トランプは大統領行政命令（Executive Order）一三七六九号により、ムスリムが大多数である七カ国（イエメン、イラク、イラン、シリア、スーダン、ソマリア、リビア）からの九〇日間の入国禁止、シリア難民の無期限入国禁止、他の難民の一二〇日間の入国禁止を声明した。この最初の行政命令が"Muslim Ban 1.0"と呼ばれる(1)。

ムスリムや各種人権組織は、この行政命令がムスリムを標的にした差別的な政策であり、テロ対策としても効果がないとして批判した。そして行政命令の執行停止を求める複数の訴訟が起こされ、これらの訴訟を受けて連邦裁判所判事は、行政命令の主要部分についての一時執行停止措置を命じた。

このためトランプは、三月六日、新たな大統領行政命令一三七八〇号に署名した（"Muslim Ban 2.0"）。これにより前回の行政命令に部分的修正がなされ、イラクが対象から外された。しかし、ハワイ州、メリーランド州の連邦地裁が再び執行停止の仮処分を決定し、連邦控訴裁判所もこれを支持したため、この行政命令の合法性が最高裁判所で争われることになった。

この後トランプは、九月二四日、大統領布告（proclamation）九六四五号により、北朝鮮、ベネズエラ、チャドを入国禁止の対象国に加えた（"Muslim Ban 3.0"）。トランプ政権は、入国禁止の対象国をイスラーム圏外に拡大することで、ムスリムに対する差別政策ではないことを強調したが、批判は依然として残った。この入国禁止措置の訴訟問題は翌年にまで持ち越され、最終的には二〇一八年六月二六日に最高裁判所が判決を出し、「ムスリム入国禁止」の大統領行政命令を合法とした。最高裁判事九人のうち、保守派とされる五人が行政命令の合法性を支持したことで、トランプの「ムスリム入国禁止」政策に法的な正当性が与えられた。

この「ムスリム入国禁止」に関する政策は、米国に入国しようとする者だけの問題ではなく、既に米国に居住しているムスリムの海外渡航や、その家族や親族の呼び寄せにも影響を与えた。さらにこの政策は、ムスリムに限定されない「グローバル規模での人種的・宗教的プロファイリング」であり、トランプ政権の広範な移民排斥政策の端緒と位置づけられた(2)。

これにより「ムスリム入国禁止」は、トランプ自らが実践するイスラモフォビアとマイノリティ差別のシンボルとなった。トランプが最高裁判所の合法判決を得てこの政策を実施したことは、事実上ムスリムを米国における「条件付き市民」であることを公的な制度として確立したことになる。これは、構造的・制度的な次元のイスラモフォビアの一形態であり、米国内のムスリムに対する排他的意識や偏見をさらに増長することになった(3)。

「ムスリム入国禁止」を認めた最高裁判決の後も、ムスリム諸組織と各種人権組織は、この政策に異議を唱え続けた。翌二〇一九年四月一〇日、連邦上院下院のそれぞれで入国禁止への対抗法案（"National Origin-Based Antidiscrimination for Nonimmigrants Act")、通称 "NO BAN Act" が提出された。これは大統領が宗教などの基準で特定の国民の入国を禁止することを阻止する法案であったが、民主党議員の支持に限定されたため、法制化されるには至らなかった(4)。

このように「ムスリム入国禁止」は問題をはらんだ政策であったが、その後のトランプ政権期において、ムスリムを標的とする問題としては徐々に注目度が低下していくことになった。それは、この問題が、米国人にとってより深刻な問題と考えられる米国南部国境で発生している中南米諸国からの不法移民流入問題に置き換えられていったことに大きな要因がある。トランプ支持者でさえも、イスラームやテロリストの問題よりも、目下の最大の脅威は中南米諸国からの不法移民の流入であるとみており、ムスリムに対する警戒感は相対的に低下しているとの報告もある。また、右の二〇一八年六月の最高裁判決と同じ頃、メキシコとの国境地帯で不法越境を試みた移民の親子が引き離され、その子供たちが劣悪な保護環境にあるといった感情的な報道が広まっていた(5)。

さらに、二〇二〇年に入ってからは新型コロナウイルス（COVID-19）の感染拡大が世界各地で始まり、米国を含めて各国が感染拡大対策として広範な入国規制を合法的に行ったことも、ムスリムに対する差別的な入国禁止問題の埋没を招いた要因であろう。

このように二〇一六年大統領選挙の時に大きな注目と批判を受けた公約としての「ムスリム入国禁止」は、トランプのイスラモフォビア的姿勢の印象を強く残した。しかし、二〇二〇年大統領選挙が始まる段階では、バイデンがこれを廃止することを米国ムスリムに対する公約とした以外は注目されず、選挙における大きな争点となることはなかった［後述(6)］。

ヘイトクライムの動向

ここでは、米国におけるイスラモフォビアの動向を把握する際の一つの重要な指標として、ムスリムに対するヘイトクライムの状況をとりあげる。米国連邦捜査局（ＦＢＩ）は、ヘイトクライム統計法に従って、ヘイトクライムの

表6－1　ヘイトクライム件数の推移

年	1996	1997	1998	1999	2000	2001	2002	2003	2004	2005	2006	2007
総件数 Total	8, 759	8, 049	7, 755	7, 876	8, 063	9, 730	7, 462	7, 489	7, 649	7, 163	7, 722	7, 624
人種／民族／出自 Race/Ethnicity/Ancestry	5, 396	4, 710	4, 321	4, 295	4, 337	4, 367	3, 642	3, 844	4, 042	3, 919	4, 000	3, 870
宗教 Religion	1, 401	1, 385	1, 390	1, 411	1, 472	1, 828	1, 426	1, 343	1, 374	1, 227	1, 462	1, 400
反イスラーム（ムスリム） Anti-Islamic (Muslim)	27	28	21	32	28	481	155	149	156	128	156	115
反ユダヤ Anti-Jewish	1, 109	1, 087	1, 081	1, 109	1, 109	1, 043	931	927	954	848	967	969

年	2008	2009	2010	2011	2012	2013	2014	2015	2016	2017	2018	2019	2020	2021	2022
総件数 Total	7, 783	6, 604	6, 628	6, 222	5, 796	5, 928	5, 479	5, 850	6, 121	7, 175	7, 120	7, 314	8, 263	7, 276	11, 630
人種／民族／出自 Race/Ethnicity/Ancestry	3, 992	3, 119	3, 135	2, 917	2, 797	2, 871	2, 568	3, 310	3, 489	4, 131	4, 047	3, 963	5, 227	4, 470	6, 567
宗教 Religion	1, 519	1, 303	1, 322	1, 233	1, 099	1, 031	1, 014	1, 244	1, 273	1, 564	1, 419	1, 521	1, 244	1, 005	2, 042
反イスラーム（ムスリム） Anti-Islamic (Muslim)	105	107	160	157	130	135	154	257	307	273	118	176	110	95	158
反ユダヤ Anti-Jewish	1, 013	931	887	771	674	625	609	664	684	938	853	953	683	817	1, 122

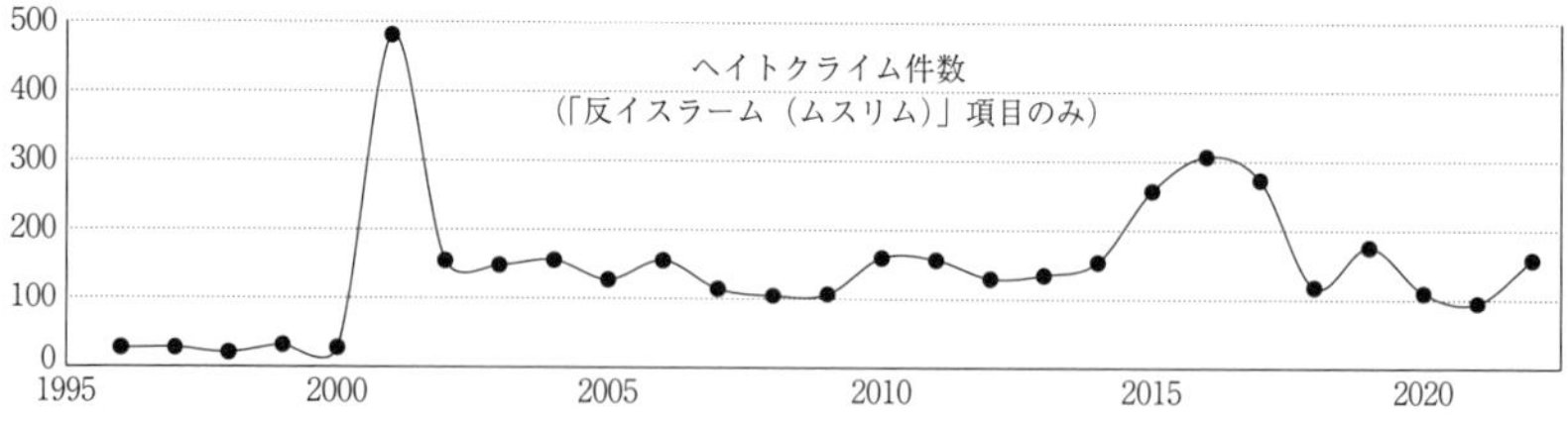

（出所）Hate Crime Statistics, Federal Bureau of Investigation, https://ucr.fbi.gov/hate-crime. より筆者作成。

件数を継続的に集計している。

表6-1に示すように、ヘイトクライム「総件数」の内訳として、「人種／民族／出自」と並んで「宗教」の項目がある。その「宗教」の内訳の一つである「反イスラーム（ムスリム）」の項目に着目すると、「九・一一テロ事件」のあった二〇〇一年が突出しており、その後はいったん減少するものの、二〇一五年から二〇一六年にかけて再び急増していることが分かる。そして、トランプを選出した大統領選挙の年の二〇一六年とトランプ大統領任期初年の二〇一七年に、ムスリムに対する憎悪やイスラモフォビアの表出が再びピークを迎えるが、二〇一七年をもってピークアウトし、二〇二〇年でほぼ二〇一四年以前の水準へと戻っている。[7]

また米国のリベラル系シンクタンクであるNew Americaは、二〇一二年から二〇一八年までの米国内でのヘイトクライムを含めた「反ムスリム的活動」の集計データを公開している。この集計データからも、二〇一六年と二〇一七年が「反ムスリム的活動」の各種形態が最も多く発生した年であり、二〇一八年には減少に転じている傾向がみてとれる。[8]

ムスリム市民権擁護組織CAIRは、ヘイトクライムを含めたムスリムの人権侵害について、個別報告に基づいた独自の情報収集を行っている。CAIRの集計によると、ムスリムに対するヘイトクライムの報告は、二〇一五年に一八〇件、二〇一六年に二六〇件、二〇一七年に三〇〇件と増加した後に二〇一八年に一二八件に急減している。[9]

また、カリフォルニア州立大サンバーナディーノ校のCenter for the Study of Hate and Extremismも、同じくFBI年次報告書に基づいた分析から、ムスリムに対するヘイトクライムが二〇一七年以降に減少傾向にあることを確認している。この分析は、ヘイトクライム減少の理由として、コロナウイルス感染拡大に起因するソーシャル・ディスタンスと各種施設の閉鎖が影響しているとみている。ただし、主要都市においてはコロナウイルス感染拡大以前からムスリムに対するヘイトクライムが減少に転じている兆候があることも指摘しており、コロナウイルス感染拡大とヘイトクライム減少との因果関係は判然としない。[10]

右でみたいくつかの統計と分析から、ムスリムに対するヘイトクライムが、二〇一六年から二〇一七年にかけてピークを迎え、その後減少に転じたという傾向を確認することができる。このピークアウトの理由について、第一に、中東地域情勢、特に「イスラーム国」による「恐怖」に関連している可能性が指摘できる。「イスラーム国」は二〇一五年に最大の支配領域を獲得し、そのプロパガンダで国際社会に恐怖と脅威を与えた。しかし「イスラーム国」は、二〇一八年に急速に勢力を弱めた。同年一二月にはトランプは「イスラーム国」との戦いで勝利宣言し、米兵の帰還を開始した。近年のグローバルなイスラモフォビアの「源泉」ともいえる「イスラーム国」が衰退したことは、ムスリムに対する米国内のヘイト感情の減退につながったと考えることができる[11]。

第二に、より直接的な要因として、イスラモフォビアの動向が米国政治の動向、特に政治が最も活性化する大統領選挙のサイクルに連動している可能性が指摘できる。選挙戦における政治的動機を背景にして、既存のイスラーム全般に対する不信感や警戒感を「煽る」公職者および公職への立候補者らの発言力と影響力は無視できない。反ムスリム感情の拡大は、イスラーム急進主義者が関与するテロや暴力事件の発生そのものではなく、それらの「恐怖」を強調する政治的公職者の言動やレトリックに起因する部分が大きいことが複数で指摘されている[12]。

トランプが選出された二〇一六年選挙時は、その前年からの中東地域情勢の影響で、ムスリムやイスラームを「悪者扱いする」選挙戦術が最も機能した時期であった。しかし、「イスラーム国」の衰退と大統領選挙終了によって、二〇一七年以降このような戦術の効用と必要性も減退したと考えられる。

その一例が、前述のアラバマ州での連邦上院の補欠選挙である（二〇一七年一二月）。同州ではこれまで共和党が上院議席を維持してきたにもかかわらず、この選挙では共和党候補のロイ・ムーアが敗退した。ムーアは、キース・エリソンがムスリムとして初めて下院議員に当選した際に、ムスリムが連邦議員となることに反対を示し、「イリノイやインディアナはシャリーア法の下にある」といった発言が取り上げられたこともある。民主党候補ダグ・ジョーンズの僅差での勝利は、約三割の黒人有権者の圧倒的多数がジョーンズに投票したことが決定的であったとみられ、一

%に満たないムスリムの動向が直接選挙結果に影響したとはいえない。しかし、反ムスリム的な言動の目立つ共和党候補者が落選したことは、イスラモフォビアを「煽る」選挙戦術の効用の限界を示唆している。

反シャリーア法制定運動の収束

第3章でみたように、イスラモフォビアの発現形態の一つである反シャリーア法制定運動は、党派政治を背景にしたプロパガンダ的な選挙戦術として展開された。しかし、多くの州でみられた反シャリーア法制定運動は、トランプ政権となって以降、目立った動きはほとんどみられなくなった。南部貧困法律センター（Southern Poverty Law Center）の調査、および「イスラモフォビア法制定データベース」が示すように、二〇一八年以降は極端に法案提出件数が少なくなった[13]（前掲の表3-1）。

もとより反シャリーア法制定運動は、法制定自体が目的ではなく、「イスラーム（ムスリム）の脅威」を煽ることで政治的支持と影響力を獲得することを主眼とする、保守派あるいは共和党候補者らにとっての政治運動あるいは選挙戦術であった。したがって、米国社会における「イスラームの脅威」の認識度が低下すれば運動の意義と効力も低下する。前述のムスリムに対するヘイトクライムのピークアウトと合わせて考えれば、イスラモフォビア自体は決して解消されていないものの、イスラモフォビアを煽る選挙戦術は「賞味期限切れ」になったともいえる。

この点に関連して興味深いのは、シャリーアに代わって保守派が取り上げようとするのが「批判的人種理論（Critical Race Theory）」であるとの指摘である。「批判的人種理論」とは、米国社会において（黒人）人種差別が法制度の形で構造化されているとして批判する人種差別に反対する側の議論であったが、近年一部の保守派はこれを左派による白人に対する逆差別を正当化する理論と捉え直し、シャリーアと同じく米国社会にとって害悪であり、公教育で教えるべきではないと主張している。ニューヨーク・タイムズ紙コラムニストのチャールズ・ブロー（Charles M. Blow）は、「『批判的人種理論』は、新たなシャリーア法であり、米国の保守主義に蔓延している人種差別的な反他者主義

(anti-otherness) を活用するために右派が用いる化け物 (boogeyman) だ」と評している[14]。

ただし、このような「批判的人種理論」が、右派・保守派にとっての集票アイテムとして今後どの程度の効果をもたらすか定かではない。しかし、ムスリムのみを標的とした反シャリーア法制定運動が勢いを失い、代わって「批判的人種理論」のような抽象的ではあるが対象が広範な人種差別の議論に置き換えられたとするならば、それは「九・一一テロ事件」以来、イスラームやムスリムに集中してきた人権イシューが、より広範な(そして米国社会においては伝統的な)人種に関わる人権イシューに吸収されつつあることを示唆している。そしてブローが指摘するように、この人種に関わる人権イシューが、米国内の保守とリベラルとの分断化のなかで、政治的争点として先鋭化しているのが近年の状況である。

二〇一六年大統領選挙当時、米国内外でイスラモフォビアが蔓延しており、トランプはこの状況を選挙戦で巧みに利用した。しかし、選挙公約であった「ムスリム入国禁止」の一件を除けば、ムスリムに対する差別的な政策が公式に(法的に)導入されたわけではなかった。選挙戦で言及されたような米国内モスクの監視や閉鎖、またムスリムのデータベース化などは実際には実施されることはなかった。また、コロナウイルス感染拡大が影響したこともあり、「ムスリム入国禁止」措置もイシューとしての注目度と重要性を失っていった。

ムスリムに対するヘイトクライムの減少と反シャリーア法制定運動の収束は、トランプ政権の成果ではなく、トランプが選出された大統領選挙が終了したことによるものである。選挙終了により、イスラモフォビアの政治的な利用価値も低下していた。この時点でイスラモフォビアの問題が解消されたわけではないものの、米国ムスリムにとっての政治社会的な環境は改善傾向にあったといえよう。この傾向は、二〇一八年の中間選挙でのムスリムの政治参加に表れた。

二〇一八年中間選挙——「ムスリム・ウェイブ」

大統領選挙の二年後に行われる中間選挙は、現職大統領の二年間の「成績評価」の性格を持つ。二〇一八年の中間選挙では、問題をはらむ言動の多いトランプ共和党大統領に対する批判は強かったものの、結果的に共和党は上院で二議席を追加して五三議席となり、上院では多数派を維持することができた。一方の下院では共和党が四二議席を失い、民主党が四一議席を獲得する逆転となり、民主党は下院で八年ぶりに多数派を奪還した。

この中間選挙で民主党は、特にリベラル派が「反トランプ」で反転攻勢をかけ躍進した。この中間選挙は、リベラル派が主導する「多様性の勝利」とも評され、同性愛者を公言する男性州知事の当選（コロラド州）、先住民女性二人の下院当選（カンザス州、ニューメキシコ州）を含み、多数の女性やLGBT候補者がみられた。このような民主党の躍進は「ブルー・ウェイブ」と呼ばれたが、この中間選挙では多くのムスリムが民主党から立候補し当選者も出したことから、一部では「ムスリム・ウェイブ」とも呼ばれる(15)。

ムスリムの政治参加を啓発する市民社会組織 Emgage によると、この二〇一八年中間選挙では約一〇〇人のムスリムが公職への立候補を表明し、同年七月の時点で約五〇人が党内の予備選挙に残っているとみられた。この数は、前回二〇一六年選挙の時の十数人よりもかなり多いと報告されている。また同じくムスリム組織である Jetpac によると、二〇一八年中間選挙では総計一二八人のムスリムが立候補し、この中で連邦議員や州議会議員に立候補したものは二三人になるとしている(16)。

このような「ムスリム・ウェイブ」と民主党の「多様性の勝利」としてシンボリックであったのが、ムスリム女性二人が下院で初当選したことである。パレスチナ移民の二世でありアラブ系ムスリムであるラシダ・タリーブは、ミシガン州第一三区（ディアボーンを含むデトロイト近郊の都市部）から選出された。タリーブは、ミシガン州議会議員の下でのインターンを経て、二〇〇八年一一月の州議会選挙で同州議会にムスリム女性として初当選したことで注目された。その後あらためて二〇一八年中間選挙で連邦下院議員に立候補し、民主党内の予備選挙を勝ち抜いて当選した。選挙区は黒人、ヒスパニック系、アジア系など移民系マイノリティが多数を占め、もとより民主党の常勝選挙区である。[17]

イルハン・オマル（Ilhan Omar）は、幼少期の一九九〇年代に難民として家族とともにソマリアを出国してミネソタ州に移住し、二〇〇〇年に一七歳で米国国籍を取得した。二〇一六年一一月のミネソタ州議会選挙にソマリア系米国人として初めて当選した。そして二年後の中間選挙で同州第五区から連邦下院議員に立候補し当選した。なお、同州第五区はミネアポリス全域を含む都市部にあたり、オマルは前任者のキース・エリソン（二〇一八年にミネソタ州司法長官の選挙に出馬して当選）の議席を引き継ぐ形となった。[18]

この二人のムスリム女性の下院議員当選は、前述の「ムスリム入国禁止」などでトランプ政権の政策に批判が集まる中で注目された。さらに、この中間選挙で民主党から当選した他の二人の女性議員、アレクサンドリア・オカシオ＝コルテス（Alexandria Ocasio-Cortez：ニューヨーク州第一四区選出、プエルトリコ系）とアヤンナ・プレスリー（Ayanna Pressley：マサチューセッツ州第七区選出、アフリカ系）を合わせた四人組が「スクワッド（Squad）」としてメディアを中心に取り上げられた。彼女たちはトランプの弱者・マイノリティに対する攻撃を強く批判し、多様性をアピールする民主党の積極果敢な「前衛部隊」として注目された。この四人組に対するトランプによる誹謗中傷発言（「民主党の急進系女性議員たちが世界最悪の腐敗した国から来たにもかかわらず、史上最高・最強の米国政府に意見している。……もといた国に帰ったらどうだ……」などのツイート、二〇一九年七月一四日）により双方の陣営による非難合戦となり、下院ではトランプ非難決議が採択されるに至ったことで、これらの新人議員たちはさらに注目を浴びる存在となった。[19]

また、この中間選挙では、結果的には敗北したものの善戦した民主党ムスリム候補も少なくなかった。医療政策の専門家であり、主要メディアでの論評も多いアブドュル・エル＝サイード（Abdul El-Sayed：エジプト移民二世）は、ミシガン州知事選に出馬し、民主党内の予備選挙では二位に終わった。エル＝サイードはバーニー・サンダースやオカシオ＝コルテスらの支持を得ていた民主党のプログレッシブ系新人の一人である。同じくミシガン州では、エイブラハム・アイヤーシュ（Abraham Aiyash：イエメン移民二世）が州上院議会選挙に出馬し、民主党内の予備選挙では僅差で二位に終わっている。[20]

このような二〇一八年中間選挙にみられたムスリムの政治参加の活性化の背景には、前述のイスラモフォビアの低減傾向という政治社会的環境、トランプの言動に対するムスリムの反発、そして米国政治全般にみられたリベラル、およびプログレッシブへの「追い風」という三つの要素を指摘することができる。

第一に、イスラモフォビアの低減傾向は、イスラモフォビアの政治的な利用価値と集票効果を低下させていた。実際にこの中間選挙では、反ムスリム的な言動が顕著な共和党の候補者らは苦戦を強いられた。ムスリム市民組織Muslim Advocateによると、同組織が反ムスリム的として注視していた八三人の立候補者のうち当選した者は一九人、予備選挙での敗退と本選挙での落選が六三人であった。また過去に米国ムスリムを危険視する議会公聴会を主催したピーター・キング下院議員など、現職で当選した有力議員らも軒並み獲得票を一割程度失ったと報告されている。[21]

第二に、二〇一六年の大統領選挙で「ムスリム入国禁止」をはじめとする反ムスリム的言動が顕著なトランプが選出されたことは、米国のムスリム社会に強い危機感をもたらした。この危機感が刺激した防衛本能、あるいは「反作用」として、ムスリムは政治的な主張を強く表出し、さらに積極的に公職への立候補を試みる動機が生じたと考えられる。さらに、トランプ選出がもたらした「反作用」は、米国世論一般のムスリムへの共感と支持の拡大にもつながった。トランプの諸々の差別的言動に対する否定が、マイノリティであるムスリムの政治的な主張や社会的な立場の支持につながり、ムスリム候補への支持が拡大したと考えることができる。[22]

そして第三に、ムスリムに限定されない、二〇一六年のトランプ選出が刺激したリベラル層が反転攻勢に出たことが指摘できる。民主党のリベラルおよびプログレッシブ層は、いわゆる「レジスタンス」としてトランプ政権の諸政策に強く抵抗する姿勢を示して団結した。シンボリックな一例として、前述の「スクワッド」の一人となるオカシオ＝コルテスは、二〇一八年六月に行われたニューヨーク州の民主党予備選挙で現職の有力候補を破る「番狂わせ」で民主党代表候補の座を勝ち取った。オカシオ＝コルテスはバーニー・サンダースの下で選挙活動を支援した経験もあり、民主党リベラル派の中でもより急進的なプログレッシブに位置づけられ、彼女の予備選挙での勝利は全米で注目された。

このように二〇一八年中間選挙で「ムスリム・ウェイブ」と評されたムスリムの躍進は、実際には「リベラルの波に乗ったムスリム」といった表現がより適切であろう。そこではムスリムとしてのアイデンティティだけではなく、ムスリムであるがゆえの差別（イスラモフォビア）を経験し、より広範な人権問題や社会正義の問題への意識を高めたことが、ムスリムをリベラル志向の政治活動へと後押ししたと考えられる。この観点について、政治参加を啓発するムスリム諸組織の合同調査報告書は、以下のようにまとめている。

「ほとんどの米国ムスリムの候補者たちは、トランプ時代のイスラモフォビアが政治の世界に入る動機となり、自身の「イスラーム的」信条が課題への動機付けとなっている。ただしこの信条が課題を規定したり制限したりするわけではないと語る。……多くの候補者たちは、自身の信条的価値観が人々の幸福と社会的平等性に優先順位を与えることで、社会正義の方向に導いていると報告している(23)」

コラムニストのワジャハト・アリ（Wajahat Ali）も、ムスリムの政治参加の活性化はトランプ選出が「転換点（pivotal moment）」となり、「ムスリムが公職に立候補し、ムスリムのためだけでなく、アメリカの価値と多様な社会を代弁することが反撃する一つのやり方だ」と述べている(24)。

前述のように公職への立候補に際しては、アイデンティティ・ポリティクスに依拠して宗教性を前面に出してアピールするだけでは、民主党であっても党内の予備選挙や本選挙で当選することには限界がある。タリーブやオマルにしても、必ずしも選挙区でムスリムの支持によってのみ当選しているわけではない。タリーブの選挙区では黒人と白人の労働者階級が圧倒的で、オマルの選挙区も多様なエスニック構成で三分の二は白人である。民主的な選挙制度において、ムスリム立候補者が成功するためには、人種的、宗教的な境界を越えてアピールすることが重要であり、他のマイノリティ・弱者集団との連携（coalition）が必要不可欠なのである[25]。

2　二〇二〇年大統領選挙──バイデン対トランプ

予備選挙の展開

二〇一九年六月、トランプ大統領は再選に向けて共和党から立候補することを正式に表明した。一方の民主党では、立候補者は最大で二八人にのぼったが、二〇一九年中に複数回の候補者討論会を経て、その数は徐々に絞り込まれていった。翌二〇二〇年一月一四日、七回目となった民主党候補者討論会には、バイデン、サンダース、エリザベス・ウォーレン（Elizabeth Warren：連邦上院議員、マサチューセッツ州）、ピート・ブティジェッジ（Pete Buttigieg：インディアナ州、前サウスベンド市長）らを含む六人の候補者が参加していた。

二月三日のアイオワ州党員集会は、州内ムスリム有権者へのアウトリーチの一環として、今回初めてその一部がモスクで開催された。会場となったデモイン市街の五つのモスクでは、サンダースへの支持が目立った。モスクでの党員集会の一つには連邦下院議員となったイルハン・オマルも出席し、サンダースを強く支持する声明を発していた。ムスリムの支持候補者について、アイオワ州党員集会の直前にＣＡＩＲが行った調査では、サンダース（三九％）、バイデン（二七％）、ブルームバーグ（九％）、ウォーレン（九％）、未確定（一一％）となっていた[26]。

二月一一日、選挙戦の序盤で注目されるニューハンプシャー州予備選挙では、民主党内でサンダースが首位となり、すぐ後にリベラル派若手のブティジェッジが続いた。しかし、ブティジェッジの序盤での健闘は長く続かず、代わって本命とされたバイデンが盛り返しをみせた。三月三日のスーパーチューズデイでは、ようやくバイデンが多数の州で首位となり、サンダースを逆転した。これを契機としてサンダースは勢いを失い、四月に入ると選挙戦から事実上撤退した。これによりバイデンが党候補指名を確実にし、その後の民主党予備選挙はほぼ無風のまま八月の全国党大会を迎えることになった。民主党の全国党大会は、八月中旬にウィスコンシン州ミルウォーキーにてオンライン形式を併用する形で開催された。共和党ではトランプが予備選挙を無難に消化し、八月下旬、ノースカロライナ州シャーロット（一部はワシントンDC）で、全国党大会にのぞんでいた。

サンダース支持の背景

前回二〇一六年の大統領選挙時と同様に、ムスリムのサンダース支持は顕著であった。スーパーチューズデイ直後にCAIRがムスリムを対象に行った出口調査では、投票した候補者はサンダース（五八％）、バイデン（二六％）、ブルームバーグ（五％）、ウォーレン（五％）となっていた。このようなムスリムのサンダース支持の背景は以下のようにまとめられるであろう。[27]

第一に、サンダースはムスリムの関心の高い具体的なイシューに一貫してコミットし、トランプの政策やイスラモフォビアを強く否定してきた。米国ムスリムの関心の高いイシューの一つとして、米国の対イスラエル・パレスチナ政策がある。伝統的に民主党はユダヤ系有権者の支持を得てきた政党であり、必然的にイスラエルとの「特別な関係」に大きく貢献してきた。このために、米国ムスリム、アラブ系（特にパレスチナ系）やパレスチナに共感するムスリム諸国からの移民系ムスリムは、民主党およびその候補者の支持に躊躇する傾向が過去にもみられた。ユダヤ系米国人であるサンダースも本来は強力なユダヤ系支持を受ける立場にあり、ムスリムからの支持は得にくい形となる。

しかし、サンダースは一貫してイスラエルの対パレスチナ政策を批判し、米国内の強力なイスラエル支持ロビー組織であるAIPACにも批判的であった。米国においてAIPACが持つ政治的影響力はきわめて大きいことから、民主党、共和党を問わず、大統領選挙に出馬する候補者らは、AIPACの年次総会に出席してイスラエルとの連帯をアピールすることがほぼ定式化されている。イスラエルの対パレスチナ政策に懐疑的であったオバマでさえ、大統領選挙の際にはＡＩＰＡＣ総会で演説している。

このＡＩＰＡＣに関してサンダースは「偏見を表出し、パレスチナ人の基本的な権利に反対する指導者らに向けてＡＩＰＡＣが提示する政策方針を懸念する」とツイートし、二〇二〇年三月上旬に開催されたＡＩＰＡＣ年次総会への出席を拒否した。また、二月二五日の民主党候補者討論会では、イスラエルのネタニヤフ首相を「反動的なレイシスト（reactionary racist）」と呼び、イスラエル政府とそのパレスチナ政策を強く非難していた(28)。

選挙に影響力を持つＡＩＰＡＣに迎合するのは米国における因習的な政治スタイルであり、サンダースはこのような政治スタイルの打破を公言してきた。同時に、選挙の現実としても、人口面で縮小傾向にあるユダヤ系に期待するよりも、より広範な若い世代の左派、リベラル、プログレッシブ層にアピールする方が得策であるともいえる(29)。

第二に、サンダース支持者は、米国有権者一般の中でも若い世代に多い。前述のように、米国ムスリムは、米国における他の宗教・宗派社会と比較して圧倒的に若い世代によって構成されている。したがって、若年層の多い米国ムスリムは、最もサンダース支持に向かう可能性の高い社会集団の一つとなる。ＣＡＩＲの調査（二〇二〇年三月）によると、ムスリム若年層のサンダース支持は明確で、一八〜三四歳ではサンダース支持が七六％、三五〜四四歳では七五％、四五〜五四歳では六六％、五五〜六四歳では六二％、六五〜七四歳では四三％、七五〜八四歳では五二％、八五歳以上では四四％となっていた(30)。

第三に、ムスリムのサンダース支持は、共和党トランプ政権に対する反感とは別に、民主党のエスタブリッシュメント層への不信あるいは幻滅に起因している点も指摘できる。特に前回二〇一六年選挙の際、民主党候補となったヒラリー・クリントンは、上院議員時代からのムスリムへの対応からみて、米国ムスリムにとって積極的に支持すべき対象とはならなかった。またグアンタナモ捕虜収容施設の閉鎖公約の反故や、ドローンを多用した標的殺人など、クリントン国務長官を擁したオバマ民主党政権の過去の中東・イスラーム地域諸国に対する政策への不満も強い(31)。

このようなムスリムの民主党に対する認識について、ＣＡＩＲが興味深いデータを提示している。「民主党はムスリムに対して友好的か否か」という問いに対して、友好的とした者が二〇一六年選挙時の六一％から二〇二〇年選挙時の四二％へと低下している。反対に友好的でないとした者が二％から一四％に上昇しており、ムスリムの中で民主党に対する好感度がかなり低下していることが分かる。同時に、共和党のムスリムに対する友好度については、友好的でないとした者が二〇一六年で六二％、二〇二〇年で六一％と高止まりしているものの、友好的としたものが七％から一六％に上昇している点は、ムスリムの共和党に対する態度、さらには米国ムスリムの政治志向の変容を考える点で示唆的である。(32)

民主党とバイデン陣営の課題

民主党にとって、ムスリムのサンダース支持傾向は大きな問題をはらんでいた。それは前回二〇一六年選挙の際に、党候補となったクリントンの保守性を受け入れないムスリムの多くが、サンダースの予備選挙撤退後に、クリントン支持への転換と本選挙での投票を敬遠した経緯があるからである。民主党にとって、リベラル・プログレッシブ層を幅広く取り込む必要性があるのはムスリムに限定される問題ではない。しかし、前回選挙で一部の民主党支持者によるクリントン支持への躊躇がトランプの勝利につながった可能性があったとすれば、今回選挙ではどのような集団に対しても民主党支持者内部での票固めに向けたアクションが必要であった。

このためバイデン陣営は、これまで行ってこなかったムスリムに対するアウトリーチを積極化させた。バイデンは二〇二〇年七月、新興のムスリム組織 Emgage で選挙演説を行った。オンライン（リモート）形式での演説ではあったが、既に民主党候補指名を確実にしていたバイデンがムスリム組織にアプローチしたことは、サンダース支持が多数であるムスリム有権者を取り込もうとする意図がうかがえる。この演説の中でバイデンは、トランプが実施した「ムスリム入国禁止」の措置を、自身の「大統領就任のまさに初日に撤廃する（"I will end the Muslim ban on day one. Day one."）」と公約するなど、ムスリムの立場を積極的に支持した。(33)

また全国党大会を経て正式に民主党大統領候補となったバイデンは、ＩＳＮＡの年次全国大会（二〇二〇年九月五日と六日にオンラインで実施）に録画演説を提供した。そこでバイデンは、トランプ政権のイスラモフォビアを批判し、あらためて「ムスリム入国禁止」措置を即座に廃止することを約束するなど、積極的なアウトリーチの姿勢を見せた。[34]

さらに、バイデン選挙陣営の公式ウェブサイトでは、各種アイデンティティに基づく一九の集団をリストアップし、それぞれの関心事にアピールする公約を掲げた。その中の一つとなる「米国ムスリム社会にとってのジョー・バイデンのアジェンダ」として、「ムスリム入国禁止」措置の廃止、イスラモフォビア対策、ムスリム人材の政権への登用、外交面では、民主主義サミットの開催、ウイグル、ロヒンギャ、カシミール、サウジアラビアに関連する人権問題への懸念、イスラエルの入植地建設拡大および西岸併合への反対と「二国家解決」の支持などを公約していた。ただし、「ムスリム入国禁止」の撤廃公約以外は具体性に欠ける網羅的な記述であり、アピール度が高いとは言い難い内容である。[35]

外交政策の分野でムスリムの投票行動に大きく影響するパレスチナ問題に関して、バイデンの姿勢は消極的であった。一例として、二〇一八年五月にトランプ政権が在イスラエル・米国大使館をテルアビブからエルサレムに移転した問題について、バイデンは大使館を再びテルアビブに戻すことは考えておらず、妥協案としてトランプが閉鎖した東エルサレムの領事館を再開することを公約するにとどまった。なお、この件に関してサンダースは大使館をテルアビブに戻すことを主張していた。[36]

パレスチナ移民の米国ムスリムであるリンダ・サースール（Linda Sarsour）は、リベラル派の活動家として知られており、中東政策に関してトランプ政権を批判し、女性の権利擁護やＢＬＭ（Black Lives Matter）運動にも関わってきた。予備選挙でサンダースを支持してきたサースールは、サンダース撤退後にバイデン支持を表明したが、バイデン陣営の一部はこれに不快感を示した。この背景には、サースールがイスラエルを制裁するＢＤＳ（Boycott, Divestment, and Sanctions「ボイコット・投資撤収・制裁」）運動を強く支持しており、民主党内で影響力の強い親イスラエル派の議員からの反発があったとみられている。結果的にバイデン陣営の譲歩で事は収まったものの、民主党内におけるサンダースとバイデンとの立場の違いが表面化したいきさつであった。サースールは、「バイデン政権になって私たちの社会が大きく変わることはないと思うが、少なくともトランプの害悪を和らげる事はできるし、将来のために力をつけて運動を続けることはできる」とコメントし、バイデン支持に消極的なサンダース支持の民主党支持者の心境を代弁していた(37)。

また、インド系ムスリムの一部にもバイデン批判がみられた。予備選挙の過程で、アジア太平洋諸島地域出身の移民系を対象とするバイデン陣営のアウトリーチ担当者と選挙スタッフが、インドのナレンドラ・モディ(Narendra Modi)首相とその所属政党であるインド人民党(BJP)と親密な関係にあることが問題視された。モディとインド人民党は「ヒンドゥー主義」を掲げており、インドにおいてマイノリティのムスリムが多方面で差別待遇を受けていることから、米国のインド系ムスリムの一部は、選挙スタッフの人選をバイデン陣営の「ムスリム軽視」とみなし、これを批判していた(38)。

バイデン個人にも無用な言動がみられた。バイデンは、トランプとの第一回候補者討論会(九月二九日)で、トランプの納税記録(tax return)の早期開示を求めるやりとりの中で、「いつになりますか、インシャッラーですか」とムスリムが日常的に使う慣用表現を使って口を挟んだ。この慣用表現の使用は、ムスリムやアラブ系の中にかえって気まずい印象を残すことになった(39)。

バイデン陣営に関わるこれらの選挙戦でのエピソードは、バイデン個人やスタッフの問題だけでなく、民主党とムスリムとの間にある構造的な問題を示している。大多数の米国ムスリムにとって、過去にイスラモフォビアを煽ってきた共和党候補は支持の対象外となるが、同時に民主党候補となるエスタブリッシュメント政治家に、ムスリムの関心事に沿った政策を期待することはもとより難しい。それでも、共和党候補を負かすため「消極的選択」として民主党候補に投票せざるを得ないという構図がある。その意味では、ここまでの展開は、ムスリムにとって選挙戦におけ

表6－2　接戦州での一般投票の票差とムスリムの投票者数（2020年大統領選挙）

州	勝　者	選挙人数	一般投票の票差	ムスリムの投票者数
フロリダ	トランプ	29	371, 686	82, 704
ジョージア※	バイデン	16	11, 779	61, 148
ミシガン※	バイデン	16	154, 188	145, 620
ノースカロライナ	トランプ	15	74, 483	38, 892
オハイオ	トランプ	18	475, 669	94, 438
ペンシルベニア※	バイデン	20	81, 660	124, 875
テキサス	トランプ	38	631, 221	218, 899
バージニア	バイデン	13	451, 138	159, 690
ウィスコンシン※	バイデン	10	20, 682	15, 142

※2016年大統領選挙でトランプが勝利している州。

（出所）"Impact 2020 : The Million Muslim Votes Campaign Voter Turnout Report", Emgage(April 2022), p. 24, https : //emgageusa.org/2022/06/06/2020-muslim-american-voter-turnout-report/. およびCNN Politics, Presidential Result. より筆者作成。

る対立候補はトランプのまま変わらず、支持候補がクリントンからバイデンに代わっただけで、二〇一六年の大統領選挙、さらにはこれ以前の大統領選挙の繰り返しともいえるものであった。違いがあるとすれば、二〇一六年にクリントンを敬遠したことでトランプを勝たせてしまったとの反省があり、多くのムスリムにとってトランプの再選だけは回避すべきとの認識が強く共有されていたということではなかろうか(40)。

このような認識は、第一回候補者討論会後のムスリムを対象とした調査で、バイデン支持が七一％、トランプ支持が一八％という数値に反映されていた(41)。

バイデンの勝利とムスリム票

二〇二〇年一一月三日に本選挙の一般投票が行われ、その結果バイデンが得票率五一・三％（獲得選挙人三〇六人）、トランプが四六・九％（同二三二人）でバイデンが勝利した。接戦州のうちフロリダ州とアイオワ州ではトランプが勝利したが、ミシガン州、ペンシルベニア州、ウィスコンシン州（三州ともに二〇一六年選挙ではトランプが勝利）でバイデンが勝利し、共和党優位とみられたアリゾナ州とジョージア州でも僅差で勝利したことでバイデンの勝利が確定した(42)。

今回の選挙でもムスリムによる組織的なブロック投票は試みられなかった。しかし、米国ムスリムはいくつかの接戦州に多く居住していることから、ムスリム個人の投票行動が最終的な勝敗に影響を与えた可能性は少なからず存在する。ムスリム組織のEmgageがいくつかの州で行った選挙後の調査と、CNNが接戦州とする州での一般投票での両候補の得票差を重ねたものが表6-2である。バイデンが勝利した接戦州(ミシガン州、ペンシルベニア州、ウィスコンシン州)では、いずれも一般投票の票差とムスリムの投票者数が比較的近い値となっている。また最も接戦となったジョージア州では、ムスリム投票者数の方が五万票近く多い。仮にムスリムによるブロック投票が効果的に実施され、まとまったムスリム票が特定候補に向かっていた場合、最終結果がどのような変化を見せたか興味深い点である。米国の大統領選挙では、いくつかの接戦州での勝敗が最終的な勝敗の鍵を握る構図となっており、これらの州でもムスリム有権者の人口増加が予想されることから、今後の大統領選挙では米国ムスリムの投票行動への関心がより高まるであろう。

ムスリムによるトランプ支持の微増

二〇二〇年大統領選挙でムスリム票の多くがバイデンに投じられたことは、選挙前の世論調査の結果に従うものであり想定の範囲であった。しかし同時に、トランプに対するムスリムの支持も少なからず存在する(表6-3)。しかも、二〇二〇年のムスリムのトランプへの投票率は、前回二〇一六年選挙時よりもわずかながら上昇していることが確認できる(表6-4)。また予備選挙終盤の時点でISPUが行ったムスリムの選好調査では、大統領選挙で誰が勝ってほしいかとの問いに対し、トランプと回答した者が一四%となっており、これは二〇一六年選挙時の四%よりも大きく上昇していた(表6-5)。

このようなトランプあるいは共和党を支持するムスリムが一定数存在する理由について、前回二〇一六年選挙時の考察において、トランプの経済・景気対策への期待、サンダース撤退による若年層の投票率低下とクリントンの不人

表6－3　立候補者のムスリム票得票率（2020年）

単位：%

	CAIR	Emgage	AP VoteCast
バイデン	69	86	64
トランプ	17	6	35

（出所）"Breaking News : CAIR Exit Poll Shows American Muslims Vote in Record Numbers, 69% Voted for Biden", CAIR (November 3, 2020) ; "Muslim Voter Poll", Emgage ; "Understanding The 2020 Electorate" ; AP VoteCast Survey [updated May 21, 2021]. より筆者作成。

表6－4　立候補者のムスリム票得票率（2012年・2016年・2020年）

単位：%

	2012年	2016年	2020年
民主党候補	オバマ　86	クリントン　74	バイデン　69
共和党候補	ロムニー　4	トランプ　13	トランプ　17

（出所）"For the Record : CAIR Releases Results of Presidential Election Exit Poll", CAIR (November 22, 2016). より筆者作成。

表6－5　ムスリムの大統領立候補者の選好（2016年・2020年）

単位：%

	サンダース	クリントン	バイデン	トランプ
2016年	27	40	—	4
2020年	29	—	22	14

（出所）"American Muslim Poll 2020", ISPU (2020), p. 13, Figure 11.［調査期間：2020年3月17日～4月22日］より筆者作成。

気、民主党の諸政策に対する失望の三つの可能性を指摘した。以下では、これら三つの可能性も含め、ムスリムによるトランプあるいは共和党支持の背景について再検討する。

①経済・景気対策の評価

大統領候補者を選ぶ際の重要イシューとして、他の多くの有権者と同様にムスリムにとっても、経済・景気分野での政策に対する関心は高い。トランプを支持するムスリムは、イスラモフォビア的言動が理由でトランプ個人に対する評価は低いものの、「しかしながら……」と加えて、経済・景気対策の観点でトランプを肯定的に評価あるいは期待する傾向がみられる[43]。

実際、ムスリム有権者を対象としたトランプ政権のイシュー別職務実績評価の調査で、「強く／ある程度支持する」としたイシューは「雇用と経済」(三二%)、「税制」(二一%)が上位となり、「イスラエル・パレスチナ紛争」(八%)や「米国ムスリムへの対応」(七%)よりも高い評価が与えられている。また同調査の中で、候補者選択の際に重視するイシューについては、「雇用と経済」(一三ポイント)がイスラモフォビアに関連するとみられる「市民的権利」(一〇ポイント)よりも上位にある。これらトランプ政権の経済政策を支持するムスリムは、「小さな政府」、減税、自由なビジネス環境など、経済的保守主義の志向に同調しているものと考えられる[44]。

②共和党とムスリムとの相互認識の変化

ブッシュ(息子)政権以降の共和党に対するムスリムの支持率は低いが、それでも一割強のムスリムが共和党を支持していることも事実である。ピューの調査では、米国ムスリムの共和党支持率は、二〇〇七年で一一%、二〇一一年で一一%、二〇一七年で一三%と報告されている[45]。

もとよりムスリムは社会的な保守性が強く、妊娠中絶、同性婚、ＬＧＢＴの受容といった社会的なイシューについては否定的な見解を示すなど、共和党支持者に多い保守派と近い立場にある。一方でムスリムは政治的にはリベラル志向が強く、ブッシュ政権の「テロとの戦い」や共和党政治家のイスラモフォビアを煽る言動に反発して民主党（候補者）を支持してきているが、保守的な社会的価値観に限定すれば共和党支持もあり得る。また経済的に比較的豊かな層のムスリムにとっては、「小さな政府」、減税、財政均衡、過度な社会福祉への反対など、政治・経済面においても共和党の保守主義を肯定することは不自然ではない。二〇二〇年の選挙戦においても、Muslim Voices for Trump といった親トランプ・共和党の組織［前出］もあり、限定的ではあるがムスリムのトランプおよび共和党支持層は健在である(46)。

さらに二〇二〇年の選挙に際しては、共和党支持者のムスリムに対する態度が若干の改善方向にあることが観察されている。この理由として、イスラームに関して否定的な偏向報道が多い各種メディアにおいて、イスラーム関連イシューの扱いが大きく減少したことが考えられる。前述のように、二〇一八年以降「イスラーム国」の問題が収束し、イスラーム急進主義者による顕著なテロ事件もみられなくなった。また、二〇一九年末からは新型コロナウイルスの感染拡大とこれに伴う出入国規制が常態化し、「ムスリム入国禁止」や移民制限の問題が後景化した。このような状況の下で、イスラモフォビアを煽る共和党の選挙戦術が従来のような効力を持たなくなったことが考えられる。実際二〇一八年の中間選挙の終了後、二〇一九年夏頃の「スクワッド」との批判の応酬がみられた以外には、トランプおよび共和党政治家のイスラモフォビア的言動は目立たなくなっていた(47)。

大統領選挙でムスリムのトランプ支持率が上昇すること、またトランプ政権になってからイスラモフォビアが低減することは、従来の米国ムスリムと共和党との関係からすれば、直感に反する展開だといえる。しかし実際に、ムスリムの共和党に対する認識にも改善傾向がみられ、前述のように共和党がムスリムに対して友好的であると考えるムスリムは、二〇一六年選挙時の七％から二〇二〇年選挙時の一六％に増大していた。このように、従来のムスリムのトランプおよび共和党に対する一種の「アレルギー」が緩和されたことは、ムスリムによるトランプ支持率上昇の一因であると考えることができる。

③トランプ政権の外交政策

これまでの米国の外交政策の分野において、多くの米国ムスリムが批判してきたのは、「テロとの戦い」の名の下で行われたイスラーム地域諸国への米国の軍事介入である。アフガニスタンとイラクに侵攻したブッシュ政権は当然のことながら、アフガニスタンへの介入拡大やドローンを多用した標的殺害など、オバマ政権もまたムスリムからの批判を受けてきた。この点で、「アメリカ・ファースト」を掲げ、他国への軍事的コミットメントとそのコストに批判的なトランプは、ムスリムの肯定的な評価の対象となり得る。さらに、シリアからの米軍撤退や、ターリバーンとの間で結ばれたドーハ合意（二〇二〇年二月二九日）によって、アフガニスタンからの米軍の完全撤退への道筋が示されたこともトランプの肯定的な評価につながる。また、トランプ政権が中国に対する諸政策を硬化させ、各種の制裁措置をとったことは、ウイグルにおけるムスリムの人権問題の観点からも、米国ムスリムによる肯定的な評価の対象となる。

米国の移民系ムスリムについては米国生まれの若年層が増えつつあり、出自となるイスラーム圏とのつながりは希薄になりつつある。したがって、特定地域を対象とした外交・安全保障政策の是非ではなく、トランプが「無用な介入」として反対してきたアフガニスタンなどへの軍事介入を避けること、すなわちトランプ流の自国優先主義が、ムスリムのトランプ支持につながっている可能性が指摘できる。ただし、トランプ政権の過度の親イスラエル政策は、アラブ系のムスリムを中心に反発が強く、必ずしもトランプの外交政策が全面的にムスリムの肯定的な評価を得ているわけではない(48)。

④バイデンおよび民主党に対する否定的な評価

前述のように、予備選挙でのサンダースに対する積極的な支持とは対照的に、米国ムスリムはバイデン個人に対して積極的に評価すべき点を見いだしていない。バイデンはオバマ政権期の副大統領であり、バイデンに対する評価はオバマ政権に対する評価と同期する。これはオバマ政権期の国務長官であったクリントンに対する二〇一六年選挙時のムスリムの否定的な評価と同様である。オバマ政権は「暴力的急進主義対策（Countering Violent Extremism：CVE）」を導入することで「愛国者法」を事実上延長し、ムスリムに対する監視体制を強めたとみなされた。グアンタナモ基地の捕虜収容施設を閉鎖する公約も実現されず、オバマ政権はイスラモフォビアの改善において積極的な役割を果たせなかった。ムスリムにとって、オバマ民主党政権期の中東・イスラーム地域政策が、カイロ演説で約束されたような形で実現されたとの認識はみられない(49)。

対外政策の中でも、バイデン個人あるいは民主党の親イスラエル政策に関しては、共和党トランプ政権のそれと同様に、ムスリムからの批判は強い。「大統領選挙は、毎回のように［ムスリム］投票者に米国のイスラエル支援を強制的に批准させるもの」という批判的な見方が示すように、米国ムスリムが過去にも民主党候補に投票してきたことには、対イスラエル政策の観点で一種の罪悪感が伴っていた(50)。

国内問題に関しても、黒人の人権問題の再燃やBLM運動の拡大など、マイノリティのムスリムが共感をよせるイシューに対する民主党政権の対応が不十分であるという否定的な印象が強く残った。バイデンは、オバマ政権下でこれらのイシューに関わっていることから、内政外交の両面での実績でムスリムから好評価を得ることは難しい(51)。

ラトガーズ大学のエンジー・アブデルカーデル（Engy Abdelkader）は、「民主党にとってのより大きな危機は、ムスリム有権者の共和党支持への転換というよりも、むしろ投票棄権や不参加につながるような民主党に対する無関心もしくは幻滅である」とコメントしており、このような民主党およびバイデンに対する失望が結果的にトランプへの支持に転化した側面は否定できない(52)。

⑤白人系ムスリム

米国ムスリムを調査対象とするISPUは、ムスリムのトランプ支持の背景の一つとして、これまで特に注意を向けられることのなかった白人系ムスリムというムスリム内部の人種的あるいはエスニック的下位集団の政治志向に着目する。第1章でみたように、白人系ムスリムはヨーロッパやコーカサス地域からの移民系ムスリムと、中東地域出身であるが外見から白人と自己規定している移民系ムスリムであり、米国ムスリムの二～三割を占めるものと推測される[53]。

二〇二〇年三月から四月にかけてのISPUの調査によると、トランプの大統領としての職務実績を肯定的に評価するムスリムは、黒人系、アラブ系、アジア系でそれぞれ二〇％台の低い評価であるのに対し、白人系では五〇％と高い数値を示している[54]。

また同調査によると、次の大統領としてトランプを選択するムスリムが、黒人系とアラブ系でそれぞれ八％、アジア系で六％であるのに対して、白人系では三一％であり明確なコントラストを示している[55]。

さらに同調査によると、米国の方向性について満足していると答えるムスリムは、黒人系で二八％、アジア系とアラブ系でそれぞれ三八％であるのに対して、白人系では四六％であり、白人系ムスリムの方が現状、すなわちトランプ政権が示す方向性を肯定的に評価している[56]。

そしてこの白人系ムスリムのトランプに対する肯定的評価（四六％）が、ムスリム全体のトランプに対する肯定的評価（三七％）を押し上げているとみられ、ムスリム全体としての満足度がトランプ政権期に上昇傾向を見せている点も興味深い[57]。

同調査は、白人系ムスリムは保守派組織との政治的連携に積極的である一方、BLM運動などリベラル派組織との連携には消極的である傾向など、総じて白人系ムスリムは、政治志向において全米のトランプ支持層と共通する点が多いことを指摘している[58]。

また、Engage の調査によると、トランプに投票したムスリムの中では白人系が一〇%、アラブ系四%、南アジア系四%、黒人系ゼロ%という結果がある。この調査からは、男性の白人系ムスリムが、トランプに対して相対的に多く支持票を投じていることが推測される(59)。

このような白人系ムスリムというムスリムの下位分類に注目した分析は、白人系ムスリムの分類がいくぶん曖昧で、調査サンプル数も必ずしも大きくないという点で留保が必要である。しかしながら、「自身を白人だと捉えるムスリム」が、アジア系や黒人系のムスリムよりも相対的に政治的な保守志向を示し、トランプ支持に向かう傾向は確認できる。このような白人系ムスリムという観点での分析は、その分類の妥当性も含めて、今後の米国ムスリム研究における課題の一つとなるであろう。

米国社会とムスリム社会の分断化

二〇二〇年大統領選挙において、米国ムスリムの大多数が民主党バイデン候補に投票したという結果の影で、予備選挙においてはムスリム若年層を中心にサンダースへの強い支持がみられたこと、そして本選挙の一般投票では共和党トランプ候補への支持率が小幅ながらも以前より拡大したことが観察された。このような根強いサンダース支持と、増大したトランプ支持が併存するという相反した状態は、米国ムスリム内部においても米国社会と同様の、保守とリベラルへの分断化傾向が存在することを示唆している。

ただし、このような分断化傾向は米国ムスリムに限定されるものではない。二〇二〇年大統領選挙では、他のマイノリティ集団でもトランプ支持の微増が確認されている。トランプの移民制限政策の主たる対象となるヒスパニック系でも、トランプ支持が二〇一六年大統領選挙より四ポイント増の三二%、トランプが冷淡な対応を示すBLM運動の主体となる黒人でも四ポイント増の一二%となっている。このような結果から、米国のマイノリティ有権者の政治志向や投票行動が単一のアイデンティティだけで規定されるものでなく、「将来的に人種・エスニシティと政党支持との関係性が変動していく予兆」である可能性も指摘されている(60)。

米国ムスリムについては、「九・一一テロ事件」以降の二〇年間は、イスラモフォビアが拡大するなかにありながらも、イスラームやムスリムという存在が米国社会に徐々に受容されていく過程でもあった。この間、米国ムスリムはムスリムとしてのアイデンティティは失わないものの、米国人としてのアイデンティティも強化され、したがってイスラームやムスリムの伝統的規範に制約されない形で米国における多様な価値観を獲得していったものと考えられる。そして現在の米国で顕著となっている政治・経済・社会における保守とリベラルとの分断化という状況を考えれば、価値観が多様化したムスリムの政治志向もまた、この分断化状況に強い影響を受けているものと考えられる。

3　米国ムスリム社会にみる「凝集」と「拡散」

「凝集」から「拡散」へ

「九・一一テロ事件」以降の約二〇年間にみられた米国ムスリム社会の変容は、「凝集」と「拡散」という表現でまとめられるであろう。米国ムスリムは、「九・一一テロ事件」によって米国社会における一種の「被差別集団」とされたことで、自己防衛を図る必要があった。このため、米国ムスリムは、ムスリムという共通のアイデンティティのもとで連帯を強め、ムスリム社会内部の多様性が打ち消されるような「凝集」過程を経験した。

米国ムスリムは既に一九九〇年代に始まっていた市民社会組織の活動をより積極化し、CAIRやMPACのような組織はムスリムの声をまとめる中心的役割を果たした。また統括組織としてのISNAの下で既存のムスリム組織が連携を図る中で、これまで距離感のあった移民系ムスリムと黒人系ムスリムとの組織的連帯も強まった。さらに、ムスリム組織とユダヤ系、アジア系（特に日系）など被差別の経験を持つ他のマイノリティ集団との組織的な交流と連携の強化もみられた。

ルイーズ・ケインカー（Louise Cainkar）は、「宗教的信条はムスリムに対して様々なリソース―尊厳、目的、方向、希望、強さ―を与え、これが中傷、差別、攻撃という社会的文脈の中で一体感をもたらし、その力と攻撃の対象となった個々のムスリムの生活における意義を効果的に増大させた」と述べるが、これは「九・一一テロ事件」がもたらしたムスリム社会の「凝集」過程といえよう(61)。

米国ムスリムの政治的関与に関しては、自己防衛の必要性から人権擁護を目的とする政治意識が高まり、有権者登録促進や様々な政治的啓発活動を通じて投票率が上昇し、ムスリムの政治参加が拡大した。大統領選挙時のＡＭＰＣやＡＭＴのように、多様なムスリム組織を束ねる動きがみられ、民主党支持の方向性が明確化したように、政治参加の形態にも「凝集」作用がみられた。

二〇〇〇年大統領選挙では、ＡＭＰＣＣが共和党ブッシュ候補への投票を呼びかけたにもかかわらず、黒人系ムスリムの多数は民主党候補を支持した（黒人系はブッシュに投票が二〇％、ゴアに投票が五五％〔前出〕）。しかし、「九・一一テロ事件」後の二〇〇四年選挙では、条件付きとしながらもＡＭＴが民主党ケリー候補を公認する方針を打ち出したことで、移民系と黒人系の両者が民主党支持という形で一致した。これもまた「凝集」作用の一つの重要な側面である。

政治学者でありＡＭＰＣＣやＡＭＴに尽力したアガ・サイードは、「九・一一テロ事件」が米国ムスリム諸組織の「制度的（institutional）発展」をもたらしたと指摘する。特に移民系の政治関連組織について、それぞれの組織の「専門化」と同時に、諸組織間の「協調」が進展し、エスニシティや出自の違いを超えた組織的連携が顕著になった。イスラームの側面でも伝統派（traditionalists）と近代派（modernists）との間に対話が進み、米国において市民として政治参加するという理解の「収斂（convergence）」が進んだとサイードは述べる。このようなサイードの一連の指摘は、「九・一一テロ事件」がもたらした米国ムスリム社会の「凝集」作用を示すものといえる(62)。

さらに、「九・一一テロ事件」以降、このようなムスリム社会内部での「凝集」に加えて、ムスリム社会が米国社会一般に受容されていく過程もみられた。この過程は、イスラモフォビアの拡大を考えると一見矛盾するようにみえるが、ムスリムに対する排除と受容が、米国社会における保守層とリベラル層という違う主体によって平行して進行していたとみることができる。すなわち、米国ムスリムはイスラモフォビアに抗うべく、自らイスラームについてあらためて学び、自身の権利擁護のためにも正当な（リベラルに解釈された）イスラームを外に向かって発信した。このような行動は、イスラモフォビアを扇動する保守層からは依然として受け入れられないものの、これまでイスラームについての知識が希薄であった大多数の米国人一般を宗教的・社会的に教育することになり、正当なイスラームの理解が徐々に拡大した。さらに、もとより弱者・マイノリティの人権規範に敏感なリベラル層は、ムスリムとともに人権擁護の活動に関与していった。前述のケインカーはイスラモフォビアのこのような作用の存在を指摘し、「九・一一テロ事件」がもたらしたムスリムの危機感は、同時に、「弁証法的な反作用（dialectical counter force）を活性化させた」と分析した(63)。

しかし、「九・一一テロ事件」から約二〇年が経ち、「テロとの戦い」が収束し、イスラームやムスリムが米国社会で一定の理解と受容を獲得する中で、これまでにみられた「凝集」が弱まりつつあるとみられる。もとより米国ムスリム社会は内部の多様性が大きく、本来はまとまりに欠ける集団である。この点について、二〇〇〇年と二〇〇四年の大統領選挙での米国ムスリムの投票行動を分析したポール・デュープ（Paul A. Djupe）とジョン・グリーン（John C. Green）は、以下のように米国ムスリム社会が「拡散」していく潜在的可能性を、早い時期に予見していた。

「［選挙分析における］これらの事実から、ムスリムの政治的一体性は状況的なものであり、外部からの脅威がなければ、二〇〇〇年選挙がそうであったように、政治的にそれぞれの道を進んでいくであろう。政治的なネットワークは、一枚岩としての米国ムスリム選挙民を創設し維持するようにはできていないようである。したがって、移民社会における経済・教育面での成功による一体性の後退という典型的なパターンは、米国ムスリム社会においてもいずれ必ず発生するであろう[64]」

このような米国ムスリム社会における「一体性の後退」、すなわち「拡散」の背景として、米国社会全体において先鋭化するイデオロギー的分断化傾向がもたらす影響を無視することはできないであろう。近年の米国社会の分断化（または分極化）とは、米国国民の世論が保守とリベラルという二つのイデオロギーの対立軸に沿って二極化し、それぞれの極でのイデオロギー的な凝集性が高まることで二極化が深化していく状況を指す。このような米国社会の分断化、あるいは米国政治の二極化は、一九九〇年代から徐々に進行し、政治・経済・社会・文化など様々な側面において先鋭化した。特に、二〇〇九年春に始まった「ティーパーティ運動」と、二〇一一年秋に始まった「ウォール街占拠運動」は、それぞれ保守とリベラルの極端な主張の顕在化であり、前者は後のトランプ登場とその支持層につながり、後者はサンダースを支持するようなリベラルを超えたプログレッシブの勢いにつながった[65]。

米国ムスリムが置かれている場である米国社会が分断化するという動態は、元来の米国ムスリムの多様性を増幅させ、「九・一一テロ事件」以降に一度はまとまりを見せていた米国ムスリム社会（「凝集」）を、再び多様な性格と志向を表出する集団に変容（「拡散」）させる大きな要因であると考えられる。

支持政党の流動化——横方向への「拡散」

米国ムスリム社会の「拡散」は、保守とリベラルの対立関係を軸とする政治志向の流動化（横方向への「拡散」）と、世代間における政治志向の差異（縦方向への「拡散」）の双方にみられる現象である。先ず、その横方向への「拡散」については、米国ムスリムの支持政党の流動化傾向にみることができる。

米国ムスリムの支持政党あるいは政党帰属意識の変化は、大きな見取り図として三期に分けることができる。第一期は、米国ムスリムの政治参加の萌芽期に当たる一九九〇年代から二〇〇〇年までの時期であり、ムスリムの多数派は共和党を支持していた。第二期は、二〇〇一年の「九・一一テロ事件」以降、二〇一〇年代終盤までの、概ね「テロとの戦い」の時期にあたり、ムスリムの多数派は民主党を支持していた。第三期は、二〇二〇年代に入ってから現在に至る時期であり、ムスリムの民主党離れと共和党再評価の「兆候」が表れ、支持政党あるいは政党帰属意識の流動化傾向がみられる。

これまでにみたように、二〇〇〇年大統領選挙で米国ムスリムは、社会的価値観について保守的で、ムスリムにとって関心のある「非開示証拠」条項の問題点を指摘したブッシュ共和党を支持した。しかし、「九・一一テロ事件」の後の「テロとの戦い」の開始とともに、ブッシュ政権と共和党への支持は急速に減退し、次の二〇〇四年大統領選挙の際には明確な反共和党の立場に至った。米国ムスリムの民主党支持の傾向は二〇〇八年のオバマの登場によりほぼ確定し、この傾向は二〇二〇年のバイデン選出に至るまで続いていた。

ただし、この間においても、常に一定の割合で米国ムスリムの共和党支持が存在したことを見落としてはいけない。米国人一般と同様に、米国ムスリム内での共和党支持層は、社会経済的地位が相対的に高い経済的保守主義者、社会的価値観・倫理観で保守的な立場にある社会的保守主義者、あるいは両者の混合であると考えられる。前者は、「小さな政府」、減税、規制緩和、キャピタルゲインなどを重視し、「ビジネスマインド」の高い者を含む。後者は飲酒、喫煙、ポルノ、同性婚、妊娠中絶、遺伝子操作・人クローン技術などについて否定的な立場をとり、特に近年では同性婚、LGBT、妊娠中絶のようなジェンダーや女性の権利に関わる問題に関して保守的な価値観（否定的な見解）を示す。

このような共和党を支持する保守主義者の一人である活動家のスヘイル・カーンは、レーガン政権期の共和党に魅力を感じて政治活動への関与を始めたと語っている。

「社会主義であった一九六〇年代のインドの貧困を脱してきた両親を持つムスリムとして、私はレーガンの保守的なメッセージである強い防衛力、家族、経済的自由、そして自由市場という比類なき創造的エネルギーに特別の魅力を感じた」[66]

カーンは、米国で移民系ムスリムが急増した一九六〇年代のインドからのムスリム移民の二世であり、カリフォルニア北部のベイエリアで育ったという、南アジア系米国ムスリムの典型でもある。カーンのような政治志向は、レーガンやブッシュ（父）政権期の共和党を支持する伝統的な保守主義であり、ムスリムに限定されない米国人一般の政治志向と共通するものである。

このような経済的保守主義や社会的保守主義はイスラームの規範やムスリムのアイデンティティに反するものではない。しかし、「九・一一テロ事件」以降のイスラモフォビア拡大の中で、共和党員（共和党政治家）による選挙（集票）戦術としてのムスリム・バッシングが顕著になると、経済的保守主義と社会的保守主義の観点で共和党を支持してきたムスリムは、共和党支持に葛藤を抱えることになった。それでも共和党支持のムスリムは霧散したわけではなく、前述のように少なくとも一割程度のムスリムは共和党を支持していた。そして、最近の米国ムスリムの共和党支持率は微増――長期的な観点では「回復」――している。

ここで米国ムスリムの支持政党もしくは政党帰属意識についてあらためて確認してみると、「九・一一テロ事件」以降の米国ムスリムの多数派が民主党支持であるのは間違いないものの、ピューとCAIRの調査が示すように、無党派（independent / no lean / unaffiliated）も無視できない割合（約二～三割）で常に存在していることが分かる（表6-6、表6-7）。

またオバマが再選された二〇一二年大統領選挙の際のCAIRの出口調査［前出］では、圧倒的多数がオバマに投票しているが（八五・七%がオバマに投票、四・四%がロムニーに投票）、同時にこの回答者のうち、四一・五%が民主党支持、七・四%が共和党支持、そして四〇・六%が無党派と答えていた。

表6-6　ムスリムの支持政党

単位：%

	民主党／民主党寄り	無党派	共和党／共和党寄り
2007年	37/26	26	7/4
2011年	46/24	19	6/5
2017年	38/28	20	7/7

（出所）"US Muslims Concerned about", Pew (2017), pp. 85–86, p. 95. より筆者作成。

表6-7　ムスリムの支持政党

単位：%

	民主党	無党派	共和党
2006年	42	28	17
2008年	49	36	8
2012年	66	24	9

（出所）"American Muslim Voters and the 2012 Election: A Demographic Profile and Survey of Attitudes", CAIR (October 24, 2012), p. 7. より筆者作成。

これらの値をみると、米国ムスリムの民主党支持は必ずしも固定的ではなく、選挙の際に無党派・中間層の多くが共和党候補との比較の結果として民主党候補に投票していることが推察できる。最近の米国ムスリムの共和党支持率が微増傾向にあるとすれば、このような無党派・中間層の動きに変化があると考えられる。

米国ムスリムの共和党支持への回帰傾向については、二〇二二年一一月の中間選挙でも観察されている。この背景については、既に指摘してきたような民主党（政権）の諸政策に対する失望に加えて、CAIRの当局者自身もムスリムの「伝統的価値」の重視傾向を指摘する。さらに、ある若いムスリム女性は、「民主党が私たちのイスラーム的価値に同調しておらず、ムスリム立候補者やムスリム当選者たちが非常にリベラルである」とし、共和党候補に投票したと語る例もある(67)。

米国ムスリムの民主党離れについても、コラムニストのワジャハト・アリが、既にトランプ選出後の二〇一七年の時点で、ムスリムに対する民主党の偽善的態度を指摘していた。アリが指摘したのは、もともと社会的に保守的で内心では伝統的価値にこだわるムスリムは、リベラル化が進みプログレッシブとも言われる民主党の一部とは馴染めないという点である。民主党は自党に同調的なリベラルなムスリムを歓迎するものの、信仰心の強い保守的なムスリムに対しては冷淡であり、むしろ嘲笑的か敵対的でさえあるという。(68)

このような米国ムスリムの支持政党の微妙な変化には、米国ムスリムが共和党を回避してきた最大の理由であるイスラモフォビアの問題が影響を与えている。前述のように二〇二〇年頃からイスラモフォビアというムスリムにとっての悪環境がやや改善の傾向を見せている。ＣＡＩＲの最新の報告書（二〇二三年）でも、二〇二二年中にＣＡＩＲに報告されたイスラモフォビアに関する苦情件数は五一五六件で、これは前年二〇二一年の六七二〇件から二三％減少したことが報告されている。この五一五六件という数は、二〇一六年のオバマ政権最終年と翌二〇一七年のトランプ政権初年以来の最低数となる。この減少についてＣＡＩＲのコーリー・セイラー（Corey Saylor）は、ムスリムに対する酷い差別事案は依然として発生しているものの、「トランプ政権期前のベースラインへの回帰」という好ましい兆候と捉えている。(69)

このためイスラーム急進主義やテロ問題などが選挙の争点から外れ、共和党にみられたムスリム・バッシングという選挙戦術が効力を失い、表立ってみられなくなった。実際、二〇二二年の中間選挙では、もはやイスラーム急進主義やテロ問題は重要争点とはならず、ムスリムが関わるような外交政策の優先順位も低く、経済問題に有権者の関心が集中していた。(70)

米国ムスリムの支持政党の動向について、前述のスヘイル・カーンは、一つの参考例として米国のヒスパニック系による共和党支持拡大という過去の動向を指摘していた。一九九〇年代前半、共和党は不法移民の増大防止のために移民制度の強化を求めたため、ヒスパニック系の共和党離れが拡大した。しかし、二〇〇〇年大統領選挙を機に共和党ブッシュ陣営はヒスパニック系へのアウトリーチを積極化し、その後二〇〇四年大統領選挙ではブッシュ政権下でヒスパニック系の共和党支持は大きく回復し、共和党の重要な支持基盤の一つとなった[71]。

社会的に保守的で差別の対象となった移民系という点でヒスパニック系とムスリムは共通項を持つ。したがって、今後仮にイスラモフォビアとムスリム・バッシングが減退する方向に進めば、長期的にはムスリムの政治志向は共和党により合致する可能性がある。

また別の一例として、カーンと同世代で同じくレーガンの共和党に強く影響されたというシリアからの移民二世のムスリムも、米国ムスリム社会は依然として共和党と価値観を共有しており、「共和党は安易な政治的ポイントを稼ぐためにマイノリティを悪者扱いするのではなく、共和党の核となる原則に焦点を合わせれば、再び米国ムスリム社会の支持を獲得することが可能であろう」と述べる[72]。

このような、いわば「イスラモフォビア抜きの共和党」は、今後米国ムスリムの支持対象となり得るであろうが、これは米国ムスリムの支持政党が民主党と共和党に分かれ、政治志向が横方向に「拡散」していくプロセスの存在を示している。

民主党支持の限界

米国ムスリムを研究対象とするムクテダー・カーンは、二〇二〇年大統領選挙前の時点で、トランプ政権期以降、従来からの米国ムスリムの特質である政治的リベラルと社会的保守という「分裂」状況がより深刻化しているとみていた。特にカーンは、トランプ共和党と対抗すべく、バーニー・サンダース支持の拡大やラシダ・タリーブとイルハン・オマルの選出にみられるような民主党支持者、特に若年層の急速な左傾化（リベラル化、さらなるプログレッシブ化ともに）が、従来のムスリムにある社会的保守志向との乖離を生む可能性を指摘していた。仮にピート・ブティジェッジのような同性愛者が民主党の大統領候補者となった場合、米国ムスリムは支持するであろうかという、今後の米国ムスリム社会にくさびを打ち込むイシューが存在する[73]。

リベラル・アジェンダである同性婚（同性愛）について、これを肯定する米国ムスリムの割合は増加しつつあるものの、他の宗教・宗派社会と比較すると依然としてその割合は低い。PRRIの調査（二〇一八年）によると、どの宗教・宗派社会においても近年は徐々に同性婚肯定の割合は増えているが、その割合は、無宗教（八〇％）、ユダヤ教徒（七七％）、ヒンドゥー教徒（七五％）、主流プロテスタント（六七％）、カトリック（六六％）、ムスリム（五一％）、モルモン教徒（四〇％）、福音派（三四％）、エホバの証人（一三％）の順となっている。[74]

米国政治社会の分断化に影響を受けて民主党が一層左傾化すると、もとより信仰心の強いムスリムは民主党支持の継続に葛藤を抱き、民主党支持から離れていくことさえ考えられる。イスラモフォビアの低減傾向も加われば、米国ムスリムにとって共和党支持への転向（「九・一一テロ事件」以前への回帰）が選択肢として十分にあり得る状況となる。実際にこの状況がどのように変化するかは今後の関心事となるが、その変化の可能性を左右するのが若年層ムスリムの動向である。

若年層ムスリムの動向と特質——縦方向への「拡散」

米国ムスリムには、人種、エスニシティ、出自など複雑な多様性があり、その多様な諸要素間には潜在的な緊張関係が存在する。この緊張関係については、第1章でスミス（Jane I. Smith）の指摘にしたがって五項目を挙げたが、ここに新たな一項目として、米国ムスリム社会における「新旧の世代間ギャップ」を加えるべきであると考える。

米国ムスリムは、米国内の他の宗教・宗派社会と比較して、その人口構成において若年層に著しく偏っている特徴がある。ISPUの最新の調査（二〇二二年）によると、米国内の主要宗教・宗派社会における一八～二四歳人口の割合は、ムスリム（二六％）、ユダヤ教徒（八％）、カトリック（四％）、プロテスタント（六％）、白人福音派（二％）、無宗教（一二％）、米国人一般（八％）と、ムスリムが突出している。[75]

米国ムスリムのうち移民系ムスリムの多くは一九六〇年代以降に移民しており、その二世と三世が若年層を形成している。このような若年層ムスリムの中で、いわゆるミレニアル世代（概ね一九八〇年代から一九九〇年代半ばまでの生まれ）が半数を超えており、より若いZ世代（概ね一九九〇年代半ば以降の生まれ）も拡大している。右のISPUによる調査（二〇二二年）に従えば、米国ムスリムの約四分の一が「九・一一テロ事件」以前の米国を知らない一八〜二四歳のZ世代に相当することになり、他の宗教・宗派社会と比較しても米国ムスリムはこの年齢層がかなり大きい。

このような米国ムスリムの若年層（ミレニアル世代）の性質について、ピューの調査（二〇一七年）が旧世代との比較として以下のような五つの傾向を挙げている。(76)

①ミレニアル世代のムスリムは、旧世代よりも米国内生まれの割合が高い（ミレニアル世代四八％、旧世代三六％）。これは新たに移民してくる若者よりも米国内で生まれ育つ二世、三世が増えているということであり、若年層ムスリムがより米国「ネイティヴ」に近い存在であることを意味している。

②ミレニアル世代のムスリムは、旧世代と同程度に「宗教はとても重要である」と考えている（ミ［レニアル世代］六六％、旧［世代］六四％）。ここで注意すべきは、米国人一般（ミ四一％、旧五八％）や他の宗教徒（プロテスタントの場合、ミ四五％、旧五五％）の若年層は、宗教を重要視しなくなる傾向にある点である。したがって、相対的にムスリム若年層は「より信仰心が強い」集団ということになる。若年層が宗教を重要視する傾向は、ムスリム以外には福音派（ミ七五％、旧八〇％）だけである。(77)

③ミレニアル世代のムスリムは、旧世代よりも同性愛が社会に受容されるべきとする割合が高い（ミ六〇％、旧四四％）。同性愛の受容については、米国人一般（ミ七四％、旧五八％）やキリスト教徒一般（ミ六八％、旧五三％）と同様に、ムスリム若年層はリベラルな（寛容な）考えを示している。社会的には保守的と考えられてきた米国ムスリムであるが、確かに旧世代の受容率は低いものの、若年層には変化がみられることに留意すべきである。

④ミレニアル世代のムスリムは、旧世代と同程度に民主党支持率が高く（ミ六九％、旧六三％）、共和党支持率は低

い（ミ一〇％、旧一七％）。民主党支持率については、米国人一般（ミ五六％、旧四七％）、キリスト教徒一般（ミ四七％、旧四二％）、共和党支持率については米国人一般（ミ三二％、旧四五％）、キリスト教一般（ミ四五％、旧五二％）となっていることから、これまでみてきたように、「九・一一テロ事件」以降の米国ムスリム全体としての民主党支持傾向は明らかである。

⑤ミレニアル世代のムスリムは、米国人一般がムスリムに対して「友好的」であると考える割合が旧世代よりも低い（ミ四五％、旧六五％）。この点に関して、「非友好的」とする割合（ミ一五％、旧一二％）よりも、「中立的」とする割合（ミ三六％、旧二三％）が高く、ミレニアル世代のムスリムが極端な被差別意識を抱いているわけではない。ただし、相対的に若年層に「非友好的」とする割合が高いのは、若年層ムスリムの人生の大半が「九・一一テロ事件」以降のイスラモフォビアが顕著となった時期に重なるからであると推測される。

このほか、ムスリム若年層にイスラームを重要視する保守傾向が強い一方で、社会問題についてはリベラルな傾向がみられる。社会問題については、右の③の同性愛に対する受容姿勢に表れているとともに、ＬＧＢＴに対しても同様の受容傾向がみられる。ＩＳＰＵの調査（二〇二〇）では、米国ムスリムがＬＧＢＴ諸組織と連帯することへの支持率は、一八〜二九歳の若年層で四八％であるが、三〇〜四九歳では三八％、五〇歳以上では二六％となり、年齢層の上昇に伴って低下していることが報告されている。(78)

ムスリムとしてのアイデンティティ

このように、米国ムスリムは社会的には（社会的価値観に関して）保守的であるという従来からの一般論は、若年層においては必ずしも適用できなくなりつつある。あるＺ世代のムスリム大学生は、以下のような柔軟で楽観的な考えを示す。

「Z世代のムスリムは、ムスリムと非ムスリムの文化、西洋の理想とムスリムの理想をそれぞれの信念を損なうことなしに結びつけることができ、イスラームをより身近で親しみやすいものにしています。……例えば、コーランが述べる女性の権利と西洋のフェミニズムを結びつけ、イスラームがより理解されやすいものにしてきています(79)」(傍点筆者)

このような若年層にみる社会的価値観について、右の②にあるようにイスラーム(宗教)を重要視するという意味では保守的な傾向にあるといえる。一方で、右の③にあるように女性・ジェンダーに関する価値観についてはリベラルな傾向が顕著である。このような矛盾するかにみえる二つの傾向は、以下のように解釈すべきであろう。米国ムスリムが、アンケート調査などで「イスラームを重要視する」と回答するのは、例えばコーランやスンナを絶対視するような宗教原理主義的な意味ではないであろう。実際、米国ムスリムの大多数は、イスラームの原理主義的な一元的解釈と実践を否定している(80)。

ここで米国ムスリム若年層が、「イスラームを重要視する」と言った場合、「ムスリムとしてのアイデンティティを重要視する」ことを意味していると解釈した方が適切であろう。これは、一つには米国社会で生まれ育った二世以降の世代は、マイノリティのアイデンティティも尊重されるべきとの規範意識が強いこと(=マイノリティであることに「引け目」を感じない)、もう一つには「九・一一テロ事件」以降のイスラモフォビアの中で、ムスリムとしてのアイデンティティを否応なしに意識せざるを得なかったことが理由として考えられる。この環境下にあっては、ムスリムのアイデンティティの重視と、女性・ジェンダーを含めた社会問題でのリベラル志向は必ずしも矛盾するものではない。むしろ、米国ムスリムの若年層は、自由・平等・人権などの民主的価値観を第一義的とする、リベラルに解釈されたイスラームの実践を重要視していると解釈できる。

また米国ムスリムの世代間ギャップに関して、移民二世以降の比較的若い世代(=米国生まれ)のムスリムは、移民第一世代と比較して、現状への不満とストレスを示す傾向がより強いとの指摘がある。その理由として、第一世代が出身国を脱して、より良い環境の米国に移住できたことに満足してきた一方、第二世代以降はそのような上昇体験を持たず、最初からマイノリティに位置づけられてきたこと、多元主義で自由であるはずの米国において自身の存在が承認されないこと、さらには「九・一一テロ事件」以降のイスラモフォビアが現状への不満を強めていることが考えられる(81)。

以上のような見方をまとめると、拡大する若年層ムスリムの存在がもたらす政治的なインプリケーションは、第一に、人生の大半をイスラモフォビアにさらされつつも、米国社会でマイノリティの権利擁護という規範意識を高めた若年層が、より政治参加に積極的になりつつあるという点である。第二に、政治参加意識が高まるにつれて、旧来の宗教的慣行にとらわれない多様な政治的価値判断（社会的・経済的価値判断も踏まえてのもの）がなされるであろうという点である。

前節でみた二〇一八年中間選挙や二〇二〇年大統領選挙で、選挙運動などに直接関わったムスリムは比較的若い世代のムスリムが多い。このような二〇代から三〇代の米国生まれの若年層ムスリムは、「九・一一テロ事件」以降のイスラモフォビア下の環境で育ってきたと同時に、多くが移民一世である親世代よりも米国の政治・経済・社会の様々なシステムに順応してきた世代である。この若年層ムスリムが、差別や市民的自由というリベラル・アジェンダに敏感になるのは自然であろう。また若年層ムスリムは、これらのアジェンダに対処するための米国の政治文化に沿った政治的アクションの取り方にも精通し、米国ムスリムの政治参加を底上げしていると考えられる。この点では、米国での政治参加に逡巡してきた初期の移民第一世代との違いは大きい。そして、この新しい世代のムスリムが成長し、年齢的に選挙権を十分に行使でき、政治活動に積極的に関わることが可能になったのが、二〇一八年の中間選挙と二〇二〇年の大統領選挙であった。この政治的に積極的な若年層ムスリムの顕在化が、「九・一一テロ事件」から二〇年を経た米国ムスリム社会における最も大きな変容であろう。

表6－8　ムスリムの支持政党（年齢層別）

単位：％

	民主党支持	中道	共和党支持
18～29歳	39	49	10
30～49歳	51	33	10

（出所）"American Muslim Poll 2022", ISPU (2022), p. 22. より筆者作成。

ただし、その政治参加のあり方は必ずしも一様ではない。このような若年層ムスリムの政治的価値判断の多様化は、その政党支持や党派制に既に表れている。表6－8で示すように、ムスリムの共和党支持については年齢層別の変化はみられないが（一〇％）、一八～二九歳では民主党支持が三九％、中道（Independent）が四九％、三〇～四九歳では民主党支持が五一％、中道が三三％となっており、若年層ほど党派制を示さない（＝必ずしも民主党支持ではない）傾向が見受けられる。

この点について、前述の民主党および民主党支持層全般の左傾化を含めて考慮すると、米国ムスリム、特に若年層の政治志向や政党支持には「揺らぎ」があり、その方向性を見定めるのは容易ではない。さらに、米国社会における保守とリベラルとの分断化状況がより深刻化するならば、この「揺らぎ」は増幅され、米国ムスリム社会においても政治志向における分断が顕著となる可能性も否定できない。

ハムトラムクの苦悩

米国社会の分断化が進む現状にあって、米国ムスリムにとっての伝統的なイスラーム的価値観（保守）と現代的な多様性を受け入れる価値観（リベラル）との相剋が表面化した具体例として、ミシガン州のハムトラム市政を挙げることができる。二〇二〇年の米国国勢調査によると、デトロイト近郊のハムトラムクの人口は約二・八万人で、その構成は白人（約五五％）、黒人（約一〇％）、アジア系（約二四％）となっている。一九七〇年代まではポーランド系移民が圧倒的多数であったが、近年ではイエメンとバングラデシュを中心とする中東とアジアからの移民が過半数を占め、そのほとんどがムスリムである。(82)

二〇一五年一一月の市議会（City Council）選挙では、三人のムスリムが市議に当選したことで全米初のムスリムが多数派（六議席中四議席がムスリム）の市議会が誕生し、イスラモフォビアに抗うムスリムの政治参加の拡大として注目された。その後、二〇二一年の市長選挙でイエメン系移民のアメル・ガリブ（Amer Ghalib）が初当選し、さらに二〇二二年の市議会選挙で六議席全員がムスリムとなり、市長と市議が全員ムスリム（全員が男性）という米国初の自治体となった。

そのハムトラムクで、二〇二三年六月、市がLGBT支持の象徴であるレインボー旗（LGBT pride flag）を市庁舎などに掲げることを禁止する条例を可決し、ハムトラムクのムスリム住民の多くがこの条例を歓迎した。同条例は、掲揚禁止をレインボー旗に限定するものではなく、人種差別的なものや政治的主張を表す旗の掲揚を禁止しており、同様の禁止条例は米国内の他の自治体でもみられる。ただし、それらの禁止条例のほとんどは、政治的保守派が主導して成立させてきたものである。レインボー旗は、LGBT支持に限定されないリベラルのシンボルにもなっており、バイデン政権は「プライド月間」の六月にホワイトハウスでも掲揚している（そして保守派からの反発も受けている）。今回のハムトラムクの条例に対して、リベラル派から落胆と批判の声が上がった。市住民の多様性を尊重してきたポーランド系の前市長カレン・マイェウスキー（Karen Majewski）は「裏切られた感がある」とのコメントをしていた。[83]

このようなLGBTを含むジェンダー・イシューに関して、米国ムスリムの保守的志向は依然として残っている。また、ミシガン州も含め全米で拡大するマリファナ解禁（使用規制緩和）に対してもムスリムは警戒感が強い。米国政治社会で分断化が進む中にあって、米国ムスリムが抱える価値観の相剋がどのように変化するか、一つのケースとしてハムトラムク市政の今後の動向が注目される。[84]

米国ムスリムの今後

米国ムスリムにとって「九・一一テロ事件」以降の二〇年間は、イスラモフォビアに抗う中にありながらも、イスラームやムスリムという存在が米国社会に徐々に受容されていく過程でもあった。全体的にみれば、米国ムスリムは若年層を中心に、ムスリムとしてのアイデンティティを維持しつつも、米国の政治過程とうまく折り合いをつける術を身に付けてきたといえる。米国ムスリムの大多数はリベラルなイスラームの解釈を支持し、米国政治や社会への参加にも肯定的である。米国ムスリムは、宗教原理主義的な思想に拘泥して社会で孤立することもなく、また急進的な言動でテロ行為を扇動するようなこともなく、正当な形で米国の政治過程に参加し、意見表出していく方向性を示している。

米国ムスリムは、ムスリムとしてのアイデンティティを維持しつつも、米国人としてのアイデンティティも強め、したがってイスラーム的規範に限定されない現代の米国に適合する多様な価値観も獲得してきている。この点で、イスラームという「宗教姓（religiosity）」が、米国ムスリムの政治行動の説明要因としては相対的に重要性を低下させているものと考えられる。このことは、従来の米国ムスリムの特徴とされてきた「政治的リベラル」と「社会的保守」という政治志向の分類が流動化し、ムスリムにとっても「政治的保守」も「社会的リベラル」も十分に選択可能な時代になりつつあることを示唆している。そして現在の米国で顕著となっている政治・経済・社会における保守とリベラルとの分断化という状況は、米国ムスリムの政治志向の類型をさらに流動化させていると考えられる。

現在、米国ムスリムの内部でも、その「宗教性」を弱め、「政治的保守」に賛同している移民系ムスリムの一部は、「社会的保守」とされるムスリム（信仰心の強い保守的なムスリム）に批判的でさえある。前者は、後者を「ジバード主義者」や「イスラーム原理主義者」と位置づけるだけでなく、これらが「ウォーク（WOKE）用語のマントで上手に自身を覆うようになり」、非ムスリムの急進左派（プログレッシブ）と連携し、イスラーム至上主義や反イスラエル、さらには反米、反資本主義など、自らの急進的な主張を拡大していると警告を発している。(85)

さらに「政治的保守」のムスリムの主張として、米国には「赤と緑の同盟」（＝世俗のプログレッシブとイスラームの同盟）による「ウォーク軍団（WOKE Army）」と称されるものが存在し、既に挙げたリベラル・ムスリムとされる活動家や研究者、エリソン、タリーブ、オマルなどの公職者らもこの軍団に属するという、かなり極端な見解も一部に

はある。(86)

このような見解の妥当性についてはさらなる議論が必要となるが、少なくともこのような見解の存在自体が、現在より深刻化しつつある米国における保守とリベラルとの対立（政治・社会的なイシューについての志向の差異）に、既存の米国ムスリム内部での保守とリベラルとの対立（宗教としてのイスラーム解釈の柔軟性の差違）が絡め取られている現状を示すものだといえよう。

ただし、米国社会の分断化がムスリム社会に及ぼす影響は必ずしも弊害とはいえず、ある意味では元々の米国ムスリム社会にある多様性への回帰、すなわち「拡散」を促す作用にすぎないともいえる。重要な点は、見解の相違があるとしても、ムスリム社会における健全な多様性が担保されるように、マイノリティの人権が擁護される民主的で多元主義に基づく政治制度が維持され機能していくことにある。

今後、米国ムスリムの価値観が多様化することで、その政治志向が「拡散」方向に進むことは自然な流れでもある。このような状況の中で、今後の米国ムスリムは、選挙時の候補者選択だけでなく銃規制や妊娠中絶など米国独特の社会的イシューに関しても、イスラームという宗教・宗派社会に拘束された宗教徒の一人としてではなく、米国の自由な市民の一人として、より自立的な志向を持つようになっていくものと考えられる。

その場合であっても、米国ムスリム全体としての政治的関与は拡大していくであろう。現時点では、大統領はもとより、連邦上院議員、州知事、主要閣僚など高い公職の地位にあるムスリムはいないが、いずれムスリムがこのような地位を得ていくことは間違いないであろう。また公職立候補者（ムスリムか非ムスリムかを問わず）らを支援するムスリム有権者、特に若年層ムスリムの政治参加が拡大している傾向は、今後の米国ムスリム全体の政治的関与を拡大していく重要な要素となるであろう。ただし、その過程では、米国内外でのイスラーム急進派によるテロ事件の発生、トランプ本人あるいは類似の政治スタイルをもった人物の大統領就任、その他の保守派政治家の存在や米国社会の分断状況によっては米国ムスリムにとっての困難は続くであろう。それでもなお、より厳しかった「九・一一テロ事件」以降のイスラモフォビアの二〇年間を乗り切り、政治的、経済的、社会的にも米国に順応し、様々な対処策を身に付け耐性を高めてきたマイノリティである米国ムスリムにとっては、相対的には楽観できる環境が訪れるものと考える。

注

（1）「ムスリム入国禁止」論争の全体像については以下を参照。“Timeline of the Muslim Ban”, American Civil Liberties Union - Washington, https://www.aclu-wa.org/pages/timeline-muslim-ban; William Clapton, *Immigration, Risk, and Security under the Trump Administration: Keeping ‘Undesirables’ Out* (Singapore: Palgrave Pivot, 2022), pp. 101–149［Chap. 4, Trump's Travel Ban］; “Presidential Actions to Exclude Aliens Under INA § 212(f)”, Congressional Research Service, LSB10458 (May 4, 2020).

（2）Louise Cainkar, “The Muslim Ban and Trump's War on Immigration”, *Middle East Report*, no. 294 (Spring 2020).

（3）Lalami, *op. cit.*, p. 22.

（4）“H. R. 2214 - NO BAN Act 116th Congress (2019–2020)”, Congress. gov; “S. 1123 - NO BAN Act 116th Congress (2019–2020)”, Congress. gov.

（5）George Hawley, “Ambivalent Nativism: Trump Supporters' Attitudes toward Islam and Muslim Immigration”, Brookings Institution (July 24, 2019). 米国南部国境付近で拘束された不法移民の母親の足下で泣いている女児の写真は、米国メディアで広く報道された。“‘All I Wanted to Do Was Pick Her Up.’ How a Photographer at the U. S. -Mexico Border Made an Image America could not Ignore”, *TIME* (June 19, 2018).

（6）二〇二一年一月二〇日、バイデンは自身の選挙公約に従う形で、大統領就任の初日に大統領行政命令一三七八〇号および関連布告の無効宣言を行った。Joseph R. Biden, “Proclamation 10141–Ending Discriminatory Bans on Entry to the United States (January 20, 2020)”, American Presidency Project. また、再提出された対抗法案（NO BAN Act）は、二〇二一年四月二一日に下院において僅差の賛成多数（賛成二一八人、反対二〇八人）で採決された。ただし、同法案の上院での審議は進まず、依然として入国ビザ発給への弊害が存続しているとして、同法案の法制化が求められている。"H. R. 1333, NO BAN Act, 117th Congress (2021–2022)", Congress. gov ; "Press Release : 6th Anniversary of Muslim Ban", MPAC (February 21, 2023).

（7）同じくＦＢＩ年次報告書に基づいたピューの分析では、大統領選挙のあった二〇一六年は、ムスリムに対する暴行件数が、過去最大となった二〇〇一年の件数を上回ったことが指摘されている。Katayoun Kishi, "Assaults against Muslims in U. S. Surpass 2001 Level", Pew Research Center (November 15, 2017).

（8）"Anti-Muslim Activities in the United States 2012–2018 : Violence, Threats, and Discrimination at the Local Level", Muslim Diaspora Initiatives, New America, https://www.newamerica.org/in-depth/anti-muslim-activity/.

（9）"Civil Rights Report 2017", CAIR, p. 6 ; "Civil Rights Report 2018", CAIR, p. 6 ; "Annual Report 2018", CAIR, p. 12..

（10）"Report to the Nation : Illustrated Almanac, 2020", Center for the Study of Hate and Extremism, California State University, San Bernardino (2020) ; Masood Farivar, "Report : Anti-Muslim Hate Crimes Drop for Second Year in a Row", VOA (July 30, 2019).

（11）"Timeline : the Rise, Spread, and Fall of the Islamic State", Wilson Center (October 28, 2019).

（12）Sophia A. McClennen, "Islamophobia is about Politics, not Faith : New Study Explores Impact on 2020 Elections", Salon.com (May 1, 2019) ; Murtaza Hussain and Maryam Saleh, "Bigoted Election Campaigns, Not Terror Attacks, Drive Anti-Muslim Activity", *Intercept* (March 11, 2018) ; Dalia Mogahed, "Islamophobia is Made Up", *Islamic Monthly* (September 25, 2013).

（13）"Tracking Anti-Muslim Legislation across the U. S." Southern Poverty Law Center, https://www.splcenter.org/data-projects/tracking-anti-muslim-legislation-across-us ; Islamophobia Legislative Database, Othering & Belonging Institute, University of California, Berkeley, https://belonging.berkeley.edu/islamophobia/islamophobia-legislative-database.

（14）Joshua Jamerson, "Critical Race Theory : What It Means for America and Why It Has Sparked Debate", *Wall Street Journal* (June 17, 2021) ;［日本語版］「米国で議論沸騰『批判的人種理論』とは何か」ウォール・ストリート・ジャーナル

（二〇二一年七月五日）。Charles M. Blow, "The G. O. P. Is Making 'Critical Race Theory' the New 'Shariah Law'", *New York Times*(January 5, 2022).

(15) Aaron Blake, "Winners and Losers from Election Night 2018", *Washington Post*(November 7, 2018) ; Domenica Ghanem, "The 'Blue Wave' was also a 'Muslim Wave'", Institute for Policy Studies(November 7, 2018) ; Thomas Kean, "America's Blue Muslim Wave", Inside Story(August 14, 2019).

(16) Samantha Raphelson, "Muslim Americans Running for Office in Highest Numbers Since 2001", NPR News(July 18, 2018) ; Philip Marcelo and Jeff Karoub, "Muslim Candidates Run in Record Numbers but Face Backlash", AP News(July 17, 2018) ; "The Rise of American Muslim Changemakers : Political Organizing in the Trump Era," CAIR, Jetpac, MPower Change, Appendix I, https : //www.jet-pac.com/american-muslim-changemakers/ ; Molly McKitterick, "More Muslims Running [and Winning] in US Elections", VOA News(n. d.).

(17) Todd Spangler, "How Detroit's Rashida Tlaib will Make History in Washington", *Detroit Free Press*(September 7, 2018).

(18) MPR News Staff and Doualy Xaykaothao, "Omar Wins MN House Seat ; Nation's First Somali-American Lawmaker", MPR News(November 9, 2016).

(19) Rebecca Morin, "Trump Triples down on his Controversial Tweets about 'The Squad.' Here's What We Know", *USA Today*(July 15, 2019).

(20) この党内予備選挙でエル＝サイードを下し民主党候補となったグレッチェン・ホイットマー（Gretchen Whitmer）は、本選挙で共和党候補を下しミシガン州知事（前任者は共和党知事）に就任した。アイヤーシュは二〇二〇年の同州下院選挙に出馬し当選している。

(21) "Running on HATE : 2018 Pre-Election Report", Muslim Advocate(October 22, 2018) ; "Running on Hate Update : Anti-Muslim Candidates Underperform in Last Night's Elections", Muslim Advocate(November 7, 2018).

(22) Abigail Hauslohner, "The Blue Muslim Wave : American Muslims Launch Political Campaigns, Hope to Deliver 'Sweet Justice' to Trump", *Washington Post*(April 15, 2018).

(23) "Key Findings, The Rise of American Muslim Changemakers : Political Organizing in the Trump Era", CAIR, Jetpac and

MPower Change (updated 2019), https://islamophobia.org/reports/the-rise-of-american-muslim-changemakers/.

(24) Ola Salem, "Why Muslim Americans are Running for Office in Record Numbers", Al Jazeera (August 6, 2018).

(25) Nazita Lajevardi, *Outsiders at Home: The Politics of American Islamophobia* (N. Y.: Cambridge Univ. Press, 2020), pp. 193–195; Edward E. Curtis IV, *Muslim American Politics and the Future of US Democracy* (N. Y.: New York Univ. Press, 2019), p. 158.

(26) Ali Harb, "US Election 2020: At One Iowa Mosque, Almost All Caucus Votes Went to Bernie Sanders", Middle East Eye (February 4, 2020), "CAIR Pre-Iowa Caucus Poll: Muslim Voters Prefer Bernie Sanders +13 Over Joe Biden", CAIR (February 3, 2020).

(27) "CAIR Releases Results of Muslim Voter Super Tuesday Exit Poll, Survey", CAIR (March 5, 2020). Steve Friess, "Why Muslim Voters Love Bernie Sanders", *Newsweek* (February 26, 2020); Holly Otterbein, "Sanders Courts Muslim Voters for Michigan Edge", Politico (March 8, 2020).

(28) Dana Milbank, "Bernie Sanders Called AIPAC a Platform for 'Bigotry'. The Group is Proving his Point", *Washington Post* (March 2, 2020); Michelle Boorstein, "Bernie Sanders would be the First Jewish Nominee—and He's Triggered a Fight over Jewish Identity", *Washington Post* (February 26, 2020).

(29) 二〇二〇年1月の時点で、ユダヤ系米国人による支持率は、バイデン（三一%）、ウォーレン（二〇%）、ブティジェッジ（一三%）、サンダース（一一%）、ブルームバーグ（八%）となっており、ユダヤ系によるサンダース支持は低調であった。"As Voting Begins, Democrats Are Upbeat About the 2020 Field, Divided in Their Preferences", Pew Research Center (January 30, 2020).

(30) "#MuslimsVote Super Tuesday Election Exit Poll and Survey, 2020 Super Tuesday Election", CAIR (March 5, 2020).

(31) Sajida Jalalzai, "Bernie Sanders has Brought out the Muslim Vote in Ways I've never Seen Before", *Washington Post* (March 10, 2022)

(32) "American Muslim Voters and the 2020 Election: A Post Presidential Debate Survey of Political Attitude and Affiliations [Q8 and Q9]", CAIR (October 5, 2020).

(33) David Weigel, "Biden to Speak to the Nation's Largest Muslim American PAC", *Washington Post*(July 16, 2020); Asma Khalid, "Presidential Nominees Rarely Speak to Muslim Audiences. Biden Did Monday", NPR News(July 20, 2020); "Democrat Joe Biden Snags Support of Prominent Muslim Americans", Al Jazeera(July 20, 2020). バイデンの演説を企画したEmgageは、スーパーチューズデイまでの予備選挙段階ではサンダースを組織として支持していた。このため、Emgageの幹部らがサンダース撤退後にバイデン支持に転換したことに、ムスリム関係者の中にも批判と戸惑いがあったことが報告されている。Emgageは新興組織として上昇意識が強く、民主党エスタブリッシュメントとの関係強化に積極的である一方、他の既存ムスリム諸組織との連携に配慮を欠いていた印象がある。Azad Essa, "Joe Biden, Emgage and the Muzzling of Muslim America", Middle East Eye(October 9, 2020).

(34) "ISNA Convention 2020 - Joe Biden Address", The 57th Annual ISNA Convention, https://isna.net/video-gallery/.

(35) "Joe Biden's Agenda for Muslim-American Communities", https://joebiden.com/muslimamerica/(サイト閉鎖につき、代替として以下。joebiden 2020, https://issuu.com/joebiden2020.).

(36) "Biden Says He'd Leave US Embassy in Jerusalem if Elected", Al Jazeera(April 29, 2020); AP and ToI Staff, "Sanders Says He would Weigh Moving US Embassy Back to Tel Aviv if Elected", Times of Israel(February 26, 2020).

(37) Alaa Elassar, "American Muslim Groups Rally Thousands to Get Political on National Muslim Voter Registration Day", CNN(August 28, 2020).

(38) Bhargavi Kulkarni, "The Amit Jani Controversy is Likely a Fallout of Biden-Sanders Divide among South Asian Americans", *Indian-Americans*(March 15, 2020).

(39) 「インシャッラー」は「もしもアッラーがお望みであるならば」の意で、ムスリムの謙虚さを表すものであるが、しばしば約束不履行の責任逃れのためにムスリムが用いる常套句と受けとられる。Tamara Qiblawi, "Biden Uses 'Inshallah' in Response to Trump during Debate, Lighting up Twitter", CNN(September 30, 2020).

(40) ある民主党支持者のムスリムは、二〇一六年選挙の際にクリントンを嫌って民主党候補に投票しなかった「失敗」を繰り返したくないと述べている。Sanya Mansoor, "Most Muslim Voters Don't Like Donald Trump. But Has Joe Biden Done Enough to Earn Their Votes?", *TIME*(October 27, 2020).

(41) "CAIR Survey Indicates High Turnout of Muslim Voters, 71 Percent Support for Joe Biden", CAIR (October 5, 2020).

(42) CNN Politics, Presidential Result, https://edition.cnn.com/election/2020/results/president.

(43) Leila Fadel, "Majority of Muslims Voted for Biden, But Trump Got More Support Than He Did in 2016", NPR News (December 4, 2020) ; Erum Salem, "'We should be Thankful to Him': Why Some Muslim Voters Stood by Trump", *Guardian* (November 17, 2020) ; Rowaida Abdelaziz, "10 Muslim Americans Explain Why They Support Trump", HuffPost (November 2, 2020).

(44) "Muslim-Voters-Survey-Memo-2-1", Emgage (November 12, 2021), https://emgageusa.org/wp-content/uploads/2021/10/Muslim-Voters-Survey-Memo-2.pdf.

(45) Besheer Mohamed, "Republicans Account for a Small but Steady Share of U. S. Muslims", Pew Research Center (November 6, 2018).

(46) MEE staff, "Who are the 'Muslim Voices for Trump'?", Middle East Eye (October 19, 2020).

(47) Mayesha Quasem and Robert Griffin, "The Changing Sway of Voter Attitudes Toward Muslims", Voter Study Group (April 6, 2021).

(48) Zia Pacha Khan, "How Trump Made a Strong Case with American Muslim Voters", *Orlando Sentinel* (December 11, 2020).

(49) "Countering Violent Extremism (CVE): A Resource Page", Brennan Center for Justice (February 12, 2015 [updated October 4, 2018]).

(50) Nazia Kazi, "Islamophobia in the US Presidential Election", Al Jazeera (September 14, 2020).

(51) Hebh Jamal, "Muslim American Votes Were More Anti-Trump than Pro-Biden", Politics Today (November 30, 2020).

(52) Yonat Shimron, "Poll: Muslim American Support for Trump Rises, but Most Plan to Vote for Biden", Religion News Service (October 1, 2020).

(53) "American Muslim Poll 2020", ISPU (2020), p. 14.

(54) ibid., p. 10, Figure 4.

（55） ibid., p. 13.
（56） ibid., p. 9.
（57） ibid., p. 9, Figure 2.
（58） ibid., p. 14.
（59） "Muslim-Voters-Survey-Memo-2-1", Emgage (November 12, 2021). 回答者数は五〇八人。
（60） Chris Alcantara, Leslie Shapiro, Emily Guskin, Scctt Clement and Brittany Renee Mayes, "How Independents, Latino Voters and Catholics Shifted from 2016 and Swung States for Biden and Trump", *Washington Post* (November 12, 2020)；松井孝太「アイデンティティ・ポリティクスの激化」久保文明（編）『トランプ政権の分析――分極化と政策的収斂との間で』日本評論社、二〇二一年、五二頁。
（61） Louise Cainkar, 'American Muslims at the Dawn of the 21th Century : Hope and Pessimism in the Drive for Civic and Political Inclusion', in Jocelyne Cesari (ed.), *Muslims in the West after 9/11 : Religion, Politics and Law* (N. Y. : Routledge, 2010), p. 179.
（62） Agha Saeed, 'Muslim-American Politics : Developments, Debates and Directions', in Strum and Tarantolo (eds.), op. cit., p. 42.
（63） Cainkar, op. cit., p. 185. このような「九・一一テロ事件」がもたらした一種の「反作用」は、後にムスリムにとっての危機感を増大させたトランプの登場時に再度みられた現象である。トランプ登場によって米国ムスリムの政治参加に弾みが付き、ムスリム議員の当選増大にもつながった。二〇二二年の中間選挙では、連邦と州を合わせて公職に選出されたムスリムは二三五人（四六人増）となり、ニュージャージー州（四九人）、ミシガン州（三六人）、カリフォルニア州（二六人）を筆頭に増大する傾向を見せた。"CAIR and JETPAC to Release 2023 Directory of 235 Elected Muslim Officials - #American-MuslimLeadership," CAIR (October 27, 2023).
（64） Djupe and Green, op. cit., p. 247.
（65） 前嶋和弘「米国の国内問題におけるイデオロギーの展開――政治・社会における分極化、多文化主義」、日本国際問題研究所、『国際秩序動揺期における米中の動勢と米中関係――米国の対外政策に影響を与える国内的諸要因』、平成二八年三月

（二〇一六年）：久保文明＋東京財団「現代アメリカ」プロジェクト（編著）『ティーパーティ運動の研究――アメリカ保守主義の変容』NTT出版、二〇一二年。

(66) Suhail A. Khan, 'For God and Country', in Wajahat M. Ali and Zahra T. Suratwala (eds.), *All-American: 45 American Men on Being Muslim* (Ashland, OR: White Cloud Press, 2012), p. 165.

(67) "Why the Muslim Vote for Republicans Grew in 2022 Midterm Elections: There's an Important Emphasis on Traditional Values in Islam, Experts and Voters Tell MEE", Middle East Eye (November 14, 2022).

(68) Wajahat Ali, "Do Muslims Have to Be Democrats Now?", *New York Times* (May 13, 2017).

(69) "CAIR 2023 Civil Rights Report: Progress in the Shadow of Prejudice", CAIR (2023); Corey Saylor, "A Small Dip in Islamophobia in the US Gives Us Hope", Al Jazeera (April 15, 2023).

(70) その他の争点としては、民主主義（米国で選挙が正当に実施され得るか否かの問題）、移民（米国南部国境からの不法移民の問題）、妊娠中絶、銃規制などがあるが、いずれもムスリムやイスラモフォビアに直接関係する争点ではない。Katherine Schaeffer and Ted Van Green, "Key Facts about U. S. Voter Priorities ahead of the 2022 Midterm Elections", Pew Research Center (November 3, 2022).

(71) Suhail A. Khan, "America's First Muslim President", *Foreign Policy* (August 23, 2010); 松岡泰「二〇〇四年選挙とマイノリティ集団」、久保文明（編）、前掲書、一八三―一八八頁。

(72) Rany Jazayerli, "Essay: How the Republican Party Alienated the once Reliable Muslim Voting Bloc", *Washington Post* (November 16, 2012).

(73) Muqtedar Khan, "Progressive Turn and Conservative Backlash: The New Twist in American-Muslim Politics", Ijtihad (Jan 23, 2020).

(74) "Emerging Consensus on LGBT Issues: Findings from the 2017 American Values Atlas", PRRI (2018).

(75) "American Muslim Poll 2022", ISPU (2022), p. 11, Figure 1.

(76) Jeff Diamant and Claire Gecewicz, "5 Facts about Muslim Millennials in the U. S." Pew Research Center (October 26, 2017).

(77) 同様の傾向はＩＳＰＵの調査（二〇二二年）でも報告されている。宗教が「非常に重要」とするものは、ムスリムの一八～二九歳で六七％、五〇歳以上で七四％と大きく変わらないが、米国人一般ではそれぞれ三〇％と四七％と開きがある。"American Muslim Poll 2022", ISPU (2022), p. 15, Figure 11.

(78) "American Muslim Poll 2020", ISPU (2020), p. 5.

(79) Megan Hatch, "Young Muslims Challenge Traditional Stereotypes", VOA (September 9, 2020).

(80) 一例として、ピューの調査［前出］によると、イスラームの教えの正しい解釈が、「一つより多くある」とする者は六四％、「一つしかない」とする者は三一％であり、この回答比率は米国のキリスト教徒に対する同様の質問への回答比率とほぼ同じ（前者が六〇％、後者が三四％）である。"US Muslims Concerned about", Pew (2017), p. 114.

(81) Amaney Jamal, 'Muslim Americans : Enriching or Depleting American Democracy?' in Wolfe and Katznelson (eds.), *op. cit.*, pp. 89–113.

(82) "QuickFacts, Hamtramck city, Michigan", US Census Bureau, https : //www.census.gov/quickfacts/hamtramckcitymichigan.

(83) "Michigan City Becomes First in the Country to Inaugurate All-Muslim Government", MLive (January 18, 2022) ; Tom Perkins, "'A Sense of Betrayal' : Liberal Dismay as Muslim-led US City Bans Pride Flags", *Gurdian* (June 17, 2023).

(84) 二〇二三年一一月の市議会選挙では、レインボー旗掲揚禁止に反対する非ムスリムの女性候補が立候補したが落選し、結果的に全員ムスリム男性の市議会が存続している。Niraj Warikoo, "Hamtramck City Council to Remain Only All-Muslim Council in US as LGBTQ+ Candidate Loses", *Detroit Free Press* (November 8, 2023).

(85) Ayaan Hirsi Ali, "Why Islamism Became Woke : Extremists are Using Progressive Rhetoric to Fool the West", UnHerd (July 13, 2021), https : //unherd.com/2021/07/why-islamism-became-woke/.

(86) Asra Q. Nomani, *Woke Army : The Red-Green Alliance That is Destroying America's Freedom* (N. Y. : Bombardier Books, 2023).

補遺　ガザ紛争とイスラモフォビア——二〇二四年大統領選挙への影響

ガザ紛争の発生

二〇二三年一〇月七日、パレスチナ自治区のガザを実効支配するハマースの軍事部門が、イスラエルへの大規模なロケット弾攻撃を行い、同時にガザ近隣のイスラエル人居住区を襲撃し多数の民間人を殺害した。イスラエル人と外国人を含めた民間人の死者は一二〇〇人以上となり、さらに一三〇人以上がハマースに拉致された。イスラエルのネタニヤフ政権は、ハマースが潜伏するガザ市街地に対し大規模な報復攻撃を行った。今回のイスラエル軍によるガザへの攻撃は、過去にも度々実行されたガザ攻撃の規模を大きく上回り、ガザの民間人四万人以上が死亡する事態となった［二〇二四年九月現在］。

ガザ紛争発生直後、米英独仏伊の五カ国首脳はイスラエルを支持し、ハマースのテロ行為を非難する共同声明を発した。しかし、その後イスラエルのガザ攻撃が規模を拡大して継続すると、イスラエルに対する国際社会の批判が強まった。かつての「九・一一テロ事件」や「イスラーム国」の非道を想起させるハマースによる襲撃までであれば、各国で「イスラーム脅威論」が再燃し、米国でもムスリムが守勢に立たされたであろうが、続いたイスラエルによる前例のない規模の報復攻撃と人道的惨状は国際社会の世論を逆転させ、非難の矛先がハマースではなくイスラエルに向かうこととなった。

当初バイデン政権は、米国とイスラエルとの長年の「特別な関係」を重視し、イスラエルの自衛権支持を繰り返し表明し、緊急軍事援助も供与した。またバイデンは、ハマースが管理するガザの保健当局が発表するガザ住民の死傷者数（ガザの保健当局は、一〇月二五日の時点で六五〇〇人以上が死亡と報告していた。）に疑義を呈するなどイスラエル寄りの姿勢を継続した。しかし、このようなバイデン政権の親イスラエル姿勢は、アラブ系やムスリムに限らず、米国の左派・リベラル層からも強い批判を招くこととなった(1)。

米国ではアラブ系をはじめとしてイスラエル側による即時の「停戦（ceasefire）」を求める声が強まったが、イスラエル支持の姿勢を崩せないバイデン政権は、イスラエルに戦闘の「人道目的の一時休止（humanitarian pauses）」を要請するのが精一杯であった。近年では米国によるイスラエル支持政策は民主党でも共和党でも大差はない（トランプ政権期は特に親イスラエル的であった）にもかかわらず、大統領選挙の予備選挙が進行中のタイミングでガザ紛争が発生し、かつイスラエルの「過剰報復」が広く批判を招いたことは、バイデンと民主党にとって選挙を戦ううえで不都合な展開となった。

予備選挙の展開

ガザ紛争発生から遡ること半年、二〇二三年四月下旬に、バイデンが大統領再選を目指して正式に立候補表明し、高齢への懸念を抱えつつもバイデンの民主党候補指名が既定路線となった。一方の共和党では、ホワイトハウス復帰を目指すトランプが早々に立候補を宣言して注目された。二〇二三年半ばにはニッキー・ヘイリー（Nikki Haley）元国連大使、ロン・デサンティス（Ron DeSantis）フロリダ州知事、クリスティ前ニュージャージー州知事、マイク・ペンス（Mike Pence）前副大統領なども立候補表明し、共和党内で優勢なトランプに挑戦する形となった。そのトランプは、予備選挙の早い段階から、以前米国ムスリムにとってきわめて不評であった「ムスリム入国禁止」令の再導入を公約として提言していた。

「私が大統領職に戻れば、渡航禁止令（travel ban）は以前よりもさらに大きく強くなって戻ってくるだろう。我々はショッピングセンターを吹き飛ばす者は要らない。我々は街を吹き飛ばす者は要らない。我々は農場で盗みをはたらく者は要らない。そういうことは起こらなくなる」[2]

トランプのこの発言があったのは、ガザ紛争発生以前の二〇二三年七月である。この時点では「ムスリム入国禁止」について、米国人一般にとってより深刻で喫緊の課題である米国南部国境からの不法移民流入の問題の派生という程度にとどまっていた。しかし、一〇月七日のガザ紛争の発生を受けて、トランプは「ムスリム入国禁止」令の再導入を繰り返し強調するようになった。このようなトランプの言動は、その政策の合法性と実現可能性、また実施された場合の政策の効果とは無関係である。むしろトランプの言動は、過去の大統領選挙への出馬時と同様に、海外で発生したイスラームに関する事件をとりあげてイスラモフォビアを煽る、ポピュリスト的手法の一環とみることができる。

一〇月一六日、トランプはアイオワ州での選挙演説で、自身が大統領となれば、ハマース支持者やイスラエルの生存権を認めない者の米国への入国を禁止し、ハマース支持の集会参加者を強制送還するとし、反ユダヤ主義的な留学生のビザ取り消しなどにも言及した。また一〇月二八日、ラスベガスでの共和党・ユダヤ教徒連合（Republican Jewish Coalition）の年次総会では、トランプは先に演説したヘイリーやデサンティスら共和党立候補者の発言は無視して、「自分が大統領であったならば、イスラエルへの攻撃はなかった。……私が大統領であったならば、ウクライナ侵攻はなかった。インフレーションもなかった」と、イスラエル擁護とバイデンの政策批判を織り交ぜた強い調子の演説を行っていた[3]。

トランプ欠席で開催された共和党候補者討論会（一一月八日）では、登壇したデサンティスやヘイリーらはハマース批判とイスラエル支持の強度を競うかのような発言を繰り返した。一方クリスティは、ニュージャージー州内のモスクでムスリムらと対話してきた経緯もあり、双方と向き合う必要があるとの慎重な姿勢を示した。ただし、クリスティの主な論点はガザやムスリムの問題ではなく、トランプの提示する南部国境の不法移民政策に関して、その強硬さと効果を問うことにあった(4)。

翌二〇二四年一月のアイオワ州党員集会とニューハンプシャー州予備選挙でトランプが続けて勝利し、デサンティスは選挙戦から撤退した。続く三月五日のスーパーチューズデイでもトランプが圧勝したことでヘイリーも撤退し、トランプの党候補指名は確実になった。これにより再びトランプがもたらすイスラモフォビアの脅威が懸念されるようになった。CAIRの報告書では、イスラモフォビアに伴う事件が、二〇一五年のトランプの「ムスリム入国禁止」発言以来の増加を記録したとしている。これは逆にみれば、今回のガザ紛争発生までは、米国内でのイスラモフォビアは一定の水準で抑えられていたことを意味するが、ガザ紛争の発生を受けてCAIRはあらためてイスラモフォビアの高まりに警鐘を鳴らし始めた(5)。

米国ムスリム社会の反応

ガザ紛争の発生を受けて、米国ムスリムは総じてイスラエルの「過剰報復」に批判的である。同時に、ガザ紛争の発端がハマースというイスラーム系武装勢力による民間人襲撃であったことから、かつてのテロ事件の発生時と同様に、米国社会ではムスリムに対する猜疑心が再び高まり、米国ムスリム社会はヘイトクライムをはじめとするイスラモフォビアの高まりに身構えなくてはならなくなった。イスラエル批判とイスラモフォビア対策という二点で、米国ムスリムには再び「凝集」作用が働いているともいえる(6)。

イスラエル批判でまとまる米国ムスリム社会の論調は、大統領選挙を控えたバイデン政権にとって強い逆風となっている。米国ムスリムを対象としたピューの調査（二〇二四年二月実施）によると、バイデンは大統領選挙の候補者として「好ましい（very / mostly favorable）」が三六％、「好ましくない（very / mostly unfavorable）」が六三％であった。同調査でトランプについては「好ましい」が三五％、「好ましくない」が六四％となっており、これまで圧倒的に民主党を支持してきたにもかかわらず、現在の米国ムスリムにとってはバイデンとトランプの肯定否定の評価にほとんど差違がない(7)。

また、ムスリム組織 Emgage の調査（二〇二三年一一月）では、次の大統領選挙でバイデンに投票すると回答したムスリムは五％程度にすぎなかった。同調査によると、前回二〇二〇年の大統領選挙ではムスリムの八割がバイデンに投票したと回答していることから、バイデン政権に対するムスリムの失望と批判はきわめて強いことが分かる(8)。

内部が多様である米国ムスリムの中でも、最も批判的な反応を示したのが中東・北アフリカ地域に出自を持つアラブ系ムスリムである。米国ムスリムのうちアラブ系は二～三割であり、また米国のアラブ系のうちムスリムは二～三割でありマイノリティであるが、ミシガン州などではアラブ系ムスリムの割合が特に多い。さらに非ムスリム（キリスト教徒）のアラブ系もムスリムのアラブ系と一体化し、米国のアラブ系は一斉にバイデン政権に対する不満と批判を表明し、同時進行する大統領選挙予備選挙の展開に直接影響を与えることとなった。ミシガン州ディアボーンに拠点を置くアラブ系のメディア Arab American News は、「彼［バイデン］は我々の票を失った」「バイデンと民主党員に裏切られ、米国のアラブ系とムスリムは誓う『二度とバイデンと民主党には投票しない』」といった強い表現の見出しを掲げていた(9)。

また同じくアラブ系の調査機関であるＡＡＩが行った世論調査によると、アラブ系（ムスリムに限定されない）のバイデンに対する支持率が、二〇二〇年の五九％からガザ紛争発生後には一七％に急落し、反対にトランプに対する支持率が三五％から四〇％に上昇している。アラブ系による政党支持率でも、民主党がガザ紛争前の四〇％からに三％に急落し、共和党が二四％から三二％に上昇と逆転している。さらに、「もし今日、大統領選挙があれば誰に投票するか？」との問に対し、バイデンとした回答が一七％、トランプとした回答が四〇％となった。このような両者間の支持率は相対値であり、アラブ系がトランプを積極的に支持しているとは考えられないものの、ガザ紛争を契機にバイデンと民主党がアラブ系有権者から一気に信用をなくしたことは明らかである(10)。

アラブ系を筆頭とする米国ムスリムのバイデンに対する不信感は拡大し、「バイデンは要らない（"Abandon Biden"）」運動と称されるほどの事態に至っている。このようなバイデン政権に対する米国ムスリムによる抗議運動は、ミシガン州をはじめ、アリゾナ州、フロリダ州、ウィスコンシン州など、いわゆる接戦州において広く展開しており、大統領選挙の最終結果に影響を与える可能性がある。(11)

アジア系ムスリムは、アラブ系ほどではないものの、ムスリムとしてのつながりでパレスチナ人との連帯を示している。南アジア系のムスリムが主導するＩＣＮＡも"Actions to Take Beyond March4Gaza"と題したキャンペーンに参加し、イスラエルの停戦とパレスチナ人との連帯を主張している。(12)

一方で、黒人系ムスリムは、アラブ系やアジア系のような移民系ムスリムと比較すると、ガザ紛争への反応は鈍いようである。かつて米国の黒人は、ホロコーストを含む歴史的なユダヤ人迫害の悲劇に共感を持ち、建国期のイスラエルを支持してきた経緯がある。米国のユダヤ系はかつての公民権運動で黒人と協力関係にあり、従来からユダヤ系と黒人との関係は親和的であり、ともに民主党の支持基盤となってきた。また、移民系とは違い、米国「ネイティヴ」である黒人（ムスリムを含む）全体では、もとより自身の出自に直結しない中東やパレスチナ問題への関心は必ずしも高くない。ある調査（二〇二三年一二月）によると、左派・若年層・アラブ系やムスリムではバイデンの支持率が急落しているが、黒人全体ではバイデンに対する支持・不支持は大きく変動していない。(13)

ただし、近年になって米国の黒人は、イスラエル占領下でのパレスチナ人の抵抗運動を、米国における黒人の公民権運動やＢＬＭ運動になぞらえてパレスチナ人に共感を示しており、イスラエルに批判的な目を向けている。特に近年問題視されているイスラエル治安当局が占領地で行う、治安を理由として司法手続きを経ない一方的な「行政拘留（administrative detention）」は、米国の黒人に対する警察の過剰な取り締まり行為に重ねてみられることがある。(14)

今回のガザ紛争に関して、黒人系ムスリムに限定した見方は判然としないが、ガザの人道的状況が悪化する過程で、黒人系ムスリムのイスラエルに対する批判、さらにイスラエルを支持するバイデン政権に対する批判も増大するものと推測される。文脈が変わっても、米国の黒人（ムスリムを含む）が、「抑圧される側」を支持する傾向は依然として強いと考えられるからである。

民主党内部の分断

前章までにみたように、従来米国ムスリムが選挙の際に重要視するイシューとして、パレスチナ問題のような対外政策分野の優先順位は必ずしも高くなく、国内の経済問題や市民的自由（特にイスラモフォビア対策）に相対的に高い関心が向けられてきた。対外政策分野の中でも、「九・一一テロ事件」や「テロとの戦い」の陰となって、長期にわたり継続するパレスチナ問題に対する関心と懸念は、アラブ・パレスチナ系も含めた米国ムスリムの中でも必ずしも強くなかったのが現実である。その意味では、今回米国ムスリムにみられる強いイスラエル批判表明は、従前からの漠然としたパレスチナ問題に対する問題意識や、アラブあるいはムスリムとしての同胞意識だけではなく、今日的な問題としての弱者の人権や社会正義の観点からの反応の部分が大きいものと考えられる。米国ムスリム、特に若年層のムスリムは、ムスリムとしての視点ではなく、現代米国人の若い世代の一部としてガザ紛争に向き合っている側面が強いのではなかろうか。ジョージタウン大学のサム・ポトリッキオ（Sam Potolicchio）は、米国でみられるイスラエル批判とパレスチナ支持の背景について、以下のように述べている。

「今日、民主党の左派や若い世代の支持者の間では、社会的・経済的な不平等への問題意識が強まっている。その点、イスラエルとパレスチナの間には、力と富と軍事力に途方もない格差が存在する。国内政治で貧困の構造的要因に強い関心を抱くリベラル派民主党員たちが、国際政治でパレスチナに共感を抱き、パレスチナを支持するのは、自然な流れだったのかもしれない(15)」

このように、（ムスリムを含めた）若年層、リベラル、左派の各層が反イスラエル・親パレスチナに向かう傾向は、民主党にとって困難な状況を作り出している。大統領選挙の最中にあって、共和党がガザ紛争に対するバイデン政権の対応を批判することは想定内であるが、民主党内でも意見相違が目立つようになっている。AP-NORC Center の調査（二〇二三年一一月）によると、バイデン政権のガザ紛争への対応について、共和党員では賛成（一八％）、反対（八〇％）となるが、民主党員でも賛成（五〇％）、反対（四六％）となっている。民主党員でバイデン政権の政策に反対するのは、イスラエルへの支援が過剰である（六五％）が最大の理由である。[16]

ここで留意すべきは、バイデン政権のガザ紛争への対応に賛成する民主党員で六五歳以上が八二％であるのに対し、一八～二九歳では三一％と極端に低いことであり、民主党支持者の特に若年層がバイデン政権のイスラエル支持政策に反対していることが分かる。同様の傾向はピューなど他の調査報告でもみられ、イスラエルとこれを支持する米国の既存の政策に反対するという、特に民主党内の若年層の左傾化が明確にみられるようになった。これまでにも指摘されてきた民主党内の左右分断傾向が、ガザ紛争の発生によって表面化する事態となったといえる。[17]

このような民主党内部の分断を象徴する出来事として、前出の「スクワッド」の一人であるラシダ・タリーブ連邦下院議員に対する問責（censure）決議がある。二〇一八年中間選挙でディアボーンを含むミシガン州第一三区（二〇二二年中間選挙以降は第一二区に変更）から連邦下院議員となったアラブ（パレスチナ）系ムスリムであるタリーブは、イスラエル支持を続けるバイデン政権をガザ紛争発生直後から強く批判してきた。そのタリーブが、演説などで「虚偽の言説」を広め、「イスラエル国家の破壊」を呼びかけたとして、下院共和党議員によって問責決議案が提出され、一一月七日に賛成多数で可決された。この問責決議案に賛成したのは、共和党議員二一二人、民主党議員二二人、反対したのは共和党議員四人、民主党議員一八四人であった。[18]

この問責決議にある「虚偽の言説」とは、ハマースによる襲撃を「アパルトヘイト国家」に対する「抵抗」としたこと、イスラエルの安全保障に関与している米国にも襲撃の責任の一端があるとしたこと、イスラエル軍がガザの病院施設（Al-Ahli Arab Hospital）を意図的に爆撃したことを含む。また「イスラエル国家の破壊」とは、タリーブが"from the river to the sea"のフレーズを含む反イスラエルのスローガンをソーシャルメディアに投稿したことを指す。このフレーズは、「ヨルダン川から地中海までの領域」をパレスチナ人のものとする、すなわちイスラエル国家の生存権を否定するハマースなどパレスチナ急進勢力の主張とされている。タリーブはその後も強い圧力を受けながらも、民主党内のプログレッシブ勢力と反イスラエルの世論の支持を得て、イスラエルとバイデン政権への批判を緩めてはいない。

タリーブの問責決議の一件は、共和党議員を中心に、次の連邦下院議会選挙で再選を目指す現職議員らとその支持層にとって、パレスチナ問題そのものとは別の次元で、親イスラエル姿勢と米国への愛国心をアピールし、民主党および左派・リベラル・プログレッシブを糾弾する絶好の機会になったと考えられる。同時に、この問責決議には、イスラエルを擁護する一部の民主党議員が賛成票を投じており、ガザ紛争をめぐって民主党内部で左右の分断状況が存在することを示すものであった。

このように、ガザ紛争への対応をめぐって民主党議員および民主党支持者の間でも意見が分かれる状況にあって、大統領選挙での米国ムスリムの選択肢は限られている。現状ではアラブ系を中心とする移民系ムスリムの大半はバイデンを拒否しているが、民主党公認候補はバイデンとなることが既定路線である。そこで他方の共和党に目を向けるとしても、共和党公認候補はトランプとなることが既定路線であり、ほとんどの米国ムスリムにとってこちらも選択の対象とはならないというジレンマがある。[19]

前章で示したように、米国ムスリムの一部は、特にジェンダーに関わる問題について、共和党の社会的保守政策への同調を示す傾向もみられている。一方で今回の大統領選挙でトランプが「ムスリム入国禁止」の再施行を公約するなど、米国ムスリムの中でも大統領選挙ではトランプを支持しないが、州レベルの選挙では共和党候補を支持する傾向もみられ、「ねじれ」現象が発生しているとの見方もある。[20]

このように米国ムスリムにとって、大統領選挙において積極的に支持する候補者（選択肢）が見当たらないという状況は、過去の複数回の大統領選挙でもみられたものである。イスラモフォビア的言動が顕著な共和党候補を除外したとして、民主党の中から無理を承知でサンダースのような「当選可能性」の低い候補を支持するか、ケリーやクリントンのような「当選可能性」の高い候補をやむなく支持するかという、米国ムスリムにとって繰り返されるジレンマである。ガザ紛争へのバイデンの対応は、米国ムスリムの期待に添わない民主党候補が選択対象として不可避であるという意味で、このジレンマを強く再現することになっている。[21]

イスラモフォビアと反ユダヤ主義

ガザ紛争の発生は、現地ガザでの凄惨な展開とは別に、イスラモフォビアと反ユダヤ主義という二つの差別と偏見の体系に対する米国内における政治と社会の反応と、そこにある偏向もしくは二重基準の実態をあぶり出す役割を果たしている。

前章で示したとおり、イスラモフォビアはトランプ政権期以降にやや低減の傾向を示し、バイデン政権期となって解消されたわけではないものの、ある程度の落ち着きを見せていた。ＩＳＰＵによる米国人一般の「反ムスリム感情」を数値化した「イスラモフォビア指標（Islamophobia Index）」によると、二〇一八年から二〇二二年までの四回の調査で「反ムスリム感情」の数値（＝イスラモフォビアの強度）はほぼ一定しており、大きな変化はみられなかった。また宗教に関わる差別の経験についても、ムスリムは他の宗教・宗派社会よりも高い値を示すものの、二〇一六年から二〇二二年までに大きな変化はみられなかった。[22]

しかし、このようなイスラモフォビアの「凪」の状況は、ガザ紛争の発生によって「嵐」を迎えることとなった。ガザ紛争発生の翌週、シカゴ近郊で、パレスチナ・アラブ系の少年（六歳）が刺殺される事件が起きた（一〇月一四日）。バーモント州バーリントンでは三人のパレスチナ系アラブ人大学生が銃殺される事件が起きた（一一月二五日）。

このような意図的にアラブ系あるいはムスリムを対象としたヘイトクライムがガザ紛争発生直後から急増したが、これはイスラモフォビアの特質と米国ムスリムにある構造的な脆弱性に起因する不可避的な問題でもある。米国ムスリムの多数は中東・イスラーム地域に出自を持ち、米国内のイスラモフォビアは、中東・イスラーム地域の不安定な政治情勢（特に紛争やテロ事件）により増幅されるからである。

ガザ紛争以降のヘイトクライムの急増について、ＣＡＩＲは「イスラモフォビアと反アラブ人種差別は、過去一〇年間でみたことがないほど手に負えない状況にある」とし、トランプが「ムスリム入国禁止」を声明した二〇一五年以来の規模であると述べていた。またジョージタウン大学のエスポジトはアル＝ジャジーラとのインタビューで、現在のイスラモフォビアの急拡大は、過剰なガザ攻撃を正当化しようとするネタニヤフ政権の言動と、これを支持する欧米政権およびメディアの対応にも責任があると指摘していた[23]。

アラブ系やムスリムに対する、イスラモフォビアの発現としてのヘイトクライムが増加するのと平行して、ユダヤ系に対するヘイトクライムも急増し、反ユダヤ主義の波も高まっている。反ユダヤ主義の発現は、欧米における近年の極右勢力の台頭により既に増加傾向にあったが、今回のガザ紛争の発生、特にイスラエルによる過剰な報復攻撃とガザの惨状が明らかになるにつれて、ネタニヤフ政権の強硬策に対する批判の延長として反ユダヤ主義は再燃した。これを受けて、ＡＤＬをはじめとするユダヤ系の人権擁護組織も、反ユダヤ主義に基づくヘイトクライムの急増を危惧していた[24]。

実際、かねてから米国内での反ユダヤ主義の高まりを懸念していたバイデン政権も、ガザ紛争が発生する以前の二〇二二年末の段階で、米国内の反ユダヤ主義に対処する方針を声明していた。そして翌二〇二三年五月、バイデン政権は「反ユダヤ主義に対抗するための米国国家戦略」と題した包括的な報告書を提出した。バイデン自身による序文で始まるこの報告書は、米国内での様々な形態の反ユダヤ主義を詳細に分析したうえで、政権内の各部局が対応すべき項目を具体的に掲げており、文字通りの「国家戦略」として反ユダヤ主義対策に積極的に取り組む政権の姿勢を示すものとなっている[25]。

このようなバイデン政権の取り組み自体は評価できるものである。しかし、反ユダヤ主義対策への積極性とは対称的に、同じく差別の体系であるイスラモフォビアへの対策が、過去にはほとんどとられてこなかったことがむしろ目立つ形となった。このような政策の偏りが存在する状態のまま、バイデン政権は一〇月七日のガザ紛争の発生を迎えることとなった。そしてバイデン政権の親イスラエル政策へのアラブ系やムスリムからの批判が高まると、一一月一日、バイデン政権はイスラモフォビアに対する「初の国家戦略」を策定することを声明した。しかし、このバイデン政権の対応は、イスラエル擁護の姿勢を批判されての後手の対応という印象が強く、ムスリムの多くはバイデン政権の対応に懐疑的である[26]。

ガザ紛争が契機となり、反ユダヤ主義の問題は米国の大学キャンパスにも影響をもたらした。イスラエル軍の攻撃によるガザの人道的惨状が連日伝えられると、パレスチナ側に同情しイスラエルに批判的な学生による抗議行動が、ハーバード大学をはじめとする米国の代表的な大学で行われるようになった。当初大学当局は政治的中立を維持する立場から一連の抗議行動に干渉しなかったが、一部の学生や組織に反ユダヤ主義的な言動がみられるとして、大学への有力な寄付者が寄付を取りやめるなど、学生の抗議行動への大学の対応について賛否をめぐる論争に発展した。事態を重要視した連邦下院議会はハーバード大学、ペンシルベニア大学、マサチューセッツ工科大学の学長らを召喚し、下院議会委員会での公聴会を開催した（一二月五日）。しかし、この時の学長らの反応がさらなる議論を呼び、ハーバード大学学長らが辞任する事態に至った[27]。

大学キャンパスにおける学生および教職員の言動や表現の自由に関わる問題については別途議論が必要となろう。しかし、ここで留意すべきは、反ユダヤ主義的な言動に対して米国社会がいかに敏感であり不寛容であるかという点である。このことは同時に、イスラモフォビアの問題に関しては米国社会がいかに鈍感で無関心であるかというコントラストの存在を明らかにするものでもある。

また、この下院議会公聴会で大学学長らを糾弾したのは、トランプを支持する共和党保守派議員であったことからも、この種の問題が容易に政治的な論争に転化することが分かる。タリーブ議員の問責決議の件と同様に、ガザ紛争がもたらした中東政策やムスリムに関する政治的論争が、不可避的に米国政治における保守とリベラルとの分断と対立の問題に絡め取られていく様を示している[28]。

今日では、"anti-Semitism"と"Islamophobia"という語が、それぞれユダヤ教徒（ユダヤ人）とムスリムに対する差別と偏見を示す否定的な意味を持つ用語として、並列的に使用されることが多い。しかし、用語が並列的に扱われる一方で、米国内での双方の問題への対処には大きなギャップが存在する。およそ「九・一一テロ事件」以降、米国内でイスラモフォビアへの対処は十分になされず、むしろイスラモフォビアを煽るような公職者が存在し、イスラモフォビアを助長するかのような公的政策が導入される一方で、反ユダヤ主義の高まりには公私双方から強い危機感が即座に表出されるという偏向が米国には存在する。タリーブ議員に対する問責決議、バイデン政権の反ユダヤ主義対策としての「国家戦略」の策定経緯、米国大学キャンパスをめぐる論争は、このような偏向の実態を示すものといえる[29]。

このような偏向をもたらす大きな要因の一つが、米国とイスラエルとの「特別な関係」である。長期にわたり政治・軍事・経済・社会のすべての側面における強力なイスラエル支持基盤を有する米国にあっては、イスラエル支持とイスラモフォビアは、いわば同じコインの裏表である。対外的にイスラエルを支援することに加えて、国内的には反ユダヤ主義に厳正に対処するというバイデン政権の政策や共和党保守派が表出する「政治的に正しい」姿勢は、ガザ紛争が継続する中にあっては、イスラエルの強硬政策を批判するムスリムの主張をキャンセルし、ムスリムはハマースの蛮行を容認しているという言説を広めることによって、ムスリムを糾弾するイスラモフォビアを助長することにつながる。

大統領選挙の行方

二〇二四年一月下旬、イスラエルに停戦を受け入れさせられないバイデン政権の中東政策への抗議として、バイデンの選挙演説はブーイングなどによってしばしば中断を余儀なくされていた。また接戦州として注目されるミシガン州のデトロイトをバイデンが訪問した際（二月一日）、自動車産業の労働組合（United Auto Workers）からの支持を受ける一方で、デトロイトに多いアラブ系およびムスリムらは「バイデンは要らない」のプラカードを掲げて抗議集会を開いた。バイデン陣営が申し出たアラブ系およびムスリム住民らとの会合は、ムスリム側の強い反対によってキャンセルされたという(30)。

米国ムスリムの中ではバイデンに対する失望と批判は非常に強いものがある。「バイデンは要らない」運動を進めて、それがトランプを利するものであることを十分に理解したうえで、バイデンに投票しないことを考えるムスリムも少なくない。「米国はトランプの下で四年間を耐え抜くことができるだろうが、まったく偽善的な振る舞いを見せるバイデンの四年間を我々が耐え抜くことには自信がない」といったムスリムによる悲観的な見方もある(31)。

前回二〇二〇年大統領選挙の際、バイデンはミシガン州で一五・四万票の差でトランプを下した。いくつかの調査から、当時同州で有権者登録したムスリムが約二〇万人、中東・北アフリカ出身のアラブ系が約三〇万人とされている（両者の大部分は重複するものと考えられる）。二〇二〇年にバイデンに投票したこれらムスリムやアラブ系の有権者が、トランプに投票しないとしても投票を棄権するか、第三政党の候補者に投票するなどで、バイデンは前回から五〇％程度、票数にして五・五万票程度を失うとの試算もあり、接戦州においてバイデン民主党にとって致命的な損失になりかねない(32)。

米国ムスリムの中でガザ紛争に対する反応には温度差があるとしても、ガザの人道的惨状が継続する事態は、大統領選挙を控えたバイデンと民主党にとってマイナス要因として働くことは間違いないであろう。仮に停戦が実現されたとしても、多大なガザ市民の犠牲とガザ市街の破壊をもたらしたイスラエルを抑制できなかったバイデン政権の責任追及は続くであろう。そして、ガザ紛争そのものは今回の大統領選挙の最大の争点とはならないものの、民主党バイデン候補と共和党トランプ候補との支持率が拮抗している現状にあっては、ガザ紛争のもたらした影響、すなわち「バイデンは要らない」という米国ムスリムの政治行動が、大統領選挙の帰趨を決する一つの要因となる可能性は残っている。

注

（1）“Biden Says He has ‘No Confidence’ in Palestinian Death Count”, Reuters (October 26, 2023). バイデンはこの発言のあった翌日、ホワイトハウスで数人の米国ムスリム関係者との私的な会合をもった。この会合でムスリム関係者の厳しい姿勢に面したバイデンは前日の発言について謝罪し、米国がガザ紛争において善処することなどを話したという。Zohreen Shah and Ayesha Ali, “New Details on Biden's Private Apology to Muslim Americans for Rhetoric on Palestinian Civilians”, ABC News (November 30, 2023).

（2）Kathryn Watson and Zak Hudak, “Trump Says He'd Bring back ‘Travel Ban’ that's ‘Even Bigger than before’”, CBS News (July 7, 2023).

（3）Thomas Beaumont and Jill Colvin, “Trump, Campaigning in Iowa, Vows to Ban Gaza Refugees from US if He Wins a Second Term”, AP News (October 17, 2023) ; Lisa Lerer and Rebecca Davis O'Brien, “Haley Offers Scathing Critique of Trump at Jewish Republican Event in Las Vegas”, *New York Times* (October 28, 2023).

（4）Alex Seitz-Wald, “GOP Presidential Candidates Compete to be Seen as Closest to Israel in Debate”, NBC News (November 9, 2023).

（5）“Defining Islamophobia”, CAIR (November 15, 2023). ただし二〇二四年半ばの時点では、「ムスリム入国禁止」令の再発動公約を除けば、トランプの米国ムスリムに対する敵対的な言動は特に見られない。また、全般的に米国ムスリムも、トランプの言動に対し以前ほど強い警戒感や危機感は示していない。

(6) Jack Healy, Ernesto Londoño and Eileen Sullivan, "Gaza Crisis Unites American Muslims in Anger and Mourning", *New York Times* (October 13, 2023).

(7) Besheer Mohamed, "How U. S. Muslims are Experiencing the Israel-Hamas War", Pew Research Center (April 2, 2024).

(8) "Emgage Releases Survey Findings about Muslim Americans' Current 2024 Election Predictions", Emgage (November 3, 2023).

(9) *Arab American News*, vol. 39, issue 1968 (October 28-November 3, 2023).

(10) "Arab American, Special Poll : Domestic Implication of the Most Recent Breakout of Violence in Palestine/Israel", Arab American Institute (October 31, 2023).

(11) Julie Bosman and Ernesto Londoño, "In Michigan, Muslim and Arab American Voters Reconsider Support for Biden", *New York Times* (October 28, 2023) ; Myah Ward, "Swing-State Muslim Leaders Launch Campaign to 'Abandon' Biden in 2024", Politico (December 2, 2023) ; Edward Helmore, "Muslim Leaders in Swing States Pledge to 'Abandon' Biden over his Refusal to Call for Ceasefire", *Guardian* (December 3, 2023).

(12) "Actions to Take Beyond March4Gaza", https://icna.org/actions-to-take-beyond-march4gaza/. 海外の南アジア・東南アジアのムスリム諸国では、イスラエルとこれを支援する米国を批判するムスリム市民の声が大勢である。Shannon Teoh and Nirmal Ghosh, "Washington 'Risks Losing the Street' in Muslim S-E Asia as Gaza War Stirs anti-US Sentiments", *Strait Times* (November 10, 2023).

(13) Christpher Shell, "Black Americans' Opinions on the Israeli-Palestinian Conflict", Carnegie Endowment for International Peace (December 23, 2023). ただし、この調査ではバイデン政権のイスラエルへの対応次第では、黒人の民主党支持率が低下する可能性は指摘されている。

(14) Noreen Nasir and Aaron Morrison, "Black American Solidarity with Palestinians is Rising and Testing Longstanding Ties to Jewish Allies", AP News (December 18, 2023).

(15) サム・ポトリッキオ「いまアメリカでこれだけパレスチナ支持が広がる深刻な理由」『ニューズウィーク日本版』（二〇二三年一〇月二六日）。

(16) "Many Democrats Sour on Biden's Handling of the Israel-Palestine Conflict", AP-NORC Center (November 9, 2023).

(17) Harry Enten, "Polling Shows a Huge Age Gap Divides the Democratic Party on Israel", CNN (November 20, 2023) ; "Americans' Views of the Israel-Hamas War : Bipartisan Concern about Violence against Jews in U. S. ; Wide Partisan Gap in Concerns over Violence against U. S. Muslims", Pew Research Center (December 7, 2023), p. 14, p. 20.

(18) 高野遼「パレスチナ系の米下院議員に問責決議を可決　イスラエル批判を問題視」朝日新聞（二〇二三年一一月八日）; "H. Res. 845 - Censuring Representative Rashida Tlaib for promoting false narratives regarding the October 7, 2023, Hamas attack on Israel and for calling for the destruction of the state of Israel. 118th Congress (2023–2024)", Congress. gov.

(19) Anthony Adragna, "Michigan Dems Acknowledge Muslim American Frustration with Biden, but Question Trump as Alternative", Politico (December 8, 2023).

(20) Murtaza Hussain, "Trump Revives 'Muslim Ban' while GOP Courts Muslim Voters for 2024", Intercept (July 11, 2023).

(21) このジレンマについて、プログレッシブの旗手である民主党下院議員オカシオ＝コルテス（ＡＯＣ）でさえも、トランプが再選された場合の危険性を強調し、「現実的にならねばならない」としてバイデンへの投票を強く主張しているが、プログレッシブの立場を自ら弱めるようなオカシオ＝コルテスの妥協には批判もみられる。Elias Cepeda, "War on Gaza : Hey AOC, is Genocide a 'Progressive Value?'", Middle East Eye (February 16, 2024).

(22) "American Muslim Poll 2022", ISPU (2022), pp. 25–31, Figure 42, Figure 43.

(23) Indlieb Farazi Saber, "'Seen as Less Human' : Why has Islamophobia Surged amid Israel's Gaza War?" Al Jazeera (December 21, 2023).

(24) Ruth Graham, "Antisemitic Incidents Reach New High in U. S. Anti-Defamation League Says", *New York Times* (March 23, 2023) ; "ADL : FBI Data Reflects Deeply Alarming Record-High Number of Reported Hate Crime Incidents in the U. S. in 2022", ADL (October 16, 2023).

(25) "The U. S. National Strategy to Counter Antisemitism", White House (May 25, 2023), https://www.whitehouse.gov/wp-content/uploads/2023/05/U.S.-National-Strategy-to-Counter-Antisemitism.pdf.

(26) "Statement from White House Press Secretary Karine Jean-Pierre on President Biden's Establishment of First-Ever Na-

tional Strategy to Counter Islamophobia", White House (November 1, 2023) ; Aamer Madhani, Seung Min Kim, and Zeke Miller, "The White House is Working on a Strategy to Combat Islamophobia. Many Muslim Americans are Skeptical", AP News (November 2, 2023) ; Patsy Widakuswara, "To Combat American Islamophobia, Biden Must Also Call Cease-Fire in Gaza, US Muslims Say", VOA (November 2, 2023). なお二〇二四年九月末の時点で、このイスラモフォビアへの対応策は策定中とされたままである。

(27) Anna Betts, "A Timeline of How the Israel-Hamas War Has Roiled College Campuses", *New York Times* (December 12, 2023).

(28) Robert Tait, "What's behind the Antisemitism Furor over College Presidents' Testimony?" *Guardian* (December 12, 2023) ; Moustafa Bayoumi, "The Harvard and UPenn Presidents Walked into a Trap in Congress", *Guardian* (December 11, 2023).

(29) 前出のピューの調査報告書（二〇二三年一二月七日）の副題は、「米国ユダヤ人への暴力に関する超党派的な懸念、米国ムスリムへの暴力に関する党派間の大きなギャップ」（傍点筆者）となっているが、この副題自体が反ユダヤ主義とイスラモフォビアに対する米国社会の対応の格差を物語っている。"Americans' Views of the Israel-Hamas War : Bipartisan Concern about Violence against Jews in U. S. ; Wide Partisan Gap in Concerns over Violence against U. S. Muslims", Pew Research Center (December 7, 2023).

(30) Melissa Nann Burke and Beth LeBlanc, "'Not Welccme Here' : Arab Leaders Cancel Dearborn Meeting with Biden Campaign Manager", *Detroit News* (January 26, 2024).

(31) Haroon Moghul, "Opinion : Many Muslim Voters No Longer See Trump as Worse than Biden", CNN (February 5, 2024).

(32) Youssef Chouhoud, "An Overlooked and Undercounted Group of Arab American and Muslim Voters may have Outsized Impact on 2024 Presidential Election", Conversation (January 8, 2024).

あとがき

本書の執筆を終えた時点で、二〇二四年米国大統領選挙の最終結果は分かっていない。今回の選挙で民主党候補と共和党候補のどちらが当選するにせよ、四年ごとの米国の大統領選挙は政治を活性化させる一大イベントであり、米国ムスリムをはじめ様々な属性の有権者集団の政治的関与、実際の政治参加の様子や問題点を観察するために都合のよい機会を提供してくれる。

しかし、近年の米国大統領選挙の展開は、政治の活性化というよりも、米国社会の分断を一段ずつ悪化させるイベントのようにもみえる。民主主義と民主的制度の根幹である選挙という手続きが、両陣営間の対話の欠如、交渉不可能性の拡大、フェイク・虚言も含めた誹謗中傷の応酬、さらには暴力の発生という、むしろ民主主義の後退を促進するかのようなイベントとなっていることに気づく。今回の選挙の後、米国社会が分断を乗り越え、民主的制度の下で合意と協調を形成し、二〇二一年一月六日の混乱が再来しないことを願うばかりである。

本書では、米国ムスリムの政治的関与に焦点を合わせ、主として米国の国内政治のあり方を議論してきた。もとは米国の中東政策に関心を向けてきたが、米国の中東政策を考える際には、その国内政治にも視野を広げる必要がある。そして米国の中東政策に関しては、その国内政治がもたらす影響力という点で、イスラエルとの「特別な関係」が様々な形で議論されてきた一方、その他の影響力については十分議論されていないと感じていた。その頃、「九・一一テロ事件」が発生した。これを機に「ムスリム」という視点で米国の中東政策を見直すことを考えた。しかし、米国ムスリムは米国の中東政策の形成や決定に影響力を持ち合わせないどころか、「九・一一テロ事件」以降のイスラモフォビアの拡大で、米国政治から排除されようとしていることに直ちに気づくことになる。米国ムスリムの政治的関与のあり方に関心を持ったのは、概ねこのような経緯である。

二〇〇二年、非常によいタイミングで、International Visitor Program（現在はInternational Visitor Leadership Program）に参加する機会をいただいた。米国国務省が主催する米国政治・社会・文化研修プログラムであり、三週間にわたり米国の複数都市を訪問した。デモインから足を伸ばして訪問したシーダーラピッズのマザー・モスクでは、パレスチナ出身のイマームから地元のムスリム移民について説明を受けた（同時に、ブッシュ政権に対する強い不満も拝聴した）。デモインで社会福祉施設を運営する黒人系ムスリム指導者との面談など、部分的ではあるが米国ムスリムの現状を直接見聞する初めての機会となった。また、ジョージタウン大学で開催されていたＭＡＰＳのカンファレンスに参加したのもこの時であった。

その後、ＩＳＮＡの年次大会など米国ムスリムのイベントに複数回参加した。自身がムスリムでないことの違和感はあったものの、アジア系も含めて多種多様な人種のムスリムに紛れ込んでしまうと、周りのムスリムにとってはムスリムでないアジア系の訪問者の存在に違和感はないようであった。

また、米国に行く機会があれば、現地調査として各所のモスクを訪問した。中東・イスラーム圏と同様、モスクはムスリムでない訪問者も快く受け入れてくれ、米国におけるイスラームとムスリムについて多くの情報を提供してくれた。本書でも言及したディアボーンにある米国でも最大規模のモスクでは、専従イマームのハッサン・アル＝カズウィニ（Hassan al-Qazwini）師による説明を受け、礼拝に（やや戸惑いつつ）同席させていただいた記憶も残っている。

＊＊＊

このように恵まれた環境の中で研究が続けられたのは、ひとえに筆者の周りの多くの方々の支えあってのことと痛感しています。学究にあっては、前嶋和弘教授（上智大学）は、学会・研究会を通じて長きにわたり本書のテーマに関してご教授くださいました。本書をもって御礼とさせていただければ幸いです。また筆者の在外研修中には、カンビズ・ガニーバシリ（Kambiz GhaneaBassiri）教授（リード大学、オレゴン州ポートランド）から米国ムスリム研究について多くの貴重なアドバイスをいただきました。そのほかにも、米国研究、中東研究に携わる多くの研究者やジャーナリストの方々から、ご指導、ご批判、時に叱咤激励をいただきましたことも、合わせて御礼申し上げます。

本書の出版は、ミネルヴァ書房の本田康広様に格別のご尽力をいただいたことで実現することができました。あらためて厚く御礼申し上げます。

本書の出版に際し、「東京国際大学・学術図書出版補助」を受けることができました。東京国際大学、ならびに日頃よりお世話になっている教職員の皆様に感謝いたします。

二〇二四年一〇月

新規開設なる池袋キャンパスにて　泉　淳

初出一覧

「米国ムスリムの政治的関与――ムスリム諸組織と大統領選挙」『東京国際大学論叢』経済学部編、第三一号、二〇〇四年。［第1章1、第2章2、第5章1］

「米国のムスリム――共生に向けての移民・少数派の政治参加」田村愛理・川名隆史・内田日出海編『国家の周縁――特権・ネットワーク・共生の比較社会史』刀水書房、二〇一五年。［第2章4、5］

「『オバマはムスリム』――二〇〇八年大統領選挙とイスラーム嫌悪症」『東京国際大学論叢』経済学部編、第四七号、二〇一二年。［第3章2］

「米国におけるイスラーム――『イスラーム嫌悪症』と反シャリーア運動」塩尻和子 編著『変革期イスラーム社会の宗教と紛争』明石書店、二〇一六年。［第3章3］

「イスラーム復興と米国のイスラーム地域政策」『イスラーム世界研究』京都大学イスラーム地域研究センター、第四巻、一―二号、二〇一一年。［第4章1、2］

「米国の中東・イスラーム地域政策と米国ムスリム――『イスラーム嫌悪症』のもたらす影響」ＩＩＥＴ通信、東京国際大学国際交流研究所、二〇一六年。［第4章3、4］

「米国ムスリムと二〇〇四年大統領選挙（前編）」『東京国際大学論叢』経済学部編、第三七号、二〇〇七年。［第5章2］

「米国ムスリムと二〇〇四年大統領選挙（後編）」『東京国際大学論叢』経済学部編、第三八号、二〇〇八年。［第5章2］

「二〇〇八年米国大統領選挙――オバマ選出とムスリムの政治行動」『東京国際大学論叢』経済学部編、第四九号、二〇一三年。［第5章3］

「二〇一六年米国大統領選挙――トランプ選出と米国ムスリムの政治的選好」『東京国際大学論叢』グローバルスタディーズ論集、第三号、二〇一九年。［第5章5］

「米国ムスリムの政治的志向――二〇一八年中間選挙と二〇二〇年大統領選挙の事例」『東京国際大学論叢』グローバルスタディー

ズ論集、第五号、二〇二三年。［第6章2］
「米国ムスリム――『9．11テロ事件』以降の政治参加と政治志向の変容」日本国際政治学会、二〇二三年度研究大会、アメリカ政治外交分科会、報告ペーパー、二〇二三年。［第6章3］

はじめて学ぶアメリカの歴史と文化　遠藤泰生ほか 編著　A5判四一六頁 本体三五〇〇円

「いま」を考えるアメリカ史　藤永康政ほか 編著　A5判二九八頁 本体二八〇〇円

いまアメリカの通商政策に何が起こっているのか？　冨田晃正 著　A5判三〇四頁 本体七〇〇〇円

アメリカ世界秩序の終焉　アミタフ・アチャリア 著 芦澤久仁子 訳　四六判三一二頁 本体三五〇〇円

現代アメリカ政治経済入門　河崎信樹ほか 編著　A5判二九〇頁 本体二八〇〇円

どのアメリカ？　阿川尚之 著　四六判二七二頁 本体二六〇〇円

深まりゆくアメリカ文学　竹内理矢ほか 編著　B5判二五六頁 本体二八〇〇円

先住民 vs. 帝国　興亡のアメリカ史　アラン・テイラー 著 橋川健竜 訳　四六判二三二頁 本体二八〇〇円

現代アメリカ政治外交史　青野利彦ほか 編著　A5判三九六頁 本体三二〇〇円

日米同盟における共同防衛体制の形成　板山真弓 著　A5判二八〇頁 本体六五〇〇円

《著者紹介》

泉　　淳（いずみ　あつし）

1995年　上智大学外国語学研究科国際関係論専攻博士後期課程修了
1998年　博士（国際関係論）上智大学
現　在　東京国際大学経済学部教授
主　著　『帝国の遺産と現代国際関係』（共著）勁草書房、2017年
　　　　『変革期イスラーム社会の宗教と紛争』（共著）明石書店、2016年
　　　　『アイゼンハワー政権の中東政策』国際書院、2001年

米国ムスリムと民主主義
——イスラモフォビアへの抵抗——

2025年３月31日　初版第１刷発行　〈検印省略〉

定価はカバーに
表示しています

著　者　泉　　淳
発行者　杉田啓三
印刷者　藤森英夫

発行所　株式会社　ミネルヴァ書房
607-8494 京都市山科区日ノ岡堤谷町1
電話代表　(075)581-5191
振替口座　01020-0-8076

亜細亜印刷

ISBN978-4-623-09885-9

Printed in Japan

人名索引

あ 行

アイゼンハワー，ドワイト・D（Eisenhower, Dwight D.） 118
アイヤーシュ，エイブラハム（Aiyash, Abraham） 272, 310
アイルーシュ，ハッサム（Ayloush, Hussam） 171
アシュクロフト，ジョン（Ashcroft, John） 180
アスバヒ，マーゼン（Asbahi, Mazen） 98
アスラン，レザー（Aslan, Reza） 151, 157
アブ・エル・ファドル，カリード（Abou El Fadl, Khaled） 63-64, 77
アブデルカーデル，エンジー（Abdelkader, Engy） 287
アブドゥフ，ムハンマド（Abduh, Muhammad） 77
アブドゥル・ラフマン，オマル（Abdul Rahman, Omar） 85
アブドュル・ラウフ，フェイサル（Abdul Rauf, Feisal） 65, 210
アフマディネジャド，マフムード（Ahmadinejad, Mahmoud） 93
アフマド，オマル（Ahmad, Omar） 74
アフマド，ミルザ・グラム（Ahmad, Mirza Ghulam） 12
アフメド，パーヴェズ（Ahmed, Parvez） 82
アベディン，フマ（Abedin, Huma） 146-147, 156-157
アラムーディ，アブドュル・ラフマン（al-Amoudi, Abdul Rahman） 49-51, 74, 163, 167
アリ，ノーブル・ドゥリュー（Ali, Noble Drew） 24-25
アリ，モハメド（Ali, Muhammad） 25
アリ，ワジャハト（Ali, Wajahat） 274, 296
アル＝アウラキ，アンワル（al-Awlaki, Anwar） 217
アル＝アフガーニー，ジャマール・アッ＝ディーン（al-Afghani, Jamal al-Din） 77
アル＝アルワーニ，タハ・ジャービル（al-Alwani, Taha Jabir） 60
アル＝カラダーウィ，ユースフ（al-Qaradawi, Yusuf） 60
アル＝バグダディ，アブ・バクル（al-Baghdadi, Abu Bakr） 224
アル＝マラヤティ，サラーム（Al-Marayati, Salam） ii, 53, 115, 176
アワド，ニハド（Awad, Nihad） 74
アワド，ムニール（Awad, Muneer） 106
イェルシャルミ，デビッド（Yerushalmi, David） 109-110
インディク，マーティン（Indyk, Martin） 169
ウェブ，アレクサンダー・ラッセル（Webb, Alexander Russell） 12
ウォーカー，スコット（Walker, Scott） 228
ウォーレン，エリザベス（Warren, Elizabeth） 275
エスポジト，ジョン（Esposito, John L.） 32, 78, 327
エドワーズ，ジョン（Edwards, John） 174,

か　行

さ 行

た 行

な 行

は 行

ま　行

や　行

ら　行

事項索引

欧文

あ　行

か　行

さ　行

は　行

ま　行

や　行

ら　行

わ　行

参考文献

Abd-Allah, Umar F. *A Muslim in Victorian America : The Life of Alexander Russell Webb*(N.Y. : Oxford Univ. Press, 2006).

Abdo, Geneive. *Mecca and Main Street : Muslim Life in America After 9/11*(N.Y. : Oxford Univ. Press, 2006).

Abdul Rauf, Feisal. *What's Right with Islam : A New Vision for Muslims and the West*(N.Y. : HarperCollins, 2004).

Abdullah, Aslam and Gasser Hathout. *The American Muslim Identity : Speaking for Ourselves*(Los Angeles, CA : Multimedia Vera International, 2003).

Abdullah, Zain. *Black Mecca : The African Muslims of Harlem*(N.Y. : Oxford Univ. Press, 2010).

Abedin, Huma. *Both / And : A Life in Many Worlds*(N.Y. : Simon & Schuster, 2021).

Abou El Fadl, Khaled. *The Great Theft : Wrestling Islam from the Extremists*(N.Y. : HarperOne, 2005).

Agić, Senad. *Immigration and Assimilation : The Bosnia Muslim Experience in Chicago*(Lima, OH : Wyndham Hall Press, 2004).

Akbari, Hamid and Azar Khounani, *Iranians in Chicagoland : Images of America* (Charleston, SC : Arcadia, 2005).

Akbarzadeh, Shahram and Fethi Mansouri(eds.). *Islam and Political Violence : Muslim Diaspora and Radicalism in the West*(N.Y. : I. B. Tauris, 2010).

al-Hibri, Azizah. *The Islamic Worldview : Islamic Jurisprudence : An American Muslim Perspective*(Chicago, IL : ABA Publishing, 2015).

Alba, Richard and Victor Nee. *Remaking the American Mainstream : Assimilation and Contemporary Immigration*(Cambridge, MA : Harvard Univ. Press, 2005).

Alba, Richard, Albert J. Raboteau, and Josh DeWind. *Immigration and Religion in America : Comparative and Historical Perspectives*(N.Y. : New York Univ. Press, 2009).

Ali, Tahir. *The Muslim Vote : Counts and Recounts*(Lima, OH : Wyndham Hall Press, 2004).

Ali, Tazeem M. *The Women's Mosque of America : Authority and Community in US Islam*(N.Y. : New York Univ. Press, 2022).

Ali, Wajahat M. and Zahra T. Suratwala. *All-American : 45 American Men on Being Muslim*(Ashland, OR : White Cloud Press, 2012).

Ali, Wajahat. *Go Back to Where You Came From : And Other Helpful Recommendations on How to Become American* (N.Y. : W. W. Norton, 2022).

Ali-Karamali, Sumbul. *The Muslim Next Door : The Qur'an, the Media, and that Veil Thing* (Ashland, OR : White Cloud Press, 2008).

Allison, Robert J. *The Crescent Obscured : The United States and the Muslim World, 1776–1815* (N.Y. : Oxford Univ. Press, 1995).

Alsultany, Evelyn and Ella Shohat (eds.) *Between the Middle East and the Americans : The Cultural Politics of Diaspora* (Ann Arbor, MI : Univ. of Michigan Press, 2013).

An-Na'im, Abdullahi Ahmed. *Islam and the Secular States : Negotiating the Future of Shari'a* (Cambridge, MA : Harvard Univ. Press, 2008).

An-Na'im, Abdullahi Ahmed. *What is an American Muslim? Embracing Faith and Citizenship* (N.Y. : Oxford Univ. Press, 2014).

Anway, Carol L. *Daughters of Another Path : Experiences of American Women Choosing Islam* (Lee's Summit, MO : Yawna Publications, 1995).

Aslan, Reza. *How to Win a Cosmic War : Confronting Radical Religion* [original edition] *Beyond Fundamentalism : Confronting Religious Extremism in the Age of Globalization* (N.Y. : Random House, [2009] 2010).

Aslan, Reza and Aaron J. Hahn Tapper (eds.). *Muslims and Jews in America : Commonalities, Contentions, and Complexities* (N.Y. : Palgrave Macmillan, 2011).

Aswad, Barbara C. and Barbara Bilgé (eds.). *Family and Gender among American Muslims : Issues Facing Middle Eastern Immigrants and their Descendants* (Philadelphia, PA : Temple Univ. Press, 1996).

Athar, Shahid. *Reflections of American Muslim* (Chicago, IL : KAZI Publications, 1994).

Austin, Allan D. *African Muslims in Antebellum America : Transatlantic Stories and Spiritual Struggles* (N.Y. : Routledge, 1997).

Ayoob, Mohammed. *The Many Faces of Political Islam : Religion and Politics in the Muslim World* (Ann Arbor, MI : Univ. of Michigan Press, 2008).

Ba-Yunus, Ilyas and Kassim Kone. *Muslims in the United States* (Westport CT : Greenwood Press, 2006).

Bagby, Ihsan, Paul M. Perl, and Bryan T. Froehle. *The Mosque in America : A National Portrait* (Washington, DC : CAIR, 2001).

Bakalian, Anny and Mehdi Bozorgmehr. *Backlash 9/11 : Middle Eastern and Muslim Americans Respond* (Berkeley, CA : Univ. of California Press, 2009).

Banchoff, Thomas (ed.). *Democracy and the New Religious Pluralism* (N.Y. : Oxford

Univ. Press, 2007).

Barboza, Steven. *American Jihad : Islam After Malcolm X*(N.Y. Doubleday, 1994).

Barret, Paul M. *American Islam : The Struggle for the Soul of a Religion*(N.Y. : Farrar, Straus and Giroux, 2007).

Bayoumi, Moustafa. *How Does It Feel to Be a Problem? : Being Young and Arab in America*(N.Y. : Penguin Books, 2008/2018 [w/ new afterword]).

Bayoumi, Moustafa. *This Muslim American Life : Dispatches from the War on Terror*(N.Y. : New York Univ. Press, 2015).

Beverley, James A. *Islamic Faith in America*(N.Y. : Facts on File, 2003).

Beydoun, Khaled A. *American Islamophobia : Understanding the Roots and Rise of Fear*(Oakland, CA : Univ. of California Press, 2018).

Bilici, Mucahit. *Finding Mecca in America : How Islam is Becoming an American Religion*(Chicago, IL : Univ. of Chicago Press, 2012).

Bowen, John R. *A New Anthropology of Islam*(N.Y. : Cambridge Univ. Press, 2012).

Bowering, Gerhard(ed.). *The Princeton Encyclopedia of Islamic Political Thought* (Princeton, NJ : Princeton Univ. Press, 2013).

Brown, L. Carl. *Religion and State : The Muslim Approach to Politics*(N.Y. : Columbia Univ. Press, 2000).

Bukhari, Zahid H., Sulayman S. Nyang, Mumtaz Ahmad, and John L. Esposito(eds.). *Muslims' Place in the American Public Square : Hope, Fears, and Aspirations* (Walnut Creek, CA : AltaMira Press, 2004).

Bullock, Katharine(ed.). *Muslim Women Activists in North America : Speaking for Ourselves*(Austin, TX : Univ. of Texas Press, 2005).

Cainkar, Louise A. *Homeland Insecurity : The Arab American and Muslim American Experience after 9/11*(N.Y. : Russell Sage Foundation, 2009).

Calfano, Brian. *Muslims, Identity, and American Politics*(N.Y. : Routledge, 2018).

Calfano, Brian R. and Nazita Lajevardi(eds.). *Understanding Muslim Political Life in America : Contested Citizenship in the Twenty-First Century*(Philadelphia, PA : Temple Univ. Press, 2019).

Cateura, Linda Brandi. *Voices of American Muslims : 23 Profiles*(N.Y. : Hippocrene Books, 2005).

Cesari, Jocelyne. *When Islam and Democracy Meet : Muslims in Europe and in the United States*(N.Y. : Palgrave Macmillan, 2004).

Cesari, Jocelyne(ed.). *Encyclopedia of Islam in the United States* [2 vols.](Westport, CT : Greenwood Press, 2007).

Cesari, Jocelyne(ed.). *Muslims in the West after 9/11 : Religion, Politics and Law*

(N.Y. : Routledge, 2010).
Chambers, Bill. *The Muslim American Fight for Social Justice : From Civil Rights to Black Lives Matter*(Chicago, IL : Community Road Publishing, 2022).
Choudhury, Cyra Akila and Khaled A. Beydoun(eds.). *Islamophobia and the Law* (N.Y. : Cambridge Univ. Press, 2020).
Clapton, William. *Immigration, Risk, and Security Under the Trump Administration : Keeping 'Undesirables' Out*(Singapore : Palgrave Pivot, 2022).
Cole, Juan. *Engaging the Muslim World*(N.Y. : Palgrave Macmillan, 2009).
Cole, Juan. *The New Arabs : How the Millennial Generation is Changing the Middle East*(N.Y. : Simon & Schuster, 2014).
Considine, Craig. *Islam, Race, and Pluralism in the Pakistani Diaspora*(N.Y. : Routledge, 2018).
Considine, Craig. *Muslims in America : Examining the Facts*(Santa Barbara, CA : ABC-CLIO, 2018).
Considine, Craig. *Islam in America : Exploring the Issues*(Santa Barbara, CA : ABC-CLIO, 2019).
Corbett, Michael, Julia Corbett-Hemeyer, and J. Matthew Wilson. *Politics and Religion in the United States* [2nd ed](N.Y. : Routledge, 2014).
Coward, Harold, John R. Hinnells, Raymond Brady Williams(eds.). *The South Asian Religious Diaspora in Britain, Canada, and the United States*(Albany, NY : State Univ. of N.Y. Press, 2000).
Curiel, Jonathan. *Al' America : Travels through America's Arab and Islamic Roots* (N.Y. : New Press, 2008).
Curiel, Jonathan. *Islam in America*(N.Y. : I. B. Tauris, 2015).
Curtis, Edward E., Ⅳ. *Islam in Black America : Identity, Liberation, and Difference in African-American Islamic Thought*(Albany, NY : State Univ. of N.Y. Press, 2002).
Curtis, Edward E., Ⅳ.(ed.). *The Columbia Sourcebook of Muslims in the United States*(N.Y. : Columbia Univ. Press, 2008).
Curtis, Edward E., Ⅳ. *Muslims in America : A Short History*(N.Y. : Oxford Univ. Press, 2009).
Curtis, Edward E., Ⅳ.(ed.). *Encyclopedia of Muslim-American History* [2 vols.](N.Y. : Facts on File, 2010).
Curtis, Edward E., Ⅳ. *Muslim American Politics and the Future of US Democracy* (N.Y. : New York Univ. Press, 2019).
Curtis, Edward E., Ⅳ. *Muslims of the Heartland : How Syrian Immigrants Made*

Home in the American Midland (N.Y.: New York Univ. Press, 2022).

Curtis, Edward E., Ⅳ. (ed.). *Across the Worlds of Islam: Muslim Identities, Beliefs, and Practices from Asia to America* (N.Y.: Columbia Univ. Press, 2023).

Cury, Emily. *Claiming Belonging: Muslim American Advocacy in an Era of Islamophobia* (Ithaca, NY: Cornell Univ. Press, 2021).

Dannin, Robert. *Black Pilgrimage to Islam* (N.Y.: Oxford Univ. Press, 2002).

Daudi, Imbesat. *Islamophobia and the West: The Making of a Violent Civilization* (N.Y.: Routledge, 2023).

Daulatzai, Sohail and Junaid Rana (eds.). *With Stones in Our Hands: Writings on Muslims, Racism, and Empire* (Minneapolis, MN: Univ. of Minnesota Press, 2018).

Dickson, William Rory. *Living Sufism in North America: Between Tradition and Transformation* (Albany, NY: State Univ. of N.Y. Press, 2015).

Diouf, Sylviane A. *Servants of Allah: African Muslims Enslaved in the Americas* (N.Y.: New York Univ. Press, 1998).

Dirks, Jerald F. *Muslims in American History: A Forgotten Legacy* (Beltsville, MD: Amana Publications, 2006).

Djerejian, Edward P. *Danger and Opportunity: An American Ambassador's Journey through the Middle East* (N.Y.: Simon & Schuster, 2008).

Eck, Diana L. *A New Religious America: How a "Christian Country" has Become the World's Most Religiously Diverse Nation* (N.Y.: HarperCollins, 2001).

Egendorf, Laura K. *Islam in America* (At Issue Series) (Farmington Hills, MI: Greenhaven Press, 2006).

Eickelman, Dale F. and Jon W. Anderson (eds.). *New Media in the Muslim World: The Emerging Public Sphere* (Bloomington, IN: Indiana Univ. Press, 1999).

el-Aswad, el-Sayed. *Countering Islamophobia in North America: A Quality-of-Life Approach* (Switzerland: Springer, 2021).

Elaasar, Aladdin. *Silent Victims: The Plight of Arabs and Muslim Americans in Post 9/11 America* (Bloomington, IN: Authorhouse, 2004).

Elfenbein, Caleb Iyer. *Fear in Our Hearts: What Islamophobia Tells Us about America* (N.Y.: New York Univ. Press, 2021).

Ellison, Keith. *My Country, 'Tis of Thee: My Faith, My Family, Our Future* (N.Y.: Gallery Books / Karen Hunter Publishing, 2014).

Emerson, Steven. *American Jihad: The Terrorists Living among Us* (N.Y.: Free Press, 2003).

Emerson, Steven. *Jihad Incorporated: A Guide to Militant Islam in the US* (Amherst, NY: Prometheus Books, 2006).

Ernst, Carl W.(ed.). *Islamophobia in America : The Anatomy of Intolerance*(N.Y.: Palgrave Macmillan, 2013).

Espinosa, Gastón(ed.). *Religion, Race, and Barack Obama's New Democratic Pluralism*(N.Y.: Routledge, 2013).

Esposito, John L. *The Islamic Threat : Myth or Reality?*(N. Y.: Oxford Univ. Press, 1992).

Esposito, John L. and John O. Voll. *Islam and Democracy*(N.Y.: Oxford Univ. Press, 1996).

Esposito, John L. and Dalia Mogahed. *Who Speaks for Islam? : What a Billion Muslims Really Think*(N.Y.: Gallup Press, 2007).

Esposito, John L. and Ibrahim Kalin(eds.), *Islamophobia : The Challenge of Pluralism in the 21st Century*(N. Y.: Oxford Univ. Press, 2011).

Esposito, John L. and Derya Iner(eds.). *Islamophobia and Radicalization : Breeding Intolerance and Violence*(N.Y.: Palgrave Macmillan, 2019).

Ewing, Katherine Pratt(ed.). *Being and Belonging : Muslims in the United States Since 9/11*(N.Y.: Russell Sage Foundation, 2008).

Ezell, Darrell. *Beyond Cairo : US Engagement with the Muslim World*(N.Y.: Palgrave Macmillan, 2012).

Farr, Thomas F. *World of Faith and Freedom : Why International Religious Liberty is Vital to American National Security*(N.Y.: Oxford Univ. Press, 2008).

Feldman, Noah. *After Jihad : America and the Struggle for Islamic Democracy*(N.Y.: Farrar, Straus and Giroux, 2003).

Findley, Paul. *Silent No More : Confronting America's False Images of Islam* (Beltsville, MD: Amana Publications, 2001).

Flannery, Frances L. *Understanding Apocalyptic Terrorism : Countering the Radical Mindset*(N.Y.: Routledge, 2016).

Freedman, Robert O. (ed.). *Israel and the United States : Six Decades of US-Israeli Relations*(Boulder, CO: Westview Press, 2012).

Fuller, Graham E. and Ian O. Lesser. *A Sense of Siege : The Geopolitics of Islam and the West*(Boulder, CO: Westview Press, 1995).

Gaffney, Frank, Jr. *Sharia : The Threat to America : An Exercise in Competitive Analysis : Report of Team B II* (Washington, DC: Center for Security Policy Press, 2010).

Gaffney, Frank, Jr. *The Muslim Brotherhood in the Obama Administration*(Sherman Oaks, CA: David Horowitz Freedom Center, 2012).

Gaffney, Frank, Jr. *Agent of Influence : Grover Norquist and the Assault on the*

Right(Washington, DC : Center for Security Policy Press, 2014).

Gardell, Mattias. *In the Name of Elijah Muhammad : Louis Farrakhan and the Nation of Islam*(Durham, NC : Duke Univ. Press, 1996).

Gartenstein-Ross, Daveed. *My Year Inside Radical Islam : A Memoir*(N.Y. : J. P. Tarcher / Penguin, 2007).

Gartenstein-Ross, Daveed, Joshua D. Goodman, and Laura Grossman. *Terrorism in the West 2008 : A Guide to Terrorism Events and Landmark Cases*(Washington, DC : FDD Press, 2009).

Geaves, Ron, Theodore Gabriel, Yvonne Haddad, and Jane Idleman Smith(eds.). *Islam & The West : Post 9/11*(Burlington, VT : Ashgate, 2004).

Geaves, Ron, Markus Dressler and Gritt Klinkhammer(eds.). *Sufis in Western Society : Global Networking and Locality*(N.Y. : Routledge, 2009).

Gehrke-White, Donna. *The Face Behind the Veil : The Extraordinary Lives of Muslim Women in America*(N.Y. : Citadel Press, 2006).

Geller, Pamela. *Stop Islamization of America : A Practical Guide to the Resistance*(N.Y. : WND Books, 2011).

Gerges, Fawaz A. *America and Political Islam : Clash of Cultures or Clash of Interests?*(N.Y. : Cambridge Univ. Press, 1999).

Gerges, Fawaz A. *Journey of the Jihadist : Inside Muslim Militancy*(Orlando, FL : Harvest Book / Harcourt, 2007).

GhaneaBassiri, Kambiz. *Competing Visions of Islam in the United States : A Study of Los Angeles*(Westport, CT : Greenwood Press, 1997).

GhaneaBassiri, Kambiz. *A History of Islam in America : From the New World to the New World Order*(N.Y. : Cambridge Univ. Press, 2010).

Ghazali, Abdus Sattar. *Islam & Muslims in Post-9/11 America*(independently published, 2012).

Ghazali, Abdus Sattar. *American Muslims in Politics*(independently published, 2015).

Gibson, Dawn-Marie. *A History of the Nation of Islam : Race, Islam, and the Quest for Freedom*(Santa Barbara, CA : Praeger, 2012).

Gottschalk, Peter and Gabriel Greenberg. *Islamophobia : Making Muslims the Enemy*(Lanham, MD : Rowman & Littlefield, 2008).

Green, Todd H. *The Fear of Islam : An Introduction to Islamophobia in the West*(Minneapolis, MN : Fortress Press, 2015).

Green, Todd H. *Presumed Guilty : Why We Shouldn't Ask Muslims to Condemn Terrorism*(Minneapolis, MN : Fortress Press, 2018).

Grewal, Zareena. *Islam Is a Foreign Country : American Muslims and the Global Crisis of Authority*(N.Y. : New York Univ. Press, 2014).
Griffith, R. Marie and Melani McAlister(eds.). *Religion and Politics in the Contemporary United States*(Baltimore, MD : Johns Hopkins Univ. Press, 2008).
Gualtieri, Sarah M. *Between Arab and White : Race and Ethnicity in the Early Syrian American Diaspora*(Berkeley, CA : Univ. of California Press, 2009).
Guimond, Amy Melissa. *Converting to Islam : Understanding the Experiences of White American Females*(N.Y. : Palgrave Macmillan, 2017).
Haddad, Yvonne Yazbeck, Bryan Haines, Ellison Findly(eds.). *The Islamic Impact* (Syracuse, NY : Syracuse Univ. Press, 1984).
Haddad, Yvonne Yazbeck and Adair T. Lummis. *Islamic Values in the United States : A Comparative Study*(N.Y. : Oxford Univ. Press, 1987).
Haddad, Yvonne Yazbeck(ed.). *The Muslims of America*(N.Y. : Oxford Univ. Press, 1991).
Haddad, Yvonne Yazbeck and Jane Idleman Smith. *Mission to America : Five Islamic Sectarian Communities in North America*(Gainesville, FL : Univ. of Florida Press, 1993).
Haddad, Yvonne Yazbeck and Jane Idleman Smith(eds.). *Muslim Communities in North America*(Albany, NY : State Univ. of N.Y. Press, 1994).
Haddad, Yvonne Yazbeck and John L. Esposito. *Muslims on the Americanization Path?*(N.Y. : Oxford Univ. Press, 2000).
Haddad, Yvonne Yazbeck(ed.). *Muslims in the West : From Sojourners to Citizens* (N.Y. : Oxford Univ. Press, 2002).
Haddad, Yvonne Yazbeck and Jane I. Smith(eds.). *Muslim Minorities in the West : Visible and Invisible*(Walnut Creek, CA : AltaMira Press, 2002).
Haddad, Yvonne Yazbeck, Jane I. Smith, and John L. Esposito(eds.). *Religion and Immigration : Christian, Jewish, and Muslim Experiences in the United States* (Walnut Creek, CA : AltaMira Press, 2003).
Haddad, Yvonne Yazbeck. *Not Quite American? The Shaping of Arab and Muslim Identity in the United States*(Waco, TX : Baylor Univ. Press, 2004).
Haddad, Yvonne Yazbeck, Jane I. Smith, and Kathleen M. Moore(eds.). *Muslim Women in America : The Challenge of Islamic Identity Today*(N.Y. : Oxford Univ. Press, 2006).
Haddad, Yvonne Yazbeck, Farid Senzai, and Jane Idleman Smith. *Educating the Muslims of America*(N.Y. : Oxford Univ. Press, 2009).
Haddad, Yvonne Yazbeck. *Becoming American? : The Forging of Arab and Muslim*

Identity in Pluralist America (Waco, TX : Baylor Univ. Press, 2011).
Hagopian, Elaine D. (ed.). *Civil Rights in Peril : The Targeting of Arabs and Muslims* (Chicago, IL : Haymarket, 2004).
Hamid, Shadi. *Islamic Exceptionalism : How the Struggle over Islam is Reshaping the World* (N.Y. : St. Martin's Press, 2016).
Hammer, Juliane and Omid Safi (eds.). *The Cambridge Companion to American Islam* (N.Y. : Cambridge Univ. Press, 2013).
Haque, Amber. *Muslims and Islamization in North America : Problems and Prospects* (Beltsville, MD : Amana Publications, 1999).
Hasan, Asma Gull. *American Muslims : The New Generation* (N.Y. : Continuum, 2000).
Hasan, Asma Gull. *Why I Am a Muslim : An American Odyssey* (London : Element, Harper Collins, 2004).
Hashmi, Sohail H. (ed.). *Islamic Political Ethics : Civil Society, Pluralism, and Conflict* (Princeton, NJ : Princeton Univ. Press, 2002).
Hassoun, Rosina J. *Arab Americans in Michigan* (East Lansing, MI : Michigan State Univ. Press, 2005).
Hathout, Maher et al. *In Pursuit of Justice : The Jurisprudence of Human Rights in Islam* (Los Angeles, CA : MPAC, 2006).
Heffelfinger, Chris. *Radical Islam in America : Salafism's Journey from Arabia to the West* (Washington, DC : Potomac Books, 2011).
Helbling, Marc (ed.). *Islamophobia in the West : Measuring and Explaining Individual Attitudes* (N.Y. : Routledge, 2012).
Hilal, Maha. *Innocent Until Proven Muslim : Islamophobia, the War on Terror, and the Muslim Experience Since 9/11* (Minneapolis, MN : Broadleaf Books, 2022).
Hinnells, John R. (ed.). *Religious Reconstruction in the South Asian Diasporas : From One Generation to Another* (N.Y. : Palgrave Macmillan, 2007).
Huntington, Samuel P. *The Clash of Civilizations and Remaking of World Order* (N.Y. : Simon & Schuster, 1996).
Iftikhar, Arsalan. *Scapegoats : How Islamophobia Helps Our Enemies and Threatens Our Freedom* (N. Y. : Skyhorse, 2016).
Iftikhar, Arsalan. *Fear of a Muslim Planet : Global Islamophobia in the New World Order* (N. Y. : Skyhorse, 2021).
Indyk, Martin S. *Innocent Abroad : An Intimate Account of American Peace Diplomacy in the Middle East* (N.Y. : Simon & Schuster, 2009).
Ismael, Tareq Y. and Andrew Rippin (ed.). *Islam in the Eyes of the West : Images

and Realities in an Age of Terror(N.Y. : Routledge, 2010).
Iyer, Deepa. *We Too Sing America : South Asian, Arab, Muslim, and Sikh Immigrants Shape Our Multiracial Future*(N. Y. : The New Press, 2015).
Jackson, Sherman A. *Islam and the Blackamerican : Looking toward the Third Resurrection*(N.Y. : Oxford Univ. Press, 2005).
Jacobson, Robin Dale and Nancy D. Wadsworth. *Faith and Race in American Political Life*(Charlottesville, VA : Univ. of Virginia Press, 2012).
Jamal, Amaney and Nadine Naber(eds.). *Race and Arab Americans before and after 9/11 : From Visible Citizens to Visible Subjects*(Syracuse, NY : Syracuse Univ. Press, 2008).
Kabbani, Shaykh Muhammad Hisham. *The Heavenly Power of Divine Obedience and Gratitude*(Fenton, MI : ISCA, 2012).
Kabir, Nahid Afrose. *Young American Muslims : Dynamics of Identity*(Edinburgh, UK : Edinburgh Univ. Press, 2013).
Kabir, Nahid Afrose. *Muslim Americans : Debating the Notions of American and un-American*(N.Y. : Routledge, 2017).
Kahera, Akel Ismail. *Deconstructing the American Mosque : Space, Gender and Aesthetics*(Austin TX : Univ. of Texas Press, 2002).
Kazi, Nazia. *Islamophobia, Race, and Global Politics*(Lanham, MD : Rowman & Littlefield, 2021).
Khalidi, Rashid. *The Hundred Years' War on Palestine : A History of Settler Colonialism and Resistance, 1917–2017*(N.Y. : Picador, 2020).
Khan, M. A. Muqtedar. *American Muslims : Bridging Faith and Freedom*(Beltsville, MD : Amana Publications, 2002).
Khan, M. A. Muqtedar. *Islam and Good Governance : A Political Philosophy of Ihsan*(N.Y. : Palgrave Macmillan, 2019).
Kidd, Thomas S. *American Christians and Islam : Evangelical Culture and Muslims from the Colonial Period to the Age of Terrorism*(Princeton, NJ : Princeton Univ. Press, 2009).
Knight, Michael Muhammad. *The Five Percenters : Islam, Hip Hop and the Gods of New York*(London : Oneworld Publications, 2013 [1st ed. 2007]).
Korteweg, Anna C. and Jennifer A. Selby(eds.). *Debating Sharia : Islam, Gender Politics, and Family Law Arbitration*(Toronto : Univ. of Toronto Press, 2012).
Kortmann, Matthias and Kerstin Rosenow-Williams(eds.). *Islamic Organizations in Europe and the USA : A Multidisciplinary Perspective*(N.Y. : Palgrave Macmillan, 2013).

Kumar, Deepa. *Islamophobia and the Politics of Empire* (Chicago, IL : Haymarket, 2012).

Kundnani, Arun. *The Muslims Are Coming! : Islamophobia, Extremism, and the Domestic War on Terror* (London : Verso, 2014).

Kurzman, Charles (ed.). *Liberal Islam : A Sourcebook* (N.Y. : Oxford Univ. Press, 1998).

Kusha, Hamid Reza. *Islam in American Prisons : Black Muslims' Challenge to American Penology* (N.Y. : Routledge, 2009).

Lajevardi, Nazita. *Outsiders at Home : The Politics of American Islamophobia* (N.Y. : Cambridge Univ. Press, 2020).

Lalami, Laila. *Conditional Citizens : On Belonging in America* (N.Y. : Pantheon Books, 2020).

Lang, Jeffrey. *Even Angels Ask : A Journey to Islam in America* (Beltsville, MD : Amana Publications, 1997).

Lawrence, Bruce B. *New Faiths, Old Fears : Muslims and Other Asian Immigrants in American Religious Life* (N.Y. : Columbia Univ. Press, 2002).

Lean, Nathan. *The Islamophobia Industry : How the Right Manufactures Fear of Islam* (London : Pluto Press, 2012).

Lebor, Adam. *A Heart Turned East : Among the Muslims of Europe and America* (N.Y. : St. Martin's Press, 1997).

Lenczowski, George. *American Presidents and the Middle East* (Durham, NC : Duke Univ. Press, 1990).

Leonard, Karen Isaksen. *The South Asian Americans* (Westport, CT : Greenwood Press, 1997).

Leonard, Karen Isaksen. *Muslims in the United States : The State of Research* (N.Y. : Russell Sage Foundation, 2003).

Leonard, Karen Isaksen et al. (eds.). *Immigrant Faiths : Transforming Religious Life in America* (Lanham, MD : Rowman & Littlefield, 2005).

Lesch, David W. (ed.). *The Middle East and the United States : A Historical and Political Reassessment* (Boulder, CO : Westview Press, 1996).

Lewis, Bernard. *Islam and the West* (N. Y. : Oxford Univ. Press, 1993).

Lilli, Eugenio. *New Beginning in US-Muslim Relations : President Obama and the Arab Awakening* (N.Y. : Palgrave Macmillan, 2016).

Lo, Mbaye. *Muslims in America : Race Politics, and Community Building* (Beltsville, MD : Amana Publications, 2004).

Logroño Narbona, María del-Mar, Paulo G. Pinto, and John Tofik Karam (eds.). *Cres-*

cent over Another Horizon : Islam in Latin America, the Caribbean, and Latino USA (Austin, TX : Univ. of Texas Press, 2015).
Love, Erik. *Islamophobia and Racism in America* (N.Y. : New York Univ. Press, 2017).
Lynch, Marc. *The Arab Uprising : The Unfinished Revolutions of the New Middle East* (N.Y. : PublicAffairs, 2013).
Mahapatra, Chintamani. *The US Approach to the Islamic World in Post 9/11 Era* (New Delhi : Academic Foundation, 2009).
Majid, Anouar. *Islam and America : Building a Future without Prejudice* (Lanham, MD : Rowman & Littlefield, 2012).
Malik, Iftikhar H. *Islam and Modernity : Muslims in Europe and the United States* (London : Pluto Press, 2003).
Malik, Iftikhar H. *Crescent Between Cross and Star : Muslims and the West After 9/11* (N.Y. : Oxford Univ. Press, 2006).
Malik, Jamal and John Hinnells (eds.). *Sufism in the West* (N.Y. : Routledge, 2006).
Mamdani, Mahmood. *Good Muslim, Bad Muslim : America, the Cold War, and the Roots of Terror* (N.Y. : Doubleday, 2004).
Mansoor, Reza. *Stigmatized : From 9/11 to Trump and Beyond : An American Muslim Journey* (CreateSpace Independent Publishing, 2016).
March, Andrew F. *Islam and Liberal Citizenship : The Search for an Overlapping Consensus* (N.Y. : Oxford Univ. Press, 2009).
Marr, Timothy. *The Cultural Roots of American Islamicism* (N.Y. : Cambridge Univ. Press, 2006).
Marranci, Gabriele (ed.). *Muslim Societies and the Challenge of Secularization : An Interdisciplinary Approach* (London : Springer, 2010).
Marzouki, Nadia. *Islam : An American Religion* (N.Y. : Columbia Univ. Press, 2017).
Mattson, Ingrid. *The Story of Qur'an : Its History and Place in Muslim Life* (Malden, MA : Blackwell, 2008).
McAlister, Melani. *Epic Encounters : Culture, Media, and U.S. Interests in the Middle East, 1945-2000* (Berkeley, CA : Univ. of California Press, 2001).
McCarthy, Andrew C. *How Obama Embraces Islam's Sharia Agenda* (N.Y. : Encounter Books, 2010).
McCarthy, Andrew C. *The Grand Jihad : How Islam and the Left Sabotage America* (N.Y. : Encounter Books, 2010).
McCloud, Aminah Beverly. *African American Muslim* (N.Y. : Routledge, 1995).
McCloud, Aminah Beverly. *Transnational Muslims in American Society* (Gainesville,

FL : Univ. of Florida Press, 2006).

McDowell, Bruce A. and Anees Zaka. *Muslims and Christians at Table : Promoting Biblical Understanding among North American Muslims* (Phillipsburg, NJ : R&R Publishing, 1999).

Mernissi, Fatema. *Islam and Democracy : Fear of the Modern World* (N.Y. : Basic Books, 2002 [1st edition, 1992]).

Metcalf, Barbara Daly (ed.). *Making Muslim Space in North America and Europe* (Berkeley, CA : Univ. of California Press, 1996).

Moezzi, Melody. *War on Error : Real Stories of American Muslims* (Fayetteville, AR : Univ. of Arkansas Press, 2007).

Moghul, Haroon. *How to Be a Muslim : An American Story* (Boston, MA : Beacon Press, 2017).

Moghul, Haroon. *Two Billion Caliphs : A Vision of a Muslim Future* (Boston, MA : Beacon Press, 2022).

Moore, Kathleen M. *Al-Mughtaribūn : American Law and Transformation of Muslim Life in the United States* (Albany, NY : State Univ. of N. Y. Press, 1995).

Moore, Kathleen M. *The Unfamiliar Abode : Islamic Law in the United States and Britain* (N.Y. : Oxford Univ. Press, 2010).

Morales, Harold D. *Latino and Muslim in America : Race, Religion, and the Making of a New Minority* (N. Y. : Oxford Univ. Press, 2018).

Muhammad, Amir Nashid Ali. *Muslims in America : Seven Centuries of History 1312–2000, Collections and Stories of American Muslims* (Beltsville, MD : Amana Publications, 2001).

Nacos, Brigitte Lebens and Oscar Torres-Reyna. *Fueling Our Fears : Stereotyping, Media Coverage, and Public Opinion of Muslim Americans* (Lanham, MD : Rowman & Littlefield, 2007).

Naff, Alixa. *Becoming American : The Early Arab Immigrant Experience* (Carbondale, IL : Southern Illinois Univ. Press, 1985).

Naff, Alixa. *The Arab Americans : The Immigrant Experience* (Philadelphia, PA : Chelsea House Publishers, 1999).

Nimer, Mohamed. *The North American Muslim Resource Guide : Muslim Community Life in the United States and Canada* (N.Y. : Routledge, 2002).

Nimer, Mohamed (ed.). *Islamophobia and Anti-Americanism : Causes and Remedies* (Beltsville, MD : Amana Publications, 2007).

Nomani, Asra Q. *Woke Army : The Red-Green Alliance That is Destroying America's Freedom* (N.Y. : Post Hill Press / Bombardier Books, 2023).

Nyang, Sulayman S. *Islam in the United States of America*(Chicago, IL : Kazi Publications, 1999).

Patel, Eboo. *Acts of Faith : The Story of an American Muslim, The Struggle for the Soul of a Generation*(Boston, MA : Beacon Press, 2007).

Petievich, Carla. *The Expanding Landscape : South Asians and Diaspora*(Delhi : Manohar/South Asia Books, 1999).

Pinto, Maria do Céu. *Political Islam and the United States : A Study of U.S. Policy towards Islamist Movements in the Middle East*(Reading, UK : Ithaca Press, 1999).

Pipes, Daniel. *Militant Islam Reaches America*(N.Y. : W. W. Norton, 2002).

Poston, Larry A. *Islamic Da'wah in the West : Muslim Missionary Activity and the Dynamics of Conversion to Islam*(N.Y. : Oxford Univ. Press, 1992).

Poston, Larry A. and Carl F. Ellis, Jr. *The Changing Face of Islam in America : Understanding and Reaching Your Muslim Neighbor*(Camp Hill, PA : Horizon Books, 2000).

Pratt, Douglas and Rachel Woodlock(eds.). *Fear of Muslims? : International Perspectives on Islamophobia*(Switzerland : Springer International, 2016).

Qazwini, Imam Hassan. *American Crescent : A Muslim Cleric on the Power of his Faith, the Struggle against Prejudice, and the Future of Islam and America*(N.Y. : Random House, 2007).

Ramadan, Tariq. *Western Muslims and the Future of Islam*(N.Y. : Oxford Univ. Press, 2004).

Ramadan, Tariq. *Radical Reform : Islamic Ethics and Liberation*(N.Y. : Oxford Univ. Press, 2009).

Ramadan, Tariq. *Islam and the Arab Awakening*(N.Y. : Oxford Univ. Press, 2012).

Sachedina, Abdulaziz. *The Islamic Roots of Democratic Pluralism*(N.Y. : Oxford Univ. Press, 2001).

Safi, Omid(ed.). *Progressive Muslims : On Justice, Gender, and Pluralism*(London : Oneworld Publications, 2003).

Said, Edward W. *Orientalism*(N.Y. : Vintage Books, 1979).

Said, Edward W. *Covering Islam : How the Media and the Experts Determine How We See the Rest of the World*(N.Y. : Vintage Books, 1997 [original 1981]).

Salvato, Frank. *The Muslim Brotherhood & Wahhabism in America*(Virginia Beach, VA : BasicsProject.org, 2012).

Schlafly, Phyllis and George Neumayr. *No Highter Power : Obama's War on Religious Freedom*(Washington, DC : Regnery, 2012).

Schmidt, Garbi. *Islam in Urban America : Sunni Muslims in Chicago*(Philadelphia,

PA : Temple Univ. Press, 2004).
Schneier, Marc and Shamsi Ali. *Sons of Abraham : A Candid Conversation about Issues that Divide and Unite Jews and Muslims* (Boston, MA : Beacon Press, 2013).
Shafiq, Muhammad. *The Growth of Islamic Thought in North America : Focus on Ismail Raji Al Faruqi* (Beltsville, MD : Amana Publications, 1994).
Shaheen, Jack G. *Reel Bad Arabs : How Hollywood Vilifies a People* [2nd ed.] (Northampton, MA : Olive Branch Press, 2009).
Shakir, Zaid. *Scattered Pictures : Reflections of an American Muslim* (Hayward, CA : Zaytuna Institute, 2005).
Sheehi, Stephen. *Islamophobia : The Ideological Campaign against Muslims* (Atlanta, GA : Clarity Press, 2011).
Singleton, Brent D. (ed.). *Yankee Muslim : The Asian Travels of Mohammed Alexander Russell Webb* (Rockville, MD : Bongo/Wildside Press, 2006).
Sinno, Abdulkader H. (ed.). *Muslims in Western Politics* (Bloomington, IN : Indiana Univ. Press, 2009).
Sirin, Selcuk R. and Michelle Fine. *Muslim American Youth : Understanding Hyphenated Identities Through Multiple Methods* (N.Y. : N.Y. Univ. Press, 2008).
Smith, Jane I. *Islam in America* (N.Y. : Columbia Univ. Press, 1999 [2nd. ed., 2010]).
Smith, Jane I. *Muslims, Christians, and the Challenge of Interfaith Dialogue* (N.Y. : Oxford Univ. Press, 2007).
Spellberg, Denise A. *Thomas Jefferson's Qur'an : Islam and the Founders* (N.Y. : Alfred A. Knopf, 2013).
Spencer, Robert and David Horowitz. *Obama and Islam* (Sherman Oaks, CA : The David Horowitz Freedom Center, 2010).
Spencer, Robert. *Islam : Religion of Bigot* (Sherman Oaks, CA : The David Horowitz Freedom Center, 2013).
Suleiman, Michael W. (ed.). *Arabs in America : Building a New Future* (Philadelphia, PA : Temple Univ. Press, 1999).
Teicher, Howard and Gayle R. Teicher, *Twin Pillars to Desert Storm : America's Flawed Vision in the Middle East from Nixon to Bush* (N.Y. : William Morrow, 1993).
Tesler, Michael and David O. Sears. *Obama's Race : The 2008 Election and the Dream of a Post-Racial America* (Chicago, IL : Univ. of Chicago Press, 2010).
Thomas, Jeffrey L. *Scapegoating Islam : Intolerance, Security, and the American Muslim* (Santa Barbara, CA : ABC-CLIO Prager, 2015).
Turner, Richard B. *Islam in African-American Experience* (Bloomington, IN : Indiana

Univ. Press, 1997).
Uddin, Asma T. *When Islam is Not a Religion : Inside America's Fight for Religious Freedom* (N.Y. : Pegasus Books, 2019).
Verbrugge, Allen. *Muslims in America* (Contemporary Issues Companion) (Farmington Hills, MI : Greenhaven Press, 2005).
Vidino, Lorenzo. *The New Muslim Brotherhood in the West* (N.Y. : Columbia Univ. Press, 2010).
Walbridge, Linda S. *Without Forgetting the Imam : Lebanese Shi'ism in an American Community* (Detroit, MI : Wayne State Univ. Press, 1997).
Wald, Kenneth D. and Allison Calhoun-Brown. *Religion and Politics in the United States* [7th ed] (Lanham, MD : Rowman & Littlefield, 2014).
Wang, Yuting. *Between Islam and the American Dream : An Immigrant Muslim Community in Post-9/11 America* (N.Y. : Routledge, 2014).
Waugh, Earle H. and Frederick M. Denny (eds.). *The Shaping of American Islamic Discourse : A Memorial to Fazlur Rahman* (Atlanta, GA : Scholars Press, 1998).
Westerlund, David. *Sufism in Europe and North America* (N.Y. : RoutledgeCurzon, 2004).
Williams, Paul L. *Crescent Moon Rising : The Islamic Transformation of America* (Amherst, NY : Prometheus Books, 2013).
Wills, David D. *The First War on Terrorism : Counter-Terrorism Policy during the Reagan Administration* (Lanham, MD : Rowman and Littlefield, 2003).
Wilson, G. Willow. *The Butterfly Mosque : A Young American Woman's Journey to Love and Islam* (N.Y. : Atlantic Monthly, 2010).
Wilson, J. Matthew (ed.). *From Pews to Polling Places : Faith and Politics in the American Religious Mosaic* (Washington D.C. : Georgetown Univ. Press, 2007).
Wittes, Tamara Cofman. *Freedom's Unsteady March : America's Role in Building Arab Democracy* (Washington, DC : Brookings Institution, 2008).
Wolfe, Alan and Ira Katznelson (eds.). *Religion and Democracy in the United States : Danger or Opportunity?* (Princeton, NJ : Princeton Univ. Press, 2010).
Wormser, Richard. *American Islam : Growing Up Muslim in America* (N.Y. : Walker & Company, 1994).
Yeager, Joseph A. *Intellectual Assault : Academic Anti-Americanism and the Distortion of 9/11* (Bloomington, IN : AuthorHouse, 2010).
大川玲子『リベラルなイスラーム――自分らしくある宗教講義』慶應義塾大学出版会、2021年。
大類久恵『アメリカの中のイスラーム』子どもの未来社、2006年。

久保文明・松岡泰・西山隆行・東京財団「現代アメリカ」プロジェクト（編著）『マイノリティが変えるアメリカ政治――多民族社会の現状と将来』NTT 出版、2012年。

高橋圭「イスラモフォビアのアメリカに生きる――分断から連帯へ」赤堀雅幸（編）『ディアスポラのムスリムたち――異郷に生きて交わること』上智大学イスラーム研究センター、2021年。

松岡泰『アメリカ政治とマイノリティ――公民権運動以降の黒人問題の変容』ミネルヴァ書房、2006年。

森孝一・村田晃嗣（編著）『アメリカのグローバル戦略とイスラーム世界』明石書店、2009年。

山内昌之『イスラムとアメリカ』岩波書店、1995年。

リック・ロカモラ（写真・文）高橋圭・後藤絵美（監修・編著）『マイノリティとして生きる――アメリカのムスリムとアイデンティティ』東京外国語大学出版会、2022年。